Ottomar Domnick

Hauptweg und Nebenwege

Psychiatrie
Kunst
Film
in meinem Leben

Hoffmann und Campe

1. bis 10. Tausend 1977
© Hoffmann und Campe Verlag, Hamburg 1977
Auf dem Vorsatzblatt Ausschnitt aus dem Gemälde
»Hauptweg und Nebenwege« von Paul Klee
(Wallraf-Richartz-Museum, Köln), mit freundlicher Genehmigung
von Felix Klee und Cosmospress, Genf
Gesetzt aus der Korpus Garamond-Antiqua
Gesamtherstellung Bercker, Graphischer Betrieb GmbH, Kevelaer
ISBN 3-455-08951-8 · Printed in Germany

VOR MIR LIEGT ein Löschblatt. Große blaue Tintenflecken wechseln mit kleinen punkt- bis strichförmigen Zeichen im stumpfen Weiß der saugenden Grundfläche: vage Vorgestalt eines Sam Francis – eines Sonderborg – eines Wols? Ich drehe das Löschblatt um, die Rückseite läßt nur größere oder kleinere blaue Inseln erkennen. Die zarten Striche und Punkte sind verschwunden, ganz aufgesaugt, nicht durchgedrungen. Abbild eines Tintenvorgangs, Abdruck einer schreibenden Hand. Mit dem Auf und Ab in starkem oder schwachem Druck wird das Schriftbild signalisiert. In der Spiegelung des Reflektorlichts kann ich einige Buchstaben entziffern. Graphologisches Interesse erwacht. Rasch lösche ich die nasse Tinte meines Manuskripts und freue mich über das leichte Trockenrollen mit »Graf-Bluco-Piccolo«, der keine ausgewalzten Rorschach-Figuren entstehen läßt. Ich schreibe schnell, am Tag vielleicht 15 Seiten mit einer breiten Feder, die in einem dicken Füllhalter steckt. Die Feder folgt dem Druck, den ich ihr gebe, den Tempi, Nuancen. Fließende Tinte muß immer verfügbar sein. Ich kannte Füller, die beim Spreizen der Feder keinen Saft hergaben. Das machte mich ungeduldig. Einmal zerbrach ich wütend die Feder auf dem Papier, als sie sich mir widersetzte und trocken schrieb. Unmöglich, mit einem Kugelschreiber oder gar Bleistift Gedanken zu Papier zu bringen. Die Feder muß den Duktus empfangen, aber auch einen gewissen Widerstand entgegensetzen, ohne daß die Hand ermüdet. Der Muskelreiz ist adäquat. Die Finger umgreifen den Stift flach und biegen sich in den Endgliedern nicht durch. Der Daumen ist von der Federspitze 3–4 cm entfernt, während der Zeigefinger sich der Spitze bis auf 2 cm nähert. Die so geführte Feder gleitet über das Papier, wenn ich jetzt schreibe.

Meine Federschale enthält Brieföffner, Radiergummi, Bleistifte,

Farbstifte, Leim, Lineal, Lupe, Hefter, Büroklammern und Parker-Quink-Tinte. Eine Papierschere und ein Locher vervollständigen die Einrichtung meines Arbeitstisches. Nein: ich vergaß die Tischlampe links, die ich immer einschalte. Sie konzentriert und wärmt zugleich. Ich beginne mit einem x-beliebigen Wort wie z. B. »gegen Abend« oder »die Straße« oder »am Meer«. Das Wort steht beziehungslos auf dem weißen Papierblatt. Ich weiß noch gar nicht, wohin die Reise geht, welcher Gedanke sich von diesem zufällig hingeschriebenen Wort entwickelt. Aber beginnt der Maler nicht auch vor seiner leeren Leinwand mit einem Strich, einer Linie, die nichts bedeutet als den Beginn einer Aktion? So entsteht eine Wortreihe, die plötzlich abbiegt oder eine Aussage im Sinne eines Erlebnisses formuliert, wo Assoziationen dazu treten, Gedanken sich zu einem Thema ordnen, die nun in rascher Folge niedergeschrieben werden. So geht das Schreiben fast wie von selbst. Gedanken überstürzen sich. Ich muß bremsen, sie festhalten, ordnen, bevor neue Einfälle das Niedergeschriebene zerstören. Manchmal schreibe ich Gedanken parallel: indem einer in dem anderen aufgeht, ihn durchkreuzt oder überfährt oder Gegenteiliges aussagt. Die Feder könnte bisweilen schneller laufen. Aber nie bietet sich mir das Diktat an: auf Band oder ins Stenogramm.

Ich schreibe nicht chronologisch, sondern berühre mal hier, mal da Situationen, Episoden, die mit großem Bogen (ähnlich einer Notenschrift) zusammengebunden werden. Überhaupt hat das Schreiben viel Bezugspunkte zur Musik. Schon sprachlich besteht eine Übereinstimmung wie: Introduktion – Satzgefüge – Leitmotiv – staccato – legato – Nuancierung – Themen – Variationen – Rhythmik – Tempi – Komposition – Kontrapunktik. Und das alles läßt sich auch auf den Film übertragen. So ergibt sich in den verschiedenen Kunstebenen die gleiche Handschrift, die gar nicht willkürlich geändert werden kann, durch Mühe höchstens zerstört wird. Ich höre zu schreiben auf, wenn meine Gedanken unfrisch werden, sich mühsam ablösen. Das ist der Zeitpunkt der einsetzenden Müdigkeit. Und hier sind dann an der vor mir stehenden Uhr zweieinhalb Stunden abzulesen. Das ist mein Arbeitsrhythmus. Die Niederschrift wird in Maschine übertragen und nach zwei Tagen von mir korrigiert, manchmal verworfen, manchmal auch unverändert übernommen. Ich lese einmal vor und achte auf Sprachrhythmen,

Längen, vermeide Wiederholungen (außer wenn sie bedeutsame Erlebnisse betonen sollen), vermeide auch trotz der Autobiographie eine zu starke Ich-Bezogenheit. Die Zeit ist wichtiger mit ihren Abläufen und ihrer Bedingtheit.
Ich schreibe mein Leben. Das tun heutzutage viele Menschen. Und wissen auch nicht genau, warum und für wen. Als mich ein Kritiker danach fragte, war meine Antwort knapp: für mich. Mir Rechenschaft zu geben – kritisch »Hauptweg und Nebenwege« nachzuzeichnen und mit diesem Rückblick zu einem Ausblick zu kommen, der das Leben in seinen verschiedenen Perspektiven zeigt – es sinnvoll erscheinen läßt oder auch Fragen aufwirft – als Anregung oder Kritik – vielleicht gar sich als negative Bilanz darstellt. Aber welcher Mensch bricht über sein Leben den Stab? Wer ist bereit, Geleistetes zu annullieren und dafür etwas anderes hinzusetzen: ein Umsonst oder ein vergebliches Bemühen? Jeder fragt doch lieber: was bleibt? Zum Beispiel schon die Erkenntnisse in den Sparten meiner Tätigkeit: Neuropsychiatrie – mit der Psychoseforschung, der Hirnherddiagnostik, Tiefenpsychologie. Allem immer kritisch gegenüberstehend, Linien nachfahrend: Mensch und Zeit – Psychose und Kunst – Film und Form. Von diesen Themen war mein Leben durchzogen: mit schönen und reichen Phasen – aber auch begleitet von quälenden, die in einsame, verlassene Zonen führten, aus denen in der Kindheit Angst – im tätigen Leben Opposition und später im Umgang mit Kunst eine Erfahrung entstand, die anregend blieb für zusammenfassende Betrachtungen.
In den Jahren nach dem zweiten Krieg, als Kunst noch etwas Weltanschauliches an sich zu haben schien, nannte man mich den »abstrakten Dominikaner« – sicher wegen meines missionarischen Eifers und wegen meiner Liebe zur Formkunst: also zu Bildern, Filmen, Büchern, die keine »Geschichte« erzählen wollen, sondern die eher der Form, der Komposition den Vorrang geben. Doch ich liebe auch die spontane Niederschrift ohne vorheriges Konzept, aus dem Augenblick heraus, die Improvisation – nur aus dem jeweils vorgegebenen Leitgedanken: im ärztlichen Gespräch, beim Filmen und Schreiben. Keine Chronologie, keine Handlung – eher eine Art Collage, die sich zum Gesamtbild fügt.
Aber wie verträgt sich meine Abneigung gegen »Geschichten« damit, daß ich nun selbst in meiner Niederschrift um solche Bericht-

erstattung nicht herumkomme und – wenigstens in großen Zügen – einen chronologischen Ablauf einhalten muß? Wie soll ich von heute aus – im Jahre 1976 – die Idylle einer Kindheit glaubhaft machen: die Eigenart eines Kindes, das ich einmal gewesen bin, mit der Ambivalenz seiner Gefühle – des Knaben, der langsam seine Welt erkundet, sich langsam zu artikulieren beginnt? – Wie die beiden Hälften meines Lebens verdeutlichen, mit der scharfen Zäsur durch das Kriegsende, aber auch durch mein Alter damals an der Wende zum 40. Lebensjahr? Die Unfreiheit der Schuljahre, Lehrjahre, Dienstjahre – und die neue Freiheit, die ich auf Trümmern aufzubauen begann? Die erste Welt der Autorität, der Obrigkeit, der Diktatur – und die zweite Welt der Demokratie, der künstlerischen und geistigen Innovationen? Das erste Leben, in dem ich abhängig war von Menschen, die über mich bestimmten – und das zweite Leben, in dem ich von Umständen abhängig wurde, die ich mir selbst schuf: mit meiner Initiative, meinem Fleiß, meiner Hast, meinem Leichtsinn, meinem Eigensinn?

Der Ort, in dem ich aufwuchs, hat weder meine späteren Neigungen geprägt, noch war dort etwas zu spüren von dem neuen Weltbild, das bereits entworfen war. Damals malte Kandinsky das erste ungegenständliche Aquarell – entwickelte sich in der Medizin die Chemotherapie – begründete die Atomspaltung das Zeitalter der Kernenergie – komponierte Arnold Schönberg seine atonale Musik – beschrieb Karl Kleist die kortikale (innervatorische) Apraxie – und drehten sich in Paris die ersten Filmapparaturen.
Nein – zu diesen weltbewegenden Ereignissen, die auch mein Leben bestimmten, hatte meine Heimatstadt, wenngleich Preußens älteste Universität, wirklich keine Bezugspunkte.

I

I

Greifswald war 1907 ein kleines vorpommersches Universitätsstädtchen von 25 000 Einwohnern, verträumt, still, romantisch – mit einem Marktplatz, drei Kirchen, an denen die Zeiger der Turmuhren nur langsam vorrückten: der »schlanken Nicolai« – der »dikken Marie« – dem »kleinen Jakob«. (Hatte der eigentlich Zeiger und Zifferblatt?) Die Stadt lag im Küstenvorland, umgeben von großen und kleinen Gutshöfen. Auf den Koppeln weideten Pferde und Kühe. Auf dem Endflüßchen Ryck stellten die Dampfer »Grille« und »Greif« die Verbindung zum Greifswalder Bodden her. Der Marktplatz, Mittelpunkt der Stadt und Endpunkt aller Kinderstreifzüge war von imponierender Größe. Er wurde durch das frühbarocke Rathaus in den großen und den kleinen unterteilt. Auf dem großen wurden Paraden abgehalten, und jede Woche war dort Markt. In seiner Mitte stand ein gußeisernes Kriegerdenkmal, schwarz mit flachen Schalen, aus denen Wasser in ein Becken floß. Der Marktplatz war mit Katzenkopfsteinen gepflastert, zwischen denen große Quadersteine, sternförmig zum Denkmal ziehend, dem Platz eine ordnende Richtung gaben. Wer von der Fleischerstraße kommend den Markt betrat, sah diagonal hinten die »dicke Marie« über die Dächer ragen. Ein eindrucksvoller Anblick: das überdimensionierte Kirchendach, darunter zartgliedrige gotische Häuser. Rechtwinklig zum Rathaus mit seinem barocken Giebel stand das um 1900 erbaute Postgebäude, das in rotem Backstein mit lasierter Klinkereinfassung norddeutsche Gotik imitierte. Aber das störte die Kinder nicht. Sie bewunderten die schweren Türen mit der Schließautomatik und spielten »schneller rein als raus«, bis der Schalterbeamte sie vertrieb. Die drei Jungen von Rechtsanwalt Domnick waren ihm bekannt. Ihre Schwester Else nahmen sie nicht mit: Mädchen verstehen so etwas nicht.

Erinnerungsfetzen: kleine und große – einige farbig, einige verblaßt. Der Weihnachtsmarkt mit dem würzigen Geruch von gebrannten Mandeln, Karbidlampen und Pfefferkuchen, dazu farbenprächtige Spielsachen, die Sehnsüchte und Phantasievorstellungen auslösten. Türkischer Honig, der mit einem Spachtel vom Block auf das mit linker Hand gehaltene Papier abgewetzt wurde. Vor dem Rathaus die einspännigen Pferdedroschken. Wenn der Kutscher das Zaumzeug am Schläfenriemen löste und dem Pferd den Hafersack über die Ohren streifte, warf das Tier gierig den Kopf hoch, um letzte Futterreste zu erreichen, senkte den Hals, stand breit in der Schere, schloß leicht die Augen: für den Kutscher Aufforderung zum Abbinden. Anschließend die Tränke aus dem mitgebrachten Eimer, das leise Einsaugen. Danach spritzte das Pferd Restwasser aus den Nüstern – manchmal den Kindern ins Gesicht. Sie liefen lachend beiseite, wischten mit den Ärmeln ihres Matrosenanzugs das Gesicht sauber und rannten nach Hause in die Bahnhofstraße, wo die Eltern sie erwarteten.

Die Lange Straße mit dem Eckhaus »Beerwolf«, wo es Schulutensilien zu kaufen gab. Daneben das Herrenmodengeschäft Kolmar. Im Porzellanladen Stöckicht wurden Weihnachtsgeschenke ausgesucht. Das Hutgeschäft Graupner mit der gußeisernen Treppe lernte das Kind früh kennen, wenn seine Mutter sich einen Hut aussuchte. Sie ließ sich gern von ihm begleiten. Dann der Stoffladen von Bubi Müller, dessen Bruder bei einem vor Greifswald stattfindenden Motorradrennen tödlich verunglückt war. Sein Vater hatte seitdem nie mehr die Unfallstelle passiert, was uns Kinder sehr beeindruckte.

An der Ecke links neben dem Rathaus die Ratsapotheke des Herrn Nitzelnadel: ein dickbäuchiger Mann, der uns manchmal in seiner Wohnung an die Fenster ließ, damit wir den Marktparaden besser zusehen konnten. Wir standen oft in seiner Apotheke, die Augen in Höhe seiner Uhrkette. Es roch nach Jod, Chloroform, Salmiak – ein typischer alter Apothekergeruch. Heute wird »pharmazeutische Ware« verkauft. Damals wurde »Medizin« angesetzt, gestampft, gerührt, gemörst, verdampft, vergällt. Und von Herrn Nitzelnadel (er trug am Gummiband einen schwarzen Kneifer) bekamen wir Kinder Salmiakpastillen in einer kleinen Apothekentüte geschenkt, die sauber mit Eckenkniff gefaltet war. Manchmal sang einer: »Alle

Nadeln stechen, alle Nadeln stechen, nur Herr Nitzelnadel nicht.«

Die Topographie dieser kleinen Stadt war übersichtlich und organisch gestaltet mit Stadtkern und Außenbezirken: der Markt als Zentrum, von dem sternförmig die Straßen ausgingen, wobei die Lange Straße auch wirklich die längste und zugleich die Hauptstraße war. Hier fand der Bummel statt: täglich von 6–7 Uhr (nachmittags) zogen die Studenten in Couleur durch die Straße. Hier lagen auch die guten Geschäfte: die Ratsbuchhandlung Klein, Juwelier Radike, auch das Musikaliengeschäft Grapentin, wo wir unsere Saiten holten, später bei dem alten Evers, dessen jungfräulich blonde Töchter uns auch beim Plattenkauf (»Die Stimme seines Herrn«) bedienten. Die Lange Straße endete am Karlsplatz, wo der Pompeji-Forscher Pernice wohnte (Cellist im Domnick-Quartett). Sie ging in den Schuhhagen über, der in einer Rechts-Links-Kurve zum Hohenzollernplatz (früher »Roßmarkt« mit Pferdehandel) einfloß. Ein wichtiger Punkt in Greifswald: die Stadthalle mit Oper und Konzertsaal, »Kaisersaal« genannt. Rechts die Kaserne mit schlackenbelegtem Exerzierplatz (»Exer«), auf dem sonntags Fußball gespielt wurde (immer mit Knieschonern). Dann die Straße am Wall: dem hellen und dem dunklen. Darüber eine gußeiserne Brücke, links und rechts von der auf Abhängen die Piekschlitten herabsausten: kleine kurze, mit Kufen versehene Kisten. Auf denen fuhren die Jungen auch auf den zugefrorenen Bodden und stachen in offenen Boddenlöchern nach Aalen, die sich dort am Sauerstoff sammelten. Der Parkteich (im Winter Schlittschuhlauf). Davor die »Spielwiese« mit unseren ersten sportlichen Übungen. Ich konnte als Kind schnell rennen und wollte auch immer vorn sein. Ich erinnere mich noch, als mein Klassenlehrer Vauk nach einem Wettlauf seine Hand auf meinen Brustkorb legte, um meinen Herzschlag zu fühlen. Er ließ mich noch einmal die 50 Meter laufen, die ich wieder gewann.

Dieses verträumte Greifswald war für uns Kinder von ganz besonderem Reiz und vermittelte ein starkes Heimatgefühl, das immer lebendig blieb. Überall kannten wir uns aus. Es gab keine bevorzugten Gegenden, obwohl die Stadt sich immer mehr zum Wasser hin entwickelte. Das Flüßchen Ryck (mit den Regatten der akademischen Ruderclubs) führte zum Ausflugsziel Wieck am Bodden, die Kleinbahn nach Lubmin, dem Ostseebad mit Réunionbetrieb. Das benachbarte Eldena war durch die von Caspar David Friedrich gemalte Klosterruine (Zisterzienserkloster) ein beliebter Ausflugsort, wo auch das Rittergut von Beckers lag. Der anschließende Elisenhain war schon mehr ein Buchenwald mit Birkeneinstreuung. Wir durchradelten ihn und brachten an der Lenkstange Büsche von Anemonen heim, aber auch Waldmeister für die Maibowle oder später Veilchen für unser Mädchen.

DAS SONNTAGSZIEL unserer Familienausflüge war Potthagen. Dorthin fuhr eine Schmalspurbahn, die wir über die Eisenbahnbrücke am Bahnhof erreichten. Unser Vater löste die Karten im Zug. Er war immer stolz auf die große Familie: »Zwei Erwachsene, vier Kinder.« Der rotbemützte Schaffner entnahm seinem Billettbuch aus gestanztem Blech die Billetts, knipste sie mit der Lochzange einzeln durch, indem er sechs Karten (wie beim Kartenspiel) auffächerte, nach der Entwertung zusammenschob und den Block dem Vater übergab. Diesen Kartenakt verfolgten unsere Kinderaugen mit dem gleichen Interesse wie nachher bei der Ankunft die Methode des Heizers, sich sein verschwitztes Gesicht mit Putzwolle abzuwischen.
Wir saßen artig auf der Holzbank im Zug. Das dauerte so eine Stunde – mal länger, mal kürzer. Die Lokomotive war klein und ihr Schornstein auffallend hoch. Sie hatte einen schrillen Pfeifton, wenn wir an Hindernisse, Pferdewagen oder Straßenkreuzungen herankamen. Auf der Lokomotive gab es auch ein Läutewerk, wobei die Glocke mittels Feder von einem starken Klöppel angeschlagen wurde. Das Läutewerk hatte eine langsame Frequenz, trat aber dafür um so häufiger in Funktion. Deswegen hieß dieser Zug die »Bimmelbahn« oder auch der »rasende Elias« wegen seines lebhaften Funkenflugs. Er fuhr bisweilen so langsam, daß wir auf dem Trittbrett standen oder auch ausstiegen und nebenher liefen. Mitunter hielten wir uns auf der Plattform auf und ließen das eiserne Scherengitter einklinken. Potthagen war die dritte Station. Ob die Bahn weiterfuhr und wohin, kann ich nicht mehr sagen. Die Strecke nach Lubmin ging über Hanshagen-Wusterhusen.

Am Bahnhof Potthagen lag eine Gartenwirtschaft. Wir hatten nach dieser Bahnfahrt Durst. So wurde es zur Gewohnheit, dort erst einmal einzukehren. Das Gartenlokal war voll von Hühnern, Hunden und Spatzen. Die Tische standen im Freien, sie waren von zusammenklappbaren Stühlen aus rostigem Eisen und grün angestrichenen Brettern umstellt. Wir stürmten eine solche Sitzgruppe – aber der Vater bestimmte eine andere. Wir folgten. Die Mutter packte den mitgebrachten Kuchen aus, und einer von uns wurde in die Wirtschaft geschickt, um Teller und Messer zu holen. Davor drückten wir uns gern. Dieser Auftrag: nichts zu verzehren, nur Geschirr zu holen, war uns peinlich. Unser Vater bestellte vier Portionen Kaffee mit sechs Tassen, Zucker und Milch reichlich. Wir lockten mit Kuchenresten Hühner und Spatzen, die zudringlich wurden und auf Stuhl und Tisch hüpften. Das fanden wir amüsant, wir hielten Tierliebe für eine Tugend. Bis mein Vater streng wurde, und da gab es dann nichts zu lachen. Früh wurde uns Kindern klar: Papa hat immer recht, Kinder haben zu gehorchen. Der Schuldrill wurde rechtzeitig eingeimpft: still sitzen, Mund halten, gehorsam sein.
Als dann aber einmal der Jüngste von uns Kindern auf dem anschließenden Spaziergang zum Söllkensee im Wald verlorenging, stand Sorge im Gesicht der Mutter, während der Vater ungeduldig den Wald durchsuchte. Steckte das Kind vielleicht im »Irrgarten«? Das war ein dunkler, geheimnisvoller Tannenwald mit vielen Wegverzweigungen, in denen man sich schon verirren konnte, wenn bei beginnender Dunkelheit das nur spärlich in den Tannensaum einfallende Licht kaum noch Orientierung erlaubte. Und so geschah es auch: der Jüngste war weg. Wir liefen zum Bahnhofsrestaurant zurück, suchten in der »Herz-Hütte«, riefen durch den Wartesaal: nichts. Aber endlich: im Irrgarten hockte der Kleine vor einem riesengroßen Ameisenhaufen. Unser Vater (das war so seine Art) schlug sein frisches Taschentuch aus, legte es vorsichtig auf den Ameisenhaufen, schlug es wieder aus, bis die letzte Ameise verschwunden war, gab es dem Jüngsten zu riechen und sagte väterlich: »Das ist Ameisensäure – jetzt mußt du tief einatmen. Das ist gesund. Tu das!« Und der Jüngste tat wie befohlen, bekam einen Klaps und wurde an die Hand genommen, von der er im Wald nicht mehr los kam.

Potthagen – das ich 1974 noch einmal als Hinweisschild an der Straße nach Anklam entdeckte – war voller Kindheitserinnerungen, die unauslöschlich blieben. Was später angstvoll als »dunkler Wald« mit Phobien dastand, die erste Reise mit eigenem Billett, der Kuchenteller ohne Leistung, das Verlieren eines Menschen, das Suchen im Dickicht, die Reise in das Unbekannte: das Kind nimmt diese Eindrücke mit unterschiedlicher Erlebnisbereitschaft auf. Aber immer werden die ersten spezifischen Erlebnisse die stärksten bleiben, auch wenn sie damals nur in dem knabenhaften Vokabular eines Schulaufsatzes erlebt wurden.

WENN DIE TÄTIGE MUTTER auf den Wochenmarkt ging (regelmäßig am Mittwoch oder Sonnabend), nahm sie den Knaben gern mit. Er stand gerade im Blickwinkel zum Flurspiegel, in dem sie ihn entdeckte, als sie ihm mit dem Strohkorb und der Markttasche in rasch trippelnden Schritten entgegenkam. Immer gab es auf dem Markt Interessantes zu sehen. Die Stände mit frischen Fischen: Barsche – Heringe – Aale – Flundern – Hechte – Plötze. Oder die Käfige mit Hühnern und Hähnchen, die aufflatterten, wenn man mit der Hand das Gitter streifte. Oder die Gemüsestände, die Wurst- und Fleischangebote, auf Stangeneis gekühlt – die Fleischer mit ihren blutig beschmierten Schürzen, die ihre Messer schärften und neue Portionen abschnitten, wie die Mutter sie wünschte. Sie sprach laut, einfach und bestimmt: »Geben Sie mir vom Rind zwei Pfund Schieres und vom Räucherspeck ein Pfund durchwachsen.« Und wenn der Fleischer die Knochen löste – weil Schieres verlangt wurde –, und er das Schiere auf die Waage legte, trat die Mutter näher heran und kontrollierte die Wiegeprozedur. Meist bemerkte sie etwas beiläufig-ironisch: »Ma nich so knapp!« Dann legte er noch einmal auf, nahm aus dem Kästchen ein messingblankes 20-g-Gewicht, das er lässig auf die Waagschale fallen ließ mit den Worten: »Langt's nu?« Der Knabe stand daneben (etwas peinlich berührt, weil aus seiner Sicht die Waagezunge richtig pendelte), stieß seine Mutter an, wollte sie korrigieren – aber sie nahm das kaum zur Kenntnis. Der Fleischer wischte sich wohlgefällig die Hände mit dem neben ihm liegenden Handtuch ab und wandte sich anderen Kunden zu. Wir zogen weiter: zu Porree – Zwiebeln – Spinat – zu Wruken – Mohrrüben –, daneben standen etwas müde die Stauden von Nelken – Astern – Sonnenblumen –, dann die kleinen Gewürze: Petersilie – Schnittlauch – Bohnenkraut. Die Sonne brannte auf die Stände, die als Holzroste frei aufgebaut waren. Nur manche trugen den Sonnenschutz. Auf dem Fischmarkt stank es immer. Die Mutter kaufte gern Heringe ein, um sie zu Hause braten zu lassen und dann in Essig und Zwiebeln einzulegen. Diese Bratprozedur verpestete zwar das Haus von oben bis unten, aber die »eingelegten Bratheringe« bei Domnicks waren eine Delikatesse von sinnlicher Würze. – Ich beobachtete mit Neugier das Töten der Fische, das Abschuppen, das Ausnehmen. Ich sah beim Geflügel das Kopfabhacken und das Blutspritzen – ich sah den kopflosen Hahn herumspringen, bis er sich langsam ausgeblutet auf die Seite legte – ich schaute zu, wie ein Aal sich wand und krümmte, wenn eine feste Hand ihn aus dem Wassertrog holte: schlangenartige Bewegungen, sich wehren gegen die festhaltende Hand, gegen den Würgegriff hinter dem Kopf, gegen das Zupacken des Feindes – ich sah das Abziehen des Fells an einem Tier, das ich lieber im Schoß gestreichelt hätte – ich kontrollierte die ängstliche Atmung der zusammengepferchten Küken, Junghennen – den lichtlosen Käfig der Kaninchen, die sich nie bemerkbar machten. Und ich wünschte mir, all diese Eindrücke, die das kindliche Gemüt trafen, auszulöschen, wegzuwischen und mich von ihnen zu befreien. Ich dachte an das gierige Essen, und der Appetit schlug in Übelkeit und Ekel um. Ich stand da – weit weg von der Mutter, die sich die Marktkörbe füllen ließ mit noch eben Lebendigem, ich widersprach innerlich, ich wandte mich ab, lief weg, verlor die Mutter, eilte nach Hause – keuchend und traurig. Die Mutter entdeckte mich auf der Veranda im Korbstuhl. Der Sonnenschutz war heruntergelassen, die gedeckte Veranda – von wildem Wein umrankt – lag schattig in der Mittagssonne. Die Mutter fand den Knaben zusammengekrümmt im Sessel liegen. Sie fragte – umsonst, sie bat den Jungen – vergeblich. Und wenn ihre warme Hand über das ungekämmte Haar strich, dann zog der Knabe den Kopf zurück, er wehrte sich gegen Liebkosungen, er war verstört – ablehnend. Der Junge lief in den Garten, setzte sich auf den Treppenabsatz, starrte auf die dunkle Gartenerde, verfolgte die Zick-Zack-Bewegung der Ameise oder spielte mit einem Grashalm und einer Schnecke, entdeckte den Kopf eines Regenwurms und sah die Hand, die zupackende am Aal. Er verkroch sich wieder, suchte eine andere Stelle im Garten, fand Kohlweißlinge, lief ihnen nach, beobachtete das Flügelspiel, den schwebenden Rhythmus, das Perlmutterweiß der Flügel – sah ihnen lange nach, bis sie im blauen Himmel verschwunden waren. Der Junge entdeckte und erlebte seine Welt mit wachem Gefühl: Mitgefühl – Sinn für Leben – Abscheu und Angst vor Tod oder Töten. Die Erlebnisse trieben ihn weiter. Er ging auf die Straße. Ein Kutscher schlug sein Pferd. Ein Hund wurde an der Leine gezerrt, ein Kind geschlagen. Der Junge verkroch sich in sein Bett. Die Mutter kam tröstend, fragend, gute Nacht sagend. Der Junge blieb für sich – sprach nichts – und weinte leise vor sich hin.

DEM ELTERNHAUS SCHRÄG GEGENÜBER lag der Gemischtwarenladen von Häfke: ein Eckladen mit drei Steinstufen, einer Klingeltür und zwei Schaufenstern. Davor standen die Kinder oft, aber viel lieber wagten sie sich in den Krämerladen, wo der häßliche kahlköpfige Häfke mit seinen abstehenden ausgefransten Ohren nach den Wünschen fragte: meist waren es Bonbons oder Schokolade. Der Laden war klein, der Holzboden dunkel geölt. Das Licht kam aus den beiden Schaufenstern. Der Ladentisch – breit, aber mit Waren zugestellt, wieder eng geworden. Links die Zigarrenkisten – rechts die hohen Flaschen mit eingeschliffenem Glasdeckel, in denen die farbigen Bonbons leuchteten: die goldenen mit Schokoladenfüllung, walnußartiger Oberfläche – andere erinnerten an Himbeeren. Die langen, schmalen, durchsichtigen Anisbonbons hatten dunkle Fruchtkerne, die sauren runden waren zum Lutschen, die eingewickelten stäbchenartigen zeigten auf weißem Papier die Früchte abgebildet: Zitrone, Stachel- oder Johannisbeere. Kokosflocken in dunkel und hell – billig und wohlschmeckend. Lakritzen in Stangen oder Rollen. Schlangen aus Gummi. Häfke trieb vor den Kindern damit sein Spiel. Er holte sie aus dem Glaszylinder, zog sie hinterrücks lang, legte sie auf den Ladentisch: – sie begannen sich zu bewegen – wie Regenwürmer – und Häfke sprach in Plattdeutsch zu den Kindern: »de leven noch – de möd ick ers schlachten –«, und er holte sein Messer aus der Schublade, zog noch einmal an den

Schlangen, sprach zu ihnen: »So, jetzt kommt ihr dran!« Die Augen wurden groß und ängstlich – eine grüne Schlange krümmte sich – dann stieß Häfke mit dem Messer zu. Dabei mußte er sich wohl verletzt haben. Wir dachten natürlich, die Schlange habe ihn gebissen. Häfke schimpfte. Und so waren die Kinder in ein phantastisches Spiel eingesponnen. Sie wußten nicht recht, ob Ernst, ob Scherz. Der Kaufmann Häfke mit den abgefrorenen Ohren und seinem zahnlosen Mund blieb allein im Laden zurück. Die verängstigten Kinder liefen nach Hause. Und begannen im Garten das gleiche Spiel mit dem Regenwurm.

Der Häfke-Laden war für uns mehr als ein Gemischtwarenladen. Sehnsuchtsvolle Kindheitseindrücke: alles hinter dem Ladentisch zu besitzen, zu naschen, zu trinken, zu essen! Eine Wand voll Schubladen mit Holzknöpfen. Darüber weiße Emailleschilder mit großen schwarzen Buchstaben, die wir noch nicht entziffern konnten. Darunter die schmale Ablage, auf der die zehn Schokoladentafeln lagen, die Häfke spielkartenförmig zur Auswahl hinblätterte, von 30 bis 80 Pfennig. Darunter die großen Fächer für Zucker und Mehl. Die Tüten hingen links an Metallringen. Die kleinen blauen Dreieckstüten, bei denen die Spitze immer fachmännisch eingeknickt wurde, waren für Zucker bestimmt, während die rechteckigen braunen Tüten für Mehl und die kleinen weißen für Gewürze vorgesehen waren. Vor dem Ladentisch: Fässer mit Gurken, grünen Heringen und Rollmöpsen. Daneben das Schnapsfaß mit Saugpumpe, aus dem Häfke seinen Korn trank.

In unserem Kinderladen spielten wir diesen Häfke: hinter dem Ladentisch stehen, nach den Wünschen fragen, Geld kassieren, vorher wiegen in Messingschalen mit großen und kleinen Gewichten. Einpacken. Einwickeln. Zuschnüren. Abgeben. Danke sagen. Zur Tür mitgehen. Auf den nächsten warten. – Dieses Kaufmannsspiel wurde bei uns lebendig, weil es Wirklichkeit war. Was war dagegen das Kasperle-Theater? Warum flossen Kindertränen beim Vorlesen einer »wahren Geschichte«: Der Reiter verliert seine Geldbörse – der Jagdhund bellt und springt am Pferdekopf hoch –, der Reiter kann den Hund nicht beruhigen und erschießt ihn –, der blutende Hund schleppt sich zu der im Sand liegenden Geldbörse zurück und stirbt dort. – Oder warum kommen dem Kind Tränen, wenn auf dem Weihnachtsmarkt der Junge frierend am Boden sitzt, und der weiße Pudel ihn bewacht und beschützt –, alle gehen vorüber und niemand beachtet den Jungen und seine Streichhölzer.

DIE BAHNHOFSTRASSE war für uns Kinder die große breite Heimatstraße mit altem doppelreihigen Baumbestand. Hier spielten wir Ball, peitschten die Kreisel, lernten das Radfahren. Hier lief mein Vater oft in letzter Minute zum D-Zug nach Berlin – 12.04 Abfahrt auf Gleis II. Er kam gehetzt aus dem Anwaltsbüro. Manchmal lief meine Mutter voraus zum Stationsvorsteher (der den Zug mit weißer rotumrandeter Kelle abfahren ließ) und flehte ihn an zu warten, bis Herr Rechtsanwalt Domnick den Zug bestiegen hätte. Die Fahrkarte wurde im Zug nachgelöst. Die Kelle stieg langsam hoch, der Zug setzte sich sanft in Bewegung, als hinter meinem Vater die Tür vom Schaffner zugeknallt wurde. Der Vater winkte aus dem Fenster – die Besprechung in Berlin war wieder einmal gerettet. Mein Vater lebte nach der Zeit. Immer kontrollierte er auf seiner goldenen Klappdeckeluhr die Minuten und beruhigte sich selbst damit.

Durch eine hohe Mauer vom Parkweg getrennt lag die große Eisenbahnwerkstätte – der bedeutendste Industriebetrieb von Greifswald, der vor dem Ersten Weltkrieg schon 700 Arbeiter beschäftigte und 1924 bereits 1200. Aber 1926 wurde der Betrieb geschlossen und demontiert. Es begann die Krise und die politische Neuorientierung. Für uns Kinder war dieser Betrieb ein Ereignis: jeden Morgen gegen sieben Uhr zogen Hunderte von schwarzgekleideten Arbeitern mit dunkler Schirmmütze an unserem Haus vorbei, still, in Vierer- oder Sechserreihen. Manche rauchten ihren Tabak aus alter Pfeife, es roch süßlich-würzig. Manche spuckten aus (für mich bis heute noch immer etwas Widerliches), manche sahen elend und blaß aus, die meisten liefen schweigend zur Arbeit. Das Anmarschieren in die Eisenbahnwerkstätte hatte etwas Bedrückendes. Es erregte unser Mitleid. Mittags um zwölf Uhr kam derselbe Arbeitertrupp zurück, umgeben von süßlich-schwelendem Duft nach Öl, Pfeife und Ruß. Wir standen auf unserer Granitsteintreppe, die Spiele mußten unterbrochen werden. Zur Mittagszeit schienen die Gesichter heiterer und die Gespräche lebendiger. Die Emaillekanne hing am Riemen, für den Nachmittag wieder mit Kaffee-Ersatz gefüllt. Diese Arbeiter verdienten nicht viel, man sah ihnen Armut an. Das Essen war dürftig, die Familie groß. – Ist es ein Wunder, daß Jahre später diese schwarzen Arbeiterkolonnen die rote Fahne durch die Straßen führten, ihr folgten mit erhobener Faust und dem Schwur: »Proletarier aller Länder vereinigt Euch!« Dies haben auch die Kinder erlebt, aber sie verstanden nicht viel davon, und für politische Aufklärung schienen sie noch zu klein. Doch später fand ich im Gymnasium Demmin beim Studium moderner Literatur: bei Ernst Toller – Georg Kaiser – Walter Hasenclever – diese Situation einer aufrührerischen revolutionären Arbeiterbewegung wieder. Mittags um halb zwei Uhr und abends gegen sechs Uhr wiederholte sich der Marsch der dunklen Männer: hin und zurück – zurück und hin. Im Gleichmarsch, im selben Tempo, immer um die gleiche Zeit: die marschierende Arbeitertruppe von Greifswald. Wenn sie vorbei waren, konnten die Kinder wieder ihre Kreisel treiben lassen.

WIR ZÄHLTEN DIE STUFEN. Sie waren aus dicken rohen Holzbohlen. Das Geländer grau gestrichenes Eisen. Nach zwölf Stufen kam ein Absatz von einigen Metern Breite, auf dem die Alten sich ausruhen konnten. Dann ein zweiter Treppenabschnitt. Eine Stufe um die andere – hochgestemmt. Dann ein dritter Abschnitt – oder kam schon der hohe Steg, der die Gleise überbrückte und auf dem die Kinder stehenblieben und die Züge abwarteten, bis sie unter ihnen durchfuhren: die langen Güterzüge – wie ein Lindwurm – sie nahmen kein Ende. Wir wollten uns immer an Stricken herunterlassen und mitfahren. Dann die Schnellzüge – D-Züge – alle rauchten sie. Manche überfuhren die Station Greifswald, und wir konnten das Ereignis des Vorbeirasens gar nicht verstehen. Wir verstanden auch nicht, daß auf so vielen Gleisen rangiert wurde – genügte doch ein Gleis, die Züge vorbei- und durchfahren zu lassen. Unsere Vorstellungen kamen von den Kleinbahngleisen, die nur einspurig waren mit einer Rangierweiche und kurzem Abstellgleis. Manchmal zielten wir bei langsamer Einfahrt, oder wenn das Signal noch nicht frei war, mit unserer Spucke in den kurzen dicken Schornstein, was natürlich nie gelang. Wenn aber ein Zug mit weißem Dampf unter uns wegfuhr, waren wir eingenebelt und für den anderen verschwunden. Es roch gar nicht. Nur etwas feuchten Dampf wischten wir uns aus den Augen. – Wie der Brückenaufstieg gelang auch der Abstieg mit Treppenzählen und Abspringen der letzten Stufen. Weiter trauten wir uns nicht. Dahinter lag die Kinderklinik und dann das Irrenhaus. Der Chef hieß »Irren-Schröder«. Um die Klinik liefen (wie in jeder Stadt) Gerüchte, die sich hartnäckig hielten. Man ging mit zwiespältigem Gefühl, halb Grauen, halb Mitleid an diesem Haus vorbei. Manchmal sahen wir Fratzen, manchmal hörten wir Schreie.

DER KNABE STAND AM SCHAUFENSTER des Kaufhauses Erdmann in der Fleischerstraße, setzte seinen Fuß auf die Brüstung und zog die Schuhbänder zu einem Knoten zusammen. Er kam damit nicht zurecht. Die beiden Enden waren verschieden lang, und er stolperte, als der linke Fuß auf den Riemen trat. Eine ihm unbekannte Frau nahm ihn an die Hand, und er ließ es geschehen, daß sie ihm eine feste Schuhschleife band. Er lief weg, drehte sich um nach der Unbekannten, die ihm nachwinkte. Der Junge war ängstlich, zumal die Mutter ihn immer wieder ermahnt hatte, nicht mit Fremden mitzugehen. »Die können dir etwas antun – dich verschleppen«, und abends las die Mutter den Kindern am Bett sitzend aus Grimms Märchen vor. Manchmal erfuhren wir etwas von der Hexe: in »Hänsel und Gretel« lernten wir sie kennen. Dieses Vorlesen ließ uns in den Schlaf hinübergleiten. Bisweilen träumten wir auch davon.

In dieser Heimatstadt, wo jeder jeden kannte, ging unser Mädchen Auguste mit uns Kindern nachmittags oft an den Parkteich über den dunklen Wall – am »Kurhaus« und der »Giftbude« vorbei – über die hölzerne Brücke zum Bootssteg, wo Ruderboote für 30 Pfennig die Stunde vermietet wurden. Auf dem Parkteich schwammen Schwäne mit langen sich ringelnden Hälsen, die tief eintauchten, schnäbelten, dann plötzlich auf dem Wasser sich erhoben, mit den breiten Flügeln schlugen und ihr Gefieder putzten. Der Schnabel erschien uns Kindern durch den langen Ringelhals besonders lang. Etwas ängstlich wandten wir uns vom Ufer ab, wenn die Schwäne vorgestreckten Kopfes rasch auf uns zuruderten mit wilden Schreien. Unser Kindermädchen lockte sie mit Brotresten, die im Nu verschlungen wurden, wobei Wasser mit durch die Gurgel floß. Bei aufmerksamer Betrachtung erkannten wir die Schlingbewegungen am Hals. Dann warfen wir Steinchen und vertrieben damit die Schwäne. Wir wunderten uns über ihren raschen Abstoß, wobei die Schwimmflossen sich spreizten und eine kleine Bugwelle entstand. Wir kehrten um – unser Kindermädchen Auguste führte Else und Hans an der Hand. Ich lief voraus, entdeckte einen Schatten, fragte das Mädchen, bekam aber keine Antwort. Plötzlich stand ich einer alten, schwarzgekleideten Frau gegenüber. Die beugte und streckte ihren Zeigefinger – hieß das: ich solle zu ihr kommen? Ich blieb versteinert stehen. Es war dämmrig. Sie lockte mich. Ich mißtraute ihr. Sie hatte ein grobes Gesicht, halb verdeckt von einem lila Stirnschleier um ihren dunklen Hut. Die Finger steckten in schwarzen Handschuhen, und sie zeigte mir aus einem Abstand von fünf bis sechs Metern eine Tüte mit Konfekt. Sie wollte mir etwas schenken. Aber ich blieb auf meinem Platz stehen. Als die alte Frau auf mich zukam, lief ich angstvoll weg, und ich wußte: das ist sie, die »Lock-Tante«, die Hexe, von der die Mutter uns abends vorlas. Auch bei den Geschwistern wiederholte die lila-schwarze Frau ihr Lockspiel. Seitdem bestand in uns Kindern eine durch nichts begründete und durch nichts zu belegende Angst vor dieser »Lock-Tante«, die über Jahre lebendig blieb und uns noch im Traum verfolgte: die fremde Gestalt an einem Ort, an dem man doch jeden sonst kannte, dem man begegnete. War es die Hexe im Märchen mit dem symbolisch gekrümmten Finger? War es die Verlockung des Unbekannten mit süßen Versprechungen, die übermächtige Ängste in uns auslösten?

DAS GESCHENK WAR GROSS. Das Geburtstagskind packte es behutsam aus. Die Fäden wurden nicht durchgeschnitten. Der Junge zog das Knotenöffnen fast bewußt in die Länge, diese Art der Vorfreude sollte durchlebt werden – ausgekostet mit allen Stufen der Erwartung. Die Mutter wollte mit auspacken, aber die helfende Hand stieß er zurück, fast etwas trotzig: wenn ihm etwas geschenkt wird, dann gehört auch die Zeremonie des Auspackens, Öffnens dazu bis zum Höhepunkt der Überraschung, die im Augenblick des Betrachtens plötzlich in sich zusammenfallen oder sich zu einer Freudenorgie steigern kann. Sorgfältig werden die Fäden gelöst, die Schnur gleitet auf den Boden, er tritt darauf, dann zieht er die Papierhülle weg, umfaßt das kleiner gewordene Paket liebevoll, schüttelt es, um am Geräusch sich näher über den Inhalt zu orientieren, dreht es, prüft das Gewicht – bis plötzlich eine Hast ihn überfällt und er mit raschen Bewegungen den Rest der Verpackung löst und den Pappkarton aufreißt, der mit feinen Bindfäden noch einmal zugebunden ist. Jetzt kennt er keine Geduld mehr: er zerreißt den letzten Faden, biegt die beiden Pappdeckel zurück und starrt auf ein dunkelgrünes Dach, das zu einer 50 cm langen Brennabor-Limousine gehört. Die Hände umgreifen das Automobil, an dem Lampen, geschliffene Scheiben, Handbremse, rote Räder mit weißen Gummireifen originalgetreu nachgebildet sind. Der Wagen hat regelrechte Lenkung, so daß er auf dem Parkett seine erste Kurve fahren kann. Die Aufzugfeder ist stark, der Schlüssel aus blankem Metall. Die Türen sind zu öffnen und die Handbremse funktioniert. Noch nie war der Junge so stolz auf ein Geschenk. Es bedeutete ihm mehr als ein Spielzeug, war ein Vorwegnehmen späterer Freuden.

DOCH DAS SCHÖNSTE ERLEBNIS: der freie Platz neben dem Kutscherbock. Da oben auf dem Bock zu sitzen, die neue Perspektive mit dem breiten Pferderücken, dem Geschirr, der Deichsel, der Waage, der gekreuzten Leine mit Zügel und Zaumzeug – dazu der wehende Schweif, das lange Haar, der unruhige Kopf mit dem Schütteln der Mähne –, das alles erlebte der Knabe mit der ganzen Intensität seines Gemüts. Voller stummer Fragen – ohne Antwort –, voller Sehnsucht nach eigener Leinenführung, nach Galopp und Trab, auf Sommerweg und Kopfsteinpflaster, mit Loben und Zungenschnalzen – mit leuchtenden Augen vom Bock eines Kutschwagens –, eingewickelt, umleibt von Decken, die beim Stehen dann den Pferden übergeworfen wurden. Dieses Erlebnis, wenn er herunter auf die gerastete Radkappe tritt, dem Kutscher folgt, das Zaumzeug abnimmt, den Riemen löst, die Pferde streichelt, das Auge betrachtet, die Nüstern. Und wenn die Augen müde werden – wie traurig schaut das Pferd –, wieviel Kummer liegt in diesem Blick. Das Fell ist glatt und glänzend schwarz, der Junge möchte bleiben – hineinkriechen. Er nimmt nichts mehr wahr als dieses: die samtweichen Nüstern, die hängende Unterlippe, die breiten Zähne, das Schütteln des Kopfes, die Mähne, das Ausruhen der rechten Hinterhand, während das Pferd die drei anderen Beine belastet. Der Knabe entdeckt den nackten Bauch und schlägt Fliegen weg, die sich dort immer ansetzen. Kinder erleben ihre Welt. Ihr Forschen, ihr Tasten, Suchen, Finden in Selbstverständlichkeit ist ihr Reich. Dieser kindliche Entdeckungstrieb, der sich in Phantasie und Emotionen auslebte, war für den Knaben voller Reiz, aber auch voller Unruhe. Er genoß ihn. Er litt aber auch.

DIE HANDSCHUHE DRÜCKTEN zwischen den Gelenken. Die Finger waren länger geworden. Der Knabe trug die Schlittschuhe an einem Lederriemen über die Schulter gehängt. Beim Laufen schlugen sie im Nachtakt an den Rücken. Vor dem Grüßen zog der Knabe das blinkende Metall von der Schulter, trug es gesittet am Riemen, wobei er den Arm etwas anziehen mußte, um es nicht am Boden schleifen zu lassen. »Wo willst du denn hin?« wurde er von Spaziergängern gefragt – und er spürte Mitleid in ihrer Frage. Er fror, war blaß und wußte keine rechte Antwort, da sowohl auf festgetretenen Schneewegen wie auf dem Parkteich Schlittschuh gelaufen wurde. Er sprang mit den Schlittschuhen davon, die er jetzt am langen Riemen hinter sich her zog, als spiele er mit einem Tier – einem Hund, dem er zurief: »Komm, wir wollen rennen.« Dabei klirrten die Eisen, und wenn er über frei liegende Steine lief, entstanden Funken, die ihm Freude machten und ihn zum schnelleren Laufen anregten. Schon etwas müde kam er am dicht besetzten Parkteich an, suchte nach einem Platz, um anzuschnallen. Der frühe Nachmittag brachte Wolken. Die Sonne war ohne Wärme. Der Wind wurde eisig. Viele kamen zurück und schnallten ab. Der alte Mann mit der Pfeife tat es für fünf Pfennig.
Der frierende Knabe setzte sich auf einen Klappstuhl, zog die Wollhandschuhe aus, drehte mit der Vierkantkurbel die Stahlbacken auseinander, paßte seinen linken Schuh in die Öffnung, zog mit der Kurbel die Klammern an, die nun die Sohle rechts und links festhielten, während der Schuhabsatz von scharfen eindringenden Spitzen eingefaßt wurde. Der Junge zeigte dabei Geschick. Aber die Finger

waren kalt und kraftlos, die kleine Metallkurbel (am Bindfaden um den Hals gehängt) fiel ihm oft aus der Hand, und die Kraft beim Anziehen der Klammern genügte nicht. Als der Knabe den linken Schlittschuh beim Auftreten belastete, kippte der aus der Halterung – und von neuem begann das mühsame Spiel. Ein Fremder hatte den Knaben beobachtet. Er ging auf ihn zu, ließ sich den Schlittschuh zeigen. »Gib mir deinen linken Schuh.« Der Knabe befolgte die Aufforderung, zog sich die Wollhandschuhe wieder über, ließ nun auch den rechten Schlittschuh festdrehen. Er stand auf, um 4–5 cm größer geworden, ging unsicher auf dem Schlackenboden zum zugefrorenen Teich, winkte dem Fremden zu, der seine ersten Versuche auf dem Eis verfolgte. Das genierte den Jungen. Er hing sich an das Geländer, blieb stehen – schaute zurück, bis er sich unbeobachtet fühlte.

Inzwischen war es kälter geworden. Die meisten waren schon vom Eis gegangen. Der Knabe suchte sich zu verstecken. Er wollte niemand sehen. Er machte kleine Schlittschuhfiguren, unsicher, in gebückter Haltung. Mit nach innen durchgedrückten Fußgelenken schob er einige Schritte nach vorn, ohne recht vorwärts zu kommen. Wie ein Nichtschwimmer, der zwar Schwimmbewegungen ausführt, aber keinen Meter Wasser hinter sich bringt. So stand der frierende Knabe auf der fast leer gewordenen Eisfläche und verharrte in seiner unglücklichen Lage, an den Drahtzaun gelehnt – bis die früh einsetzende Dunkelheit ihn zur Abschnallbank zurücktrieb. Das Abtrudeln ging leicht, und das Abschütteln der Eisen befreite ihn – er stand auf sicherem Boden. Mit dem gelochten Tragriemen konnte er die Schlittschuhe kurz anbinden und nahm laufend den Heimweg über den Wall, die Augen wieder in gewohnter Höhe. – Später werden die Schlittschuhe am Kachelofen trocknen, in dem Bratäpfel schmoren, wie auf den Stichen in Großmutters Hauspostille.

Es geschah lange nichts. Die Luft stand. Wolken hingen schwer am dunklen Himmel. Kleine schwarze Käferchen klebten an Kleidern und Körper. Im Gesicht lösten sie ein leises Jucken aus. Wenn man darüber wischte, waren die Gnietzen (so nannten wir sie) in der Handfläche verendet. Die Gnietze sah wie ein mattschwarzes

Komma aus, planlos lief sie am weißen Hemd oder Körper herum. Wir wußten: Gewitter liegt in der Luft. Beim Radfahren waren wir manchmal von den Insekten übersät, Hemd und Bluse waren davon gesprenkelt. Die Augen tränten, und mit dem Taschentuch wischten wir die Gnietzen aus den Lidwinkeln. Wenn das Gewitter sich zusammenzog und die ersten Tropfen fielen, roch die Erde feucht – aromatisch, und die Straße dampfte.

Erinnerungen an Augustgewitter: wenn der Regen stark einsetzte und die Erde die Wassermassen kaum aufnehmen konnte. Rasch bildeten sich Pfützen, die sich ausdehnten zu Rinnsalen, zu Erdflüssen, zu Teichen, die lange stehenblieben. Wir zogen die Schuhe aus und wateten darin. Zunehmender Donner wurde unheimlich. Wir suchten Schutz und lernten Bäume zu meiden, in die Hocke zu gehen, nicht zusammenzustehen. Wir zählten die Sekunden vom Blitz bis zum Donner und waren ruhiger, wenn die Abstände länger wurden, aber ängstlich, wenn Blitz und Donner rasch aufeinanderfolgten.

Wenn Gewitter nachts einsetzten, standen wir auf und die ganze Familie versammelte sich unten im Wohnzimmer. Einmal hielt mir der Vater – auf der gedeckten Veranda stehend – die Ohren mit seinen warmen Händen zu und beruhigte den zitternden Knaben. Aber wenn wir am schwarzen Himmel leuchtende Blitzfiguren sahen und der Donner dann unmittelbar krachend einsetzte, wußten wir: es hat eingeschlagen, und heller Lichtschein am Horizont sagte uns, daß der Blitz in einem der umliegenden Gutshöfe einen Stall oder eine Scheune in Brand gesetzt hatte. Das kam eigentlich jedes Jahr vor. Dann rollten die mit vier Rössern bespannten, roten messingbeschlagenen Feuerwehren an: vorn Brandmeister Rost, gefolgt von Mannschafts- und Pumpenwagen, anschließend der Gerätewagen. Wir Kinder kannten diesen Wagenpark, hatten an manchen Übungen teilgenommen. Heut nacht aber war es ernst. Die großen roten Räder, die feurigen Rosse, die links vorn hängende Feuerglocke in Bronze, mit dem Klöppel. Im Galopp ging es durch die Stadt, auf den Granitsteinen sprühten Funken von eisenbeschlagenen Hufen oder den Radreifen. Dieser Troß wurde von Neugierigen begleitet: mit Fahrrad, Handkarren, Hunden, die Wagen und Pferde ankläfften. Man roch schon den Brand. Je näher wir kamen, um so intensiver. Augen tränten. Taschentücher vor den Mund.

27

Pumpen aus dem Dorfteich. Zweite Rohrleitung ins Nachbardorf. Mannschaftswagen dicht herangefahren an den Herd – Funken fliegen zum Himmel. Vorhin waren es Gewitterwürmchen, jetzt sind es Glühwürmchen, die beim Auffliegen verglimmen. Der Gutsbesitzer läßt alle Stallungen räumen. Pferde ohne Geschirr. Kühe, schwerfällig, glotzen mit ihren großen Augen ins Feuer. Manche fressen rasch Grasbüschel. Schafe rennen zurück, versengen ihr Fell – ein widerlicher Geruch –, der Bock ihnen nach, der ohne Lendenschurz sie zu besteigen sucht. Geblendetes Vieh, ohne Instinkt für die Feuersbrunst, für die sengende einäschernde Gefahr. Löschwasser wird knapp. Die Pumpe verstopft, wenn Schlick und Morast angesaugt werden. Das geschieht rasch, wenn das Rohr zu tief in den Teich geführt wird. Jetzt kommt die Notpumpe: eine Wippe, an der auf jeder Seite vier Mann ziehen. Ab und zu springen Landarbeiter mit an die Hebel, der Wasserlöschdruck ist nur gewährleistet bei kräftigem Pumpen. Es gibt keine Pausen. Man hilft mit Wassereimern aus der Hofpumpe, gießt in lodernde Flammen, die immer neue Nahrung finden. Wir stehen abseits, starren in das Feuer, das Suggestion ausübt: Hexenverbrennungen – Freudenfeuer – Signalfeuer – Sonnwendfeuer – Lagerfeuer – Brandstiftung – bis zum Kriegsfeuer über Troja.

Wir schauen zu, wie das Feuer allmählich in zischenden Dampf übergeht und letzte verkohlte Balken zusammenkrachen. Dort flackert noch ein Flämmchen auf, das mit dem Patscher niedergeschlagen wird, bis es erstickt. Alles an uns riecht nach Rauch: Kleider und Haare. Wir schließen uns abziehenden Gruppen an, wollen nicht allein gehen – finden im Bett ein wohliges Gefühl von Geborgenheit. Bilder von Feuer und Rauch tauchen auf, die uns in den Traum hinübergeleiten.

WIE WEIT DIE ERINNERUNG im Leben zurückreicht, hängt von der Art des Ereignisses ab. Erste Erinnerungen werden in das dritte Lebensjahr, auch bis ins zweite Jahr projiziert. Es sind nicht immer einschneidende Erlebnisse. Der Mensch wird nach seinen frühesten Kindheitseindrücken forschen und diese mit den Eltern abstimmen. Aber das ist gar nicht leicht. So kennen wir von Katastrophenfällen bei Fliegerangriffen langanhaltende Schreckreaktionen der Kleinkinder, die später von psychischen Schäden gefolgt sind. Das Kind selbst erinnert sich aber gar nicht daran. Der bei der Flucht auf dem Rücken getragene Säugling weiß später nichts mehr von dem konkreten Erlebnis, so sehr auch die Flucht von Entbehrungen und Strapazen gezeichnet gewesen sein mag. Diese Kinder sind vielleicht später verhaltensgestört, ängstlich, aggressiv. Aber das Erlebnis ist nicht reproduzierbar, nicht verfügbar. Die Übertragung Mutter–Kind spielt eine wesentliche Rolle, erreicht beim Kind aber nur unbewußten Raum. Die Erinnerung ist ausgelöscht, versunken.

Wohl das früheste reproduzierbare Erlebnis aus meiner Kindheit war eine Situation, die an das Jahr 1909 gebunden sein muß: der etwa zweijährige Knabe wurde nachts von der Mutter aus dem Bett gehoben, um dem Vater gezeigt zu werden. Diese Situation war durch Tränen der Mutter und Ablehnung des Vaters gekennzeichnet, der sich im Bett umdrehend – vom Kind und von der Mutter sich abwandte. An diese Situation erinnerte sich der Knabe sehr genau, ja Einzelheiten blieben ihm gegenwärtig: so das große Schlafzimmer – der Nachttisch des Vaters mit der goldenen Uhr – sein Bett – das Kissen, mit dem er seinen Kopf zudeckte – das Durchschreiten des Raums durch die Mutter im Nachtgewand – das Herausnehmen des Kindes aus dem warmen Bett – das Tragen auf dem Arm der weinenden Mutter – die Dunkelheit – das abgeschirmte Nachtlicht des elterlichen Bettes – die knarrenden Geräusche der Dielen – das Ticken der Wanduhr – das Knistern der Tapete, bis der Knabe wieder in sein Bett gelegt wurde: ein schwarzes Drahtgitterbett mit vier messinggoldenen Kugeln auf den Stützen des Bettgestells. Dieses früheste Erlebnis in der sensiblen Periode ist bis heute haften geblieben, und man könnte daraus schließen, daß unter der Situation des elterlichen Affektausbruchs die Rollenverteilung zwischen beschützender Mutter und dominierendem Vater überwertig ins kindliche Bewußtsein drang, mehr als das vielleicht die anderen Geschwister empfanden.

Doch ist in der Erinnerung keine Angst und keine Abwehr lebendig, nur das wohlige Gefühl des Getragenwerdens, die Körperwärme der beschützenden Mutter, wobei der sich abwendende Vater außerhalb der Zweisamkeit von Mutter und Kind blieb.

WAR ES SEHNSUCHT, DIE UNS KINDER zum Bahnhof trieb, wegzufahren, oder Neugier, die Züge rangieren zu sehen oder das Stellwerk läuten zu hören? Oder wollten wir die Rangierlok beobachten mit dem An- und Abkuppeln, wobei ein Eisenbahner zwischen die Puffer von zwei Wagen trat, auf seiner immer im Mund gehaltenen Pfeife blies, wodurch der Lokführer den Rangier-Kupplungsakt als erledigt wußte? Wonach dann der Eisenbahner auf dem Trittbrett stehend schwingende Armbewegungen ausführte und gewaltig pfiff, wenn es bumste: dann war die Lok zu scharf auf den stehenden Wagenteil aufgefahren, so daß der Bremsklotz laut aufkreischte. Das beobachteten wir mit großer Aufmerksamkeit, und es war ein himmlisch beruhigendes Gefühl, wenn über Weichenstellung die Wagen sanft von Gleis 4 auf Gleis 2 rangiert wurden, und der Zug dann in voller Länge nach Freigabe über den Bahnvorsteher in Richtung Stralsund abgelassen wurde. Es waren Viehtransporte in Güterwagen, oder Landmaschinen, oder Kohle, die mit Kalkmilch abgegossen war, um den Füllungszustand zu kennzeichnen. Wir tobten auch zwischen den Gleisen, spielten auf aufgeschottertem Kies und legten gelegentlich ein Kieselsteinchen auf das Gleis. Dann warteten wir ab, was geschah: nichts. Das Steinchen wurde zerdrückt oder weggeschleudert.

Wenn Kinder im Spiel mit Lust und Abenteuer keinen Erfolg sehen, wenden sie sich wieder anderen Dingen zu. Und das taten wir dann auch. Unsere Aufmerksamkeit galt dem Viehbahnhof, der an der Grimmerstraße lag. Dort war ein großer Schrankenübergang mit vier Barrieren: zwei kurzen für Fußgänger und Radfahrer und zwei langen für Pferdewagen. Links von diesem Übergang war ein überdachtes Areal eingezäunt, das mit viel Eisenstangen in Kojen für Schafe, Schweine, Rinder abgeteilt war. Wenn die Landwirte ihr Vieh ablieferten und es in Güterzüge verfrachtet wurde, ging es laut zu. Schweine quietschten, wenn sie von drei Männern gezogen – geschoben wurden: zwei faßten an den Ohren und zogen, der dritte schob am Ringelschwanz drehend das Hinterteil nach. Aber wir hatten kein Mitleid, machten mit und trieben mit einem Stock, wir fühlten uns wichtig. Die Schafe waren ruhiger. Sie blieben immer dicht beieinander, drängten sich am Stahlzaun zusammen, wir mußten sie kaum antreiben, um den bereitstehenden Waggon mit ihnen zu füllen. Nur der Einstieg über eine Art Landungssteg war schwierig: manche stolperten, blieben liegen, mußten aufgerichtet werden. Bei den Kühen ging es wild her. Der Kopf des Bullen war mit einem großen Getreidesack zugebunden. Der Ring durch die Nase war mit einem Strick, manchmal auch mit einer Kette verbunden, und der Treiber ging das Tier von hinten an, um es mit lautem Geschrei vorwärts zu drängen. Hier hatten wir Angst und blieben in gehörigem Abstand zurück, hielten uns außerhalb der Abzäunung, freuten uns, wenn wir dem Tier von außen noch einen Schlag versetzen konnten. Dazu mußten wir auf die Stahlsprossen steigen und kamen uns mutig vor.

Kinder sind grausam: sie reißen der Fliege die Flügel aus, entstauben Schmetterlinge, jagen Hühner in Hof und Gärten, ziehen Regenwürmer aus dem Boden und warten, bis sie zerreißen. Die Phantasie, voller lustbetonter Vorstellungen, pendelt zwischen Mitleid und Grausamkeit, wobei der Grausamkeit ein Machtpotential innewohnt – das Erlebnis ist beim Kind nicht anders wie beim Erwachsenen. In Wieck jagte ich als Vierjähriger kleine Stichlinge und legte sie auf einen Stein, ließ sie zappeln, tat sie wieder ins Wasser und wiederholte das Spiel, bis sie tot waren. Oder ich klebte als Kind einer Fliege mit Honig die Flügel zusammen und ließ sie laufen, bis sie verendete. Bei einem Pony auf dem Gut fragte ich meinen Freund Jochen nach der schmerzhaftesten Stelle, und er zeigte mir die fast haarlose Bauchseite. Später hat dieses Pony Jochen mit einem Hufschlag tödlich am Kopf getroffen. Jochen war »Bluter«. Er war der einzige Sohn und Erbe des Rittergutes Kallies, wo ich oft meine Ferien verlebte.

Hat der Psychiater Heinrich Hoffmann diese Situation beim Kind berücksichtigt, als er seinen »Struwwelpeter« zeichnete und schrieb, weil er für seine Kinder 1847 in Frankfurt kein Buch fand? Die Kindheit steckt voll von diesen Trieben, und man soll sich hüten, aus solchen Abartigkeiten kindlicher Verhaltensweisen auf pathologische Entwicklung zu schließen. Jeder von uns hat bei mehr oder weniger guter Erinnerung und genügend bereitgestellter kindlicher Phantasie solche Erlebnisse gehabt, durchlebt (mehr oder weniger bewußt), instinktiv auch so etwas gesucht, hat sich mit Gleichaltrigen zusammengetan, ist auf Entdeckung gegangen, hat den sexuellen Frühreiz gefunden, erlebt, ausgeschmückt, phantasiebeladen durchgekostet, sich der Natur, dem Tier geöffnet, aufmerksam beobachtet, in geheimnisvoller Stille, ohne Anleitung, ohne Anweisung. Dieses frühkindliche Stadium war um so reicher und für das junge Kind von um so entscheidenderer Bedeutung, als es diese Entdeckungen in der Natur von selbst und von sich aus tat, instinktiv suchend. Nicht durch grobe schulische Hinweise im Keim erstickt, in der Deutung viel zu weit gedanklich vorgetrieben – immer in der irrigen Vorstellung der Erzieher, ein heranwachsendes Wesen rational »aufklären« zu müssen. Das Gegenteil tritt ein: Hemmung, Angst, neurotische Verklemmung, Ablehnung, durch viel zu grobe Orientierung in diesem zarten Bereich einer kindlichen Seele. Da wird nach »Lehrplan« geredet, »anatomisch gezeichnet«, und nur wenige machen sich Gedanken über die Ursache frühkindlicher Schäden und wundern sich, wenn Kinder sich scheu abwenden oder pathologisch reagieren. Das Kind ist verletzlich – viel mehr als man denkt, es sucht je nach Anlage seine eigene Orientierung. Man sollte nicht alles zuschütten, nicht durch rationale »Aufklärung« die Zartheit verletzen, mit der kindlichen Psyche behutsam und still umgehen ohne zu frühe Eingriffe im Sinne einer generellen Belehrung. Das Wissen um sexuelles Geschehen sollte in diskreter Form vermittelt werden, diskret und naturhaft zugleich, wie es dieses Geschehen selbst ist.

Was heute schematisch über Atlas und Unterricht erfolgt, sind Irrwege. Ein vorzeitiges Eingreifen in normale Reifungsvorgänge durch ungeschickte, unphysiologische und unpsychologische Methoden wirkt hemmend auf die normale Überwindung der infantilen Stufe. Daraus entstehen dann wieder die verklemmten Wesen der Jahrhundertwende, die potentiellen Psychoanalytiker-Klienten, die in der Bindung an den Therapeuten Ersatz für normale zwischenmenschliche Beziehungen finden. Das schmerzliche Gefühl der Unreife wird dann dadurch besänftigt, daß man sich freiwillig in eine infantile Abhängigkeit zum Therapeuten begibt. Da die menschliche Natur spontane Heilungstendenzen in sich trägt, könnte das zu einer Nachreifung führen in den Monaten und Jahren der Psychoanalyse, es kann aber auch, wenn die Bindung eines Tages wegfällt, der alte Status wieder zum Vorschein kommen: Nichts ist passiert, nichts hat sich geändert.

DER TRÄUMENDE KNABE lag am Waldboden, dort wo der Elisenhain mit seinen alten Buchenwurzeln die Grasnarbe anhob und die knorrigen in die Erde ziehenden Wurzeln dem Knaben eine Kopfstütze boten. Er lag am Waldrand, die nackten Füße im Gras, die Strümpfe in die Schuhe neben sich gesteckt. Er betrachtete den Wolkenhimmel und entdeckte immer neue Formen, sehnte sich auf einer Wolke zu schweben und sich ganz mit ihr zu vereinen, in einem warmen Wolkenbett zu liegen und von dort oben auf diesen Platz am Hain zu blicken, sich zu suchen – hier an dieser Buchenwurzel zwischen den zarten Waldgräsern, an denen Käfer heraufkrabbelten oder wo Heuhupfer die Grasfläche übersprangen. Er sah diese komischen eckigen Tiere mit den angewinkelten Hinterbeinen auf einem Halm sitzen, und als seine Hand sich dem Tier näherte, federten die Hinterbeine ab, und der Körper schoß in großer Fluglinie meterweit weg. Wovon ernähren sich diese Heuhupfer, fragte sich der Junge, und er legte sich wieder neben seine Schuhe, blickte in die ziehenden Wolken und träumte weiter. Seine Augen wurden feucht. Er rieb sie mit beiden Händen. Dann sah er Sternchen, viele Lichter, farbige Streifen, blaue und gelbe Kugeln, vorbeiziehende Punkte, die er verfolgte mit seinen Augen – aber die dann am Rand seines Blickfeldes verschwanden. Als er die Augen öffnete, war um ihn herum Dunkelheit. Er rieb sich wieder die Augen – wollte die vorbeiziehenden Wolken betrachten, den Himmel, die Heuschrecken, das Gras – aber alles war verschwommen, dunkel geblendet –, er sprang auf, seine nackten Füße trippelten auf Bucheckern und spitzem Geäst – er drehte sich zum Wald, lief in das Dunkel, suchte sein Taschentuch, trocknete mit dem Ärmel seines Sweaters seine tränenden Augen, ging an den Waldrand zurück – beim Bücken nach den Schuhen fiel er rückwärts zu Boden, blieb kurz im Schwindel liegen, fand sich für einige Sekunden im Wolkenbett – richtete sich auf – dabei spürte der rechte Handballen etwas Weiches, Kalt-Feuchtes, er blickte auf diese Stelle und zerdrückte dabei mit dem Gewicht seines sich aufrichtenden Körpers einen Frosch, dessen lange Beine weit nach hinten gestreckt starr am Boden klebten und dessen Leib (wie zertreten) die Handfläche des Knaben ausfüllte. Dieses widerliche naßkalte Gefühl an der rechten Hand durch das versehentlich getötete Tier versetzte den Knaben in äußersten Ekel – er stieß das verendete Tier mit dem Fuß weg. Aber schon schauderte es ihn.

Mitleid und Angst – Vorwurf und Scham überkamen den Knaben. Er ging zurück, holte mit einem Zweig das getötete Tier aus dem Gras, schaufelte mit der Hand eine Grube, legte Moos auf den Boden, wickelte das Tier in Blätter, steckte Zweige an die vier Ecken des Rechtecks, legte oben drüber ein Grasstück und heftete an die herausragenden Zweige ein Gänseblümchen, indem er den Stiel aufschlitzte und auf den Zweig schob. So stand er vor dem kleinen Tiergrab. Seine Augen waren naß. Er zog sich seine Schuhe aus. Die Strümpfe sperrten sich bei den feucht gewordenen Füßen. Er rieb sie trocken. Und dann lief er mit raschen Schritten nach Hause – er war auch diesmal nicht bereit, darüber zu sprechen.

2

UNSER HAUS IN DER BAHNHOFSTRASSE trug die Doppelnummer 48/49. Mein Vater erwarb es 1902 von der Familie Credner. Es war ein großer massiver Bau mit drei Stockwerken: Anwaltsbüro, Wohnung und Schlafräume. Das Dach, mit Schiefer gedeckt, hatte einen Zinnenrand im Tudor-Stil, auf dem die Fahnenstange postiert war. Unser Vater war ein national gesonnener Mann mit Pflichtgefühl, Vaterlandsliebe, und die Kinder wurden in diesem Sinne mit Strenge, in Zucht und Ordnung erzogen. Es gab keine Zweifel über die Autorität. Was der Vater sagte, war zu befolgen. Selbstverständlich mußte an nationalen Feiertagen geflaggt werden. Die Fahne in Schwarz-Weiß-Rot krönte das festungsartige Dach, und der Vater war stolz auf sein Haus, wenn die Fahne im Winde flatterte, Wolken vorbeizogen und Marschmusik erklang. Diese wilhelminische Generation – um 1870 geboren (der Vater 1875 in Bublitz, die Mutter 1876 in Eldena), war »gut kaiserlich« orientiert. Das hieß: Pflichterfüllung, Eid auf Kaiser Wilhelm II., Stolz, Ritterlichkeit mit anstands- und standesbewußter Haltung, Opferbereitschaft für Kaiser, König und Vaterland, »Gott mit uns«. Auf dem Koppelschloß las man in Rundschrift diese Prägung, und wir Kinder hatten großen Respekt, als uns von der Einquartierung diese Symbole gezeigt wurden. Wir waren noch nicht alle in der Schule, als das Kriegsgewitter sich zusammenzog. Oben auf der Diele waren vier Soldaten einquartiert. Sie hatten tagsüber Kasernendienst und putzten abends ihre Gewehre, auch das Seitengewehr und das Koppel. Es roch nach Leder und Uniform, nach Staub und Tabak. Ich erinnere mich gut: meine Eltern ließen sich das Seitengewehr zeigen, und ein Soldat pflanzte es mit dem Bajonettverschluß auf sein Gewehr, ging damit auf der Diele in Angriffsstellung, nahm die Tapetentür zur Wäschekammer aufs Korn und stach zu. Dabei lachte er und sagte: »So werden wir sie töten.« Uns Kindern fuhr ein Schreck in die Glieder, zum erstenmal erfuhren wir etwas vom Töten, das wir bisher nur von Tieren kannten und von den Märchen, die unsere Mutter uns vorlas.

Meine Mutter war eine gutmütige, weiche, romantisch-schwärmerische Frau, die erst mit 31 Jahren die zweite Frau meines Vaters wurde, da seine erste Frau nach der Geburt des Sohnes Ludwig 1904 am Kindbettfieber gestorben war. Mein Vater heiratete danach kurzerhand die Schwester seiner ersten Frau, die also meine Mutter wurde. Vorher war sie Lehrerin am Lyzeum gewesen, hatte Französisch und Englisch unterrichtet und konnte auch etwas Latein. Diesen Beruf hat sie in der Familie weiter ausgeübt, hat unsere Schulaufgaben überwacht und uns natürlich damit verwöhnt. Wir drei Kinder kamen in Jahresabständen zur Welt: April 1907 ich, April 1908 die Schwester Else und Mai 1909 Bruder Hans. Wir waren also dicht beieinander fast auf den Monatstag. Das war schon eine Belastung für eine Frau über dreißig. In Greifswald hieß es über Domnicks: »Alle Jahre wieda – kommt die Schwester Ida« (die Hebamme). »Noch en Sohn – noch ne Tochter – noch en Sohn.« Mein Vater wünschte sich einen Haufen Kinder, und da er wenig Geduld kannte und immer alles rasch erledigen wollte, so wurden auch diese drei Jahre konzentriert mit Kinderkriegen und Säuglingspflege erledigt. Nach dem gesteckten Soll gab es dann Ruhe, um sich anderen Dingen zu widmen: der Erziehung und der Musik.

Mein Vater war neben der Jurisprudenz auch am Sternschen Konservatorium in Berlin als Geiger ausgebildet. Daher bekamen wir vier Kinder auch mit sieben Jahren unsere Instrumente: meine Schwester Else das Klavier, Ludwig und Hans die Geige, ich das Cello. Das war Weihnachten 1914. Es begann gleich mit einem Zwischenfall. Beim Betrachten kam mir mein Bruder Hans in die Quere und ich versetzte ihm mit dem Bogen einen kräftigen Schlag über den Rücken. Es krachte, und der Bogen brach hart in der Mitte durch. Beweintes Unglück der zwei Brüder. Mit einer Binde schiente ich den Bogen und nahm ihn mit ins Bett. Das rührte meinen Vater. Er schenkte mir einen neuen Bogen, mit dem ich glücklich war und fleißig übte.

Mein erster Cellolehrer hieß Carl Abs, der hatte am Hafen eine Schifferkneipe. Als ich mich mit dem halben Cello vorstellte, meinte er beim Betrachten meiner linken Hand: »De is noch en bedden lüd! Du mus spreizen üben un Korken zwischen de Finger stecken. Dann wird dat schon wat.« Aber das Üben ist für Kinder bekanntlich kein Vergnügen. Meine Mutter bemühte sich, uns dabei etwas Freude zu vermitteln. Sie sang mit, schlug Takt oder korrigierte den Ton auf dem Klavier. Mit der Mutter konnten wir offen sprechen, Fragen stellen. Als Lehrerin war sie daran gewöhnt. Beim Baden hat sie uns den ganzen »Max und Moritz« vorgetragen. Sie konnte viel auswendig und diskutierte auch gern. Wir bekamen zum Beispiel Studenten als Mittagsgäste von der Universität zugeteilt. Bei den Gesprächen bewunderten wir die Literaturkenntnis unserer Mutter. Sie war auch bibelfest. Sie kannte die Klassiker, las gern Jean Paul, Stifter, Fontane, Storm, Fritz Reuter, Gustav Freytag, die es damals »in Metern« für Bücherschränke gab, schwärmte für Eichendorff, Lenau und die Märchen von Bechstein und Grimm. Mit den Modernen konnte sie nicht viel anfangen. Gern lief sie allein nach Wieck, am Flüßchen entlang, und stellte ihre Betrachtungen an. Sie kam leicht ins Schwärmen. Sie liebte die Natur über alles, hatte für Technisches gar keinen Sinn. Das Kochen war auch nicht ihre wahre Liebe. Geistige Dinge interessierten sie mehr. Ihre Schwerhörigkeit hat sie bewundernswert getragen. Musik bedeutete ihr viel. Sie spielte Weihnachtslieder auf dem Harmonium, vom Vater auf der Geige begleitet. Am Spazierengehen hatte sie immer Freude (im Gegensatz zum Vater), und wenn die beiden zusammen und gar eingehakt über den Wall von Greifswald schritten, dann leuchteten ihre Augen und das Gehör wurde besser. Aber solche beschaulichen Stunden waren selten. Mein Vater hatte wenig Ruhe, kannte keine Geduld, und meine Mutter mit ihren vier Kindern, dem großen Haus und dem Anwaltsbüro mit den vielen Angestellten, den überraschenden Geschäftsbesuchen war stets in Hetze. Wir Kinder kannten sie nicht anders: trippelnden Schrittes – fast einem Laufen näher als einem Gehen – versuchte sie ihre vielfältigen Funktionen zu vereinen und dem Vater alles recht zu machen.
Wenn sein chromatischer Glissando-Pfiff über zwei Oktaven, tief einsetzend mit crescendo in ein forderndes fortissimo übergehend,

durch das Haus schallte, dann wußten die Kinder, aber auch die
Mutter: der Vater pfeift – der Ruf gilt dir. Spring!
Andere Töne, wenn auch nicht weniger intensiv, erklangen aus den
Kehlen der Studenten. Die Mutter hörte gern zu, wenn am Sonntagmorgen auf dem kleinen Markt vor dem »Nordischen Hof« (Besitzer Flottrong) die Buntbemützten an langen Tischen vor dem Bier sitzend Kommerslieder schmetterten. Weniger Gefallen fand sie an den Soldatenliedern: »Denn dieser Feldzug – ist ja kein Schnellzug« oder »Gloria-Victoria«. Das sangen die Soldaten in dieser Zeit vor dem Ersten Weltkrieg. Und dann marschierten sie durch die Stadt. Und alle Mädchen winkten ihnen zu. Blumen wurden aus den Fenstern geworfen, Taschentücher geschwenkt, das Volk stand strahlend auf Wegen und Plätzen, die Marschmusik unter Ewald Zingel ließ eine Begeisterung aufkommen mit Siegeswunsch und donnerndem Hurra. Es war wirklich so.

WAR ES WIRKLICH SO? Musik hat verführende Macht. Tolstois »Kreutzersonate«, Thomas Manns »Tristan«, die Pop-Musik sind Beispiele. Die Zeit damals war erfüllt von Marschmusik, und von der Sonntagsparade bis zur Verladung in die Frontzüge war nur ein kleiner Schritt. Ein Volk: streng puritanisch in Pflicht und Ordnung erzogen – in konventionellem Sittenkodex, gesellschaftlichem Ritus, moralischen Tabus erstarrt – darauf gedrillt, Emotionen zu verdrängen –, es war der Verführung nicht gewachsen. Die Musik sprengte die Bande.
Um die gleiche Zeit kamen wir Kinder in den Musikunterricht. Aber es gab keine Beziehungen zwischen der Musik, die wir sonntags vormittags auf der Bahnhofstraße hörten, und den Noten, die wir auf die Saiten umzusetzen versuchten. Kein Ohrenschmaus, wenn alle Kinder auf ihren Instrumenten übten. Der kam eher von Marschmusik und Ewald Zingels Glockenspiel.
Wir haben die Mobilmachung im Alter von fünf, sechs und sieben Jahren erlebt. Unser ältester Bruder Ludwig war bei Kriegsbeginn bereits zehn Jahre, meine Mutter 39, mein Vater 40 Jahre alt. Ich erinnere mich noch gut, wie mein Vater den Einberufungsbefehl erhielt. Das war 1916, als der Krieg schon zwei Jahre tobte. Mein Vater machte in Greifswald seine Grundausbildung durch. Der

Schießstand lag in Neuenkirchen. Wir Kinder liefen neben der Kompanie her – mal vorn, mal hinten. Wenn wir unserem in Reih und Glied marschierenden Vater zuwinkten, erwiderte er nicht den Kindergruß. Er war Soldat, und das korrekt und diszipliniert. Auch den Schießstand durften wir nicht betreten. Aber wir tasteten uns doch so weit heran, daß wir unseren Vater erkannten, auf den wir mächtig stolz waren, mit seiner Uniform, mit Koppelzeug, Seitengewehr und Schaftstiefeln, »Knobelbecher« genannt. Es gab drei Schießübungen mit Platzpatronen: im Stehen, im Knien und im Liegen. Aber bei jedem Schuß beeindruckte uns nicht so sehr der Knall (mit langem Waldecho), sondern der Rückstoß des Gewehrs. Und als der Vater eine Schießübung zu absolvieren hatte, flog sein Kopf nach hinten, der Stahlhelm wackelte und wurde eben noch durch den Kinnriemen festgehalten. Wir hatten den Eindruck: der Vater schießt nicht besonders gut – er war vielleicht nicht auf den starken Rückstoß gefaßt. Jedenfalls standen die anderen Väter oder Söhne oder Brüder besser im Geschirr. Unser Vater muß das auch gespürt haben. Als wir ihn später einmal wieder zum Schießstand begleiteten, war er nicht mehr den Schießübenden zugeteilt, sondern er stand (seinem Anwaltberuf entsprechend) am Schreibpult zur Eintragung der getroffenen Ringe. Das war doch wohl schon eine Art Beförderung, eine Bevorzugung, eine höhere Rangordnung, und wir sahen an seiner Uniform den bekannten Winkel, der das Gefreitensymbol darstellt. Jetzt konnten wir ihn auch beim Marschieren in einer anderen Reihe sehen, er hatte eine Außenseiterposition in der Marschordnung eingenommen. Wir waren stolz. Manchmal traf uns ein strenger Blick, wenn wir uns zu sehr den Marschierenden näherten.

Wir liefen dann nach vorn, wo die Marschmusik einsetzte, wenn das Steinbecker Tor passiert wurde. Von da ab hatte der Taktstock des Ewald Zingel müde Glieder wieder marschwillig geschlagen. Und wir waren begeisterte Anhänger des Klöppel-Klingel-Spiels. Der Linksschwenk von der Steinbecker Straße in die Lange Straße war das große Erlebnis für alle Greifswalder Bürger, weil hier nun beim Einbiegen in die Hauptstraße mitreißende Marschmusik erklang, nachdem 500 m vor dem Schwenk die Trommler und Pikkolo-Pfeifer der großen Blasmusik eine Pause gaben. Der Übergang vom Trommler zu der großen Marschmusik war immer ans Herz gehend

– und alle öffneten Fenster und Türen. Diese Stimmung, diese Begeisterung, dieses auf Sieg gestellte, von Vaterlandsliebe getragene Greifswald war Pommern, und Pommern war Mecklenburg, und Mecklenburg war Brandenburg und Brandenburg Berlin – das Reich.

D1E POMMERN GEHÖREN NICHT zu den hektisch-umtriebigen Menschen. Sie sind eher behäbig, ruhig, ohne Ehrgeiz. Sie sind langsam und meiden Hetze. Sie sind modernen Lebensformen eher abgeneigt, mehr traditionsgebunden. Sie arbeiten stetig, mit Ruhe und Ausdauer und genießen den Abend still bei Bier und Korn. Vom Wein verstehen sie nicht viel, sie reichen ihn auch nur bei festlichen Anlässen. Sie sind fromm und gehen am Sonntag in die Kirche. Das rauhe Klima hat ihr Gesicht gezeichnet: derb und faltig. Sie rauchen ihren Tabak in gebogenen Pfeifen, am Abend die Zigarre, die ihnen besser zu Gesicht steht als die Zigarette. Sie sind familiengebunden, halten ihr Haus im alten Zustand gepflegt. Neues will nicht so recht hineinpassen. Sie sprechen nicht viel. Der Hof wird nicht verkauft, auch nicht das Inventar. Deswegen bleibt alles beim alten und Neues paßt nicht in die Stuben. Sie sprechen nicht von Räumen oder Zimmern, in der »Stube« halten sie sich auf. Und die Betten sind hoch getürmt in Kästen aus massivem Holz, die Schränke mit Holzeinlagen, Intarsien. Die gehäkelte Decke als Bettüberwurf, dahinter hängt ein frommer Spruch in Kreuzstichen. Die Bibel liegt im Fach und wird auch gelesen. Die Bauern stehen zeitig auf, gehen zeitig ins Bett und haben den Rhythmus des Federviehs angenommen. Sie sind genügsam, kommen mit einer Suppe aus und sind sparsam über dem Strumpf, den sie mit Scheinen füllen. Die Politik interessiert sie wenig. Sie wünschen sich einen Ordnungsstaat und wollen ihm dienen, wenn er ordentlich geführt wird. Der Mann lebt als Oberhaupt der Familie: er bestimmt. Die Frau arbeitet fleißig mit. Mode scheint nebensächlich.
In der Technik sind die Pommern keine Erfinder. Ihre Fabriken gehen schlecht. Sie sind keine Unternehmer und nicht risikofreudig. Die Greifswalder Radiofabrik WTW (Wissenschaftlich-Technische Werkstätte) ging nach drei Jahren in den Konkurs, obwohl die Rundfunk-Ära erst begann. Die Ölbohrung war ein Fehlschlag.

Und auch das damals gegründete Zementwerk lebte nicht lange. Größere Betriebe können sich nicht entwickeln. Der Pommer ist kein Geschäftstyp. (Die es später wurden, wurden es woanders: in München, Berlin oder Stuttgart.) Von Kunst will er nicht viel wissen, auch wenn er Caspar David Friedrich und Philipp Otto Runge kennt. Er interessiert sich auch kaum für Architektur – die alten Barockkirchen und die Backsteingotik schätzt er aus Pietät, nicht aus architektonischem Kunstverstand. Musik liegt ihm, aber zu Herzen muß sie gehen. Hauptmerkmal ist sein Gemüt, das er auch zeigt – daher ist er kontaktfreudig. Als Soldat hat er immer seine Pflicht getan, die Orden liegen in der Truhe auf dem Samtkissen. Er ist gemütvoll, offenherzig, vertrauensvoll teilt er seine Gedanken mit, die einfach und bescheiden formuliert werden. Die Sprache ist breit und singend, ihr Plattdeutsch klingt behäbig und anheimelnd. Angeberei ist ihm ganz fremd. Er lebt konservativ und etwas unmodern. Die Pommern reisen wenig, sind seßhaft und haben (obgleich Küstenbewohner) wenig Verwandte in den USA – auch darin anders als die Friesen oder die Schwaben. Sie genieren sich leicht in fremder Umgebung und finden es zu Hause in ihrer Stube am schönsten. So war es.

Kein Wunder, daß diesen Pommern der kaiserliche Aufruf an die Herzen griff: »Ich kenne keine Parteien mehr, ich kenne nur noch Deutsche.« Aber die armen Kerle, mit viel zu großen Stahlhelmen auf ihren kleinen Köpfen und mit viel zu großen Uniformen – nein, diese Betrachtung gab es nicht, Kritik oder Mitleid waren nicht gefragt. Jeder wollte mitziehen. Die ganze Stadt ein marschierendes Volk. In dieser Zeit trug der Vater zu Haus stolz seine Uniform, betrat das Anwaltsbüro mit Knobelbechern, und als dieser Mann dann seinen eigenen Gestellungsbefehl erhielt, ging er morgens um sieben Uhr mit der Mutter in die Nicolai-Kirche. Abends saßen wir dann in seinem Arbeitszimmer am runden Tisch zusammen. Es wurde wenig gesprochen. Eine gedrückte Abschiedsstimmung. Wir Kinder verstanden das natürlich nicht, wo uns doch eben noch die Marschmusik in den Ohren lag, die aber – 1916 – für die älteren schon ihren Siegesklang verloren hatte.

DER VATER VERLIESS die Bahnhofstraße 48/49 und fuhr mit einem Feldzug (und einem Sträußchen an der Uniform) in Richtung Frankreich. Wir schauten lange dem Zug nach. Die Mutter blieb mit den vier Kindern allein zurück. Das Anwaltsbüro wurde von einem Berliner Anwalt weitergeführt. Es sollten böse und für die Mutter schwere Zeiten kommen. Sie war dem allen nicht gewachsen. Eine chronische Schwerhörigkeit (Otosklerose) entwickelte sich zunehmend. Sie fand kein Essen für die hungernden Kinder, fuhr aufs Land und bettelte, und der Bürovorsteher Most nahm die Naturalien von den Bauern (für die Kinder bestimmt) selbst mit nach Haus. In der Schule kamen wir schlecht voran. Nachhilfestunden, gegenseitiges Abfragen, dazu die Überwachung der Kinder an Geige, Cello und Klavier als Auftrag des Vaters erschwerten der Mutter das Leben. Der Jüngste (Hans) nahm rapide ab, es entwickelte sich eine üble Furunkulose am Körper – die Schwester war blutarm und schwächlich – ich müde und wenig belastungsfähig – Ludwig (der älteste Bruder aus erster Ehe) noch relativ stabil. Der Lehrermangel, die schlechte Ernährung mit Wruken und Kartoffeln, Kunsthonig und Sirup, der Eiweißmangel, ließen in allen Familien die Flügel lahm werden, wenn man nicht vom Lande durch Beziehungen etwas dazu bekam. Wir fanden in der Schule wenig Nachsicht. Daß wir elend, mager, unterernährt den Lernstoff nicht mehr schaffen konnten, war meiner Mutter klar, aber nicht den Lehrern. Das Klassenziel wurde von uns drei Brüdern immer gerade noch erreicht. Und unser schlechtes Schulergebnis erfüllte die Mutter mit zunehmender Sorge. Sie hatte es allein zu verantworten in eigener Betreuung und Nachhilfe. Dem Vater durfte sie in den Krieg davon nichts schreiben, denn er kämpfte ja »für Kaiser, König und Vaterland«. Mit Gott.
1917 griff Amerika in den Krieg ein. Wir kennen die Bilder von den knackenden Panzern, den durchpflügten Ardennenwäldern, deren Bäume wie Streichhölzer umgelegt wurden. Es war absehbar, wann wir nun den Krieg verlieren würden. Aber wie stellte sich die Heimat dazu? In unserem kleinen vorpommerschen Städtchen dachte damals noch niemand an eine Niederlage, oder gar an eine Kapitulation. Man hatte gelernt (ohne jeden Zweifel): wie der Vater alles richtig machte, so auch der Vater Staat. Diese Generation hatte noch keine Niederlage erlebt. Die Heimat war nie gefährdet gewe-

sen. Nun war sie es. Und nun gab es erst recht keine Frage, daß weiter gekämpft werden mußte.
Zu Weihnachten schmückten Bilder von Kaiser Wilhelm II., Hindenburg und Ludendorff die Tische und schwarzweißrote Bänder wurden um die Weihnachtsbäume gelegt. Wir gingen mit Schwester Else und Bruder Hans am Stadtgraben spazieren, wir sprachen in unseren kindlichen Vorstellungen von Soldatentum, Krieg und Sieg, hatten überhaupt keinen Zweifel weder am guten Ausgang des Weltgeschehens noch an der gesunden Heimkehr des Vaters. Damals orientierten Extrablätter über besondere Ereignisse mit Kampfabbildungen von Flugzeugen, Torpedos, U-Booten. Aber die Extrablätter kamen nur mit guten Sonderberichten, mit Erfolgen, und die Heimat wurde beruhigt. Es gab Kriegsgewinnler und Betrüger (wie immer im Krieg), man hörte davon, aber man kannte sie nicht. Die Lehrer berichteten von der Kriegsszene und wir wurden in die Aula des Gymnasiums zitiert, wenn eine Stadt »gefallen« war oder Gefangene oder Tonnage durch unsere U-Boote »anfielen«. Das endete jedesmal mit Militärmusik, Festansprachen, Schulfreistunden und einem Gebet für den glückbringenden Endsieg. – Trotz allen Verschiedenheiten der Zeitsituation entdeckt man auffallende Parallelen zu 1939–45, ähnliche Prinzipien des Durchhaltens – an Front und Heimat, ähnlichen Verlauf: am Anfang das »schnelle Vorwärtskommen in Feindesland«, dann die nie erwartete Stagnation, dann das Zurückgehen, die Flucht, dann der moralische Zusammenbruch –, dann das totale Ende mit politischer Wende und sozialem Umbruch.
Wir Kinder blieben Kinder, und als das Ende 1918 kam, gingen wir Abend für Abend mit der Mutter zum Bahnhof, sahen die vielen heimkehrenden Soldaten, elend, abgemagert, aber noch fähig, die wartende Frau, die Kinder, die Braut, die Mutter zu begrüßen. Unser Vater war nicht dabei. Wir gingen jeden Abend auf den kleinen Bahnhof dieser kleinen vorpommerschen Stadt und erwarteten ihn, unseren Vater aus Frankreich. Er war nicht dabei. Und er kam auch nicht.
Dafür kam ein Brief mit der Bitte, 2000 Mark an die Filiale Pleyel-Lille zu senden. Als Erklärung teilte der Vater mit, daß er einen großen Konzertflügel Pleyel günstig kaufen konnte. Meine Mutter hatte weder Geld noch Bankverbindungen, noch Verständnis. Aber

irgendwie hat sie diesen Betrag zusammengebracht. Mein Vater, ein hervorragender Geiger, sah eine Chance für den Beginn eines neuen Lebens nach dem verlorenen Krieg und wollte in seinem Haus auch ein neues Musikleben mit dem Pleyel-Flügel begründen. Er ahnte nicht, welche abgeschlaffte elende Frau ihn empfangen würde, und was aus seinen vier Kindern in den letzten Kriegsjahren geworden war. Weder ist je der Flügel gekommen noch hatte das Geld eine adäquate Verwendung gefunden. Mein Vater kehrte im September 1918 an einem Sonntagnachmittag zurück, gerade zu einer Zeit, als wir nicht am Bahnhof warteten. Meine Mutter hatte zum Empfang ein kleines Trio einstudiert – es war ja die Sehnsucht des Vaters, mit seinen Kindern zu musizieren. Wir spielten aufgeregt dem Vater vor. Er war gerührt, aber konnte nicht viel Worte machen. Das war nicht seine Art. Oder hatte er in den zweieinhalb Jahren seiner Abwesenheit mehr von den Kindern erwartet?

Jetzt war die Familie wieder beieinander. Der Vater kam mit 43 Jahren aus dem Krieg, die Mutter war 42, die vier Kinder zwischen 9 und 14 Jahren. Wie lange hatte die Mutter auf diesen Augenblick gewartet: den Vater wieder zu haben, die Kinder vorzustellen, seine Amati zu hören, gemeinsame Reisen zu planen, das Anwaltsbüro wieder in Ordnung zu bringen, für die hungrigen Kinder zu sorgen. Das Oberhaupt der Familie saß wieder oben am Eßtisch (der Platz war frei geblieben) und kümmerte sich von nun an um das Leben der großen Familie. Die Schularbeiten kontrollierte weiter die Mutter. Der Vater verlangte jeden Tag eine Stunde Instrumenten-Üben. Und beim Abendessen hieß es: »Hast du geübt? Was hast du geübt? Du spielst es mir nachher vor.« Das wiederholte sich täglich und wir waren in den Musikdrill eingespannt. Die Schule litt darunter. Und bald hörte man im Gymnasium: die Domnicks lernen nichts, weil der Vater zuviel Musik verlangt. Die Eltern wurden bestellt. Man einigte sich auf Musikreduzierung, um die Schulleistungen anzuheben. Aber das brachte nicht viel.

DIE MUSIK BELEBTE WIEDER DAS HAUS. Der Vater übte auf seiner Amati und bald merkten die Kinder, es läuft wieder: die Tonleitern und Doppelgriffe, der Springbogen und die Chaconne von Joh. Seb. Bach, die er sonntags morgens im Musikzimmer stehend oder langsam gehend, mit Temperament und erstaunlicher Intonation spielte. Wir Kinder bewunderten unseren Vater. Seine Liebe zur Musik war dynamisch geprägt, fest, bestimmt, tempogeladen, mehr dem forte als dem piano zugewandt. Starke Betonung bei Nuancen in crescendo und decrescendo, das ganze vital, kernig. Er liebte keine säuselnde weiche oder sentimentale Auffassung. Beim Spiel (auf der Vorderkante des Stuhls sitzend) lag ihm mehr das Treibende, das Tempo-Forcieren. Und so war auch seine Quartett-Auffassung, analog der seines Vorbilds Joseph Joachim, den er sehr verehrte. Die erste Geige spielt dominant, führt, die anderen Instrumente ordnen sich ein oder gar unter. Nur dem Cello ließ er ein gewisses Eigenleben. Mein Vater hat in seinem Leben den Platz an der ersten Geige nie aufgegeben.

Er überwachte nun streng unser Üben. Aber wenn er neben uns stand und ich mich am Cello quälte, dann wurde er ungeduldig, verbesserte mich im Fingersatz, in Bogenführung und schrieb in die Noten Hinweise. Dabei zitterte etwas seine Hand, aber auch meine. Er überprüfte Bruder Hans, der im nächsten Zimmer übte, konnte den an der Geige natürlich besser korrigieren. Ludwig, der ja fünf Jahre älter war als Hans, machte ihm am wenigsten Kummer. Von seiner einzigen Tochter Else erwartete er besonders viel. Sie mußte noch intensiver üben. Es sollte doch eigentlich ihr Beruf werden. Aber war sie berufen? Fühlte sie sich berufen? Sie wußte es noch nicht.

Dann gründete der Vater sein Streichquartett, das meist bei uns spielte. Mit dem Juristen Professor Merkel (Bratsche), der nie die Zigarette aus dem Mund nahm, Professor Pernice (Cello), dem Pompeji-Forscher, und Dr. Wilfert (2. Geige), Flüchtling aus Estland. Alle 14 Tage Kammermusik bei Domnicks. Wir wurden zeitig ins Bett geschickt. Das Gymnasium verlangte ausgeschlafene Schüler. Aber es gab eine leere Kabelleitung, die von Ludwigs Schlafzimmer nach unten in das Musikzimmer führte. Dorthin legten wir uns sternförmig auf den Boden, das Ohr dicht an dieser Öffnung und hörten die Streichquartette von Brahms, Beethoven, Dvořák, lernten auch Schubert, Mozart kennen. Natürlich schliefen wir ein, auf dem Boden liegend, kaum zugedeckt. Die Eltern fanden uns dort. Sie waren gerührt. Die Mutter brachte uns ins Bett – der Vater war stolz auf die Kinder, daß sie seine Musik liebten und er sie in den Schlaf spielte. Nun wußte er, daß es nur noch auf Erziehung ankam, um die in den Kindern schlummernde musikalische Veranlagung zu entfalten.

Der Vater forcierte nun noch intensiver das Üben an den Instrumenten. Dabei gab es kein Pardon. Er hatte keine Geduld. Er korrigierte schon nach wenigen Takten, und wenn wir nicht das Tempo hielten, trat er mit dem rechten Fuß so fest auf die Dielen, daß unsere Notenpulte wackelten. Wenn es nicht klappte, zählte er laut mit. Und wenn auch das scheiterte, flog sein Bogen auf den Rücken des neben ihm sitzenden zweiten Geigers Bruder Hans oder – bei anderer Sitzordnung – auf meinen Rücken. Wir hatten Angst, wieder zu patzen. Und taten es natürlich doch. Und wieder Beginn bei Buchstabe D und wieder nicht aufgepaßt und wieder gezählt und wieder gepatzt und wieder flog der Bogen, bis das erlösende Wort »aufhören« ertönte. Die Musik wurde uns eingeimpft. Der Vater, zunehmend energisch, verlangte viel und trieb uns in eine Angst, in der Quartettspiel zur Plage wurde. Klopfenden Herzens an den Pulten, Tränen auf den Instrumenten. Manchmal schnitten wir unsere Saiten an, die beim Stimmen rissen, so daß wir dann am Sonntag nicht Quartett spielen konnten. Wir übten, übten, aber Freude kam nicht recht auf. Die kam eines Tages ganz woanders her. Als Gustav Havemann mit seinem Quartett in Greifswald spielte, wohnte er bei uns. Mein Vater spielte mit ihm das Doppelkonzert von Bach. Danach zu uns: »Los Jungens, jetzt mit euch!« Und wir legten ein Beethoven-Quartett auf: op. 18, No 2. Und nun ging die Post ab. Jetzt gab es kein Gerangel, kein Verspielen, keinen Taktfehler. Jetzt wurde mitgehalten, auf Havemann geachtet – und wie übertrug sich sein Spiel auf uns! Wir waren ohne Angst, es lief und machte Spaß. Der Vater muß sich wohl über seine Söhne gefreut haben, wenn er es auch nicht so zeigen konnte. Lag darin nicht eine Tragik? Erfolg durch einen anderen, der doch ihm zukam. Und die Söhne unter einer anderen ersten Geige besser als unter seiner Führung? Ob der Vater dies dachte? Ich erinnere mich an eine andere Situation, als wir ein kleines Hauskonzert gaben und den Konzertmeister Gebhardt die erste Geige spielen ließen. Das war von uns vielleicht dem Vater gegenüber nicht taktvoll – wenn auch verständlich. Wir wollten ihm doch damit eine Freude machen, der etwas resigniert unserem Spiel zuhörte. Später spielten wir auch mit dem Konzertmeister

Peinemann, dem Vater der berühmten Geigerin Edith Peinemann.
Wir verstanden die Strenge unseres Vaters nicht immer. Er hat es mit uns gut gemeint. Aber wir kamen überhaupt nicht in die Nähe seines Könnens, seines Geigenspiels. Er deckte uns zu, mit forte und Tempi und Bogentechnik. Wir stümperten gerade so mit, als gelte es: Hauptsache, am Schluß sind wir zusammen. Nur nicht auffallen, nicht in eine Pause »hineintreten«, immer hingucken, hinhören, bejahende Körper- und Kopfbewegungen einfließen lassen, sein piano nicht überspielen und in sein fortissimo kräftig einhaken, mitmachen, daß die Bogenhaare reißen. Ja, so mochte es der Vater.
Aber da:
Es geschah bei einer Sonntagsprobe im Musikzimmer. Wir spielten das Lerchen-Quartett von Haydn, D-Dur op. 64. In diesem Stück hat die 1. Geige schwierige prickelnde Passagen, die mein Vater glänzend herunterperlen ließ. Plötzlich – die Passage war fast zu Ende und wir waren sehr vertieft in unsere Begeisterung, moniert er: »Was treibt ihr mich? Hört zu, wie ich das nehme und richtet euch danach. Nochmal Buchstabe D.« Dasselbe wird jetzt von uns etwas langsamer genommen, wir grienen uns an, der Vater erledigt sein Pensum, wir beenden das Quartett mit Zufriedenheit. In solchen Situationen mußte dann die Mutter zuhören. Alles läuft nach Vorschrift gut. Der 1. Geiger in Stimmung. Wir machen mit. Das Essen lockt. Und nachmittags ist ein Ausflug nach Lubmin geplant. Der Vater zieht im letzten Satz noch einmal an, macht Tempo, forciert Nuancen, wird kräftiger, stampfender und beendet mit ausfahrendem Bogen das Quartett. Er steht auf und erwartet ein Urteil der Mutter, natürlich im Sinne der Bestätigung. Und meine Mutter lobte das Spiel und bewunderte ihre Jungen. Aber zum Vater sich wendend: »Schätzchen, ich fand dich etwas zu laut.« Das war nun für unseren ehrgeizigen Vater doch eine kleine kalte Dusche. Das Essen blieb ohne Resonanz. Es gab auch kaum Gespräche. Spannung über der Suppe. Mißstimmung beim Braten und Appetitlosigkeit beim Nachtisch. – Aber am Nachmittag badeten wir in Lubmin, picknickten abends im Kiefernwald, und die musikalische Morgenfeier geriet langsam in Vergessenheit. Je weiter der Tag sich neigte, um so größer die Sehnsucht, die Stunde festzuhalten, ehe der Montag wieder begann mit dem Elend der Schule.

MEINE KINDHEIT war in Tränen gebadet: mit Angst in die Schule, mit Angst nach Haus. Überall Strenge, Zittern vor Bestrafung. Schimpfen hier und dort. In den Traum miteinbezogen. Abhärtung oder Gewöhnung traten nicht ein. Ein mühsames langsames Herauswachsen wurde geduldig erwartet, von mir und den Eltern. Ich kannte noch nicht Hanno Buddenbrook, aber ich erkannte mich später in ihm wieder. Nur war mein Schulweg kürzer und oft lief ich in der großen Pause heim, um ein Butterbrot oder einen Kuß zu bekommen. Ich ließ mich gern verwöhnen. Mein Vater war gegen solche Verweichlichung.

Ich: Ich war viel krank. Immer mit hohem Fieber. Ich war zart und weinte leicht. Und wenn ich mit blutenden Fingern zu Onkel Poggendorf lief, dann konnte er beim Verbinden wohl spotten: »Du bist ja kein Ottomar, du bist eine Ottilie.« Ich trage heute noch Narben von diesen Schnittverletzungen. Beinahe wäre ich als Säugling über Bord gegangen, als auf dem schlingernden Rügen-Dampfer der Kinderwagen von Backbord nach Steuerbord hin und her rollte, bis endlich ein Matrose den lebenden Inhalt entdeckte: »Herrjott, da licht ja en Gör drin!« Daran erinnere ich mich natürlich nicht, wohl aber an eine schwere doppelseitige Lungenentzündung mit acht Jahren: Dr. Poggendorf, Professor Morawitz, Nachtschwester. Am siebenten Tag die lytische Entfieberung. Der Vater trat an mein Bett und hob mich zu sich herauf, glücklich über die Wende. Ich erinnere mich.

Erinnerst du dich auch, wie du auf dem Fahrrad sitzend Professor Merkel, den Bratschisten aus dem Domnick-Quartett, grüßen wolltest und beim Mütze-Ziehen einhändig die Lenkstange haltend, jämmerlich stürztest? Ob der Juraprofessor dich überhaupt erkannte, der selbst mit seinem großen schwarzen Hut und wallender Pelerine weithin erkennbar war? Und erinnert ihr euch noch an die radfahrende Schlange der sechs Domnicks durch Greifswald? Voraus mit Seglermütze Vater Domnick, der Richtung und Tempo bestimmte. Vor der Abfahrt ließ er von uns die Reifen bis zum Platzen aufpumpen, wobei er mit beiden Daumen den Reifendruck kontrollierte, den wir aber unterwegs heimlich wieder abließen, wenn uns der Rücken durch das holprige Kopfsteinpflaster zu sehr schmerzte. Wißt ihr noch, wie der jüngste Bruder Hans auf der Pfingstreise nach Usedom am Wolgaster Berg sich mit dem Fahrrad überschlug, so daß wir erst am nächsten Tag weiterradeln konnten? Vorher mußte Hans aber mit dem Vater zusammen die Steilstrecke noch einmal absolvieren, um nach Anleitung Hand- und Fußbremse sinnvoll zu bedienen. Erziehungsprinzip.

Und wißt ihr noch, wie die emsige Mutter zum Dampfer »Grille« vorauslief, weil die vier Kinder nicht so schnell von der Bahnhofstraße über die Fleischerstraße, den Markt und die Kuhstraße zum Hafen kamen? Die Mutter stand neben dem Kapitän, der wartete, bis wir außer Atem den Steg überschritten hatten. Sein Kommando: »Ablegen« klingt mir heut noch in den Ohren. Wir hatten es wieder einmal geschafft.

Mit dem Fahrrad ging es doch leichter. Erinnerst du dich, wie der Vater die langen Hosen unten mit Gamaschen zusammenschnürte, um das Einklemmen der Kette zu verhindern? Wir wußten doch, wie gefährlich das sein kann, eingeklemmt am Fahrrad zu hängen. Das Kommando »Aufsitzen« gab die verschiedenen Startmethoden frei: Der Vater trat hinter sein Fahrrad. Mit seinen etwas zu kurzen Armen ergriff er mühsam die Lenkstange, zog das linke Bein hoch, stellte den linken Fuß auf den angerauhten Stift der Radnabe, wobei der rundliche Bauch fast auf dem Sattel lag. Dann stieß das rechte Bein mit kräftigen Fußbewegungen sich vom Pflaster ab, brachte kleine Fahrt. Nun erhob sich der schwere Körper über das linke Bein und ließ sich auf dem Sattel nieder. Wir Jungens beherrschten den seitlichen Start vom linken Pedal aus mit kühnem Beinschwung über den Sattel (Ludwig übte sogar den Sattelsprung). Die Mutter stellte sich zwischen Vorder- und Hinterrad, trat auf das rechte hochgestellte Pedal, drückte sich links ab, um dann auf dem viel zu kurzen Stummelsattel Platz zu nehmen. Sie zog den bleigesäumten Rock einhändig zurecht, der dekorativ die Beine bedeckte und sich wegen des dort angehefteten Netzes nie in den Speichen verfangen konnte.

Einige Jahre später wird dann die Mutter im Fond des Autos Platz nehmen, die Landschaft betrachten und großherzoglich nach links und rechts grüßen. Die Greifswalder Fahrradkolonne hatte sich aufgelöst: vom Modus per pedes über das Radfahren zum Autofahren. Drei Stadien. Jedes mit anderen Beziehungen zum Mitmenschen. Natürlich mit immer gehobenerem Gefühl: Besitzerstolz, Überlegenheit, Geschwindigkeit. Der Radfahrer klingelt den Fußgänger weg. Der Autofahrer hupt Fußgänger und Radfahrer beiseite. So entstehen über die Art der Fortbewegungsmittel Insuffizienz oder Hypertrophie. Ein Ungleich auf alle Fälle. Soziale Ressentiments.

3

DIE SCHULE: das Schulgebäude in gelbem Backstein enthielt das zwölfklassige Gymnasium und die achtklassige Realschule. Der Eingang durch zwei Paar schwere große Eichentüren mit kleinen runden Oberfenstern, die einen steinernen Vorhof mit sechs breiten Treppenstufen nur spärlich beleuchteten, ließ den Abc-Schützen nichts Gutes ahnen. Hinter der Granitsteintreppe lag rechts die Wohnung des Schuldieners und Klingelwarts Schulze. Er trug stets Watte im Ohr, und wenn er nach seiner großen, in einer Blechkapsel liegenden Taschenuhr den Beginn der Pausen an der großen Glocke mittels einer Eisenstange einläutete, dann wußten Lehrer und Schüler: Schulzes Uhr geht richtig. Wonach er sich in der Zeit richtete, war unklar. Es gab weder eine telephonische Zeitansage, noch stand Radio oder Bahnzeit zur Verfügung. Also war es die Turmuhr von St. Nicolai? Oder die Post? Schulze irrte nie. Die Pausen wurden nach zehn oder fünfzehn Minuten abgeläutet. Die Schule begann um acht Uhr und endete nach fünf Stunden. Humanistisches Gymnasium und Realschule vertrugen sich schlecht. Bei Schneeballschlachten schlugen die Realschüler, die kräftiger, größer, bulliger waren, uns meist in die Flucht. Unten am Schulhof stand eine alte morsche Weide, wo in der großen Pause Kriegsspiele stattfanden: die Weidenbesatzung wehrte sich mit Händen und Füßen, dabei bluteten manchmal Nase und Zahnfleisch. Das machte auf mich großen Eindruck. Wenn Schlägereien zwischen älteren Schülern, besonders Primanern auf dem Schulhof stattfanden, eilte der aufsichtsführende Lehrer in diese von johlenden Schülern umgebene Arena und trennte die Kampfhähne wie Ringrichter die Boxer.

Die Primaner erschienen uns als Herren der Schule. Von ihnen ging eine beachtenswerte Überlegenheit aus. Sie standen vor dem Abitur, trugen lange Hosen, Schlips und steife Kragen, dazu Jimmyschuhe: spitz und flachabsätzig. Manche sogar Kneifer oder Doublé-Brillen. Manche führten schon Aufsicht in den unteren Klassen, gaben Nachhilfestunden, waren große Turner oder gute Leichtathleten. Dazu gehörte auch unser Freund Pflugradt mit seinen schnellen Beinen, der die 100 Meter in 12,4 Sekunden lief und die Sprungweite auf 5,10 Meter schraubte. Da standen wir bewundernd daneben und waren stolz auf unseren Freund. So war die Schule anregend und ließ Verbindungen entstehen, die bis heute lebendig blieben. Alle zwei Jahre treffen sich die alten Greifswalder Gymnasiasten in Kassel, feiern ihr Wiedersehen, trauern um die Verstorbenen, tauschen Erinnerungen aus, erzählen vielleicht auch von dem, was ich hier berichte. – Ich war nie dabei.

Erzählen vielleicht auch davon, was unsere Schule bot: das peinigende, strafsüchtige, laute, militärische – an Zucht und Ordnung mahnende Verhalten. Dieser preußische Geist, der absolute Gehorsam, das Abspulenlassen von Hausaufgaben, die körperlichen Züchtigungen, der mangelnde Humor, die Nachsitzstrafen, die Eintragung ins Klassenbuch, die geforderte Unterschrift des Vaters oder gesetzlichen Vormunds unter einer schlecht zensierten Klassenarbeit, die fehlende Förderung durch Lob oder Anregung, das Schimpfen, Strafen, Schlagen, Beleidigen, die Zerstörung des kindlichen Vertrauens zu seinem Lehrer, dem man doch gern auch einmal etwas beweisen wollte, der Drill auf Leistung, das Lernmodell eines Untertanen, die Hemmungslosigkeit eines Lehrers, dessen Namen ich nicht aussprechen mag – so verhaßt ist er mir. Nomen est Omen. Dieser Mann, glatzköpfig bis in den Nacken, Hornbrille mit dicken weitsichtigen Gläsern, die seine Augen für uns Kinder doppelt so groß erscheinen ließen, mit Schnauzbart, der dem Rundschädel eine Querbetonung gab, dieser Pykniker mit der lauten Kasernenhofstimme (die durch Mark und Bein ging), den dicken feisten Armen (wenn er einmal in Hemdsärmeln agierte) ließ überall Angst und Schrecken aufkommen. Dieser Mann hat in den entscheidenden Klassen meine Kindesentwicklung bestimmt: von Quinta bis Obertertia, das sind die Jahre der großen haftenden Eindrücke. Und wenn dieser Löwe bei Beginn auf die Türklinke schlug und mit federndem Schritt wie ein Gummiball auf das Podium sprang, mußte die Klasse wie eine Eins dastehen. Keiner hatte sich

zu rühren, bis sein erlösendes Armzeichen »setzen« uns freigab. Alles geschah im Kommandoton: »Aufstehen!« »Setzen!« »Aufstehen!« »Setzen!« »Schneller muß das gehen! Aufstehen! Setzen! Hefte raus! Wir schreiben eine Klassenarbeit!« Dabei sprang dieser Mann von dem Podium auf eine Schülerbank und von dort auf das Fensterbrett, hielt sich mit einer Hand am Fenstergriff fest und begann nun mit seinen üblichen, oft zitierten Ermahnungen: »Ein jeder hüte seine Augen! Ein längeres Verweilen der Augen in Richtung Tintenfaß (das sich beim doppelten Schülerpult in der Mitte des Tisches befand, mit eigener Schultinte, die beim Auftrocknen einen goldenen Käferglanz hinterließ und so von der üblichen Haustinte gut zu unterscheiden war) wird sofort mit völlig Fünf und Zuklappen des Heftes bestraft. Wenn jemand versuchen sollte, abzuschreiben, werde ich ihn maßlos verprügeln.« Dann ging die Arbeit los, wobei er in Latein den Text so laut brüllte, daß unsere Sinne (jedenfalls meine) schwanden. Aber noch viel schlimmer, wenn er uns schlug, boxte, kniff. Es war ja alles erlaubt in dieser Schule. Aber er war der Feldwebel, ein Herrscher über Kinder, ein gieriger armseliger Despot, ein unbarmherziger Mensch, ohne eine Spur von pädagogischer Fähigkeit oder Verantwortung für die ihm anvertrauten Schüler. Dieses Gebrülle und Getue eines um sich schlagenden Stiers, als einmal sein Sohn (mit Hautekzem behaftet) auf dem Schulhof gehänselt wurde. Was waren das für Zustände auf einem humanistischen Gymnasium in einer kleinen vorpommerschen Stadt! Der Schuldirektor trank, und so ließen solche Lehrertypen ohne Kontrolle ihre bösen Affekte an uns aus.
Aber es gab auch andere: den frommen Schiebe, eine Seele von Mensch. Wir liebten seine ruhige Art. Dann Fraude, der leise sprach, traurige tiefliegende schwarze Augen hatte und uns mit »Leu-te« ansprach. Er lehrte Naturkunde und brachte uns das Mikroskopieren bei. Das war interessant, und wir hörten ihm gern zu. Below kam verspätet aus dem Krieg: erst 1920 aus Mazedonien. Er war und blieb Junggeselle, war Liedertäfler und duzte sich deswegen mit meinem Vater, war privat nett, aber in der Schule steifböckkig, humorlos. Dann gab es den Mathematikprofessor Mankow. Der war bissig. Aber dabei ruhig. Wir nahmen ihn hin. Dann wirkte Schisser Breese, dem machten wir das Leben schwer: schoben die Bänke mit den Knien zusammen, daß er eingeklemmt wurde, ließen

Semmeln, mit Seife bestrichen, liegen, die er bei Schulschluß einsammelte. Manchmal tat er uns leid. Aber bei Lehrern ist es nun mal so: die einen machen gar nicht viel, gewinnen aber die Herzen ihrer Schüler und erreichen ein wunderbares Unterrichtsklima. Dann gibt es solche, die den Schüler reizen, Verbotenes zu tun. Bei denen lernt man nichts. Dann diese Feldwebeltypen, bei denen wird schon aus lauter Angst nichts gelernt. Dann gibt es die Zwischentypen, die den Schüler nicht begeistern, eher etwas langweilen und den müden Eindruck verstärken.

Dann gab es den schöngewachsenen Weidmann, den Beau mit dem dunkelblauen korrekten Anzug, den scharfen Bügelfalten, dem Goldfüllhalter in der oberen linken Westentasche, dem randlosen Kneifer, dem festgewienerten Mittel-Poposcheitel, dem stechenden Blick und bleckenden Hundezähnen, wenn er jemand verprügeln wollte. Ich habe das auch an mir erleben dürfen: meist ahnte man gar nicht das heranrückende Unheil. Das machte Weidmann undurchsichtig und gefährlich: er schimpfte kaum, sprach nur akzentuiert streng, stand dann vom Pult auf, an dem er meist mit weit nach vorn gestellten kniegeraden Beinen saß, um seine Bügelfalten zu schonen. Dann holte er sich aus dem Klassenschrank den Rohrstock – oder ließ ihn sich bringen. Er streichelte genüßlich den Stock. Er dehnte das Rohr, bog es und ließ es zurückschnellen. Dann rief er den hiebeverdienenden Schüler nach vorn, der mußte sich über die Schulbank legen und die Arme zu den hinter ihm sitzenden Mitschülern ausstrecken, die ihn am Handgelenk festzuhalten hatten. Weidmann trat zur Seite, seine enge Hose spannte sich im Schenkeldreieck (wir Schüler sahen das natürlich), dann verteilte er auffallend langsam drei bis fünf Stockschläge im Abstand, worauf der Delinquent winselnd und jammernd auf seinem Sitz hin und her rutschte und die Pausenglocke erwartete. Die beigebrachten Striemen erschienen abends rot, morgens blau und verschwanden erst nach Tagen. – Schuster Naatz, der uns das Rechnen lehrte, pflegte uns stehend zu schlagen. Dabei blieb Naatz mit dem zu Bestrafenden allein, forderte ihn auf, den Matrosenkragen hochzustellen und sich etwas zu krümmen. Dann schlug er mit einem Stock auf die Schulterblätter und wurde (im Gegensatz zu Weidmanns lustbetontem Akt) schneller und heftiger und traf ziemlich ungezielt, manchmal auch die nackten Kniekehlen. Schlösser, der massive nervöse Mathematiklehrer (der beim Grüßen seinen Filzhut hinten an der Krempe anfaßte und ihn über den Kopf zog), kniff mit seinen langen Fingernägeln blaue Male in die Haut des linken Oberarms, und Thaer (der alt gewordene) deformierte beim Strafakt unsere Ohren drehend und kurbelnd zu Rollmöpsen.

DER RUF UNSERER SCHULE war schlecht. Es fehlte die Führung. Ein Direktor wurde disziplinarisch entlassen, ein anderer trank. Den Charakter eines »humanistischen« Gymnasiums suchte man vergeblich. Manche Lehrer benahmen sich unmöglich, als warteten sie nur auf die Gelegenheit, ihre preußischen Erziehungsmethoden mit körperlichen Züchtigungsprinzipien anzuwenden. Sie kannten keinen Widerspruch, tobten, brüllten, schlugen, knallten Türen zu, zogen den vermeintlichen Delinquenten an den Ohren aus der Bank, stellten ihn in den Papierkorb mit dem Gesicht zur Wand oder schlugen mit dem Rohrstock wild auf stramm gezogene Hinterteile. Aber dieses Erziehungsprinzip wurde auch vom Vater geduldet: die Pflichterfüllung, das Preußenideal.

Vielleicht reift durch dieses kindliche Trauma – eines von wie vielen! – im Menschen etwas an Protest oder Reaktion, was später zu Leistungen anspornt. Vielleicht. Einprägung des Pflichtgefühls für das ganze Leben, aber auch innere Opposition. Es wurde die Kritik geschärft gegen Ungerechtigkeit der Obrigkeit, der Boden bereitet für Selbstverantwortung. Ob das auf so schmerzhafte Weise nötig war, bleibt offen. Es geschah sicher aus anderen Motiven als psychologischen. Der Typus des »innengelenkten Menschen«, den David Riesman in seiner Soziologie von der »einsamen Masse« schildert, war zwar kein Reservat des Preußentums, wohl aber Ausdruck der im Industriezeitalter sich wandelnden Gesellschaft. Denn die Auswüchse am Greifswalder Gymnasium waren ja nicht isoliert. Viele Entwicklungsromane aus dieser Zeit schilderten ähnlichen Drill. Es war wohl die unglückliche Kombination aus Preußentum und Humanismus mit einer heroischen Geschichtsauffassung – gekennzeichnet durch Kriege, Eroberungen, Machtpolitik und ausgerichtet auf ein klassisches Menschenbild, das nie in dieser Form existiert hat. Spartanische Zucht, Ständeordnung zwischen Aristokraten und Plebejern, römische

Stoa – ähnliches mochte wohl in den Köpfen der humanistischen Lehrer umgegangen sein. Dazu das Ethos der erst neu gegründeten deutschen Nation: Schule als Vorstufe oder Äquivalent zur Kadettenanstalt, Disziplinierung im Hinblick auf spätere unbestechliche Beamtenlaufbahn, Züchtung einer Elite im Dienste des Staates, nicht der eigenen Entfaltung. Vielleicht war es auch ein bewußtes Absetzen des Bildungsbürgertums von dem hochkommenden Proletariat, in dieser Zeit zwischen der Reichsgründung und dem Ersten Weltkrieg, der diesem Schulprinzip dann (wie vielen überkommenen Gesellschaftsformen auch) ein Ende bereitete.
Jedenfalls war die Greifswalder Schule zu unserer Zeit eher ein Panoptikum als eine ernst zu nehmende Bildungsanstalt. Heute lachen die Pennäler darüber, wenn sie ihre Erinnerungen schreiben. Aber damals? Ich denke ungern zurück an all diese Situationen. Lieber zitiere ich aus dem Erinnerungsheft der »Grypser Knasten« 1958: »Latsch (das war ein Spitzname) war für seine Kraftausdrücke stadtbekannt: ›Du hast wohl lange nicht mit Marmelade gegurgelt?‹ Oder: ›Du hast wohl noch nicht als Rauchwolke überm Krematorium geschwebt?‹ ›Sie Wasserschädel!‹ ›Jetzt habt ihr noch Schonzeit, aber in vier Wochen, da pfeift der Wind aus Nordost, da knallt's im Busch, da beginnt die große Treibjagd auf Hasen.‹« Oder Angriffe des »Verhaßten«: mit wütenden Gebärden fiel er über manche verängstigte Schüler her und vermöbelte die Hänflinge. Täglich passierten solche Dinge. Hartgesottenen Schülern hat das vielleicht nicht viel ausgemacht. Aber die meisten kamen nicht zu einem anregenden Schulbesuch, oder gar zu einer produktiven Mitarbeit. Das Klingelzeichen brachte stets die Erlösung. Und wir freuten uns, wenn wir einmal ungeschoren davongekommen waren. – Wenn mein Mitschüler Rüdiger D. heute diese verheerenden Unterrichtsmethoden verharmlost, so erinnert mich das peinlich an Geschichtsklitterung, die auf jeden Fall abzulehnen ist. Heiß ist heiß und wird nicht kalt im Abstand.

NATÜRLICH WAREN WIR KEINE ENGEL. Vielleicht auch ein bißchen faul, verließen uns auf die Mitarbeit der Mutter oder dachten: irgendwie werden wir schon durchkommen. Wir haben auch zu Hause so allerhand angestellt, und da wir das zu dritt machten,

konnte der Täter nicht immer gleich ausgemacht werden. Auch Waghalsiges leisteten wir uns: Das Schieferdach war ziemlich steil. Kinder sind schwindelfrei. Hans und ich kletterten an den Dachhaken auf den First und ließen uns von dort langsam hinuntergleiten, von Haken zu Haken. Wir hielten uns an der Dachrinne fest und hangelten uns von Bodenfenster zu Bodenfenster: unter uns 16 Meter Tiefe, die Beine frei schwebend. In Erinnerung daran verspüre ich heute noch ein rieselndes Gefühl den Rücken hinunter – wie das Erröten bei Scham und der Darmreiz bei Aufregung Zeichen für das leichte Überspringen des Psychischen auf das Körperliche, das bereits in der Kindheit angelegt ist. Oder wir schossen mit einem an einer Spiralfeder montierten Pfeil die Birnen in Nachbars Garten und holten sie mit der Fangleine zurück – geniale Konstruktion des Bruders Ludwig. Oder wir besuchten die gegenüberliegende Badeanstalt und bestellten für heute abend ein »Bad im Stadtgraben«, oder wir drehten an abgestellten Fahrrädern die Ventile ein wenig auf und verfolgten die Radfahrer mit ausströmender Luft. Oder wir kitzelten unser Mädchen unter den Armen, als sie zwei Kuchenbleche zum Bäcker trug – oder wir schneeballten in die offenen Fenster gegenüberliegender Häuser – oder wir bestellten am Telefon den Friseur, um ihn dann wieder wegzuschicken in ein anderes Haus – oder – oder. Die Streiche von Domnicks Jungen waren stadtbekannt und hoben nicht das Renommee. Wie peinlich, wenn meine Mutter wieder von Frau Professor Merkel gefragt wurde: »Ist Hans immer noch so frech?«
In der kleinen Universitätsstadt nahm jeder an jedem Anteil. Es gab die Einladungen zum Abendessen einmal im Jahr für zwölf bis sechzehn Personen, es gab die Kaffeekränzchen mit Durchsprache der familiären Ereignisse. Das waren damals die »gesellschaftlichen Verpflichtungen«. Heut versteht man darunter theoretische Verantwortung für imaginäre Gruppen – die gewöhnlich auch theoretisch bleibt. Die Beziehungen der Menschen unter- und zueinander haben sich jedenfalls nicht gebessert, seit die Gesellschaft zur Soziologie geworden ist.
Sicher waren damals nicht alle »Grypser Knasten« so schlechte Schüler wie die drei Brüder Domnick. Andere wurden uns vorgehalten, wie die Söhne von Rechtsanwalt Frantz, oder Professor Bleibtreu oder Michaelis. Auch wir bewunderten ihre Zeugnisse, in

denen – wie bei Mono Frantz – durch eine große Klammer alle Fächer mit einer »Eins« versehen waren. Oder die beiden begabten Söhne Siegfried und Karl der »Anna Medrow«, wo man zu jeder Tages- und Nachtzeit seinen Kaffee bekam und immer interessante Menschen fand. Meine Mutter hatte es schwerer. Sie war unglücklich über die Schulergebnisse ihrer drei Söhne, obwohl (oder weil?) sie unsere Schulaufgaben überwachte und wir alle drei daneben noch Nachhilfestunden hatten. Dann die Musik mit dem täglichen Üben und dem Vaterquartett, die Besprechungen der Mutter mit den Lehrern in der Schule. Später hat sich herausgestellt, daß zuviel Aufsicht, Hilfe, Ehrgeiz, Kontrolle, Verwöhnung eine gegenteilige Wirkung zur Folge hat. Es entsteht die Lernhemmung, die Blockade, aus Angst vor dem Versagen. – So war der spätere Entschluß der Eltern richtig, die Jungen in eine andere Schule zu versetzen mit Eigenverantwortlichkeit – ohne Kontrolle, Aufsicht und Nachhilfe. Von diesem Zeitpunkt an gab es weder bei Hans in Friedland noch bei mir in Demmin irgendwelche Schwierigkeiten. Die Eltern registrierten glücklich die bestandenen Examen. Die Freiheit begann nach dem Abitur für Hans mit dem Jurastudium in Würzburg, für mich mit der Medizin in Berlin, für Ludwig (schon drei Jahre früher) mit der Medizin in Marburg.

ABER BIS DAHIN war noch ein weiter Weg. Im Jahre 1920 sah das noch anders aus. Mein Vater, der angesehene Anwalt in dieser kleinen Stadt, erwartete seine Söhne zu Haus mit den Zeugnissen. Bei der Tochter Else gab es nie Anstände. Hans, der Jüngste, trat zuerst vor den Vater: »Papa, ich bin sitzengeblieben.« Dann kam Ludwig – leise zu Papa: »Ich hab' es nicht geschafft.« Ich war der letzte. Mich fragte er nur noch: »Du etwa auch?« und ich: »Ja, Papa!« Das war für unseren Vater zuviel, in dieser Stadt eine Schande, eine Blamage. Wer sollte ihn grüßen auf der Straße und fragen nach der Versetzung seiner »begabten« Söhne? Diese mißratenen Sprößlinge bei einem angesehenen Mann, der mit dem Ehrgeiz angetreten war, einmal aus seinen Kindern etwas zu machen, sie zu fördern, studieren zu lassen. War alles umsonst gewesen? Die Mutter resignierte mit Tränen, zu schwach geworden, um bei diesem Versetzungsergebnis noch andere Affekte zu zeigen. Aber mein Vater blieb »am Ball«. Er verlangte jetzt intensiveres Üben an den Streichinstrumenten, weil die Schule in der Wiederholung etwas Lernluft gab. Und tatsächlich: was in der Schule nicht gedeihen wollte, entwickelte sich zunehmend in der Musik. Allmählich zeigte sich hier ein schöner Erfolg für meinen Vater, den er glücklich registrierte. Wir spielten die klassischen Quartette von Haydn, Mozart, Beethoven, Schubert und mit der Schwester die Klavier-Quartette und -Quintette. In der Aula des Gymnasiums wollte Vater Domnick seine Söhne vorstellen mit dem Kaiserquartett von Haydn. Er erhielt Beifall, sein Renommee war wiederhergestellt. Auch sein Leben teilte sich auf zwischen seinem juristischen Beruf und der Musik. Das war sicher nicht leicht für ihn zu vereinen. Mein Bruder Ludwig zeichnete ihm ein Exlibris: Corpus juris und Geige Arm in Arm. Wer denkt als Kind schon über Probleme seiner Eltern nach? Bei Domnicks war es eben üblich, für Schule und Musik gleichzeitig zu arbeiten. Der Vater wollte es so.

Diese Zweigleisigkeit unserer Ausbildung war sicher der Grund, daß wir alle – sogar unsere Schwester Else – zu dem erlernten Beruf später noch einen zweiten übernahmen. Else baute nach ihrer Scheidung eine Fabrik in Bielefeld auf, die nach ihrem Tod von ihrem jüngeren Sohn Hans H. Bitter weitergeführt wird. Unser ältester Bruder Ludwig (von jeher einfallsreich) hatte schon vor dem Krieg für sein Hals-Nasen-Ohren-Fachgebiet eine apparative Behandlungseinheit über die Firma EMDA entwickelt, die heute für jeden Hals-Nasen-Ohrenärzt fast eine Selbstverständlichkeit ist. 1955 erfand Ludwig Domnick die Bi-Säule (ein Bi-Metall-Steuergerät für Kondenztöpfe), die bis heute noch den letzten Stand der Technik auf diesem Gebiet darstellt und für die er Lizenzen in neun Ländern vergab. Trotz Verzicht auf die Fachausbildung in der Orthopädie (die ihn immer interessierte) wurde sie später zum Maximum seiner ärztlichen Tätigkeit: Entwicklung einer gezielten manuellen und apparativen Therapie (Segment und Hochfrequenz), womit er Störungen der Statik und Muskelfunktionen erfolgreich behandelt und worüber er auch wissenschaftlich arbeitet.

Bruder Hans ließ in den kritischen Jahren der Rechtsprechung die vorgesehene Übernahme von Vaters Anwaltspraxis fallen, ging als Jurist zur UFA und wechselte dort zur Filmproduktion über. Schon als Junge war er in seine Leica verliebt. Auch seine Erfindung einer

Doppelkassette wurde patentiert, und seine Lizenzen im In- und Ausland lassen einiges erwarten. Die Kassette wird in Japan bei KONICA gebaut und trägt den Namen DOMNICK-KONICA. Idee: In einer Photokamera zwei Filme, schwarzweiß und Farbe, die wahlweise durch Umschaltung belichtet werden können. Und ich – nun, darüber wird dieses Buch berichten.

Von dieser Entwicklung konnte Vater Domnick beim Versetzungsergebnis seiner drei Söhne 1920 leider nichts ahnen. Auch wir nicht. Unsere Kindheit spielte sich ab zwischen Schule und Musik, zwischen humanistischer und musischer Bildung, zwischen Leistungsansprüchen und schmerzlichem Gefühl des Ungenügens, zwischen Freiheit und Ängsten. Aber das Gefühl der Geborgenheit in Heimat und Elternhaus überwog und gab uns für spätere Jahre die Bindung. Die Kindheit hielt lange an: die achtunggebietende Autorität des Vaters, die liebevolle Fürsorge der Mutter ließen uns lange unsere Kindheitsträume erleben.

DIE UHREN: Wir waren gerade dabei, unsere Uhren aufeinander abzustimmen: Ich hatte eine HAKA mit 7 Steinen und Sekundenzeiger. Mein Freund Klaus trug eine Ankeruhr. Mit Leuchtziffern, die schon in der Dämmerung zu flimmern anfingen. Wir stellten die Zeiten ein, exakt auf die Sekunde. Das war unser Sport. Dann verabredeten wir eine Zeit, an der wir genau nach der Uhr zusammenkommen wollten. Am nächsten Nachmittag trafen wir uns wieder. Keiner ahnte, wessen Uhr nun richtig ging. Und wir zum Schuldiener Schulze, der ja die genaue Zeit in seiner Nickelkapsel trug: »Es ist jetzt 4 Uhr 31« und ich verglich: Meine zeigte 4 Uhr 33 und Klaus sah traurig auf seine Meerzwiebel, die 4 Uhr 21 auswies. Drei Uhren – drei Zeiten. Schulzes Zeit stimmte, da gab es keinen Zweifel. Unsere beiden neu angeschafften Uhren von Gädike auf der Langen Straße mußten wegen Ungenauigkeit beanstandet werden. Hatte Gädike uns schlechte Uhren verkauft? Jede Uhr muß doch genau gehen. Das war unser Verlangen. Und als wir beide Jungen mit unseren Uhren vor dem Ladentisch standen, trat der alte Gädike durch einen dunklen Vorhang aus seiner Werkstatt heraus, nahm die Uhren in die Hand, klemmte die schwarze Lupe wie ein Monokel in das rechte Auge, klappte die Verschlußdeckel mit einem kleinen Messerchen auf, schaute lange in die Uhrwerke und verschwand still hinter seinem schwarzen Vorhang. Wir blieben stehen, da wo die Wände voll von Uhren hingen und die Pendel alle einen anderen Rhythmus schlugen, hier der Kuckuck rausssprang und dort sich eine Puppe verneigte und dazu das Ticken und Tacken – da erlebten wir beide eine »Uhrenwelt«, die uns zittrig machte. Nie im Leben kam dieses Pulsierende, gegeneinander Schlagende oder bisweilen auch Synchrone der Pendelbewegungen so dicht auf uns zu – hautnah, nervös, zum Anhalten drängend – dieses Hin und Her – diese akustische Unordnung – dieses Weglaufen von Geräuschen, die mit anderen Tickgeräuschen interferierten – dieses Rauschen von zartem Räderwerk und Brummen großer Standuhren, wenn bei »Voll« die Zeit mit einem sonoren Baßton erklang. Aber zu gleicher Zeit sauste an den Schwarzwälder Kuckucksuhren zwölfmal der Vogel raus und rein, schlug die Tür hinter sich zu und blieb für die nächste Stunde eingesperrt. Wir sahen mit sehnsuchtsvollen Augen diesem Uhrenspiel zu, wir waren allein in diesem Uhrenladen. Und wir wünschten uns, Herr Gädike bliebe noch etwas in seiner Werkstätte, die durch einen schwarzen Vorhang zum rechteckigen langen Laden abgeschlossen war. Wir drehten uns um: hinter uns die gleiche Uhrenwand: Uhren groß – breit – schmal – klein – braun – weiß – verziert – mahagoni – geschmiedet oder in Eiche geschnitzt. Ein Wald von Uhren. Und dann überfiel mich (fast zwanghaft) der Gedanke: die Uhren anzuhalten. Du brauchst ja nur die Pendel zu berühren – ganz leise – dann ist die Uhr tot. Und die weiße. Und der Brummer. Und die Tafeluhr. Und der Läutewecker. – Und langsam wurde es immer stiller. Ich flüsterte Klaus zu: »tu's schnell«, und er half mit. Und wir setzten in Minuten den ganzen Uhrenladen von Gädike matt – machten aus der Tick-Tack-Musik ein piano und schließlich eine himmlische Ruhe. Als unser Werk vollendet schien, brummte noch eine Standuhr laut und dokumentierte ihr apartes Läutewerk: wir konnten nichts machen – die geschliffene Glasscheibe, hinter der die Messinggewichte schwebten, war abgeschlossen. Wir fühlten uns mächtig. Ein Sieg über die Uhren. Eine Schlacht gegen die schlagende Zeit. Eine Stille wie auf dem Friedhof. Der Uhrenladen – eben noch ein Spektakulum – ist zu einem stillen Ort der Besinnung geworden. Wir waren die Sieger, ohne zerstört, gemordet, gehaust zu haben, und als wir heimlich das Uhrengeschäft des Herrn Gädike in der Langen Straße verließen und in die Mittagshitze hinaustraten, ertönte beim Türöffnen kein schrilles Klingeln, sondern ein weicher Dreiklang, wie er gepflegte Läden in Greifswald kennzeichnete. Wir hatten die Uhren abgestellt. Hatten wir die Uhren abgestellt? Wir hatten die Uhren nicht abgestellt. Oder doch? Die Monotonie des Tickens in dem halbdunklen Laden – ich erinnere mich gut daran – ein traumartiger Zustand blieb zurück – Tagträume blühten auf – Verwirklichung von Machtgelüsten. Die Phantasie – von der Realität noch nicht scharf getrennt – lebte sich aus.

Aber die Zeit des Träumens war vorbei. Die Kindheit ging zu Ende. Die Uhr von Pedell Schulze sollte nicht mehr gelten, sollte nicht mehr allein unsere Zeit bestimmen, die hinter uns – und die vor uns lag. Die Schule in Greifswald wurde unerträglich. Aber mußte es überhaupt eine Schule sein? Es gab Rittergüter in der Umgebung von Greifswald, es gab Gutsbesitzertöchter. Das Landleben, Glück der Schulferien, winkte als Beruf. Der Gedanke war naheliegend, aber der Weg dahin war weit.

4

DIE NEUE UHR war jetzt die, die vom Turm schlug. Und sie galt. Ich stand morgens um sieben Uhr in der Werkstatt für landwirtschaftliche Maschinen und trug einen viel zu großen Monteuranzug (der aber nach der ersten Wäsche einlief und mir dann nach Maß paßte). Mein Meister hieß Grupp – ein eingetragenes Mitglied der KPD – er war nett zu mir, hatte fast ein wenig Mitleid. Ich schien ihm schwächlich, und er gab mir nicht zu schwere Aufträge. Ich lernte das Gangbarmachen von eingerosteten Sechskantmuttern, das Nachschleifen der Gänge mit der Gewindekluppe, das Umgehen mit Feilen, lernte das Werkstück in den Schraubstock spannen – fest – fester, um es dann nach vorgegebenen Maßen zu feilen. Die Handhaltung: der rechte Arm bewegte sich beim Feilen in einer Ebene, die linke Hand drückt mit dem Handballen die Feile auf das Werkstück, so daß (fast wie beim Cellobogen) eine Schleifbewegung entsteht, die zügig und langgezogen die ganze Feile mit Druck führt. Dann müssen Millimeter auf Millimeter heruntergefeilt werden, bis an der Schublehre das richtige Ergebnis abzulesen ist. Das war die Aufgabe.
Ich erwarb auch Kenntnisse in der Schmiede: dabei erfuhr ich, daß das zu schmiedende Stück im Schmiedefeuer aus Holzkohle und Koks mit dem Blasebalg zu erwärmen ist, bis es bei rot mit der Schmiedezange zur Bearbeitung auf den Amboß gelegt wird, um nun im Wechselschlag von Schmied und Lehrling – bei Drehen des Werkstücks – behauen zu werden. Die Verformung war imponierend, besonders wenn das Stück schon erkaltet schien. Man brachte es wieder in das Kohlebett, schob das Feuer zurecht, und im Nu war das Stück wieder rotglühend, um weiter bearbeitet zu werden. Ich sagte einmal zum Schmied: »Jetzt ist es heiß.« Der guckt mich an: »Du hast woll 'nen Vogel. Heiß schiet de Hund. Wir machen

warm.« Dabei fällt mir heute der berühmte Professor Porsche ein, den ich bei seinem 70. Geburtstag mit anderen Porschefahrern auf der »Solitüde« zu begrüßen hatte. Wir sprachen über technische Dinge und ein Porschefahrer beklagte sich über die schwere »Steuerung« seines Wagens. Der Professor korrigierte sofort: »Sie meinen wohl die Lenkung. Bei uns werden die Ventile gesteuert, das Auto wird gelenkt.«

Ich blieb bis 1924 im Werk, um die landwirtschaftlichen Maschinen für meine spätere Gutstätigkeit kennenzulernen. Ich unterbrach diese Lehre durch eine zweite Lehre im Automobilgeschäft von Paul Ziebler in der Steinbeckerstraße. Mein Vater hatte ziemlich rasch und ohne technische Beratung einen Brennabor gekauft: eine sechssitzige Limousine, die wir im Laden bewunderten. Dunkelgrün – wie mein Spielauto vor zehn Jahren. Auch mit geschliffenen Kristallgläsern, Rolljalousien in reiner Seide mit Schnapphebel. Auf den Pedalen war ein »B« eingraviert, die Schaltung lag außen und wurde in Kulissen bewegt. Davor war die Handbremse, und um sie zu lösen, mußte man kräftig auf den Knopf drücken, dabei etwas anziehen – dann löste sie sich über ein Gestänge von den Hinterradbacken, wo Bremsbeläge aufgenietet waren. Die Fußbremse wirkte als angeflanschte Getriebebremse – aber beide Bremssysteme brachten den Brennabor nur langsam zum Stehen. Er fuhr maximal 80 km, die Schaltung vom ersten Gang in den zweiten geschah schon bei 10 km, das ging nicht immer geräuschlos zu. Die sechsköpfige Familie Domnick fuhr stolz mit diesem 6/24-PS-Auto spazieren. Es war das vierte Auto in Greifswald. Eine Attraktion. Die Fahrräder standen im Keller.

Ich lernte nun eifrig im Autogeschäft das Einschleifen von Ventilen mit Schmirgelpaste und Quirlbewegungen, lernte Kolben auswechseln, Ringe einpassen, Pleuel und Lager reparieren, und ich erinnere mich auch gut an das Durchkneten von Öl und Staufferfett für Differential und Getriebe. Ich war fasziniert. Das Auto hatte mich in seinen Bann gezogen, und wenn ich irgendwo einen Motor hörte, Auspuffgase roch, lief ich neugierig dorthin. Ich hatte noch nicht das Alter für den Führerschein. Aber heimlich fuhr ich auf dem Hof, der Wendungen und kurze Vor- und Rückwärtsfahrten zuließ. Mein ganzes Interesse galt dem Auto. Als junger Mensch erlebt man Neues intensiv. Und für Neues war ich immer aufgeschlossen. Welch ein Unterschied: In der Schule etwas eingetrichtert zu bekommen – mit Zwang, ohne »Motivation« – oder sich freiwillig in Neuland zu begeben, etwas zu erforschen, Zeit und Mühe daran zu wenden. Die Eisenbahn, die Pferdewagen waren abgelöst durch die neue Welt des Automobils.

1925 WURDE MIR DER FÜHRERSCHEIN ausgehändigt. Ich fühlte mich königlich. Ich fuhr allein durch die Straßen, der Wind pfiff in den offenen Chauffeursitz. Ich trug eine Mütze, im Winter eine Lederkappe. Es überkam mich ein sinnliches Gefühl, als gäbe es wirklich nichts Schöneres auf dieser Erde: »Ein geradezu unendlicher Verkehr.« Heute klingt das alles übertrieben und unglaubwürdig. Aber 1925, vor 50 Jahren, war das ein unbeschreibliches Erlebnis von abenteuerlichem Reiz: Der »Rausch« des Fahrens (damals so unbekannt und neu) mit dem Starten der Andrehkurbel – das Spüren der ersten Motorvibration, wenn »er kommt« – das Schnuppern nach Benzin – das Warme des Auspuffs – das kräftige Motorengeräusch beim Anfahren – die respektvermittelnde Hupe – das Beiseitespringen von Passanten – die freie Bahn – das Dahinsausen mit großer freudiger Anspannung in nervlicher Vibration. Der öden Schule entkommen, durch die handwerklichen Tätigkeiten körperlich gereift und gekräftigt (wenn auch immer ein »zartes Bürschchen«), fiel dieses erste Fahrerlebnis in ein wichtiges Entwicklungsstadium für mich.

Wenn ich heute nach 50 Jahren zurückblicke auf die Zeit in Greifswald mit Brennabor, so erfüllt mich die Erfahrung dieser ersten motorisierten Fortbewegung mit einem eigenartigen Gefühl von Romantik: das nächtliche Scheinwerferlicht warf an den schmalen birkengesäumten Wegen phantastische Schattenbilder, die in der Nacht etwas Unheimliches hatten. Man sah Figuren, Silhouetten, Steinschatten aufleuchten, Bäume mit bizarren Ästen, Hasen und Rehe schreckten auf, die aus dem Scheinwerferkegel schwer herausfanden – alles neue Eindrücke. Jede Nachtfahrt ein Abenteuer in Licht und Schatten – bis dahin nie erlebt. Dazu das Heimlich-Verbotene. Das Waghalsige. Der Versuch schneller zu werden mit einem harten Gefährt, bei dem auf freier Strecke die Auspuffklappe

geöffnet wurde, so daß ein scharfer Motorenton die Nacht durchbrach. Es gab damals keine Verbots- oder Gebotstafeln. Es gab keine Straßenverkehrsordnung, und der Schutzmann mit grüner Pickelhaube hatte an der Kreuzung noch keinen Verkehr zu lenken. Um 1925, sieben Jahre nach Kriegsende, schlief in dem kleinen vorpommerschen Universitätsstädtchen noch das Automobil.
Diese technische Zeit war für mein Alter ein wichtiger Abschnitt. Ich hatte Selbständigkeit, Entscheidungsfreiheit, Realisierung beginnender Interessen kennengelernt, lebte darin auf, wurde zugewandter, offener. Das scheue, ängstliche Verhalten, die von der Schule geprägte Unsicherheit verloren sich mehr und mehr. Ich atmete freier, die Uhr brachte keine Stundenorientierung mit Pausenzäsur, und das gelbe Gymnasium – die »Penne von Gryps« – erweckte fast etwas von gerechter Freude in mir, wenn ich mit dem Wagen stolz vorbeifuhr, die Schule in weiter Rückerinnerung. Und der Hof mit den von Schulze eingeläuteten Pausen war ein Hof mit Schülern ohne mich – keine Sehnsucht, auch keine Trauer, vielleicht nur die: diesen oder jenen Freund verloren zu haben. Aber das ist ein merkwürdiges Gesetz: du wirst nur immer in der gleichen Situation echte Freundschaft erleben – ändert sich deine Situation, wirst du wieder einsam sein –, bis eine neue Kommunikation dir wieder neue Freunde zuführt.
Ich hatte meine Lehre in der landwirtschaftlichen Maschinenfabrik absolviert. Ich konnte mit Feile – Hammer – Amboß umgehen, wußte etwas vom »Binder«, von der »Dampflok«, vom Pflug, konnte Schalen einstellen, Muttern gangbar machen oder Gewinde neu schneiden, was nicht immer gelang; wenn man die Kluppe etwas neigte, schnitt man das Gewinde schräg an oder »zerschnitt« einen Gang. Das bedeutete, ein neues Gewinde schneiden, wenn die »Fehlspur« nicht mehr korrigierbar war. Ich kannte den Mechanismus eines Dreschers, das Einfädeln zum Abbinden der Getreidesäcke, die Rüttelläden, die Schieber – das Einrichten der Treibriemen, das Nachstellen, die Riemengittermontage, das Abschmieren der landwirtschaftlichen Geräte. Mit diesen Kenntnissen versehen, sollte ich jetzt vom Lehrling in der Landmaschinenfabrik zum Eleven auf dem Rittergut avancieren.

So wechselte die »technische Zeit« mit der »biologischen«. Wieder war die Uhr vorgestellt: von morgens sieben auf vier Uhr. Wieder gab es einen neuen Dreß mit geschnürten Schaftstiefeln, Joppe, Wollhemd und Handschuhen. Es war morgens kalt. Der Wecker klingelte hart und unerbittlich lange. Ich rieb mir die Augen. Die Sterne und Funken von damals waren verschwunden. Das kalte Zimmer am Morgen, der doch noch zur Nacht zählte, ließ nur eine Katzenwäsche zu. Ich übernahm einen Stalldienst: die Kühe des Rittergutsbesitzers Kuhlmann in Hinrichshagen. Ein großes Gebäude, das mit seinen 70 Kühen einen imponierenden Eindruck auf mich machte. Als ich um 4 Uhr 15 in den Stall trat, waren die Melker schon am Werk. Alles ging gedämpft, leise vor sich. Niemand sprach. Die Luft war dumpf, warm, würzig, nur sparsames Licht. Eine Kuh stöhnte, andere lagen wiederkäuend am Boden, und die Haltekette schien immer zu kurz. Der Schweizer sagte mir: wenn die Kuh länger gebunden wird, legt sie sich in den Gang. Jedes Tier geht mit der Freiheit bis an die Grenze, und wenn Wiesengras eingezäunt wird, versuchen die Tiere die außerhalb stehenden Grasbüschel zu erwischen, obwohl diese innerhalb genau so dick und kräftig stehen.

Ich lernte das Melken, mußte und wollte es auch erfahren. Die ersten Griffe an das Euter, welch merkwürdiges Gefühl, prall und elastisch. Mit Vaseline oder Melköl vorbereitet, angefaßt, gezogen, gedrückt, losgelassen, wieder neu begonnen. Und ich mußte mich bei jedem Euter »einmelken«, bisweilen eine andere Technik anwenden. Dann gibt es auch Euter: die verkrampfen sich beim Berühren, und nichts kommt, nichts strömt in den mit den Knien gehaltenen Eimer. Diese frustrierende Manipulation am prallen Euter zeigte mir nur zu deutlich, welche Kunst das Melken ist. Der Melkbock wird als Einstockhocker mit einem breiten Lederriemen über dem Unterleib festgeschnallt und begleitet den Melker von Kuh zu Kuh, die am Morgen ca. 20 Liter Milch abgibt. Der Oberschweizer kontrolliert und melkt nach. Man kann mit Druck ziehen, massieren, oder mit dem gebeugten Daumenendglied melken. Das führt aber zu schmerzhaften Melkerknötchen. Ich freute mich über das erste Ergebnis: aus dem Melkeimer floß die Milch schäumend über Siebe in große Kannen, die mit 80 Liter auf dem Milchwagen in die

Molkerei gefahren wurden. Stalldienst hieß: Misten, Streuen, Füttern, Tränken, Melken. Das ist bei 70 Kühen eine große Arbeit für Knechte, Schweizer und den jungen Eleven. Ich konnte ein Lied singen von Misten, Karren, Grünfutter-Gabeln, und von den Fliegen. Fliegen bevölkerten die Ställe mit den kalkweißen Wänden bis zur Schwärze. Fliegen umschwirrten Tiere und Menschen, Fliegen gehörten zum Stalleben. Wir sind mit ihnen nie fertig geworden, haben sie geduldet: am Kopf – in der Milch – an der Wand. Es gab kein DDT. Leimblätter als Fliegenfänger? Das lohnte nicht.

Die Geburt; ich war dienstbereit, vom Inspektor eingeteilt: heut Nacht wird diese Kuh kalben. Ich las vorher etwas darüber. Dann zog ich gegen zehn Uhr abends in den Stall, holte mir einen Schemel und hockte mich »ante portas«. Ich wußte nichts Praktisches, nur daß das Kalb nicht wie beim Menschen zuerst mit dem Kopf herausdrängt, sondern mit den Vorderläufen. – Eine kalbende Kuh. Ein junger Eleve dahinter. Jede Bewegung der stöhnenden Kuh wahrnehmend. Der Stall strahlte dumpfe Wärme ab. Das Licht war spärlich an meiner Kuh. Die anderen Lampen im Stall waren erloschen. Man spürte die Atmung von 70 Kühen. Das Wälzen – das Aufstehen – die Absonderung von Stuhlbrei und Urin mit klatschendem Geräusch auf Stroh und Stein – dämpfig-aromatisch. Ruhe an den leeren Trögen. Wiederkäuen mit kleinen schmatzenden reibenden Kieferbewegungen. Zeitlose Zeit. Ich vergleiche. Es geht nichts vor. Gegen Mitternacht werde ich müde. Meinen Platz hinter der Kuh darf ich nicht verlassen. Da vorne klirrt eine Kette. Und eine andere Kuh reibt sich am Pfeiler – die Millionen Fliegen sind verschwunden, sie kleben an den weißgetünchten Wänden. Ich könnte sie aufscheuchen. Aber was erreiche ich damit. Das Sitzen auf dem Schemel fällt mir schwer. Die Luft wird dichter und feuchter. Ich verfolge die Bewegungen meiner mir anvertrauten Kuh, die sich nicht legen soll. Aber sie tut es. Und das ist das Zeichen, den Oberschweizer zu holen. Der massiert mit einem Holzbrett die Wirbelsäule, und die Kuh steht stöhnend wieder auf, drückt den Rücken hoch, macht einen Katzbuckel, und stellt die Hinterbeine breit. Sie stöhnt. Dann macht der Oberschweizer mich auf die angespannte Bauchdecke aufmerksam, die er leicht massiert. Plötzlich entdecke ich den Austritt von zwei Vorderläufen – es folgen der Kopf, der Rumpf und zum Schluß die Hinterbeine – dann liegt das

Neugeborene mit nassem glitschigem Fell im Stroh. Wir legen es dem Muttertier vor und nun beginnt die Reinigung des Fells, bei welcher das Kalb intensiv abgeleckt und dabei auch hautmassiert wird, gedreht, geschoben, – schon nach kurzer Zeit kann es knien und ungeschickt auf störrischen Beinen stehen. Es findet den Weg zum Euter. Die Nachgeburt bleibt sich selbst überlassen, obwohl manche Schweizer nach Veterinärempfehlung manuelle Lösung ausüben, nicht immer zum Vorteil der Kuh.

So ist der ganze Geburtsakt in wenigen Minuten abgelaufen. Die schwere warme Stalluft löst sich beim Austritt ins Freie, und kühle Feuchte durchströmt den Eleven, dem das Erlebnis einer Tiergeburt noch nachgeht. Er legt sich nieder, müde, erschöpft – aber glücklich über das Naturerlebnis, das ihn zu Vergleichen anregt –, zu ersten Gedanken über Leben und Tod – über Gebären und Sterben. Über den sinnvollen Akt beim Tier – und beim Menschen? Das Kind: neugeboren ist es unfähig sich selbst zu versorgen – sich zu entwickeln –, ohne Hilfe müßte es sterben. Er fragt sich nach dem Sinn dieser Menschwerdung – er findet keinen Schlaf. Nach durchwachter Nacht voll müder Gedanken zeigt die Uhr schon wieder den Stalldienst an. Er schiebt den Wecker beiseite, fühlt sich entschuldigt. In halbwachem Zustand läuft das Grübeln weiter in ihm um, warum dem Menschen die mühsame Geburt mit dem »Kopf durch die Wand« zufällt und dem Tier die viel natürlichere mit der langsamen Dehnung durch die vorangehenden schmalen Vorderbeine – ähnlich einem Startsprung ins Wasser: fast elegant – rasch – gleitet der Körper aus der Gebärmutter – und alles läuft ohne Hilfen ab. Und wie quält sich das Neugeborene – das Leben beginnt mit einem Schrei – wie endet es? Der Eleve möchte mehr wissen – ob seit Merschengedenken – seit Millionen von Jahren der Geburtsakt immer so ablief. Die Bücher helfen ihm da auch nicht weiter.

Im vorgesehenen Turnus wechselte ich den Kuh- mit dem Pferdestall. Hier herrschte eine andere Ordnung. Der Stall wies fünf Abteile zu je vier Pferden auf, das waren zwanzig Pferde oder fünf Gespanne, und jedem Gespann stand ein Stall-Pferdeknecht vor. Das Hafer-Häcksel-Futter wurde in eine tonlasierte Futterrinne eingegeben und mit etwas Wasser breiartig vermengt. In Kopfhöhe der Pferde befand sich ein Rost, in den Heu oder frischer Klee mit der

vierzinkigen Forke eingebracht wurde. Die Pferde hatten – übrigens auch die Kühe – ihre Namen mit Geburtsdatum. Ob sie darauf hörten, weiß ich nicht. Aber ich lernte, nie leise an ein Pferd heranzutreten. Beim Erschrecken schlagen Pferde aus. Ich lernte das Zaumzeug anlegen, wobei ein Kunstgriff darin besteht, die Metalltrense, breitflächig auf der Hand liegend, über die Unterlippe hineinzugeben, bis sich das Gebiß reflexartig öffnet – ohne Schwierigkeiten, besonders wenn man noch ermunternd auf das Pferd einspricht. Das Geschirr war schwer. Man mußte es mit Schwung über den hohen Pferderücken werfen. Das Anschnallen unter dem Brustkorb durfte (im Gegensatz zum Satteln) nie zu fest geschehen, weil dann das Geschirr drückte. Überhaupt war die Pferdepflege mit Baden, Striegeln, Abreiben, Bürsten sehr wichtig. Diese so gepflegten Pferde standen besser im Futter, waren lebendiger und zugfreudiger. Die Pferdeknechte mit je einem Vierergespann waren darauf aus, das ihnen zugeteilte Gespann besonders gut zu pflegen und zu füttern. Das gab manchmal beim Haferausgeben Streit, wenn eine Kiepe voller war.
Der Stolz des Gutshofs aber war der Kutsch- und Reitpferdestall: dort sah man edle Rösser: Hengste, Stuten, die voller Temperament auf den Ausritt warteten. Die wachen Augen glänzten wie das gestriegelte Fell, und wenn sie dann vor den Jagdwagen oder den gummibereiften Kutschwagen gespannt wurden, und der Kutscher in Livree mit schwarzem Zylinder und Lederhandschuhen die Zügel hielt, dann schauten die Mägde aus der Leuteküche, die Hirten aus dem Schafstall, die Schweinehüter vom Feld und die Knechte vom Arbeitsstall der Pferde. Das war die Krönung des Landlebens: die sonntägliche Ausfahrt der Herrschaft, der Besuch des Nachbargutes oder der Stadt. Später, als dann auch auf den Rittergütern das Automobil Einzug hielt, verschwand allmählich dieses imponierende Bild der wilden schönen Rösser, und statt ihrer zog ein Stoewer, ein Austro-Daimler oder ein N.A.G. ein.

Und wenn die gelben reifen Felder, der Roggen, der Hafer, der Weizen, die Gerste zum Schneiden sich stellten und das Sommerwetter regenfreie Tage erwarten ließ, war das ganze Gut am Ernten beteiligt. Dann mußten auch die Kutschwagenpferde heran. Ein merkwürdiges Spiel: diese verwöhnten Rappen mußten nun im Vierergespann die langen Leiterwagen ziehen. Beim Ernten war das Tempo wichtig: frühmorgens raus, spät abends heim. Morgenvesper und Nachmittagskaffee wurden auf das Feld herausgefahren. Es gab keine großen Pausen. Ein Wagen löste den nächsten ab. Vollgeladen ging es vierspännig zurück. Die Fangleine wurde über das gestapelte Korn geworfen und mit einer hinten am Wagenende angebrachten Winde festgezogen. An diesem Seil kletterten Dorf- und Gutskinder hinauf oder ließen sich heruntergleiten. Der Knecht hatte rechts hinten sein Sattelpferd, die beiden vorderen waren mit einer »Wage« an der Deichselspitze angekoppelt. Beim Viererzug mußte sehr auf die gleichmäßige Zugleistung der Pferde geachtet werden. Manche waren antrittsschwach – manche preschten zu scharf vor und wurden trittnervös, wenn der Wagen nicht losging. Der ideale Start gelang, wenn alle Pferde gleichmäßig anzogen. Ist ein Wagen erst in Bewegung, dann ist das Gespannfahren nicht mehr schwer. Schlimm, wenn ein Vorderpferd stürzt und die Wucht des nachschiebenden Wagens die Pferde verletzt.

Die Ernteeinbringung war gleichzeitig der Höhepunkt der Landarbeit: dafür wurde das ganze Jahr gearbeitet – dafür sollte auch gedankt werden. Das geschah dann am Nachmittag mit dem Bauerntanz auf dem Heuboden, der mit Girlanden und Birkengrün geschmückt war. Alle waren dabei: Die Kinder, die Herrschaft, die Gutseleven, die Inspektoren, die Mägde, die Knechte – es war ein buntes Treiben mit Bier und Korn. Der nächste Tag verlangte wieder seinen Dienst im Stall. Die Pferde hatten frei. Dafür halfen dann die Pferdeknechte bei den Kühen. Sie waren froh, wenn sie wieder bei ihren Pferden waren, die sauber, warm und wiehernd vom müden Knecht gestriegelt wurden.

Heute erleben wir nichts mehr von dieser Stallromantik. Reitpferde gehören jetzt wie Schwimmbad und Sauna zum Wohlstandskult. Mit Bulldogg, Melkmaschine, künstlicher Besamung, Mistspülung unter den Hufen der mit vergorenem Silofutter automatisch gefütterten »Milchfabriken« hat die Zeit sich in andere (unbiologische) Bahnen mit anderen (ökonomischen) Zielen entwickelt. So geht vieles verloren, was wir in unserer Jugend lebendig erlebten.

Für mich war das alles eine vertraute Welt: Ich liebte die Tiere – natürlich das Pferd am meisten, wer liebt es nicht – fühlte mich wohl in diesen Stallungen mit dem würzig-warmen aromatischen Geruch, den schweren Leibern, dem buschigen Schweif (mit dessen Haaren unsere Instrumentenbögen bezogen wurden), dem sauberen Fell, das mich immer zum Streicheln anregte. Die Form der Ohren: wenn sie spitz nach vorn gestellt wurden, und der Kopf sich dabei etwas hob – das nackte Laufen auf der Weide ohne irgendwelche Schnallen, Leinen oder Zaumzeug. Das Traben, Liegen, Rennen – ihr Wiehern, ihr Stampfen, Springen –, alles ist von Charme und Bewegungsanmut geprägt. Was ist die Kuh dagegen? Es gibt auch zu denken, daß das Pferd uns nicht zur Nahrung dient. War das Pferd den Germanen heilig, weil sein Fleisch unangenehm süßlich schmeckt (wie die Kuh den Indern heilig ist und nicht gemolken wird, weil manchen Volksstämmen dort genetisch die Laktase, das Ferment zur Milchverdauung fehlt)? Oder aber schmeckt uns das Pferdefleisch nicht, weil uns noch ein atavistisches Gefühl seiner Heiligkeit innewohnt? Franz Marc hat die Verbundenheit zum Tier in vielen Bildern ausgedrückt. Erschüttert durch die neue Naturerkenntnis der Atomphysik (oder von ihr in seiner eigenen Entwicklung bestätigt) wandte er sich vom Menschenbild dem Bilde des Tieres zu, das für ihn »die einigende Harmonie« bedeutete, die hinter allem waltet, das Gefühl des »Zusammenhangs mit dem Universum«, das ihn schließlich zu immer stärkerer Abstraktion des Kreatürlichen in seinen Tierbildern drängte. Das Pferd nimmt auch bei ihm den größten Platz ein, ihm gehört seine Verehrung, seine Liebe. Das »klagende Pferd« hängt vor dem Arbeitsplatz meiner Frau, daneben eine abstrakte Komposition von August Macke (1912) und eine lyrische Improvisation von Kandinsky (1910). Kleine Formate. Große geistige Perspektiven – vorausschauend, vorwegnehmend.

5

ICH WAR ÄLTER und reifer geworden. Ein Jahr in der Jugend zählt doppelt. Ich sah viel, konnte mich in diesem Jahr frei bewegen, hatte in technischen Dingen Erfahrung gesammelt – lernte das Gutsleben kennen, den Umgang mit Tieren, die Arbeit auf dem Feld – auch etwas von Verwaltung und Ökonomie im Gutsbetrieb. Doch es war eben mehr als diese Zusammenfassung: es war die Selbständigkeit, die mich reifen ließ, und in dieser Situation traf ich den Studienrat Dr. Hübschmann aus Berlin, der mir dringend riet, nach dem Einjährigen nun doch auch das Abitur nachzumachen. Ich könnte ja dann immer noch in den Gutsbetrieb einsteigen. Er empfahl mir das Internat in Berlin, an dem er tätig war. So wurde die Weiche wieder anders gestellt: in Richtung Berlin. Wieder galt es Abschied zu nehmen und wieder trennten sich die Wege. Und Ottomar Domnick begab sich nach Berlin in das Internat des Dr. Fischer in der Ziethenstraße 22, die eine Seitenstraße der unteren Tauentzienstraße ist.
Ich traf ein altes Berliner Bürohaus an. Vierstöckig. Unten lagen die Unterrichtsräume. Die Uhr ging automatisch und kündete den Beginn der Schule mit Klingelzeichen an, die Pausen automatisch mit anderem Ton. Diese Uhr spielte gleich bei meinem Eintritt eine Rolle, als die Zöglinge sich daranmachten, die Automatik abzustellen. Das konnte nur in einer Nacht geschehen. Sie besorgten sich die Leiter vom Hausdiener Felix (der homosexuelle Neigungen hatte, was bei Angestellten in Knaben-Internaten nicht selten ist). Felix war klein, glatzköpfig mit Resten von Haarsträhnen, die wie Bindfäden einzeln über der Scheitelglatze lagen. Felix heizte, Felix sorgte für das Essen, Felix putzte unsere Zimmer, machte die Betten und ließ uns gelegentlich »Stock reiten«. Das nahmen wir ihm übel, verbarg sich doch dahinter ein kleiner sexueller Scherz. Wir drehten

den Besen um und fegten Felix aus der Stube. Er lachte laut. Sein Mund war breit, die Zähne zeigten Lücken. Felix wünschte »gute Nacht«, und wir begaben uns auf Jagd: die Uhr muß einmal stehenbleiben. Dann ist das ganze Internat geplatzt. Mit der Leiter ausgerüstet, informierten wir uns über die Elektroanschlüsse und polten einfach ab. Mehr war nicht zu tun. Der Morgen blieb still. Kein Läutewerk ertönte. Auch Felix hatte verschlafen. Die erste Stunde war verblasen, die Lehrer ohne Schüler. Dann kam vom dritten Stock der dicke Dr. Fischer und schimpfte laut mit Felix: Warum die Uhr versagte? Felix zog die Schultern hoch. Der Kundendienst hat rasch das Werk geprüft und dann den Anschluß fest verplombt. Das war mein Einzug in das Internat, das oben im zweiten Stock mit 12 Zimmern 30 interne Schüler beherbergte.
So ein Internat hat die Aufgabe, Schulleistungen komprimiert aufzuholen, das Abitur für Externe vorzubereiten. Es ist also eine private Schule ohne Lizenz für Prüfungen, Abitur, Einjähriges. Das muß man wissen, daß hier Freiheit herrscht, im Gegensatz zu Greifswalds Gymnasium. Die Lehrer unterrichten wie auf der Uni – und jeder muß selbst mittun, um das gesteckte Ziel zu erreichen. Das Ziel hieß für mich: die Obersekunda zu überspringen und nach sieben Monaten in die Prima eines humanistischen Gymnasiums einzutreten, sofern die Aufnahmeprüfung gelang. Ich war also auf fleißiges Arbeiten angewiesen, mußte lernen, um den Anschluß zu schaffen. Diese neue Freiheit war für einen jungen, bisher dressierten Menschen gar nicht so einfach. Der scharfe Druck in der Penne und zu Hause saß noch im Fell des Jungen, der nun wieder von Werkstatt und Stall auf die Schulbank versetzt war. Diese Freiheit kam plötzlich, und wie immer im Leben mußte man sich erst an diese neue Situation gewöhnen. Es war eine andere Freiheit als in der Maschinenfabrik, der Automobilwerkstatt und auf dem Rittergut.
Wir lebten zu viert in einer Stube, lernten zusammen, aber das ging nie gut, weil der eine schnell, der andere langsam liest, schreibt, rechnet, übersetzt. Ich wollte allein sein, im Einzelzimmer leben, für mich arbeiten. Und als mein Vater mich in der Ziethenstraße 22 einmal besuchte, drückte er mich mitleidsvoll an die Brust beim Anblick unserer Viererstube und schenkte mir dann das Einzelzimmer nach Rücksprache mit Dr. Fischer. Ich hatte auch im Inter-

nat wenig Freunde, obwohl wir alle zusammen wohnten und gemeinsam aßen. Ich zog mich meist in mein Zimmer zurück, das ich mir behaglich einrichtete: Das Lernen, die Übersetzungen von Homer oder die Geschichte der Punischen Kriege, die physikalischen Gesetze machten mir nicht mehr soviel Kummer. Man spürte die Eigenverantwortlichkeit und hatte Freude am Lernstoff. Die Lehrer übten keinen Druck aus. Wir mußten nicht strammstehen und durften beim Antworten sitzen bleiben. Es ging gemütlich zu. Die Jahrgänge und Nationalitäten waren bunt gemischt. Es gab alte Semester von 30–40jährigen »Schülern« neben jungen Burschen wie mich. Die Lehrer ließen uns gewähren. Es war ja alles freiwillig. Ohne Zwang. Hauptsache: der Monatswechsel kam vom Vater und Hauptsache: man schaffte sein Ziel.

WIR HATTEN MITTAGS zwei Stunden Ausgang. Die einen blieben im Zimmer, lasen, rauchten, schliefen. Andere wieder fuhren in die große Stadt, besuchten den Tauentzien mit KaDeWe oder spazierten auf den Kurfürstendamm. Oder ich raste mit der U-Bahn in die Friedrichstraße 172, wo der Dr. Wackenfuß seine Hautarztpraxis hatte, und die sechzehnjährige Tochter Senta mich erwartete, die ich in Lubmin kennengelernt hatte. Meist hatten wir kaum Zeit, etwas miteinander zu sprechen. Sie war auf dem Gymnasium und sehr begabt. Sie gab mir Bücher zum Lesen wie »Dorian Gray« und brachte mir Blumen, verwöhnte mich. Ich war ganz Senta-abhängig geworden. Alles, was sie sagte oder mir in das Internat schrieb, brachte mich in Unruhe: diese Verbindung zu einem Mädchen, das ich bewunderte, liebte, das mich aber auch in ihren Einfluß brachte, das mich quälte und unglücklich machte. Sie schien etwas davon zu spüren, ging manchmal beiseite. Ich war mit »Dorian Gray« beschäftigt, verschlang das Buch, überlas es neu, verstand nicht alles, wollte mit Senta darüber sprechen, die mir eröffnete: »Du bist mein Dorian Gray.« Ich war verwirrt. Sie sprach in Andeutungen. Sie wollte mich »feminisieren«, aus mir etwas machen, was ich gar nicht verstand. Ich wußte keine Antwort. Sie tat alles für mich, aber unter der einen Bedingung, daß wir dieses »Spiel« fortsetzten. Welches Spiel?
Es war immer das gleiche: Wir hatten mittags zwei Stunden Aus-

gang. Die einen blieben im Zimmer, lasen, rauchten, schliefen. Andere wieder fuhren in die Stadt. Ich raste in die Friedrichstraße. Mittag für Mittag. Von zwei bis vier Ausgang für Internatsschüler. Nollendorfplatz – Tauentzien – Kurfürstendamm – Zoo – Umsteigen – eine Treppe tiefer; die ich in Doppelsprüngen nahm. Manchmal fuhr die U-Bahn gerade ein und ich sparte drei Minuten. Noch fünf Stationen, die ich immer wieder auf dem U-Plan im Wagen ablas. Ich kannte jede Strecke, wiederholte das automatisch, blickte meist dorthin (wohin sonst in der Tunnelwelt?). Nach zwanzig Minuten stieg ich aus, sprang die Granitstufen hoch, die auf der Stirnseite die bekannte Underberg-Reklame trugen: grüne Fläche mit weißer Schrift. Ich wunderte mich über die geringen Beschädigungen, wo doch die Schuhspitzen dagegen stoßen konnten. Oder waren die Trittflächen so breit? Oder hatte die senkrechte Stufe eine Nase? Dies beobachtete ich beim Menschenstau, wenn ich nicht vorbei kam, obwohl ich immer drängelte und nie Zeit versäumen wollte. Dann schoß wieder aus der Tunnelröhre ein Gegenzug mit dem raschen Abbremsen und dem scharfen Bremsgeräusch der Knorr-Luftdruck-Bremse: wieder ein Schub Menschen auf den Underberg-markierten Treppen, wieder ein Drücken, Nachschieben, Tempo, dazu die kühlfeuchte Luft aus den U-Bahnschächten aufsteigend, die oben mit warmer benzin- und staubgemischter sich nicht recht verbinden will. Man spürt am Nacken noch kalte Luft und wird von vorn schon mit der warmen eingenebelt – ein Zustand, den ich nur vom Schwimmen kenne, wenn plötzlich warme Zonen im Meer den Körper treffen.
Ich lese die Schrift – Underberg morgens – Underberg mittags – Underberg abends – unbewußt –, aber ich nehme sie im Schriftrhythmus auf – und während ich zwei Stufen überspringe, fehlt »mittags« –, ich bin der Mittag – mitten am Tage suche ich Senta – Tag für Tag – Mittag für Mittag. Die Treppe ist heiß – meine Sohlen verbrennen. Ich springe noch schneller – werde gebremst durch die Menschen – manche spucken aus – das ist verboten wie überall in den U-Bahnschächten. Ich schaue weg. Empfinde Ekel. Will rein vor sie hintreten – jetzt fragt sie mich etwas – so spät? Dabei lacht sie. Ich beeile mich – die letzte Stufe – warum komme ich nicht vorwärts? Ich will sie festhalten – wo bin ich? Die Stufen nehmen kein Ende – die Glieder sind gelähmt – immer diese Schrift – grün mit weißen Buchsta-

ben. Ein neuer Zug rast aus dem Tunnel. Ich höre das Bremsen – das Aufheulen – die Zischlaute – das Abfahrkommando – ich bin schon lange am Ziel – aber ich finde Senta nicht – ich drehe mich um – Nachströmende schieben mich weg – Tausende Köpfe sehen mich an – drängen den Schüler beiseite – den aus der Ziethenstraße – ich finde mich nicht mehr zurecht – der Schüler kommt zu spät – er verpaßt den Unterricht – welchen? Das Tunnelgewölbe kommt auf mich zu, je näher ich zum Ausgang dränge. Ich habe einen falschen Ausgang gewählt. Hier wartet niemand auf dich. Du mußt umkehren. Die Masse läßt es nicht zu. Schiebt mich vor. Ich suche den Westausgang. Ich sehe am Geländer eine Möglichkeit – mach mich dünn – der schmalwüchsige Internatszögling kommt zu spät – er erkennt die Stimme – er sieht das rosa Chiffontuch. Sie zieht mich hoch – wie einen im Meer Erschöpften – ich bin ohne Atem – sie spricht mit mir – ohne Antwort – sie berührt meine Haare, ohne sie zu streicheln. Sie zieht mich auf die Bank mit dem grünlichen Polster, drückt meinen Kopf in ihren Schoß, schaut jetzt auf mich herab, ihre Haare fallen ihr ins Gesicht. Ich sehe durch ihre Haarsträhnen ihre Augen, mit denen sie mich zudeckt. Ihre Lippen verschließen meine Augen. Ich liege träumend, spüre das Auf und Ab ihrer Atembewegungen, ihre Hautwärme. Ich spüre plötzlich eine kräftige Hand, die mich aus dieser Lage reißt – mich in den U-Bahnschacht zurückwirft. Ich rolle die Steintreppen hinunter. Jetzt hält mich keine Menschenmauer. Wo ist sie? Wo ist Senta? Ich lese wieder: Underberg morgens – mittags – die Buchstaben verschwimmen – ich lese Un – der – berg, es lastet auf mir – Senta – ich liege – ein winselndes Geschöpf – aus der Umarmung gezogen – geworfen – der Schlachthof in der kleinen vorpommerschen Stadt – wo ist der Stock? schlag sie alle weg. Wer will dich umbringen? Wieder die Menschenleiber – Lawinen von Leibern – ich spüre wieder Fleisch – nackte Gestalten – als liege ich auf dem Frosch, den ich mit der linken Hand zerdrückte – kaltes Gefühl, glitschig und ekelerregend. Die Menschenleiber ziehen vorbei – niemand findet mich – ich versuche zu schreien – aber ich ertrinke in den Leibern – ich ersticke im Schacht – ich suche den Ausgang – atme Staub. Sand knirscht zwischen den Zähnen – der Mund trocken – meine Lippen wulstig aufgesprungen – verklebte Haare, verschmierte – ich will raus – aber der Weg ist versperrt.

Senta schüttelt mich, als ich zittere. Ich hebe den Kopf von ihrem Schoß. Sie hilft mir, will den Jungen aus seinem Taumel nicht aufschrecken. Bilder verfolgen mich. Sie bringt den Schüler an den Zug, der in Sekunden herannaht und in Sekunden abbraust – wir haben keine Zeit zum Abschied – hineingestoßen – Türen schließen – Abfahrtszeichen. Ich starre auf den U-Bahnplan, verfolge die Stationen, steige am Zoo um, klingle um vier Uhr nachmittags am Internat. Felix lacht – grinst in seiner häßlichen ironischen Art. Ich bin in meinem Zimmer. Allein. Und übersetze Homers Odyssee.
Diese Verwirrungen: wieder fand er keinen Menschen, mit dem er hätte darüber sprechen können. Aber er war auch zurückhaltend und gab das Erlebnis niemand preis. In langen Nachtbriefen vereinsamte er mehr, als ihm lieb war – die zurückdatierte Zeit eines pubertären Schülers wurde wieder lebendig – Regungen, Strebungen, die nach Erfüllung suchten – und in andere fremde Bahnen gelenkt wurden, die dem Zögling unverständlich schienen. Er träumte sich in die ihm zugewiesene Rolle des Dorian Gray ein, er schaute in den Spiegel, wenn er sich auszog, – er genierte sich vor dem nackten Körper, er empfand Hemmung und Scheu. Er sehnte sich nach einer Zweisamkeit, die eher einer geschwisterlichen Liebe glich, als dem ihm zugespielten sinnlichen Verlangen. Er wurde unsicher: die ersten zarten Impulse einer ersten Leidenschaft wurden so jäh zerstört, abgeschnitten, blockiert. Auch das war Berlin für den Internatszögling, der dieser Verlockung nicht gewachsen war.
Unser Berlin der zwanziger Jahre war natürlich eine Verlockung, und wenn wir jungen Schüler gemeinsam ausgingen, wurde manches Mädchenerlebnis auch gemeinsam erlebt. Wir besuchten solche und solche Lokale, tanzten mal hier, mal da, ruderten auf dem Wannsee oder liehen uns für Stunden eine Zündapp – eine Victoria – eine DKW, um in einer stillen Gegend Karreefahren zu üben.

DIE ZIETHENSTRASSE 22 hatte keinen besonderen Ruf. Man nannte sie »Presse« im Sinne einer Pression – also »drücken« – »fordern« – »quetschen«. Doch betraf das eigentlich nur die Komprimierung des Lernstoffes in eine kürzere Zeitspanne als auf der normalen Schule, nicht so sehr einen intensiven Einsatz der Lehrer. Vom Standpunkt der Lerntheorie waren wir sogar eher vom Regen in die

Traufe gekommen. Die Hemmung jeder Motivation auf der Greifswalder Schule, – ja sogar deren negative Verstärkung durch ständige Einschüchterungen, Strafandrohungen und drakonische Maßregelungen, die jeden Anreiz zum Lernen von vornherein blockierten, war zwar weggefallen im Internat Dr. Fischer. Aber von positiver Motivierung durch die Lehrer war hier ebenfalls keine Rede. Es gab zwar nicht viel Tadel und keine Strafen, dafür aber auch kein Lob. Die Lehrer waren meist ältere Herren, stammten aus Gymnasien – manche vielleicht schon früh pensioniert, manche nebenberuflich im Abendkurs tätig. Der Deutschlehrer fiel durch seine langen, dichten Augenbrauen auf, die er nach oben kämmte. Das sah irgendwie komisch aus. Man gewöhnte sich zwar an den Anblick, wenn oben über der Brilleneinfassung seine langen Borsten hochstanden, die beim Stirnrunzeln wackelten – aber es wirkte immer wieder clownartig. Am Anfang der Begegnung mußte der Schüler vorbeivisieren, um das Komische an diesem älteren unmodernen Mann zu übersehen. Ein Lächeln wird bekanntlich vom Vorgesetzten selten freundlich quittiert.
Ich schrieb bei ihm einen Aufsatz. Das Thema war frei. Es war (glaube ich) »ein Urlaubstag« zu schildern. Das schrieb ich nun in meiner Weise. Frei und ohne Aufbau mit »Einleitung«, »Hauptteil« und »Schluß«, wie uns das eigentlich beigebracht worden war. Ich erinnere mich gut. Ich schrieb keine Ereignisse im Sinne von »Ferientag in Potthagen«, sondern meine Beobachtungen am Teich, am Himmel, auf den Feldern. Es waren mehr Impressionen. Und ich schrieb meine Beobachtungen an einem Frosch – wie er ins Wasser sprang, wobei die langen Hinterbeine eine große Muskelleistung vollbrachten, ich war beeindruckt von der Weite des Sprungs. Ich schrieb auch etwas über die schönen Schwimmbewegungen des Frosches, das Weitausholende des Körpers, der sich lang und schlank im Wasser streckte – das breite Anziehen der Hinterbeine, dann das kräftige Vorstoßen eines zusammengedrückten Körpers. Ich schrieb auch etwas über die günstige Schwimmposition, wobei kaum ein störender Wasserwirbel erkennbar wird. Ich erinnere mich an alle Details. – Nach einigen Tagen wurden die Aufsätze zurückgegeben. Vorher machte der Alte, mürrisch die Hefte auf das Katheder legend, brummige Bemerkungen. Und dann: »Da schreibt einer –« und dieser eine war ich, wieder ich, immer ich. Ich

hörte ihn meine Froschbeschreibung vorlesen, vom Gelächter der Klasse begleitet.

Als ich Jahre später bei Professor Kleist in der Psychiatrie lernte, Psychosen phänomenologisch zu beschreiben, ihre Mimik und Motorik, Stärke und Tempo ihrer Stimme, ihre Zuwendung oder Zurückhaltung, ihre Ausdrucksmittel auch im stummen Spiel ohne sprachlichen Inhalt – und wenn ich später meine Filme photographierte, das Bild, die Bewegung, die Motorik von der Kamera belauschter Passanten –, dann dachte ich nicht mehr an diese Froschbeschreibung, aber ich finde die gleiche Gesinnung von damals wieder. Immer tat ich Dinge, die unangenehm auffielen. Nie hatte ich Freude daran, etwas zu tun, was einem herkömmlichen Schema entsprach. Meine Phantasie entzündete sich an Kleinigkeiten, an Details. Selten interessierten mich »Geschichten«, vielmehr war es die Ansprechbarkeit der Augen, die von der Kindheit bis heute mein Wesen geprägt hat.

DEMMIN – HUMANISTISCHES GYMNASIUM, Leiter Dr. Alexander. Dort trat ich nach Ableistung der »Presse« in der Ziethenstraße 22 ein. Dieser Schule verdanke ich viel. Sie war modern im Programm und hatte ein freiheitliches Prinzip. Ich habe dort die erste Orientierung in moderner Kunst erfahren (1926), über Klee, Picasso, Léger, Braque. Wir lernten bei Professor Dammann die moderne Literatur kennen, lasen nachmittags Hauptmann, Sternheim, Georg Kaiser, Hasenclever: Bücher, die heute noch in meiner Bibliothek stehen. In derselben Reihe (aber später erschienen) steht auch Döblins »Berlin Alexanderplatz«: die Odyssee des Franz Biberkopf mit ihrem expressionistischen Stakkato-Text, an dem ich mich begeisterte. Wir studierten die Grundlagen humanistischen Denkens (die uns in Greifswald nur im Zerrbild vorgestellt wurden), lasen Abhandlungen über Werke von Goethe und Romain Rolland (dem längst vergessenen Mittler zwischen französischem und deutschem Geist), machten naturkundliche Ausflüge, erlebten im Schülerorchester klassische Musik, spielten auch in einer Band und trieben Sport in der Halle und auf dem Schulhof. – Wie lang ist ein Tag in der Jugend und wie Vielfältiges läßt sich darin vereinen. Ich habe diese zwei Primanerjahre gern in Erinnerung und verdanke unserem Zeichenlehrer Lau die Einführung in die moderne Kunst, die ich in das Elternhaus übertragen wollte, was mir aber nicht gelang. Der Widerstand gegen Kubismus einschließlich Cézanne war dort überraschend groß. Um so mehr vertiefte ich mich in dieses Gebiet, das ja später für mein Leben von so entscheidender Bedeutung werden sollte.

Die Studienzeit fiel in die von beginnenden politischen Ereignissen geprägten Jahre. Schon in Demmin bahnte sich etwas an: Wir Schüler der Oberprima waren durchweg national eingestellt, liebten (Relikt der Kindheit) Militärmusik, schauten Aufmärschen und Paraden gern zu, was so gar nicht der Einstellung unseres Professors Dammann entsprach. In der Klasse wurde zwar keine Parteipolitik betrieben, doch wurden wir über den Reichstag informiert, über Parteien, und hielten selbst in der Klasse unter Alexander einen fingierten Reichstag ab, wobei die Redezeit auf fünf Minuten beschränkt wurde, und Schülergruppen die Parteien vertraten. Wir wurden auch analog dem Reichstag gesetzt: rechts – Mitte – links. Das war eine gute Methode praktischer politischer Orientierung. Zumal wir auch im Unterricht die politische Seite der großen Zeitungen lasen wie die »Frankfurter« oder die Berliner »Vossische«.

Bei vorbeiziehender Marschmusik der Demminer Ulanen baten wir die Fenster zu öffnen. Klassenlehrer Dammann genehmigte es nur ungern. Er sagte zu uns: »So fängt es immer an, zuerst Soldatenspiele, dann Marschmusik, Heldenverehrung und Krieg. Dieser Ablauf ist immer der gleiche.« Wir waren darüber brüskiert, verletzt, hielten Krieg für indiskutabel, so daß wir in der Demminer Zeitung ein »Eingesandt« schrieben. Ich nahm die Korrektur mit nach Hause. Mein Vater billigte diesen Schritt. Er dachte ja ähnlich. Und als nun die Zeitung über diesen Vorfall mit der Überschrift berichtete: »Lehrer verbietet Primanern nationales Empfinden«, war die Aufregung in Stadt und Schule groß. Professor Dammann war beeindruckt und fast unglücklich über die Reaktion seiner Klasse: So habe er es doch nicht gemeint, er wollte doch nur mit diesem Hinweis seine Erfahrungen ausdrücken, etwas aufhalten, warnen, bremsen, was er auf diese junge Generation zukommen sah. Wie recht hat er behalten. Aber keine Jugend will das. Jede prinzipielle Beeinflussung wird abgelehnt und jeder Angriff auf emotionales

Geschehen – hier also auf nationales und patriotisches Gefühl – zurückgewiesen. Das ist ja überhaupt in der »Erziehung« das entscheidende Problem, daß die Erfahrungen der älteren Generation von der Jugend nie übernommen werden. Wenn das einmal geschehen und Kontinuität gewährleistet würde (Kontinuität im Sinne der Weitergabe der Erfahrung), dann könnten die immer wieder auftretenden politischen Konflikte abgebaut werden und Kriege würden vielleicht illusorisch. Aber so fangen wir immer wieder mit jedem Generationswechsel von vorne an.

Und doch hat das damals uns etwas aufgeschreckt. Als gehorsame Söhne hatten wir unsere nationalen Gefühle aus unserem Elternhaus bezogen – Gefühle, wie sie in der älteren Generation noch berechtigt sein mochten, die den Aufstieg des »Deutschen Reichs« erlebte und mitschuf, die den verlorenen Krieg als böse Episode empfand, die wieder aufbaute und das Aufgebaute erhalten wollte. Und da unbewußt wohl die Vorstellung wirksam war, wir hätten den ersten Krieg verloren, weil wir zu wenig gerüstet waren, so glaubten wir uns durch erhöhte Rüstung vor einem zweiten geschützt. – Es waren damals noch recht unvergorene Vorstellungen, nicht nur in unseren achtzehnjährigen Köpfen. Es gab nur wenige Menschen, die solchen Irrtümern nicht unterlagen, wie unser Lehrer Dammann. Zu leicht setzen sich Fehlvorstellungen in einem Kollektiv durch, da sie affektiv geladen sind und da Affekte sich ungehemmter ausbreiten als reale Einsichten.

So steht dieses kleine – aber für uns bedeutende – Erlebnis mit dem Zeitungsartikel für anderes Geschehen auf ähnlicher Ebene. Jugend ist unkritisch, stürmisch, läßt sich nicht überzeugen, sucht eigene Wege, kennt keine Erfahrungen, will »mit dem Kopf durch die Wand« (grübelte ich darüber nicht schon einmal anläßlich der Geburt eines Kalbes?). Es fängt immer gleich an – oft mit neuen Vorzeichen zwar –, bis auch dieser Weg zu Ende geht und wieder eine neue Generation nach dem Gesetz der Neuorientierung antritt. Aber man muß auch wissen: ohne Bewegung ist Leben nicht möglich, sterben Impulse, entstehen Frustrationen und Sterilität. Jeder Mensch verpönt den Krieg, und doch ist er an den Vorbereitungen des nächsten mitbeteiligt. (Warum geht das Wettrüsten unentwegt weiter? Warum gelingt es uns nicht, die chronische Hungersnot in unterentwickelten Ländern zu beherrschen? Die Vergiftung unse-

res Lebensraums zu vermeiden? Warum greift der Terror in der Welt um sich?) Mit jeder Generation beginnt der Kampf Jung gegen Alt, Revolution – Evolution, Krieg gegen Leben, Leben gegen Krieg. Dies ist der eigentliche Grund, warum der Mensch im Prinzip versagt. Dies ist die Erklärung für den unharmonischen Ablauf der Geschichte mit Zerstörung – Aufbau – Niedergang, mit Kampf um Macht und Geld. Kampf als lustbetontes Geschehen einiger Demagogen zur Durchsetzung eigener Ideologien, zum angeblichen Schutz einer bedrohten Menschheit. Macht schafft Unglück. Und Unglück schafft Fügsamkeit. Und Fügsamkeit ist die Voraussetzung zur Durchsetzung der verschiedenen Machtgelüste: also auch der Kriege.
In solchen und ähnlichen Diskussionen zwischen Schülern und Lehrern zeichnete sich ab, was unsere Generation später politisch durchmachte: Wilhelminische Zeit mit Ansprüchen im territorialen Bereich und Imponierhaltung – erste dekadente Zeichen – Kriegsgeschrei – Niederlage. Änderung der Staatsführung mit sozialer Umstrukturierung – Inflation – Arbeitslosigkeit – Elendsphase – kommunistischen Tendenzen – Parteienwirrwarr. Ab 1930 Beginn nationalsozialistischer Programme – 1933 Machtübernahme durch Hitler – Wirtschaftsankurbelung durch massiven Einsatz an Bauobjekten wie Autobahn, Kasernen, Stadien, Parteigebäuden. Neue Ideologien mit Aufbau von Heer, Luftwaffe, Marine und mit Bildung neuer Elite. Zunehmende Ansprüche im territorialen Bereich mit Herausdrücken der Grenzen und Schaffen des »großdeutschen Reichs« – Kriegsgeschrei – Niederlage. Ab 1945 wieder der oben beschriebene Weg mit Änderung der Staatsführung – Ablösung der Diktatur durch die Demokratie – Bildung neuer Elite. Seit 1945 hat es in unseren Grenzen keinen Strukturwechsel mehr gegeben – eine Tatsache von Bedeutung.

6

WENN MEIN VATER MIT UNS Beethoven-Streichquartette op. 18 oder op. 59 oder Schubert postum »Der Tod und das Mädchen« übte, begriffen wir natürlich allmählich, daß Musik nicht nur im Notenspielen besteht – daß sie mehr ist als ein sauberes korrektes Spielen, sondern da beginnt, wo Noten mit musikalischem Leben ausgefüllt werden. Die Partner müssen zueinander passen und das Ganze sollte eine Einheit – eine Harmonie sein. Deswegen bevorzugen manche Quartette auch gleichklingende Instrumente wie die Guarneri-, Amati-, Stradivarius-Quartette. Die Übereinstimmung im Ton mit gleichgeformter Tonqualität ist bekanntlich auch eine Frage des Temperaments, der Persönlichkeit. Auch wir empfanden es damals als richtig, wenn die erste Geige etwas dominierte und falsch, wenn die anderen Instrumente zu stark hervortraten. Wir nannten das »deck mich nicht zu« oder »laß mir auch noch Luft«. Wir drei Brüder harmonierten gut. Aber schon bald wollten wir die Schwester Else als Pianistin nicht so gern dabei haben. Natürlich schwelgte die Bratsche im Klavierquintett von Brahms oder das Cello beim Mendelssohn-Quartett. Aber wir empfanden in der Kammermusik den Klavierpart immer als Fremdkörper. Das reine Musizieren war im Streichquartett am schönsten. Und so ist es auch heute noch geblieben.
Die Schwester Else machte gute Fortschritte. Als Fünfzehnjährige spielte sie die große Klavierliteratur erstaunlich gut. Und als Professor Rösler sie einmal hörte, empfahl er unbedingt das Studium an der Musikhochschule Berlin. Der Geiger Gustav Havemann und der Cellist Adolf Steiner konzertierten mit ihr in Greifswald, und später spielte sie auch in Berlin das Klavierkonzert Es-dur von Mozart. Sie war 21 Jahre, als Wilhelm Kempff sie hörte. Später nahm sie Unterricht bei Edwin Fischer, den sie sehr verehrte. Die einzige

Tochter war für meinen Vater eine große Freude, und er genoß den schönen Erfolg auf dem Steinway-Flügel, den er ihr in Berlin schenkte. Unsere Instrumente blieben im Rahmen: Mein Bruder spielte eine Hopf-Geige, ich ein älteres italienisches Cello unbekannter Herkunft, Ludwigs Bratsche war dumpf und schwergängig. Als er einmal die von Hans Mahlke vom Havemann-Quartett anspielte, wußte er, was eine Bratsche sein konnte.

In unserem Haus verkehrten fast alle großen Musiker aus Berlin. Mein Vater war Vorstand im Greifswalder Konzertverein, und da er ein ausgezeichneter Geiger war, kannte er natürlich die Spitzen der Kammermusik. Wir Kinder haben durch diese persönlichen Begegnungen viel erfahren und standen interessiert bei Proben und Gesprächen daneben. Häufig war Gustav Havemann (der auch gern mit seiner großen Yacht auf dem Greifswalder Bodden segelte) mit seinem Quartett in Greifswald: Havemann erste Geige, Georg Kniestädt zweite Geige, Hans Mahlke Bratsche und Adolf Steiner Cello. Später kamen das Wendling-Quartett, das Klingler-Quartett, das Amadeus-Quartett. Dann die Geiger: Josef Wolfsthal (der so früh verstarb), Florizel Reuter (der »Paganini« mit dem Schopf), Carl Flesch mit der neuen Unterrichtsmethode (er übergab seine neu herausgekommene »Flesch-Schule« meinem Vater) – dann die Pianisten Artur Schnabel, Wilhelm Kempff, Edwin Fischer – Wilhelm Furtwängler als Pianist mit eigenen Kompositionen. Diese kleine norddeutsche Universitätsstadt hatte ein sehr lebendiges Musikleben, das mein Vater hauptsächlich inszenierte und das später in den »Greifswalder Musikfesten« seinen Höhepunkt fand. Dabei wurden keine eigenen Opfer gescheut. Der Vater bestimmte fast autoritär die Form, das Programm, die Solisten, die Dirigenten und holte sogar Berliner Kritiker nach Greifswald. Das Musikfest fand im Mai statt. Das väterliche Anwaltsbüro wurde eingeschaltet: Programmschreiben, Kartenbestellung, Disposition. Der Vater trug aber auch das finanzielle Risiko. Nicht immer kam der Einsatz heraus, unser Vater mußte das Defizit tragen.

Die Zeiten wurden schwer. Wir näherten uns seit 1930 einem wirtschaftlichen Tiefstand. In diese Zeit fielen aber seine Musikfeste. Stadt und Universität hatten ihre Zuschüsse zurückgezogen. So war das letzte Konzert 1933 wirtschaftlich eine Belastung für meinen Vater, da auch in der Anwaltspraxis durch das »Sicherungsverfahren« der vorpommerschen Gutspächter die Zahlungen eingestellt wurden. Ich sehe heute noch am Abschlußabend des Greifswalder Mai-Musikfestes meinen Vater in der Stadthalle mit umsorgtem Gesicht, still, ohne Gespräch mit den Gästen – er ahnte wohl, was bevorstand und daß seine Musikfeste mit diesem 1933 auslaufenden Jahr zu Ende gehen würden. Er ahnte vielleicht auch, daß viele seiner Musiker bald das Land verlassen mußten. Schmerzliche Vorstellung, allein zurückzubleiben. Mein Vater war vorzeitig gealtert. Er hatte mit 45 Jahren schneeweiße Haare, und sein Gedächtnis ließ in den letzten Jahren nach. Er starb 1933. Ihm blieb alles das erspart, was sich politisch – wirtschaftlich danach ereignete. Verkleinerung seines Anwaltsbüros, das einst einen enormen Aufschwung genommen hatte zu einem Betrieb mit fünfzehn Angestellten – notwendige Einsparungen, die ideelle Veranstaltungen nicht mehr zuließen – all das sah er auf sich zukommen: ein allmähliches Abbröckeln, ein wenigerwerden. Mein Vater war gebrochen. Und seinen Tod mit 57 Jahren haben wir immer als eine Erlösung angesehen, auch meine Mutter.

DIESE ENTWICKLUNG ERLEBTE ICH in den Jahren meines Studiums. Die fünf vorklinischen Semester wurden in Berlin, München, Greifswald absolviert, wo ich 1930 mein Physikum machte. Die sechs klinischen Semester verbrachte ich in Paris, Innsbruck, Rostock, um dann wieder an der heimatlichen Universität das Studium mit dem Staatsexamen und der Approbation abzuschließen. Das lief alles glatt. Ich hatte keine Schwierigkeiten bei den Prüfungen, keine Antipathie gegen diesen oder jenen Professor. Aber ich muß doch über drei Dinge berichten: Daß unser Hygiene-Professor Drewitz (der übrigens ein beneidenswertes Austro-Daimler-Coupé mit Chauffeur fuhr) in der Vorlesung aus seinem eigenen Hygiene-Buch ablas und die Herrenweste als unhygienisches Bekleidungsstück ablehnte, aber dabei selber die Weste trug – solche Denkbequemlichkeiten fielen uns auf. Und dann gab es in der Sinnesphysiologie die Vivisektion bei Professor Steinhoff: Frosch töten, Kopf abschneiden, Sonde in den Wirbelkanal stoßen. Ich habe das nicht getan – ich sah das nicht ein, fünfzig Frösche in dieser Kollegstunde für ein Experiment zu töten. Wenn das beispielhaft an einem Frosch vorgeführt wird, genügte es doch, diesen Spinalreflex zu studieren. Ich kam trotzdem zum Examen und bestand es.

Und dann die in der Anatomie zu sezierenden Leichen. Das hat natürlich am Anfang Überwindung gekostet. Aber man gewöhnt sich bekanntlich an alles – und doch bleibt ein Rest von pietätsbedingtem Widerstand. Ist es richtig, dem jungen Medizinstudenten gleich im ersten Semester die Vergänglichkeit des Menschen, die Vergeblichkeit seines ärztlichen Tuns vor Augen zu halten? Das Abstoßende eines nackten Leichnams? Führt die Zerstörung eines vor kurzem noch lebendigen Organismus mit Messer und Schere nicht zur Abstumpfung eines natürlichen Schamgefühls? Später sah ich ein, daß die »Anatomie« für den jungen Mediziner so etwas wie einen Einführungsritus in die Medizin bedeutet, Einführung in das Erwachsenenalter – analog den schmerzhaften Initiationsriten der Knaben bei den primitiven Völkern. Für mich bedeutete das Betreten der Anatomie eine Überwindung. So besuchte ich zuerst die zahnmedizinische Abteilung, wo lediglich der Schädel mit Kiefer und Nebenhöhlen seziert wurde und schleuste mich so in die Anatomie ein. Diesen Anatomiesaal mit sechzig Leichen durchschritt ich fast andächtig – leise. Die mir zugeteilte Leiche betrachtete ich »menschlich«, sah mir die verglasten eingetrockneten Augen an, die Lippen, den eingefallenen Bauch, das Genitale – die Hände, die vielleicht Selbstmord begingen oder die Gitterstäbe des Gefängnisses auseinanderreißen wollten. Ich sah das Haar, die Muskeln, die gelblich-wachsfarbene Haut – vielleicht doch krank? Ich berührte den Körper und erlebte die teigige Kälte der Haut. Ich ging um den Leichnam herum und begann wie die anderen mit Skalpell und Pinzette den ersten Schnitt, und es floß kein Blut, und es gab keinen Schmerz.

Das Gefühl in der Magengrube – dies Auf und Ab – das Leerwürgen bis zur Trockenheit des Mundes – der Schleimhäute – der Lippen – das Vorbeischauen und Hindurchsehen im leichengefüllten Anatomiesaal mit dem diffusen Licht aus den Milchglasfenstern – ich erinnere mich gut an diese ersten Eindrücke. So wie man vor Publikum spricht und keinen Menschen sieht; nur Masse – etwas Bewegung, hier also tote Masse – Studentenbewegung – Zigaretten-

rauch aus Spitzen aufsteigend – handschonend – nichts anfassen, was zum Munde führt – nichts essen, es sei denn Pfefferminz oder Kaugummi. Ich gehe an der Fensterwand vorbei, wo die Köpfe liegen – der Lichteinfall zum Kopf hin. Gegenüber wieder aufgelegte Leichen, die auch ihr Licht vom Kopf her erhalten. So entsteht ein Gang zwischen ausgestreckten Füßen links und rechts. Und ich schaue auf diese nackten Füße. Ich denke: Schamgefühl. Eine männliche Leiche liegt neben einer weiblichen. Mensch als tote Materie. Seelenlos. Keine Differenzierungen. Man denkt nur noch in Muskeln – Fett – Sehnen – Knochen – und lernt das nach dem Atlas, der eingebunden neben mir liegt. »Rauber-Kobsch« oder »Spalteholz« mit den schönen Abbildungen. Und man präpariert fein säuberlich und freut sich über das saubere Abziehen einer Faszie. Dann lernt man die Handwurzelknochen nach einem mnemotechnischen Prinzip und bereitet sich zur Abnahme vor. Das war dann die Krönung des Armes, Beins, des Brust- oder Bauchsitus. – Die Professoren: Peter, Dragendorf, Pfuhl standen fragend vor dem Objekt: Wie heißt der Muskel? Wo setzt er an? Welche Funktionen? Welcher Nerv? Welches Gefäß? Und wir wußten natürlich alles und hatten bei sauberer Präparation eine gute Zensur. Es gab Ungeschickte, die die Pinzette mit der Faust anpackten und das Skalpell ansetzten, als gelte es einem Hasen das Fell abzuziehen. Das waren die Säbler. Und dann gab es die Kosmetiker, die ganz vorsichtig ans Werk gingen mit Fingerspitzengefühl, die aber nicht vorankamen. Vielleicht war das Präparieren auch ein Akt der Bewährung: ob überhaupt und so? Chirurgie? Psychiatrie? – um zwei konträre Fächer zu nennen. Dazwischen zotige Medizinerwitze – Wirtinverse. Das war mir unsympathisch.
Aber man mußte mitlaufen, mit dabei sein, sich nicht abseits stellen, keine Sonderrechte sich anmaßen. Im Nu ist man draußen und wird gemieden, hat keine Bekannten mehr, keine Kommilitonen, Kollegen, Studiengenossen, Examensgruppen, oder wie man sie auch bezeichnen mag. Ich war nicht der Typ eines stimmungsmachenden Studenten, am Biertisch oder beim Skat. Ich ging stillere Wege, suchte Freunde – aber fand kaum welche. Natürlich kannte man sich, grüßte, sprach in Gruppen, ging in die Kollegs, wo jeder seinen »Stammplatz« hatte. Und jeder wußte vom andern dessen »mehr«, und dieses »mehr« trieb einen an: mehr zu lernen, mehr zu

arbeiten, mehr ins Kolleg zu gehen. Man wollte unbedingt auf dieser Welle mitsegeln, und wenn ein Examen fällig war, so hatte man einzusteigen und es zu machen. Es gab Semester, die nie Examen machten, das waren die »Uralten«, und sie nahmen immer mit einer neuen nachfolgenden Gruppe Anlauf, aber den Sprung ins Examen wagten sie nicht. So war das Bild der Studenten vielschichtig – bunt und interessant – wie das unserer Professoren, die bei Faschingsveranstaltungen nicht geschont wurden.

Unsere studienzeit verlief im übrigen frei und angenehm. Man konnte studieren, wo man wollte und hier oder dort seinen Interessen nachgehen. Wenn ein Vorexamen erledigt war, hatte man wieder Luft und das Studieren wurde danach kleiner geschrieben. So verlebte ich 1930 in Innsbruck mein erstes klinisches Semester und mein Bruder Hans sein drittes Jurasemester. Aber Innsbruck eignet sich nicht recht zum Studieren. Wir saßen mehr im Café Schindler, lasen die »B.Z. am Mittag«, und plötzlich kam aus dieser Zeitung die Mitteilung zum Start: »Europa-Tournee«. Wir beide hatten denselben Gedanken: »Da machen wir mit auf BMW.« Mein Bruder ließ sich im Werk München die neue Vorderachse montieren – eine Querelliptik-Achse, mit der er eine bessere Kurventechnik zu erreichen glaubte. Unser Antrag lief, doch der Nennschluß war vorbei und damit unsere Teilnahme ausgeschlossen. Aber wir fuhren trotzdem. Für uns. Allein. Dieselbe Tour, jedoch ohne Stoppuhr. Das hatte auch Reize, da wir ja nicht in Zeitdruck waren. Mein Vater erhielt aus Triest die Nachricht, daß wir uns auf einem Europatrip befänden und darum bäten, gütigst Geld nach Rom zu schikken, das wir auf der Deutschen Botschaft gerne in Empfang nehmen würden. Das waren die »Herren Söhne« mit dem üppigen Monatswechsel des alten Herrn, der solche Abenteuer zuließ. Unser Ehrgeiz bestand aber auch darin, mit diesem Betrag auszukommen. Das war nicht einfach. Benzin (8 l auf 100 km), Übernachtung, Grenzpapiere etc. mußten vorweg abgezogen werden. Da blieb bei 10 000-km-Fahrt nicht sehr viel übrig. Und jetzt mußte wieder unsere Phantasie uns helfen: Wenn bis zum nächsten Gelddepot nichts da war außer Mittel für Benzin, mußten wir andere Wege finden, die knurrenden Mägen zu stillen und unsere müden Glieder andernorts

als im Hotelbett langzustrecken. War Geld vom »Alten« wieder eingetroffen, lief alles prima: Wir schlürften unseren Espresso, aßen Spaghetti Roma, schliefen in Herbergen oder wie in Rom im katholischen Jugendheim, plauderten frisch darauf los, photographierten – machten beim Papst eine Messe mit, küßten seinen Ring – besuchten Museen, Plätze, Brunnen – aber auch Anlagen, Via Appia, Collosseum, Porta Aurelia. Das ging alles mit wachem Geist, klarem Kopf nach gutem Bett, nach gutem Mahl – aber wenn das alles nicht mehr da war und wir nicht wußten, wie wir nach Neapel kommen wollten, dem nächsten Ort zum Geldempfang, dann hieß es: »Voraus, mein Freund, du mußt die Brötchen holen.« Hans war geschickt. Er ging gekämmt und sittlich rein in ein Lokal, in dem die Brötchen standen. Er schaute rechts – er schaute links –, er nahm sich eins, versteckte es und wiederholte das Ganze noch mal. So kam er dann mit dicken Taschen an das Auto und wir verzehrten (wie bei Max und Moritz) die Brötchen frisch gebacken. Danach spendierten wir uns noch ein Eis: Gelati-Creme und brausten ab wie tolle Tiger. Das war ein Gag von uns: die »Not-Mahlzeit«. Sie wurde nur noch übertroffen, wenn Brötchen-Klau nicht möglich war: dann gab es Brunnenwasser – Leitungswasser – wie man Wasser immer findet. Man kann auch jedes Haus betreten und um ein Wasser bitten, dies wird bekanntlich nie verwehrt.
So ging die Fahrt nach einem großen Plan, und unsere vorgenommene Reiseroute wich kaum von diesem ab. Das war für Hans und mich und unseren BMW doch eine große Leistung. Wir wurden hart geprüft. Und manches war verlockend. Wir durften nicht, wir konnten nicht, wir konnten nicht bezahlen. Doch blieben Moral und Anstand stets bei uns – bis auf Bilbao, wo der Tankwart uns verzeihen muß. Wir hatten noch 3 Liter Treibstoff und wußten jetzt, das schaffen wir nicht mehr – es sei denn: einer schenkt uns was. Wir fuhren vor: war es Texaco oder Esso? Ich glaube: Shell hieß wohl die Pumpe. Hans machte rasch die Haube auf. Ein Baskenkopf in Schwarz führt nun den Schlauch zum Tanken ein und kurbelt mit der Hand in seine Pumpe 5 Liter rein, 5 Liter raus, 5 Liter rein – 5 Liter raus – »halt!« rief Bruder Hans: »das ist zuviel« und ich bereitete mich auf einen Stierkampf vor. Mein Bruder schließt den Tank und macht die Haube dicht. Er nähert sich dem Basken und zahlt, was er für richtig hält. Peseten hieß es damals wie

auch heute. Ich ließ den Motor an, der ganz schön brummte. Dann zitterte die Kupplung. Ein kleiner Augenzwink und Hans springt ein, als ich den »Pinsel« runterdrückte. Ich dachte: Nur so gelingt ein Start, wobei es darum geht, den Gegner rasch zu überwinden. Er winkte noch, er rief Hallo –
> Ihr wollt mich um fünf Liter wohl betrügen
> Dem war nichts mehr hinzuzufügen
> Fünf Liter retten uns das Leben
> Drum sei 's. Gott mag es uns vergeben.

In dieser und ähnlicher Form verlief die 10 000-km-Reise durch Europa mit allen Höhen und Tiefen. Die Tiefen: wenn das Todeslämpchen (Lichtmaschinen-Defekt) anging, die Windschutzscheibe durch ein aufgeschrecktes Huhn zerbarst, mitgebrachte spanische Krüge in einer Kurve platzten oder in Paris die Leica gestohlen wurde. Wir waren leidgeprüfte BMW-Fahrer, es gab noch mehr Leid, als ein Reifen nach dem anderen südlichen Schotterstraßen zum Opfer fiel. Höhen und Tiefen, Freude und Trauer, Begeisterung und Einsamkeit, mit Freundschaften (aber ohne Liebschaften), mit Hunger und Durst, mit Anregung und Stolz, mit sportlichem Ehrgeiz und Askese, mit stimmungsvollen Eindrücken in Kirchen und Klöstern – mit Einladungen und Festen – mit Wanzen und Flöhen – mit Baden im Meer – mit Eindrücken von einem Europa, das zehn Jahre später in Schutt und Asche gelegt werden sollte.
Der Empfang in Greifswald begann mit einer Ehrenrunde um den Marktplatz, auf dem wir damals von unseren Freunden Hansludwig Geiger, Pit Frenzel, Grünig und dem Sprinter Körnig verabschiedet worden waren, als die Reise nach Innsbruck ging und noch niemand wußte, daß wir beide damit zum Europa-Trip starten würden. Wir wußten es ja auch nicht. Nur die »B. Z. am Mittag«.

MEIN VATER HADERTE NICHT mit uns, daß wir ein Semester verbummelt hatten. Er war sogar ein wenig stolz auf seine abenteuerlichen Söhne und glücklich, daß sie wieder heil zu Hause waren. »Die Examina werden gemacht, wenn sie fällig sind.« Ein Ausspruch des Vaters. Und danach hatten wir uns zu richten. Er hatte keine Sorgen mehr mit uns. Dafür aber verfinsterte sich der Himmel zunehmend

durch angespannte wirtschaftliche Lage und politische Brisanz. Zwischen Physikum und Staatsexamen lagen drei Jahre. In diesen drei Jahren ereignete sich das politische Schicksal unseres Landes. Mein Vater hat die »Machtergreifung« mit uns am Radio miterlebt. Seine Worte klingen mir heute noch im Ohr: »Jungens: Heute haben wir ein geschichtliches Ereignis miterlebt, dessen Auswirkungen gar nicht abzusehen sind.«
Am 5. Juli 1933 verunglückte mein Vater tödlich in dem Wagen, mit dem wir durch Europa gefahren waren. Greifswald nahm Anteil. Der Trauerzug war lang, die Gemeinde groß, die Glocken läuteten lange. Ich hörte sie im Krankenhaus. Pernice – der Cellist aus dem Domnick-Quartett – schrieb einen warmherzigen Artikel in der Greifswalder Zeitung und Hansludwig Geiger ergänzte diesen mit einem Nachruf auf Papa Domnick. Es war plötzlich still im Haus. Das Anwaltsbüro wurde aufgelöst – vor Jahren noch eine Zentrale mit drei Anwälten, zwei Assessoren, einer Bank, einer vorpommerschen Beratungsstelle für Gutspächter. Das Haus Domnick – einst ein Zentrum intensiver Kammermusik, Mittelpunkt gesellschaftlichen Lebens, wobei aber immer die ausübende Musik im Vordergrund stand –, dies Haus Domnick verwaiste.

7

ALS ICH IM HERBST 1933 die Bahnhofstraße verließ, war mein Gepäck klein. Zum zweitenmal erlebte ich ein unbeschreiblich freies Gefühl im jungen Leben: ähnlich wie nach dem Abitur 1927 in Demmin – Unabhängigkeit – ohne Bevormundung – eigene Lebensgestaltung. Aber dieser zweite Schritt in das freie Leben, nach Abschluß des Studiums mit dem Staatsexamen und der Promotion summa cum laude war schon etwas gekennzeichnet von beginnender Verantwortung im Krankenhaus, von der man allerdings im Studium wenig hörte – das hatte man mehr gefühlsmäßig aufgenommen. Das Studium der Medizin berührte ethisch-menschliche Fragen überhaupt nicht. Das haben wir Studenten immer etwas vermißt. Sachlichkeit war das Prinzip der Vorlesungen. Der Patient – soweit wir ihn zu sehen bekamen – war ein »klinischer Fall« als Beispiel eines Krankheitsbildes. Wir kamen von der Leiche über Vivisektion an den Patienten, der diagnostische Aufgaben bot. Daneben wurde auch etwas Therapie angesprochen, aber die blieb überwiegend der Pharmakologie überlassen. Sachlich und distanziert ging alles zu, und man wurde rechtzeitig zu dieser Einstellung erzogen. So war es kein Wunder, daß der Beginn der zweiten Freiheit des jungen Menschen mit diesem Komplex belastet wurde.
Berlin hatte ich gewählt, um nicht so weit von der zurückgebliebenen trauernden Mutter zu sein, und weil ich durch die Ziethenstraße 22 Berlin kannte, und auch mein Studium dort begonnen hatte. So hatte ich Beziehungen zu dieser Stadt, die soviel Anregung gab, soviel Möglichkeiten der Weiterorientierung in künstlerischer Hinsicht bot. Diese von früher bekannten Theater, die Konzerte, die Literaturzirkel, die Ausstellungen in den Jahren 1925 bis 1933 ließen die Reise in die große Stadt verlockend erscheinen.
Wie so häufig in meinem späteren Leben erwiesen sich solche spon-

tanen Entschlüsse ohne viel Vorbereitungen und Überdenken als richtig: Ich stellte mich im Virchow-Krankenhaus vor, bekam auf der 1. Inneren Station bei Professor Gutzeit meine Medizinal-Praktikanten-Stelle und konnte schon am nächsten Tag beginnen. Das Zimmer im Dachgeschoß war winzig. Aber ich richtete es mir junggesellenzünftig ein und fühlte mich wohl.

Das Virchow-Krankenhaus liegt im Norden von Berlin. Es war das größte, im Pavillon-Stil nach amerikanischem Vorbild erstellt. Ich merkte bald die unsympathische Atmosphäre: laut-schnoddriger Berliner Ton der Schwestern und Pfleger, wenig Rücksichtnahme auf Kranke. Jeder Bau hatte dasselbe Prinzip: eingeschossig, lang, links ein Saal mit 24 Betten, rechts ein Saal mit 24 Betten, Steinfußboden, klappernde Blechwischeimer, zugige Fenster auf beiden Seiten. Keine Vorhänge. Jedes Bett mit Kopfteil am Fenster – Tafel mit Name, Eintritt, Diagnose – zwölf links, zwölf rechts, so daß man sich gegenüberlag. Am Ende des 24-Betten-Saals 4 kleinere Zimmer mit 4 oder 3 Betten. Dieser Flur war dunkel und erhielt sein Licht vom Kopfteil des Flurs. Hier gab es auch ein »Sterbezimmer«. Im Mitteltrakt waren untergebracht: Arztzimmer mit Schreibtisch, Mikroskopiertisch, Blut- und Urin-Tisch, Wasserbecken. Die Schwestern hatten einen eigenen Raum. Dann gab es die Teeküche, wo das Essen aus der Zentralküche angerichtet wurde. In der Mitte Durchgang zum nächsten Pavillon. Dann entwickelte sich auf der rechten Seite der gleiche Baukörper für die Männerstation, so daß ein Pavillon enthielt: 24 Saalbetten, 12–16 Zimmerbetten. 36–40 Frauenbetten und 36–40 Männerbetten. Der Chefarzt hatte im Mitteltrakt sein Sprech- und Untersuchungszimmer. Ein solcher Pavillon wurde nun von einem Assistenzarzt (Dr. Sachse) geleitet, dem zwei Medizinalpraktikanten zugeteilt waren, einem Oberarzt waren drei Pavillons unterstellt und ein Chefarzt erhielt fünf solcher Baueinheiten. Das war die 1. Medizinische Klinik unter Professor Gutzeit, wo ich nun zu arbeiten hatte.

Völlig neu. Was hat das Studium aus uns gemacht? Was tat man jetzt? Sechs Studienjahre hatten doch auf diesen Augenblick hingezielt. Man lief bei Visiten mit. Hörte zu. Aber verstand kaum etwas. Wenn man also nicht von sich aus diese 40 Krankheitsfälle in Lehrbüchern abends noch studierte, war man wirklich nur Handlanger. Lehrling. Eleve. Wie ich das ja nun anderenorts schon kennengelernt hatte. Ich sagte mir: »Das Handwerkliche zuerst, so hast du wenigstens Kontakt zum Kranken.« Denn gezielte Anamnesen? Woher? Und Dr. Sachse war nicht der Mann, sich unser anzunehmen. So wirkte ich als Blutdruckdoktor, Spritzenspezialist, Urinschüttler, Bettenhochsteller, Einreiber, Begleitperson zum Röntgen, Tür- und Fensterschließer und bei den Chefvisiten Ausleger von Röntgenbildern an das Fußende des Patientenbettes. Wenn der Chef einmal in der Woche kam, mußten Bett, Nachttisch, Röntgenbilder einen sehr ordentlichen Eindruck machen.

Ich lernte jetzt etwas vom Ton und Umgang mit Patienten: Kurz, sachlich, auf wesentliches beschränkt, ohne Sentimentalitäten, ohne Erörterung von Besserung, Heilung oder Sterben. Das Ganze kam mir nüchtern und schematisch vor. Auch, daß nun 24 Kranke am Schicksal anderer teilnahmen, das Wort des Arztes registrierten, diese oder jene Gestik deuteten, aus dem oder jenem Schlüsse zogen – das alles hat mich kritisch berührt. Ich träumte vom Arzttum, vom Helfen, akute Hilfe leisten, hinhören, anfassen, nicht nur Puls fühlen oder den Ulcuspunkt verifizieren. Ich dachte nach dem Studium: jetzt wirst du alles, was du gelernt hast, anwenden können, dich Kranken nähern, sie anhören, bei ihnen bleiben, am Bett sitzend die Hand halten oder den kranken Körper anders lagern, auf die fiebernde Stirn das feuchte Leintuch legen, die Beine unterstützen, das Thermometer reichen und Trost spenden, Hoffnung geben – ja mitleidsvoll dich dem Kranken zuwenden. Das war nicht da – das tat man nicht. Man sagt nicht viel. Man legt sich auch nicht fest. Der Arzt muß immer Abstand halten, nie sein Wissen ganz ausspielen. Wissen ist Macht – hieß es damals. Wir sind keine Heilsapostel. Wir sind keine Naturheilkundigen. Wir sind Wissenschaftler, und die sprechen eine klare und unsentimentale Sprache. Das war der Umgangston, der Stil mit Kranken umzugehen. Ich dachte ganz anders über dieses Fach. Aber ich war jung, unerfahren, und mir stand kein Urteil zu.

Erste Begegnung mit den Patienten in der Rolle des Arztes, erstes Gefühl: die Hemmung, die Vorstellung (gar nicht einmal so falsch), der Patient wisse mehr von seiner Krankheit als ich. Weiß auch mehr, denn ich frage ihn aus, mit Worten, Händen, Apparaturen,

Exploration. Sein Mund und sein Körper, seine Organe antworten.
Zweites Erlebnis: die Robe. Zum erstenmal der Ärztemantel. Als Pesthülle erfunden, später Symbol des Arztstandes – noch später degradiert zum Arbeitskittel, wobei die Abstufung vom Monteurblau zum Grau, zum Weiß den Status in der Fabrik indiziert. Merkwürdig, in weiße Baumwolle gehüllt zu sein, den gleichen Stoff und oft auch die gleiche Machart wie das Patientenhemd, der hinten am Hals mit Bändchen verschlossene Kittel. Wie um sich zu tarnen, wie auf Verabredung: Wände weiß – Bettwäsche weiß – Kranke weiß – Ärzte weiß –, dazu das kalte Arzt–Patientenverhältnis, mich hat das verfolgt, und es fand später seinen Niederschlag in meinem dritten Film (1962) »ohne datum«: das Bild- und Wortspiel mit verschiedenen Arten des weißen Stoffes von den Windeln über das Kranken-, Liebes-, Totenbett bis zur einhüllenden Schaumwelle des Meeres.
Drittes Erlebnis: die medizinische Fachsprache. Im Kolleg bereits Wortschatz und Grammatik gelernt, aber nun hier die Übersetzung in die Wirklichkeit: ein lebendes Geschehen im menschlichen Körper umzusetzen in eine Sprache, die in ihrer Präzision kein Ausweichen, keine Ausreden, kein Herumreden gestattet. Oft geschmäht von Laien, die sich ausgeschaltet fühlen von einem Wissen, das sie ebenfalls zu besitzen sich heute anmaßen – in der Fiktion, Fachbildung sei durch ein paar Zeitschriftenartikel oder Fernsehspots erfahrbar. Besonders in der Psychiatrie glaubt jeder mitreden zu können, während gerade hier die größten Mißverständnisse entstehen – nicht einmal der gebildete Laie kennt den Unterschied zwischen Psychopathie, Neurose und Psychose. Die ärztliche Metasprache als Präzisionsinstrument. Denn in der Diagnose kommt es auf Präzision an. Man kommt nicht weiter mit so abgenutzten wie vieldeutigen Ausdrücken von Psychologen, die über einen minderbegabten Asozialen ein Traktat tiefsinniger Seelenvorgänge zu formulieren suchen. Die Krankheit, mit der es der Arzt zu tun hat, läßt sich nicht dialektisch wegdiskutieren oder umfunktionieren. Sie behält immer recht.
Die medizinische Fachsprache (wie die technische, die philosophische) ist ein Rest der humanistischen Bildung, ohne die das Medizinstudium noch verwirrender wäre. Durch Kenntnis von Latein

und Griechisch kann bereits das erste Anatomie-Kolleg mit »Spina scapulae«, »Os lunatum«, »Capitulum ulnae« ohne Schwierigkeiten ablaufen. Noch in unserer medizinischen Lehrzeit war es hier und da üblich, unter Fachleuten Latein zu reden. In manchen Kliniken hielt sich damals noch die Bezeichnung »Princeps« und »Superior« für Chef- und Oberarzt, und Privatausdrücke wie Adlatus, Caput piger und Puella sind heute noch im Sprachgebrauch. Meine Frau, von ihrem Lehrer Otfried Foerster diese Methode gewohnt, versuchte vergeblich, sie an der Frankfurter Klinik am Krankenbett einzuführen – eine Art Pidgin-English auf Latein, das in seiner Kürze eine präzise Verständigung der Kollegen auf der ganzen Welt garantiert. Jetzt hat sich Englisch als internationale Sprache durchgesetzt, und die alten griechischen und lateinischen Fachausdrücke mischen sich mit neuen Begriffen in der englischen Umgangssprache, was manchmal etwas komisch wirkt. Trotz meinen Greifswalder Schulerfahrungen habe ich das humanistische Gymnasium nie bereut. Alte Sprachen, Historik, Geistesgeschichte sind nicht überflüssige Beigabe zum notwendigen Fach-Berufswissen. »Kurskorrektoren« übersehen, daß sie selbst Vokabular und Denkweise daraus beziehen. Nur ein reiches und gut organisiertes Wissensgut bietet die Voraussetzung für Neuschöpfung, Produktivität, Kreativität. Wissen und Phantasie schließen einander nicht aus, und die proklamierte Leistungsverweigerung in Schule und Studium schafft noch kein Genie. Nur aus der Fülle auch »überflüssigen« Wissensstoffes wächst neue Erkenntnis. Auch in der »reinen« Wissenschaft beruht Fortschritt nicht so sehr auf methodischer Forschung, schrittweise – sondern ist fast immer »Einfall«, schöpferische Phantasie, »Paradigmawechsel« (Kuhn). Neue Erkenntnisse werden auch fast immer zuerst von der methodischen Wissenschaft abgelehnt, ja bekämpft, ehe ihr Wahrheitsgehalt sich durchsetzt. Das gilt für die Wissenschaft, erst recht für die Kunst. Die Avantgarde wird zuerst beschossen.

WAS HABE ICH GELERNT auf der Inneren Abteilung? Ich habe Fälle studiert, Kranke beobachtet, Laborarbeit geleistet. Ich mußte Aufnahmen untersuchen, Krankengeschichten schreiben und mir über Diagnostik und Therapie Gedanken machen, bevor ich den »Fall«

meinem Stationsarzt Dr. Sachse vorstellen konnte. Manchmal war ich sehr rasch. Ich erinnere mich an eine Frau, die mit hohem Fieber und starken Schmerzen beim Atmen in das Krankenhaus kam. Ich untersuchte sie, fand einen abgeschwächten Stimmfremitus, herabgesetztes Atemgeräusch und dachte an eine Pleuritis, die ich mit Dampfkompressen behandelte. Ich war mir ganz sicher, und bei der Abendvisite stellte ich die Patientin Dr. Sachse vor, der mit Diagnose und Therapie zufrieden war. (Die Patientin übrigens auch.) Solche spontanen ärztlichen Handlungen lagen mir. Ich versuchte mehr und mehr im Alleingang vorzustoßen und dann die Überprüfung vornehmen zu lassen. So bekam ich eine gewisse Sicherheit und der Patient ein Gefühl schneller Hilfe. Alles Umständliche und Komplizierte lag mir nicht. Ärztliche Maßnahmen müssen rasch vollzogen werden. Einen Kranken liegenlassen, Schmerzen untätig zur Kenntnis nehmen, das war mir unsympathisch. Manchmal genügte ein tröstendes Wort bis zum Eingriff – manchmal ein Schluck Wasser – manchmal eine Tablette. Aber auch der Schmerz zeigt sein Gesicht: und wir müssen lernen, ihn zu studieren – ihn zu beobachten, damit er uns nicht ein Schnippchen schlägt. Die Medizin ist voller Widersprüche. Kranke, die nichts von ihrer Krankheit wissen wollen, sie negieren (wie wir das von Schizophrenen kennen), und Kranke, die die Krankheit lieben und sich in sie hineinversenken, Kranke, die Mitleid – Beistand sich ersehnen, Kranke, die aus Geltungssucht das schmerzverzerrte Antlitz demonstrieren: um dieses Spiel der Varianten richtig einzuschätzen, bedarf es vieler vieler Jahre, und immer kommt es darauf an, den richtigen Ton für diesen oder jenen Kranken (wo es auch immer sei) zu finden. Das kritische Urteil über den Zustand des kranken Menschen ist nicht nur eine Frage des Wissens – die Diagnose nicht immer allein entscheidend, wenn natürlich auch Voraussetzung einer sinnvollen Behandlung. Aber wieviel Methoden sind bekannt, um auch ohne große diagnostische Erörterung und Eingriffe (die manchmal mehr schaden) etwas wieder rasch in Ordnung zu bringen. Denn der Kranke will zuerst die Schmerzen los sein, und der Arzt muß handeln. Rasch und richtig. Die Entscheidung ist nicht immer leicht. Das liegt am Fach – am Kranken – und am Arzt. Man arbeitet gewissermaßen mit drei Unbekannten und aus diesen ergeben sich zahllose Möglichkeiten. Das alles ist für den jungen Arzt oft sehr schwer zu durchschauen, er wird nicht immer gleich alles in sein Wissen einordnen oder gar unter ein Gesetz bringen können. Hier ist ein kritischer Punkt: zu straucheln, wieder unsicher zu werden, zu zögern mit Maßnahmen am Kranken. Von hier gehen aber auch Anregungen für den weiteren Ausbildungsweg aus, da das intuitive Erfassen eine Begabungsfrage ist und man sich für dieses oder jenes Fach entscheiden muß. (Daß das mit dem Abitur-Punktsystem nichts zu tun hat, wissen wir längst.)

Ich entschied mich schon in Berlin für das Fach der Neurologie und Psychiatrie. Mein erster Lehrer war Dr. Rehwald. Ich verdanke ihm viel. Er war ein stiller sympathischer Neurologe, der mich in die erste schwierige Sensibilitätsuntersuchung einführte, der gezielt (und nicht schematisch) untersuchte, eine gewisse Distanz zum Kranken einhielt, nicht viel sprach, und wenn: dann leise, nicht viel lachte, und wenn: dann nur ein Lächeln, still und ein bißchen süffisant. Ich kam in Bad Ischl noch einmal (1944) mit ihm zusammen, auf einer Tagung mit Victor von Weizsäcker. Ich hatte einen Vortrag über das Hirnverletzungsproblem zu halten, der ein gutes Echo fand. Anschließend sprach Rehwald mit mir. Er fand nicht alles richtig, doch wollte er meinen Vortrag nicht »zerpflücken«. Er sei aus einem Guß und das habe ihm gefallen. – So war Dr. Rehwald. Ich gewann bei ihm Interesse für dieses Fach der Neuropsychiatrie und nahm den Weg nach Hamburg-Friedrichsberg, um mich in dreimonatiger Volontärarztzeit in Anstaltsfragen etwas zu orientieren. Mehr kam dabei auch nicht heraus.

Ich fuhr mit meinem Fiat-Balilla durch den Park, an Kastanien und Birken vorbei, kahle Baumformen, mit Reifspuren überzogen. Die Reise von Berlin aus dem großen Virchow-Krankenhaus nach Hamburg war keine Freude im offenen Wagen. Nord-West. Man spürte die Küste: Salzluft und eisiger Wind. Das war neu. Und mein Fiat liebte dieses Klima nicht. Italienische Automobile sind sonnenhungrig.

Friedrichsberg. Ein Gebäudekomplex von mehrstöckigen Häusern, mit Gittern und ohne. Mit Aufsehern und Pflegern. Dazu ein neuer Dreß: ein langer enger einreihiger Mantel mit Silberknöpfen. Angeschnittener Kragen, 3 cm hoch. Ich kam mir vor wie im Marinelazarett. Später sah ich in allen Hamburger Krankenhäusern diesen langen schmalen Ärztemantel und fand ihn ganz sympathisch. Die Unterbringung war fürstlich, wenn ich an das kleine Virchow-Zimmer dachte. Ich lernte den dickbäuchigen Wilhelm Lange-Eichbaum kennen, der stets seine Augentropfen bei sich führte und im Casino »träufelte«. Seine ektopierten geröteten Augen, sein Emphysem, seine Kurzatmigkeit, waren eindrucksvoll wie sein Gewicht mit über 220 Pfund. Von ihm stammt das Buch »Genie, Irrsinn und Ruhm«, ein monumentales Werk mit 460 Pathographien.

In dieser Anstalt ging es ruhig zu. Der Chef war der gerichtskundige Dr. Langelüddecke, der die Konferenz mit seinen Ärzten abhielt. Ich stellte auch klinische Fälle vor, orientierte mich in der Bibliothek, lebte (wie immer) etwas zurückgezogen und ging meine eigenen Wege. »Hamburg hat Weite« – sagt man, und ich spürte bei meinen Stadtgängen, in Hafenvierteln und Altstadtkneipen den Kontrast zu Berlin: Die breite zum Plattdeutsch ziehende Sprache, die reservierte Einstellung bei ersten Begegnungen, die harten »Männersachen«, das Reeperbahnamüsement – die kleinen »Bienen«, die frechen – ich tauchte unter, ließ mich treiben – der Grog, der »Klare«, das Rundstück – die Fischstuben, Aal in allen Formen – wie anders hier in der Hafenstadt gegenüber Berlin, das farblos dagegen schien.

Ich war in der Anstalt. Die Patienten weit weg. Hohe Bäume. Massive Häuser. Garten – Parkanlagen – Wege – einsam – tief. Bewußt machen, wo man sich befindet. Zwischen ruhiger und unruhiger Station. Gedanken am Weg werden beim Kiesbeschreiten aufgewirbelt: inkohärente Fetzen vom Mondsüchtigen, der abstürzte – vom Katatonen, der Jesusimpulse ausschreit – vom Epileptiker, der schwachsinnig den neuen Arzt angrinst – oder vom Paralytiker mit seinem Spiel: »rechts links – oben unten – links rechts – unten rechts – oben – links – links unten – oben rechts«, der stereotyp dieses Wortspiel aufsagt – deklamierend – abspulen lassend und seine Faxen dabei macht. Vergaß ich nicht die »Ophelia« mit dem offenen Haar, wie man sie in jeder psychiatrischen Abteilung finden kann – die sich in dem Garten verirrt, Blumen vom Beet pflückt und vor sich hin betet – leise singend – mit kleinen Schritten. Ich gehe auf Kies, und hinter mir sammelt ein Pfleger den Paralytiker ein.

Ich gehe auf die Station Bau 3 – sehe die Hohläugigen auf den Betten liegen in bizarren Haltungen oder die Katatonen in den Ecken stehen – oder andere am Fenster und wieder andere am Tisch vor einer Zeitung, die aber nur zum Schein daliegt – ihre Gedanken sind weit weg vom Buchstaben, sie holen ihre »Eingebungen« von der Decke – oder starren mich an (als ich vorbeigehe) und wollen automatenhaft aufstehen, grüßen. Manche schreien »Heil Hitler«. Manche wenden sich ab, rollen sich zusammen oder sitzen im »Stuhl der Besinnung«. O wenn man wüßte, wie es in der Seele dieser Menschen aussieht, was sie denken – spüren – empfinden. Oder ob sie schon »seelentot« sind. Nur noch das Fleisch da und der Herzschlag und das Hirn schon ausgebrannt? Solche Gedanken durchfahren den jungen Volontärarzt, und er liest in den Büchern der Wissenschaft und möchte mehr wissen: Was ist die Geisteskrankheit? Was ist die Psychose? Der Wahnsinn? Der Irrgarten der Seele? Die Bücher, die er mit Wissensdurst studierte und Vergleiche mit Kranken anstellte, brachten ihm keine genügende Orientierung, er fand auch in der Anstalt nicht das Interesse für diese seine Fragen. Er wählte den Weg über die Universitätsklinik, um mehr über den Menschen zu erfahren, wie er ihn hier von weitem beobachtet hatte, und traf in Frankfurt ein, wo er vier Jahre blieb.

8

FRANKFURT AM MAIN – NIEDERRAD, Professor Dr. Karl Kleist. Niederrad – der Frankfurter Vorort, in dem der junge Goethe von seinen Kumpanen zu ersten Gedichten animiert wurde. Dort sollte der junge Arzt in die Wissenschaft der Psychiatrie eingeführt werden. In die Psychiatrie, die er in der Anstalt Friedrichsberg an alten Defektzuständen, ausgebrannten Endphasen unheilbarer Psychosen nur oberflächlich kennengelernt hatte. Und vielleicht in die kranken Seelen eindringen? Und vielleicht Wege zur Heilung finden? Um sie vor dem Zerfall zu bewahren, den er dort – ohne Hoffnung – vorgefunden hatte.
Frankfurt am Main – Niederrad: Die moderne Nervenklinik der Universität, von Karl Kleist entworfen, der auch für die ärztlichen Einrichtungen verantwortlich zeichnete – für die Stationen, die Sicherungsmaßnahmen, – wobei die Gitter abgebaut und dafür Freiheit in Gärten gewährt wurde. Das wirkte sich im Sommer besonders günstig aus, wenn die »Unruhigen« auf der Wiese lagen, herumtollten, oder für sich im Schatten eines Ahorns saßen. Pfleger hatten kaum einzugreifen, und der Medikamentenverbrauch sank. Es gab ja damals nur Narkotika, die Psychopharmaka waren noch lange nicht erfunden. Diese Frage der freien Natur-Isolierung lag Kleist am Herzen. Denn bekanntlich wächst der Widerstand der erregten Patienten bei zunehmender Einengung oder gar Fesselung. Diese Methoden hatte ich in Hamburg kennengelernt, und für einen Externen ist dieser Eindruck schlimm. Menschen in geistiger Umnachtung durch Hirnkrankheiten mit Fehlorientierung über ihre Umwelt, Verkennungen und Sinnestäuschungen sind ebenso erregt und krankheitsuneinsichtig wie die Schizophrenen mit ihrem vielschichtigen Symptomenbild, wobei die Katatonen in ihrer Erregung und Gewalttätigkeit am eindrucksvollsten imponieren. Sie

sind auch am schwierigsten zu behandeln. Die Pflege erfordert hohen Einsatz und die Mortalität, in vitaler Erschöpfung durch die motorischen Erregungsabläufe – oder auch durch die stuporöse Bewegungsstarre mit Negativismus und Nahrungsverweigerung – war damals groß. Widerstand wächst am Widerstand. Also nehme ich ihn weg, baue ihn ab. Was fängt ein erregter Schizophrener auf einer Koppel an, auf einem Teich, schwimmend oder rudernd? Diese Erkenntnis ist nicht neu. Manche Naturvölker lassen Geisteskranke unbehelligt unter sich leben – ohne Aufsicht, ohne Behandlung. Es passiert kaum etwas, weil die seelische Abkapselung eine innere Isolierung bedingt und damit auch den »äußeren Frieden«. Aber die Verpflichtung zur Pflege und das Fernhalten von Gewaltakten an Unschuldigen hat diese Mauern und Gitter um diese Kranken gelegt, zum Zwecke der Isolierung und der Beruhigung. Es reicht in die Zeit des tiefsten Mittelalters zurück, daß diese »wirren Köpfe« angekettet, gefoltert und verbrannt wurden, um den »Teufel« auszutreiben. Noch in der Renaissance, in einer Zeit des Wiederauflebens humanistischer Bildungswerte und der Entwicklung realistisch orientierter Wissenschaften, erreichte die Massenvernichtung von »Hexen« ihren Höhepunkt. Erst die Philosophie der »Aufklärung« im 18. Jahrhundert ließ die Erkenntnis aufkommen, daß Geistesstörungen nicht Teufelsbesessenheit, Sünde oder Verderbtheit, sondern Krankheiten seien. Und erst 1794 befreite Philippe Pinel in dem Pariser Bicêtre-Hospital die geistesgestörten Patienten von ihren Ketten. Aber zum Zwecke der »Therapie« scheute man sich nicht vor grausamen Methoden: die Kranken zu schleudern, zu drehen, sie ohne Nahrung zu lassen. Noch bis in die humane psychiatrische Zeit unserer Jugend reichten Behandlungsversuche dieser Art, und der Schweizer Psychiater Kläsi, für unkonventionelle Maßnahmen bekannt, verwandte wieder die alte Darwinsche Methode der Zentrifugalkraft als »Hirntherapie«. Seine Geschichten von Blitzerfolgen bei Stuporösen, die er ins Wasser stieß, machten die Runde im Casino, ohne zur Nachahmung anzuregen.
Die Ursache dieser früheren Fehlbehandlungen lag in der mangelhaften Erkenntnis des Psychose-Geschehens. Und hier ist in unserem jungen Fachgebiet, nachdem die übrigen medizinischen Disziplinen schon weit durchforscht waren, erst spät Neuland entdeckt

worden. Schon die Ärztegeneration vor Kleist: Wernicke und Kräpelin – hatte systematisch Forschungen betrieben statt nur zu »verwahren«. Und hier verdient das Lebenswerk unseres 1960 verstorbenen Lehrers Karl Kleist höchste Anerkennung, der mit seiner Vorgängergeneration Licht in dieses Dunkel brachte, um das Psychose-Problem aufgrund neuer Erkenntnisse in den Bereich sauberer klinischer Diagnostik zu erheben – der eine symptomunabhängige Differentialdiagnostik erarbeitete und sich dem Klinischen nun auch therapeutisch zuwandte. Es war damals auch gerade eben noch die rechte Zeit, Forschung an psychotisch Kranken zu treiben. Die Entdeckung der Psychopharmaka 1950, die schlagartig vollwirksame Medikamente schuf, um die Psychosen zu beeinflussen, Erregungen zu koupieren, Sinnestäuschungen aufzulösen, hat die langfristige Beobachtung am reinen (unbehandelten) Krankheitsfall unmöglich gemacht. So ist eigentlich unsere Generation die letzte, die noch die lebendigen produktiven Psychosen kennengelernt hat, welche heute aus humanen Gründen rasch gestoppt werden.
Jede »frische« Psychose ist eine Quelle psychiatrischer, aber auch allgemeiner menschlicher Erkenntnis. Zwar gilt auch heute noch das Gesetz des strengen Trennungsstrichs zwischen »Psychose« und »Nicht-Psychose« – auch wenn oft bei merkwürdigen, skurrilen, verschrobenen, chronisch aggressiven oder chronisch leidenden Menschen an Übergänge zu denken möglich wäre. Die Medizinische Psychologie, wie besonders die Heidelberger Schule, hat schon damals Übergänge erörtert, respektierte aber streng die Grenzen. Es wurde sogar der Krankheitsbegriff unter die Lupe genommen, da die Kriterien der Krankheit: Störung des Wohlbefindens, Gefährdung des Lebens und Organveränderungen bei vielen Psychosen, besonders bei der Schizophrenie nicht immer gegeben waren. – Solche Fragen durfte man aber mit Kleist nicht erörtern. Für ihn war die Schizophrenie eine Krankheit im Hirn. Sein Lebenswerk bestand darin, Erfahrungen über psychische Ausfälle an Hirnverletzten, die er im Ersten Weltkrieg als junger Militärarzt erworben hatte, anzuwenden auf die psychischen Ausfälle bei Geisteskrankheiten: also Störungen auf dem Gebiet von Denken, Bewegung, Affekt. Gehirn und Seele: das war für ihn eine Einheit. Ihm erschien es als gesichert, daß psychische Vorgänge und neurophysiologische Abläufe sich entsprechen. Er übertrug somit ohne

Bedenken das lokalisatorische Prinzip der Neurologie auf die Psychiatrie, von niedrigeren senso-motorischen zu höheren seelischen Funktionen.

KLINISCHE HIRNPATHOLOGIE (Hirnherdforschung) mit den großen »hirnpathologischen Syndromen« der Apraxie, Aphasie, Agnosie, Alexie (bestimmte Störungen des Handelns, des Sprechens, des Erkennens, des Lesens) war die Domäne von Kleist. Von hier aus baute er seine Herdforschung systematisch aus. In Fortsetzung der Lehre von Wernicke erweiterte er den in groben Zügen bekannten Bau- und Funktionsplan des Hirns durch lokalisatorische Zuordnung bekannter, neu entdeckter oder genauer differenzierter Funktionen bzw. Funktionsstörungen. Seine Hirnkarte glich einem Erdteil, in dem ein Naturforscher »weiße Stellen« zu erkunden und beforschen sucht.

Das wesentlich Neue an seiner Lehre war nun, daß er nicht nur grobe hirnpathologische Ausfälle (z. B. Apraxie) – sondern auch normale seelische Funktionen – und darüber hinaus schließlich auch schizophrene Denkstörungen ganz bestimmten Hirnregionen zuordnete. So entsprechen zum Beispiel dem Stirnhirn das normale »produktive Denken« (im Sinne kreativ, schöpferisch), wie auch die schizophrene »alogische Denkstörung« (alogisch im Sinne von Mangel, Defekt). Dem Hinterhaupts-Scheitelhirn entsprechen dagegen das normale »analytisch-kombinatorische Denken« und die schizophrene »paralogische Denkstörung« (falsches, sinnverzerrtes Denken). Alogische und paralogische Denkstörung sind von Kleist eingeführte Begriffe, die sich in der Neuropsychiatrie durchgesetzt haben. Später erfuhren wir dann die neuen Begriffe der »Antilogik« (Victor von Weizsäcker) und der »Metalogik« (Carnap und Wittgenstein).

Von dieser Differenzierung der Denkstörungen ausgehend, schuf Kleist für die Schizophrenie ein Diagnoseschema mit zahlreichen Unterformen, das der Vielfalt der klinischen Bilder gerecht wurde – ähnlich wie auch der Naturforscher die Bewohner eines neuen Erdteils nicht nur als »Schwarze« beschreibt, sondern ihren verschiedenen Typen gerecht zu werden versucht. Kleist differenzierte die drei großen Untergruppen der Schizophrenie: die Hebephrenie (das

»Jugendirresein« mit faxenhaftem Verhalten und stiller Versandung), die Katatonie (mit psychomotorischen Störungen wie Stupor oder Erregung), die paranoid-halluzinatorischen Psychosen (mit Wahnvorstellungen und Sinnestäuschungen) in einer Menge von Unterformen, die vor allem für ihre ärztliche Beurteilung und Prognose von Bedeutung waren. Die jungen Ärzte an Kleists Klinik hatten also nicht nur zu diagnostizieren zwischen »Psychosen« und »psychopathischen Persönlichkeiten« (was bei den jungen Hebephrenen und den alten Paranoiden oft schwierig sein kann), sondern eigneten sich differenziertes Unterscheidungsvermögen und Spürsinn für die kranke Psyche an.

Wodurch sich Kleists Psychiatrie von allen anderen Schulen – und besonders von der Psychologie – unterschied, ist ihr Ausgangspunkt von der Gehirnpathologie. Während die Psychologie aus der Normalfunktion auf das Pathologische schließt, schloß Kleist umgekehrt vom Pathologischen auf das Normale – wie ja auch die Innere Medizin ihre Erkenntnisse überwiegend aus der Pathophysiologie, der krankhaften Funktion ableitet. In bezug auf psychische Vorgänge wirkte diese Methode seinerzeit weitgehend fremd und abwegig, so daß man Kleists Hirnpathologie bisweilen als »Hirnmythologie« parodierte. Aber seine streng logisch aufgebaute Lehre blieb stets nachkontrollierbar, ohne spekulative Aura und bildete so den absoluten Gegenpol zur Freudschen Psychoanalyse.

Der Person Karl Kleist muß ich mich ausführlicher zuwenden. Denn sie hatte in meinem Leben einen hohen Rang von Bedeutung, fast den entscheidenden. Es bestand ein merkwürdig gespannter Zustand zwischen Lehrer und Schüler, Vorgesetztem und Untergebenem. Kleist war streng. Er hatte eine überzeugende Autorität, und manche seiner Kollegen nannten ihn den »Neuropapst«. Er schien unfehlbar. Wenn er beim Studium des Krankenblattes sein Monokel einklemmte, bekam sein Gesicht Feldherrnzüge. Seine Diktion war vorbildlich, seine Sprache plastisch und geschliffen. Präzise das Wesentliche erfassend, machte ihm auch das Formulieren schwieriger Zusammenhänge Freude. Er hielt deswegen auch gern Kolleg, das sich über eineinhalb Stunden ausdehnte. Beim Vorstellen von Klinikpatienten forderte er von Assistenten und Studenten die Symptombeschreibung, die präzise Beobachtung des Gesehenen.

Nichts hatte Kleist mehr zu beanstanden als ungenaue, verschwommene Formulierungen wie: »Er faßt nicht auf«, oder »ist verwirrt«. Sogar »halluziniert«, »paranoid« wurden gerügt, es sollte die darunter verborgene spezifische Störung analysiert werden. Wichtig waren: Mimik – Motorik – Bewegungsablauf, Affekt, Regungen – Strebungen, Zu- oder Abwendung, Spontansprache. Erst wenn das alles registriert war, konnte oder durfte mit dem Fragen begonnen werden. Also: Orientierung über Person – Raum – Zeit, Gedächtnisleistung, Krankheitsbeginn, Wahrnehmung von Sinnestäuschungen, Vorstellung von Beziehungsideen, subjektive Beschwerden. Im Krankenblatt waren manchmal schon Seiten geschrieben (im Idealfall), bevor ein Wortwechsel mit dem Kranken stattfand. Der Inhalt seiner Angaben interessierte erst an zweiter Stelle. Das waren ja ziemlich stereotype Äußerungen, die sich auf Sinnestäuschungen akustischer, auch taktiler (haptischer), weniger optischer Art bezogen, auf Wahnvorstellungen mit Beeinträchtigung, Verfolgung – oder Erhöhung, Beglückung. Das alles hatte seinen systematischen Aufbau, aus dem zum Schluß ganz von selbst und zwingend sich die Diagnose ergab. Kleist war ein Meister der Beobachtung und Beschreibung dieser Befunde, die der Anfänger überhaupt erst bemerkte, wenn sie ihm gezeigt wurden. Dabei verlangte er von uns Assistenten ein klares Bekenntnis: kein Herumreden über diagnostische Möglichkeiten, die bis auf weiteres offenblieben, sondern Entscheidung – auch auf das Risiko eines Irrtums hin, der später zu korrigieren war. Und das entsprach meiner Anlage zur Beobachtung und Entscheidung, zur Deutung von Erfahrungsgut.

Kleist war ein kluger Organisator. Er schuf seinen Klinikbau im Hinblick auf Ökonomie – wobei die Beschäftigungstherapie, die Kinderpsychiatrie und vorübergehend auch die Neurochirurgie miteinbezogen wurden. Er hatte Freude, wenn es in der Klinik so lief, wie er es bei der Planung überdacht hatte. Keine Raumverschwendung ließ er zu. Im Gegenteil, sein Bereich mit Vorzimmer und Chefarztraum war relativ bescheiden, das Oberarztbüro und das anschließende Zimmer für die Professoren Beck und Leonhard sogar viel zu klein. Leonhard pflegte wegen seines mit Krankenblättern und Gutachten überladenen Schreibtisches seine Schreibmaschine auf den Schoß zu nehmen, um so seine wissenschaftlichen

Arbeiten zu tippen. Eng ging es zu. Fräulein Kämmer (die Dame vom Büro) ließ uns manchmal wegen Überfüllung draußen stehen. Ich meine: verglichen mit den Krankenhäusern unserer Zeit, in denen die eine Seite des Flurs mit Patientenzimmern, die andere nur noch mit Räumen für Personal, Diktat, mit Schreibzimmern, Spülräumen und ähnlichem eingerichtet ist, war die Kleist-Klinik ökonomisch, sachlich, bescheiden – im Stil modern mit sinnvoll praktischen Krankenstationen, die durch unterirdische Gänge erreicht wurden. Heute wird unökonomisch gebaut mit Raumverschwendung, mangelhafter Geräuschisolierung, übertriebenem Lichteinfall, der dann doch wieder abgefiltert werden muß. Ob bei zunehmendem Raumluxus die effektive Leistung auch in den Krankenhäusern abnimmt (wie Parkinson das den Behörden nachsagt), vermag ich nicht zu beurteilen, da ich schon lange die großen Kliniken verlassen oder sie nur noch als Patient erlebt habe.

TÄTIGSEIN WAR Kleists Prinzip. Er konnte keine Minute sinnlos verstreichen lassen. Und er konnte nicht über Belangloses reden. Alles war wichtig und hatte seinen Sinn. Er trank nur in Gesellschaft sein Glas Wein. Er unterhielt fundiert seine Gäste. Aber meist sprangen die Themen rasch in sein Gebiet über und er war glücklich, wenn seine Gedanken Resonanz fanden. Er berichtete gern, wie er in Spanien oder in der Schweiz Vorträge hielt, gefeiert wurde, geehrt. Er war gesund, von robuster, kräftiger Konstitution. Später stellte sich ein Magenleiden ein, das ihn zur Diät zwang und eine Schwerhörigkeit, die zum Hörgerät führte. Aber nie hörte man ihn klagen. Nie sah man ihm eine Erschöpfung an. Die Visiten dauerten mitunter bis 15 Uhr. Uns knurrte der Magen. Peter Duus war abgeschlafft, wirkte müde, wenn er bei Hirnoperationen assistiert hatte. Hans Schwab war stabiler. Er tröstete sich mit einer Zigarette. Pittrich, ein schöngewachsener Mann, holte sich noch rechtzeitig vor der Visite das zweite Frühstück aus dem Casino. Sprengel war nur kurz bei uns. Er steuerte die Praxis seines Vaters an und wollte die Neurologie miteinbeziehen. Mein Zimmernachbar Peter Duus (er führte abends auffallend lange Telefongespräche) ist als Professor der Neurologie Chefarzt des modernen Krankenhauses Frankfurt/Nord geworden. Hans Pittrich erreichte auch den Grad der

Professur und arbeitete psychotherapeutisch in Frankfurt. Professor Schwab, nach Kriegsende kommissarischer Leiter der Frankfurter Nervenklinik, gründete nach seinem Ausscheiden aus der Klinik sein Sanatorium »Villa Nizza« in Bad Nauheim. Oberarzt Stadler wurde krank, sehr krank und starb an einer Lungenaffektion. Thelen hatte die Kinderpsychiatrie im Außendienst bei Professor Hahn (die ich später übernahm). Er war ein gutmütiger Kollege und ertrank beim Baden in der Nordsee. Auch sein Freund Christukat starb früh. Er kam als Heeressanitätsinspekteur nach Berlin und hat mich später von der Ostfront zu Weizsäcker abkommandieren lassen. Zillig, der als Entspannung und Unterhaltung Partituren zu lesen liebte, verunglückte mit seinem PKW auf der Autobahn tödlich, und Professor Leonhard, der Kleists Lehre am intensivsten bearbeitete, ging an die Universität nach Ost-Berlin. Er steht noch mit allen Kollegen in Kontakt. Sein 70. Geburtstag war ein Ereignis für alle alten Frankfurter. – Ich war leider nicht dabei.

Daß ich soviel über diesen Mann Kleist und seine Klinik berichte, hat seinen Grund einmal in der oben dargelegten Verehrung, und zum anderen darin, daß die zitierten Kollegen einen guten Kontakt zueinander fanden und lange in freundschaftlicher Verbindung standen. Dies ist nicht selbstverständlich und heute durchaus nicht noch üblich. Daß aber in diese Klinik und in diesen Freundeskreis nun auch Fräulein Dr. Margarete Gerhardt stieß, die aus der neurochirurgischen Klinik von Otfried Foerster, Breslau, kam und so lange an der Klinik blieb, bis wir heirateten, ist ein weiterer Akzent in dieser wichtigen Station meiner Assistententätigkeit. Nach Abschluß unserer Fachausbildung folgte der letzte dritte Schritt in die neue Freiheit: Heirat und Niederlassung in Stuttgart.

Als die junge Kollegin von Breslau in die Frankfurter Klinik übersiedelte, entstand sehr bald eine neue Situation. Sie wurde mir auf Station 13 zugewiesen: die »unruhige« Frauenabteilung. Sie kam von der Neurologie und Hirnchirurgie und sollte nun bei Kleist die Psychiatrie kennenlernen. Das hatten die beiden großen Klinikchefs miteinander so besprochen. Und für Fräulein Dr. Gerhardt war meine Station mit den unruhigen und erregten Frauen wirklich etwas absolut Neues. Sie tat mir fast leid. Sie war hilflos diesen lauten psychotischen Kranken gegenüber. Und ich erinnere mich gut, als ich sie zu einer Frau Westenberger, die wegen einer verworrenen

Manie mit Hyperkinese und faxenhaften Verhaltensweisen in der Klinik lag, ins Untersuchungszimmer brachte, damit sie sich diese Kranke einmal anschaute. Aber was war da zu sehen? Die extreme Abmagerung, das Gestikulieren ohne Anlaß, das wirre Reden, die Ablenkbarkeit, das plötzliche Aufspringen, die motorische Unruhe: an die verschlossene Tür zu schlagen, am Fenster zu winken, an den Spiegel zu spucken, sich Arme und Beine zu reiben, um plötzlich nach jemand zu horchen, das Reden – Reden um nichts, mit Ideenflucht und agrammatischen Sätzen – ohne Anfang, ohne Ende. Ja, was sollte die neue Volontärärztin nur damit anfangen? Sie schien fast verzweifelt, obgleich sie sonst einen couragierten Eindruck machte. Sie wollte aufgeben und sich zuerst auf eine ruhigere Abteilung versetzen lassen. Und doch: sie fing sich wieder und blieb, obwohl sie gehen wollte. Sie arbeitete sich überraschend schnell in diese schwierige geschlossene Abteilung ein, die sie später von mir übernahm und bis zum Ausscheiden aus der Klinik führte. Ich arbeitete weiter an der klinischen Hirnpathologie.

WÄHREND WIR KOLLEGEN mit- und untereinander ein gutes freundschaftliches Verhältnis hatten mit gemeinsamen Interessen, Ausflügen, abendlichen »Sitzungen« in netten Lokalen oder Bars, zogen am politischen Horizont dunkle Wolken auf. Das waren die Jahre der Vorbereitung zum Zweiten Weltkrieg. Wir erlebten abends die ersten Flak-Übungen: Scheinwerferziele anpeilen, sie nicht herauslassen aus dem Lichtkegel (wie die ersten Nachtfahrten 1925 auf Brennabor). Wir erlebten Reichstagsreden von Göring, Goebbels, Hitler, Parteiaufmärsche und den beginnenden Druck der Partei auf die Universitäten. Man mußte zwar nicht Mitglied werden, aber es wurde gern gesehen. Unser Chef Kleist hielt sich weitgehend heraus, ab und zu mußte er bei Gedenktagen reden, den Führer erwähnen. Es gab heimliches Gerangel. Man denunzierte. Und wurde denunziert. Die »Verwaltung« tat da mit. Das Parteiabzeichen wurde zum »Weißorden«, die Parteinummer zum Charaktertest. Diese neue Freiheitsbeschränkung mit dem Ziel, alles unter das Motto: »Leben für den Führer« zu stellen und die persönliche Ausrichtung so zu gestalten, daß man politisch die »saubere Weste« trug: was ich über 1914 schrieb, erlebte ich nun mit anderen Vorzeichen und viel

forcierter in den Jahren 1933–1939. Aber ich blieb ohne »Abzeichen«, wurde nicht zum Parteiorden verführt und lebte eigentlich frei und unpolitisch.
Diese apolitische Haltung hatten wir übrigens ziemlich einheitlich in unserer Kollegenschaft. Braune Uniformen sah man selten – ganz im Gegensatz zu dem, was unsere Kollegin über ihre Breslauer Studien- und Klinikzeit berichtete, wo die schwarze Sonntagsuniform oft in merkwürdigem Kontrast stand zu der Gesinnung, zumal da fast jeder wußte, was unter der Uniform zu verstecken war: die jüdische Ehefrau, die fehlende arische Großmutter, und was für ein Makel sonst noch die Karriere (manchem das Leben) gefährden konnte. Und schließlich – in kleinerem oder größerem Maßstab – war die Karriere für alle vordergründig, ob man nun brav seine Fachausbildung abschließen, oder auf der Universitätsleiter aufsteigen wollte. Gewisse Konzessionen gab es da auch in unserer Frankfurter Klinik: die Kollegen absolvierten freiwillig – als Arbeitsurlaub – ihre Kurse (»vormilitärischer Wehrdienst« hieß es, glaube ich) mit dem Vorteil, daß sie bereits Stabsärzte waren, als ich im Jahre 1940 noch als »Schütze Domnick« meinen Ausbildungsdienst in Knobelbechern in Prag beginnen mußte. Aber damals war es noch nicht so weit. Was unsere Ordinarien darüber dachten, die dem allen viel näher ausgesetzt waren, war nur in Andeutungen erkennbar, in der Gesinnung: Kleist war ein religiöser, jeder politischen Ideologie abgeneigter Mensch (aber auch »Mitläufer«), Otfried Foerster ein auf internationalem Niveau orientierter Mann, der sich heraushielt. Nach dem Bericht unserer Kollegin hatte der Breslauer Psychiater Johannes Lange am Morgen des Judenpogroms seinen Hörern eine kleine Ansprache gehalten, die mit den Worten endete: Es sei nicht deutsch, auf dem herumzutrampeln, der schon am Boden liege.
In unserer Klinik wurden jüdische Patienten seltener aufgenommen. Die Dezimierung hatte bereits begonnen. Das war für uns Ärzte ein grausames Dekret. Ich habe nie darüber sprechen können. Es stand außerhalb jeder Diskussion. Man schämte sich und flüchtete in seine Arbeit. Und wenn nachträglich von Psychoanalytikern das Unbewußte herangezogen wird: die Verdrängung begangener Verfehlungen, so mag das für die Anfänge gelten, man sollte sie aber nicht mit dem Mantel des Teuflischen versehen. Es war ähnlich wie

im ersten Krieg: der Bürger will seiner Arbeit nachgehen und nicht Politik betreiben, das ist doch normal. Aber wer ist schon so hellsichtig, »Wehret den Anfängen« zu rufen. Hinterher ist man immer klüger.

Man muß wissen, daß keine politische Bewegung (in welcher Richtung sie sich auch zeigt) während ihrer Entwicklung das Ausmaß ihrer Ziele erkennen läßt. Wäre das der Fall, könnte Geschichte gar nicht so ablaufen, gäbe es weniger Konflikte, weniger Kriege. Denn wie jede Krankheit einen Bewegungsablauf zeigt, der zu registrieren ist, am Ablauf zur Gesundung oder zum Tode hin, so hängt diese Prognose von der Bekanntheit des Krankheitsbildes ab. Tritt eine bisher unbekannte Krankheit auf, so stehen wir abwartend da mit unbekannter Therapie und unbekannter Prognose. Eine Diktatur war uns bisher fremd, an der wir therapeutische oder prognostische Maßnahmen erwägen konnten. Der Pathologe hat gut reden, wenn er bei der Sektion den Tumor, die Blutung, den Abszeß feststellt. Etwas anderes ist es: vorher am Krankenbett stehen, den Patienten anschauen, untersuchen, befunden, diagnostizieren, therapieren, unter widrigen Umständen vielleicht oder mit unzureichenden Mitteln, oder im Initialstadium der Krankheit, wo die Symptome unscharf und vieldeutig sich abzeichnen, das sind die beiden ungleichen Situationen, die schon im medizinischen Bereich mit Affekt geladen sind. Wir nannten die Kollegen »postmortale Klugscheißer«, die auf dem Sektionstisch an der Leiche überheblich Fehldiagnosen korrigierten. Wir jungen Mediziner waren damit engagiert, ärztliche Diagnosen zu stellen und Fehldiagnosen zu vermeiden. Natürlich stolperte man da und dort über Gesetzesschlingen: bei wie vielen jungen Mädchen haben wir nachträglich die Diagnose: »schizophrener Schub« als »organische Psychose« korrigiert, um nicht das Erbgesundheitsgutachten zur Sterilisation ausfüllen zu müssen. Aber so etwas kann jeder berichten, der damals in der Ausbildung war. Das gilt auch für die Massenepidemien in den Anstalten. Es gibt ein Schamgefühl, das aus der Mischung von Anstand und Machtlosigkeit erwächst. Nicht alle sind zum politischen Helden geschaffen.

WORAN LAG ES NUN, daß Kleist isoliert blieb mit seiner hirnpathologisch orientierten Psychiatrie und seinen streng differenzierten Krankheitsbildern – seinem Diagnoseschema? Zwar sind Begriffe und Formulierungen, die er aufstellte, ins psychiatrische Allgemeinwissen eingegangen, wie »frontaler Antriebsmangel«, »alogische und paralogische Denkstörung«. Und sein Werk war auch hochgeschätzt genug, um ihn 1953 für den Nobelpreis vorzuschlagen. – Aber in extremen Denksituationen schießt der Forscher leicht über das Ziel hinaus, so daß er nicht mehr verstanden wird in seinem Bemühen, Klarheit zu schaffen und Licht in das Dunkel des Neulands zu bringen. Bei Kleist kommt noch etwas anderes hinzu: er hatte etwas zu Ende erforscht, was nun nicht mehr Aufgabe weiterer Forschung sein konnte: Sein System war abgeschlossen. In der Kunst haben wir ja ähnliche Abläufe: Joh. Seb. Bach war die Krönung, aber auch das Ende der Barockmusik, und schon zu seinen Lebzeiten ging die Komposition andere Wege. – Beide haben ein gewaltiges Werk aufgetürmt, und erst nach Jahrhunderten hat man Bach wiederentdeckt. Sein Wort: »Ich habe fleißig sein müssen. Wer ebenso fleißig ist wie ich, der wird es ebenso weit bringen können«, könnte auch von Kleist stammen. Nach ihm, angeregt durch die Wiederentdeckung von Freud, gelangte die Psychiatrie zu einer diametral entgegengesetzten Auffassung: die Psychose eher der Neurose gleichzusetzen in ihrer Entstehung aus frühkindlichen Schäden, pathologischer Mutterbindung, Verdrängung sexueller Komplexe. Beides Extreme. Die extreme wissenschaftliche Position Kleists – eigentlich auch eine Außenseiterposition – war es wohl, die mich in ihren Bann zog und mich über viele Jahre lang sein Schüler bleiben ließ. Nach den Studienjahren mit häufigem Wechsel von Universitäten, Freunden, Mädchen, hatte ich nun hier quasi wieder Heimat gefunden: eine zweite Vaterfigur, in der Sicherheit und Bestimmtheit seiner Lehre – auch wenn diese nicht fortzuwirken schien.

Kleist ist auf seinem Gebiet der Psychiatrie eine Schlüsselfigur für die morphologisch-anatomisch bestimmte Denkweise seiner Zeit. Heute, zwei Generationen nach ihm, nähert sich die Psychiatrie wieder seiner Auffassung, die Schizophrenie als organische Hirnkrankheit anzusehen, wenn auch zunächst ohne sich auf Kleist zu berufen. Entwicklungen (ob in Wissenschaft oder Kunst) verlaufen ja nicht kontinuierlich-linear, sondern eher in einer Sinuskurve zwischen Extremen pendelnd: Regulation und Gegenregulation, (was die Futurologie in ihren Prognosen leicht übersieht). Im Lauf der Medizingeschichte haben sich die morphologisch-anatomische Denkweise (Zellularpathologie) und die Vorstellung von chemischen Prozessen (Humoralpathologie) ständig abgelöst: die griechische Medizin sah die »Säfte« als Krankheitsfaktor an, eine Lehre, die sich bis zum Mittelalter hielt. In der Renaissance, mit dem Aufkommen der Anatomie, war es das »Herz«, mit dem Ausbau des Mikroskops im 19. Jahrhundert wurde es die »Zelle«. Von da an ging es in rascher Folge zwischen beiden Richtungen hin und her: Bakteriologie (Pasteur) – Zellpathologie (Virchow) – Serologie (Behring) – Neurohistologie (Hess) – Adaptationstheorie (Selye) – also humoralpathologische und zellularpathologische Anschauungen, – bis sich heute in der Biochemie des Zellstoffwechsels beide Forschungsrichtungen vereinen.

Diese beiden wissenschaftlichen Tendenzen zeichneten sich sogar schon in unserer Frankfurter Klinik ab, wenn auch für uns Assistenzärzte damals noch nicht so erkennbar wie jetzt nachträglich: Einer der Oberärzte war Professor Beck, der in der Hirnanatomie zu Hause war, ein anderer Professor Lehmann-Facius, der eine Komplementbindungsreaktion im chemischen Labor entwickelte und eine spezifische Fällung von Eiweißkörpern bei der Schizophrenie gefunden zu haben glaubte – Spekulationen, die man in der Klinik (trotz Konzept einer organischen Ursache der Schizophrenie) mit gemäßigtem Mißtrauen betrachtete und die wenig Resonanz bei uns fanden.

Bedenkt man die heutige biochemische Ausrichtung der Psychoseforschung, mit der Kenntnis der Transmittersubstanzen, der biogenen Amine (Dopamin, Serotonin etc.), so war diese Theorie gar nicht auf so abwegigen Pfaden, wie man damals meinte. Fräulein Dr. Gerhardt zeichnete für diese Arbeit mitverantwortlich, sie berichtete später auch über die Ergebnisse bei der Cardiazol-Krampfbehandlung der Schizophrenen, die sie auf der Unruhigen Abteilung 13 als erste in unserem Haus durchführte. Man wagte sich mit dieser vital eingreifenden Methode (die einen epileptischen Anfall hervorruft) nur an schizophrene Psychosen heran. Wer die schwersten Erregungszustände, qualvollen Angsterlebnisse und grauen-

haften Halluzinationen hilflos, tatenlos, ohne wirksame Medikamente ansehen mußte, kann verstehen, daß auch heroische Methoden als Behandlungsversuch angewandt wurden. Auf der Männerabteilung haben wir dafür die Insulinschock-Methode erprobt. Dabei kamen die Kranken in ein hypoglykaemisches Koma (Absinken des Blutzuckers) und es galt, den Zustand der tiefsten Bewußtlosigkeit in dem Moment abzufangen, ehe er irreversibel wurde.
Ähnliche Prinzipien, bis an die vitale Grenze zu gehen, wurden später in den fünfziger Jahren mit der Anoxie-Behandlung von Neurosen (durch Einatmen von Stickstoff) aufgegriffen, aber bald wieder aufgegeben (auch von mir) wegen der vitalen Verantwortung bei verhältnismäßig leichten psychischen Störungen. Der Cardiazolschock war weniger gefährlich, doch erlebten die Patienten unter der Injektion eine immense Todesangst, die in krassem Gegensatz stand zu der abnorm gehobenen Stimmung, die am Nachmittag des Behandlungstages die Unruhige Abteilung erfüllte. Es gab damals schon psychologisch eingestellte Psychiater (nicht an unserer Klinik), die den Erfolg aller Schock-Behandlungen einzig der intensiven Zuwendung von Arzt und Pflegepersonal zu dem hilflosen Kranken zuschrieben, um ihn nach der Behandlung durch Hilfe von Zuckertrunk und Atemübungen wieder ins Leben zurückzurufen – dem Säugling gleich, infantile Frustrationen nachholend zu neutralisieren.
Die abnorme Euphorie der Psychosen nach der Schockbehandlung veranlaßte sogar Professor Kleist zu psychologischen Reminiszenzen an seine Kriegszeit. Er hatte damals die unadäquate Heiterkeit seiner Truppe nach schwersten Artillerieangriffen als »Kontrastreaktion« beschrieben und faßte diese kontrastierenden Affekte vor und nach dem Cardiazolschock fast als psychologisch (nicht organisch!) auf. Trotz diesem merkwürdigen Phänomen der Euphorisierung kam damals noch niemand von uns auf die Idee, auch bei endogenen Depressionen diese Therapie anzuwenden, die schon in ihrer Methode etwas Elan erforderte, während heute der »Elektroschock« harmloser verläuft und unter Narkose, ohne Angst, nach kurzem Krampfablauf in stille Bewußtlosigkeit übergeht. Man war damals mutiger in der Therapie, war auch den kritischen Augen der Öffentlichkeit nicht so ausgesetzt wie heute. Und da man zu symptomatischem Handeln oder zum Abwarten spontaner Remissio-

nen verurteilt war, suchte man Wege, den Kranken vor dem Anstaltssiechtum zu bewahren. – Das ist die Psychiatrie, die unsere Generation noch erlebte: damals die Kenntnis langer unbehandelter sich selbst überlassener Krankheitsverläufe und später die Entwicklung therapeutischer Maßnahmen, die heute über Zweidrittel der Schizophrenen weitgehend wiederherstellen, sofern ihre Umwelt mithilft.

Wir junge Assistenten auf dem Wege der Fachausbildung hatten diese diagnostischen und therapeutischen Denkstationen zu durchlaufen und so kam es, daß meine Kollegin und ich abends, nach getaner Arbeit, im Kaiserkeller oder im Zimmer sitzend, darüber fachsimpelten. Diese Sachgespräche erfüllten unsere Lehrjahre, und wir haben sie über die weiteren Jahrzehnte beibehalten. Im übrigen ließ uns die Arbeit wenig Zeit zu persönlichen Interessen. Mein Cello stand im Schrank und kam höchstens bei Weihnachtsfeiern zum Klingen. Zur Frankfurter Gesellschaft hatten wir überhaupt keine Beziehungen. Die Kleist-Klinik war eine Enklave in Niederrad, und es wurde streng in ihr gearbeitet. Das Gehalt war dürftig. Mit Gutachten kamen wir über die Runden. Eine erfüllte Zeit, eine von Wissenschaft getragene Tätigkeit, erfolgreiche Assistentenjahre, die unser weiteres medizinisches Leben und Denken formten.

DAS SCHLOSS FÜRSTENBERG lag links an der Hauptstraße, die mit Granitsteinen gepflastert war. Der Wagen glitt sanft darüber. Es gab am neuen Auto keine Geräusche. Ich fuhr durch ein offenstehendes schmiedeeisernes Tor. Meine Anmeldung war vorbereitet und mein Kommen pünktlich. Der Kies knirschte beim Betreten, für manchen Schloß- oder Villenbesitzer sind Schritte im Kies ein untrügliches Zeichen für sich nähernden Besuch. – Meinen gelben Daimler-Benz Roadster hatte ich (bescheiden) im Schloßhof abgestellt. Ich wollte nicht vorfahren – das könnte falsch aufgefaßt werden. Ich ließ auch Gepäck und Tasche zurück. Man fühlt sich so freier. Ich klingelte kurz. Ein Diener mit Weste öffnete leise, diskret. Ich wurde über die Garderobe in den Empfangssaal begleitet, der mit Teppichen orientalischer Provenienz ausgelegt war. An den Wänden Stiche englischer Pferde. Auf dem Boden Chinavasen,

Stehlampen, Sitzgruppen. Viel Atmosphäre im abgedämpften Licht. Davor eine gedeckte Veranda, Markisen herabgelassen. Ich sah beim Herantreten eine große weite grüne Parkfläche, die am Rande von einem Baumweg abgegrenzt war. Liegestühle. Gruppen. Teetrinkende im Gespräch. Dazwischen Bedienstete in Servierkleidern mit kleiner Spitzenschürze. Kuchen, Torten, aber auch salziges Teegebäck wurden den Teetrinkenden serviert. Dazu Dessertteller. Das Ganze machte einen sehr gepflegten Eindruck und auch die Garderobe war aufwendig. Ich hatte in diesen Minuten schon einen ersten Eindruck bekommen: ein Schloßhotel für psychisch Leidende, für Neurotiker, Erschöpfte, Verfolgte. Das spürte man auf Schritt und Tritt.

In diesem Augenblick der Erwartung tritt eine elegante schmale weißhaarige Gestalt aus einem Raum und bittet mich herein. Ich durchschreite eine große weiträumige Bibliothek und werde nun meinerseits zum Tee gebeten. Der seriös und gut gekleidete Schloßherr – ein Aristokrat von großer schlanker Figur, mit eleganter Garderobe und liebenswürdig-charmantem Wesen, verwickelt mich rasch in ein Gespräch: Er hat Ausstrahlung und wirkt überlegen. Ich gebe Auskunft. Ich fühle mich in dieser Umgebung, auf einem breiten Sessel wohl, intim, warm. Die Liebenswürdigkeit des Chefs ist überwältigend. Er kann amüsant plaudern und beherrscht jede Situation. Wenn sein Satz beendet ist, entsteht keine Pause, keine Unterbrechung, er fragt weiter, bis in die ersten Anfänge meiner medizinischen Laufbahn. Ich habe das Gefühl, er möchte sehr viel von mir wissen. Und er ist beruhigt, als ich ihm meine Stationen aufzähle und meine unpolitische Einstellung äußere. War er mißtrauisch? Wer war das damals nicht? Noch wußte ich nichts von den in seinem Schloß versteckten Juden, aber er mußte schließlich wissen, wer nun zu ihm kam. Wir sprachen lange, wobei er viel mehr sagte als ich, der stets zurückhaltend blieb. Als er sich erhob, bemerkte ich seine Gangstörung. Das linke Knie war steif (oder war es das rechte?). Er kaschierte das sehr geschickt. Er trug Pumps – vielleicht deswegen wohl. Aber auch sonst stimmte alles an ihm.

Ich habe den roten Läufer beschritten, die weich gepolsterten Treppen, habe die Gänge durchlaufen – Erinnerungen an Frankfurt mit den unterirdischen Gängen aus Stein und lauten Essenswagen auf Rollen, das Schreien auf den unruhigen Stationen, das Telefonieren aus dem Verschlußkasten heraus, die verschlossenen Fenster und der Paraldehyd-Geruch, der sich über die Räume legte. Hier war ein Blütenduft von selbstgezogenen Blumen, der sich mischte mit D'Orsay oder Lanvin. Dort die Anstaltskleidung, gestreift mit engen Hosen und Filzpantoffeln – hier die elegante Garderobe mit Schmuck, viel Schmuck. Von den Teetischen säuselte es herüber an mein Ohr: vom Schlaf, Zuckungen, nervösen Herzbeschwerden, vom Darm, von Rheuma und Gelenk. Ich hörte Gesprächsfetzen. Manchmal auch ein verzerrtes Lachen – gehalten – forciert – laut, übergehend in ein Wiehern, so daß ich mich umdrehte. Unter einem Sonnenschirm im Liegestuhl mit viel Tüchern und zarten Wolldecken lag Mignon Haase aus Berlin. Sie war wohl sechzig Jahre alt, hatte ihr Gesicht durch geschickte Kosmetik vorteilhaft hergerichtet und freute sich auf den jungen Arzt: den »Arzt vom Dienst«, der kommen muß, wenn man es will. Lakai? Oder Personal? Und Mignon Haase, verhüllt in Tücher, Chiffon, zarte Wolle aus Kaschmir, Seide über der grauen Frisur, sie bat mich zu sich, forderte mich auf, den Stuhl dicht neben ihren Liegestuhl zu stellen, sie zu betrachten: die Augen – den Ausdruck – die Züge im Gesicht. Ich tat das wie befohlen. Ich spielte jetzt dieses Spiel mit: Es dreht sich um kleine zarte Dinge, die Mignon Haase interessieren. Es ist ein Kokettieren, ein launenhaftes Unterfangen, mal hier, mal dort – jetzt reicht sie mir ihr zartes Handgelenk – ich bin zufrieden mit dem Puls – doch sie mich korrigierend: »Mignon Haase hat doch keinen Puls, Mignon hat doch nur ein Pülschen!« Das ist sehr nett gesagt. Ich lache. Doch sie wird ernst: »Was tun Sie hier? Sie bringen mich jetzt aufs Zimmer. Ich friere.« Mit so viel Decken? Ich hole die Schwester, die den Auftrag übernimmt.

Der große, weiße Speisesaal. Ich sitze mal hier, mal dort. Mein Platz ist variabel. Ich muß die Unterhaltung führen – zum Essen anregen – Getränke eingießen. Ich habe verschiedene Aufgaben. Mal ist es ein hypochondrischer Mann, »Krebsphobiker«, vielleicht aber auch ein Pankreaskranker. Ich sorgte mich um ihn und brachte ihn zum Röntgen in die nächste Kreisstadt. Ich habe nie mehr etwas von ihm erfahren. Doch Krebs? Dann saß ich bei einem Diplomingenieur, der plötzlich beim Essen sich vom Tisch erhob und im Saal herumirrte, die Tür nicht fand, an anderen Tischen anstieß. Sein Ausdruck war abwesend, seine Augen blickten ins Leere, seine

Achtsamkeit war gestört. Ich hielt ihn hier in diesem Sanatorium für fehl am Platz. Doch meine Anregung schien auch fehl. So gab es immer kleine Differenzen. Der Schloßherr neigte mehr zum Psychologisieren, ich war der Kleist-Schule verbunden und wollte erst die Diagnose klären. Das aber war in diesem Rahmen gar nicht möglich. Ich saß auch mit klimakterischen Frauen zusammen, die in ihrer Egozentrik und ihrem Mitteilungsdrang mir oft den Appetit verdarben. Aber ich hatte Dienst zu absolvieren. Manchmal wünschte ich allein zu essen, allein zu sein, und der Chef meinte es gut mit mir, wenn er mich nach Berlin für einen Tag beurlaubte. Ich fuhr auch in meinem schönen Auto offen, den Wind um die Ohren. Ich sang leise vor mich hin. Ich freute mich über diese Art der komfortablen Fortbewegung. In Berlin besuchte ich Freunde und auch die Ziethenstraße 22. Ich war im Theater, ich war in Bars, ich wollte abschalten – und brachte es eben doch nicht fertig, mich für Stunden zu lösen. –

Ich war der einzige Arzt neben dem Schloß-Chef. Das ist nicht einfach. Seine Visiten lernte ich nicht kennen. Er ging allein. Wir wechselten turnusmäßig die Zimmer, mal er die linke Seite, wenn mir die rechte zugeteilt wurde. Damit wir uns fanden oder die Schwestern uns, hing jeder an seine Türklinke sein Tuch: er ein purpurrotes, ich ein grünes (symbolisch?). Es gab kaum Eintragungen in Krankenblätter. Das Labor wurde von einer Schwester versorgt. Und die Tätigkeit bestand in Gesprächen – am Bett – auf dem Spaziergang – beim Tee. Wenn dann die egozentrischen Gespräche auch noch die Mahlzeiten ausfüllten, war ein Weg in eine Altstadtkneipe von Fürstenberg willkommener als die Umgebung von Atlasseide, Chiffontüchern und Brillanten.

Hier wurde aber nicht nur die Seele gepflegt, hier wurden auch aus Berlin kommende alleinstehende Jüdinnen behandelt, die ihre Zuflucht in diesem abgelegenen Sanatorium suchten. Hier hat der Schloßherr wirklich Dienst am Menschen geleistet, mehr getan und denen geholfen, die auf der Liste standen, oder sie versteckt – umdirigiert in neue wohnliche Bereiche. Das empfand ich als Wohltat. Der klassizistische Bau in Hufeisenformat wußte nichts davon, was sich hinter seinen Mauern abspielte, und wenn jemand danach fragte, welche Art von Patienten hier eigentlich behandelt würden, war die Antwort einsilbig: »Kranke«.

Aber ich wollte mehr sehen – mehr hören – mehr kennenlernen, wollte auf den Kern neurotischer Fehlhaltungen kommen, die Erfahrung eines langjährigen Psychotherapeuten hören, seine Einstellung – seine ärztliche Haltung. Doch dazu kam es nicht. Auch nicht bei anderen Besprechungen. Durch Professor Kleist mit seiner wissenschaftlichen Erkenntnis und exakten Diagnostik – seiner Beschreibung, Deutung klinischer Fälle war ich verwöhnt. Hier stießen die beiden Pole: der Organiker und der Analytiker, aufeinander. Ich studierte die Schriften über dieses Gebiet und natürlich das, was mein Chef veröffentlicht hatte. Als damals bester Kenner der Zwangsneurose bekannte er selbst eine gewisse therapeutische Resignation. Ich fand später mit der Methode von Professor Frankl, Wien, die Zwangsneurose ein gar nicht so ungünstiges Behandlungsgebiet.

Natürlich erhielt ich in diesem Haus Kenntnis in Randneurosen, Kernneurosen, geltungssüchtigen Psychopathien, hysterischen Fehlhaltungen. Aber ich merkte auch, daß dieses Gebiet ärztlichen Handelns nur diesem geistreichen, gebildeten und gescheiten Mann begehbar war, der Auswege sah und seine eigenen Wege suchte. Ich vermißte vielleicht eine Einführung und Führung, wie ich sie von Kleists Visiten und Vorlesungen her gewohnt war, an denen ich meine Kenntnisse kontrollieren konnte. Ich vermißte auch den netten Kollegenkreis in Frankfurt, vermißte die moderne Klinik, vermißte die exakte Forschung. Und vermißte auch Fräulein Gerhardt. Ich war jung, 28 Jahre. Und mein Ziel lag ja ganz woanders. Hier fühlte ich mich irgendwie auf einem Abstellgleis, hatte kaum Anregungen, die ich doch so nötig gebraucht hätte. – Ich wurde krank. Psychogen? Ein hochfieberhafter Infekt machte eine Verlegung in das Krankenhaus Neustrelitz notwendig. Die Fahrt mit dem Rot-Kreuz-Wagen ist mir gut in Erinnerung, auch die Begleitung einer Schwester. Ich lag dort 14 Tage und kehrte nicht mehr zurück, sondern bat meinen verehrten Lehrer Kleist um Rückkehr in seine Frankfurter Klinik. Das geschah mit schwungvoller Begrüßung beim Wiedersehen der alten Kollegen. Ich war zufrieden. Und die anderen auch. Das Gespräch drehte sich um das Thema »Psychotherapie« – wie ich sie erlebt hatte und wie ich sie beschrieb. Man könnte noch vieles dazu sagen. Aber sicher ist, daß ich einem großen Mann in der Person des Professors Freiherrn von Gebsattel begegnet bin. Ich erhielt allerdings wenig persönlichen Einblick in die Methodik seines Handelns. Lag dies immer nur an mir?

Ich war an der Frankfurter Klinik weiter als Assistent tätig. Die politische Situation wurde drückender, schärfer. Wir erlebten die Beschneidung des freiheitlichen Denkens in Fragen der Literatur und der bildenden Kunst, die geistige Einengung, das militärische Engagement mit Marschliedern (aber anderen als 1914). Die Stadt sah zunehmend den Handgruß – Braunhemden und SS-Uniformen. In der Klinik traten einige Pfleger in Schaftstiefeln und mit altem Parteiabzeichen auf. Wir fanden uns ab mit den Einschränkungen im persönlichen Bereich – es gab deswegen keine Konflikte an der Frankfurter Klinik. Wir lebten ja auch ziemlich isoliert, kamen – wie ich schon erwähnte – kaum mit Frankfurter Familien und nur am Rande mit der »Bewegung« in Kontakt. Emotionale politische Momente spielten bei uns damals keine wesentliche Rolle. Eine Denkweise, die erregte Psychosen voller Weltuntergangserlebnisse, wahnhafter Vorstellungen und qualvoller Halluzinationen kühl und objekthaft nach der nüchternen Methode hirnpathologischer Orientierung untersuchte und nach dem zugrundeliegenden System der Denkstörungen analysierte – eine solche Denkweise ließ wenig Raum für persönliche oder gar politische Probleme. Schon bei unseren Psychosen interessierte der »Inhalt« nur am Rande. Wir wußten aus dem Kolleg über den Wandel der psychotischen Inhalte in Abhängigkeit von der politischen Situation: daß im ersten Krieg Kranke mit Größenideen sich als »Kaiser Wilhelm« erklärten und jetzt als »Adolf Hitler«, daß in ländlichen Gegenden früher religiöse Versündigungsideen auftraten und jetzt politische Heilsvorstellungen – das waren zeitgebundene, also sekundäre Motive, unerhebliche Beigaben zu der allein im Blickfeld stehenden Denkstörung: der Struktur des psychotischen Denkens mit seinen Alogien und Paralogien. Daß die Welt um uns von alogischem und paralogischem Denken erfüllt war, beachteten wir nicht – vertieft und abgeschirmt im Umgang mit Psychosen, die kaum Beziehungen zum normalen Denken, noch weniger oder gar keine realen Beziehungen zur Welt besaßen. Der Psychiater ist an Irrsinn gewöhnt wie der Chirurg an Eiter und Blut. Psychologische Faktoren, menschliche Konflikte,

Familiäres, Soziales erschienen nur am Rande im Blickfeld der jungen Ärzte. Das Elternhaus war verlassen, die Mutter blieb allein zurück, die Geschwister waren verheiratet oder im Beruf. Die Reifungskrise lag weit hinter uns – aber vielleicht damit auch die emotionale Ansprechbarkeit? Wo waren die jugendlichen Ideale vom Virchow-Krankenhaus geblieben: zu helfen, zu heilen? Wo der Enthusiasmus von Hamburg-Friedrichsberg, sich einzufühlen in die kranke Seele? Meine kurze Sanatoriumstätigkeit in Fürstenberg und das geringe Mitteilungsbedürfnis meines Chefs hatten wenig Einfluß auf mich genommen – aber doch etwas in mir angeregt. Die Abhängigkeit von der Staatshoheit in einer Universitätsklinik mit ihren Verpflichtungen und Einschränkungen widersprach meiner Natur. Wie beim Abitur und wie beim Staatsexamen war der Drang zur Freiheit, zur Selbständigkeit übermächtig. Das Ziel war: etwas Eigenes aufzubauen – eine Praxis, eine moderne Klinik unter eigener Regie. Die Rückkehr in die alte Klinik konnte nicht die alte Verbundenheit wiederherstellen. Nach Abschluß meiner Fachausbildung ging ich einen anderen Weg unabhängiger Tätigkeit, um das mir schon früher gesteckte Ziel näherrücken zu lassen. 1938 verließ ich mit Fräulein Dr. Gerhardt die Frankfurter Nervenklinik, um mich in Stuttgart als Nervenarzt niederzulassen. Hätte ich geahnt – und nicht nur ich –, daß im nächsten Jahr der Weltkrieg ausbrechen würde, dann hätte ich diesen Schritt wohl noch nicht getan, hätte in der Klinik weitergearbeitet und vielleicht den Krieg an mir vorbeiziehen lassen, wie das ja auch anderen Assistenzärzten gelang. Aber ich war ungestüm, wollte alles rasch vorantreiben: Heirat – Praxis – Klinik. So ließ ich im Sommer 1938 in Stuttgart-Bad Cannstatt an der Taubenheimstraße 30 das Emailleschild anbringen, das Name, Beruf und Sprechzeit auswies.

9

STUTTGART – ZWISCHEN WALD UND REBEN. Wollte ich ein Schwabe werden? Oder lieber Düsseldorf? Oder Hamburg? Diese Städte hatte Professor Kleist mir auch empfohlen. Nein! Stuttgart sollte es sein. Ich blieb dabei. Auch wenn anfangs alles schwer war. Die Niederlassung. Die neue Freiheit. Zu frei? Zu viel Zeit plötzlich? Immer hatte mich die Zeit gedrängt – jetzt ging der Zeiger langsam –, die Uhr kam nicht voran. Andere Dinge drängten sich in das Leben. Neu und nie bedacht: Geld verdienen. Miete zahlen. Improvisation eines Zweierlebens, das doch eigentlich primär dem Beruf gelten sollte.
So saß der niedergelassene Arzt in seiner Praxis und wartete auf Dinge, die ihn beschäftigen sollten. Statt dessen kamen Annoncenvertreter – Abonnement für Heizungsdienst – Abschlüsse für Haftpflicht- und Glasschäden. – Und dann sollte es läuten. Aber wer läutet. Spielende Kinder? Aus Versehen. Oder der Betrag für die Zustellung der Stuttgarter Zeitung? Es läutet. Wieder Knopfdrükken. Umsonst auf den Knopf. Was kam – war Geschäft. Was ausblieb: die Krankheit in persona patienti. Ja – wer weiß schon etwas von O. D.? Wer kennt Namen – Herkunft – Ausbildung – wer kann über den Fremdling etwas aussagen? Wer hat diesen Mann gesehen, als er sich anschickte, die Taubenheimstraße 30 zu beziehen? Wer ist seine Frau? Auch keine Schwäbin? – Wer sollte klingeln, um mit Krankenschein die schallisolierten Räume zu betreten? Der Niedergelassene hatte Sorgen. Freiheit, die sich mit Existenzsorgen verbindet, ist keine mehr. Gehaltsempfänger in Frankfurt, hier freiberuflich. Welche Perspektiven? Die Raumperspektive war gut und beeindruckte den Kunsthistoriker Professor Hans Hildebrandt, der sie mit seiner Frau Lily besichtigte. Er veröffentlichte sie in der »Innendekoration« 1940. Der Zufall wollte es, daß wir

nach dem Krieg in der Gerokstraße 65 Nachbarn werden sollten. Aber es war noch lange bis dahin.

Professor Hildebrandt beschrieb die Praxis: Bauhaus-Stil. Schwarzweiß. Stahlmöbel. Halbrunder Schreibtisch. In Frankfurt schon entworfen. Kleist kommentierte: »Ach – wie Clémenceau!« »So ähnlich« – war meine Antwort. Und dieses Halbrund stand nun da – herausfordernd und beschützend – diskret und aggressiv. In Schwarz. Mit drei Funktionen: Telefonieren – Schreiben – Kartei sortieren. Im Rund saß auf Drehstuhl O. D. Er drehte sich nach links zum Telefon, nach rechts zur Kartei. In der Mitte ging der Blick zum Kranken hin, in bewußter Distanzierung. Dieser Tisch steht heute noch zentral in der Gerokstraße 65 und beherrscht das große Sprechzimmer. Er ist feldherrnhaft konzipiert, diplomatenhaft gestaltet und psychiatrisch gesehen eine »feste Burg«. Davor zwei Thonetsessel in Chrom mit schwarzem Bezug. Für den Patienten und seine Begleitung. Darüber eine Kreuzlampe aus schwarzgebeiztem Kiefernholz, aus der Soffitten das Licht an die Decke strahlten. Das Kreuz von einem dicken Hanfseil getragen, 5 cm stark, unten ein Knoten als Verschluß. Eigenwillig, aber richtig zum Schreibtisch. Der Teppich Schaffell schwarzweiß in geometrischem Rechteck. Alles streng und kompromißlos.

Mit wieviel Elan, mit wieviel Präambeln ist der Beginn einer selbständigen Tätigkeit verbunden. Kranke behandeln, deren Leid man bisher nie sah: weder im Virchow-Spital, noch in Berlin, noch in Hamburg-Friedrichsberg, noch bei Kleist in Frankfurt. Wo also findet man solche Leidende, die noch nicht in die Klinik gehen, aber doch allein nicht mehr mit sich fertig werden. Ich warte auf Einfälle. Keine Klinik, kein Krankenhaus kann einen Arzt auf diesen ersten selbständigen Schritt vorbereiten. Das bleibt ihm allein überlassen: auch die Verantwortung, die bisher auf dem breiten Rücken der Klinik ruhte – die Tätigkeit, gestützt auf Oberarzt, Chef, erfahrenes Personal – die Abgeschlossenheit der Klinik. Ich fühlte mich zurückversetzt in die Unsicherheit, die ich vom ersten Semester ab in der Anatomie zu spüren bekam, bei der ersten Spritze am Kranken, der ersten Blutabnahme, als der Spritzenstempel herausrutschte und Blut sich über den weißen Mantel ergoß. Und ganz langsam erst entwickelte sich bei dem niedergelassenen Arzt ein Gefühl von Sicherheit, was jeder braucht, der in eigener Verantwor-

tung etwas riskiert, wonach er gemessen und beurteilt wird – von Patienten wie von Kollegen. Ich durchlief diese Wochen ohne Krisen. Man fängt immer wieder neu an. Stationen im Leben. Keine gleicht der anderen. Wenn mehr Patienten die Taubenheimstraße gefunden hätten, wäre vielleicht manches anders abgelaufen. So hatte ich Zeit, in Ruhe jeden Fall zu überdenken, ihn zu besprechen mit meiner Frau, der Kollegin – wir behielten diese doppelte Arzttätigkeit bei. Gutachten halfen auch hier über die Runden.
Die Praxisentwicklung ging langsam voran. Die Zuweisung von anderen Kollegen war gering. Wir hatten zu kämpfen. Aber wer nicht in unserer Situation? Und dann das Fach der Psychiatrie. Nicht gern gesehen – gemieden – abgelehnt – verdächtigt. Und dann kam dieser Rüffel von der Ärztekammer, daß ich in meiner Zeitungsannonce auf meinen Vorgänger, den Nervenarzt Dr. Goldmann hingewiesen hatte, der in den gleichen Räumen tätig gewesen war. Perspektiven. Sorgen. Schulden. Und immer noch der gleiche Tatendrang. Also entschied ich: weg aus Cannstatt. Neu anfangen. In Stuttgart. In das Zentrum gehen. Dort sich einnisten. Groß und spezifisch ärztlich. – Und wir beide jungen Kassenärzte ließen wieder ein Emailleschild fertigen mit Namen und Fachgebiet und Sprechzeit und hefteten es an die Poststraße 6. Ein großes Stuttgarter Bürohaus aus Fachwerk und Mörtel. Als die Bomben die Innenstadt in Asche legten, hatten sie leichte Arbeit. Was übrig blieb, waren gemauerte Schornsteine und Eisentreppen.
Doch bevor es so weit kam, bauten wir den dritten Stock aus. Übersichtlich und ökonomisch, großzügig und modern. Mit Steckschildern für zehn Räume an einem langen Korridor. Mit Wartezimmer, Sekretärin, Untersuchungszimmer (dekoriert mit Hirnschnitten in Glaskästen), Sprechzimmer 1, Sprechzimmer 2, Mediko-Raum, Röntgenlabor, Röntgenzimmer für die Encephalographie. So sah das aus. Das machte Freude, aber wohl nicht den Kollegen, die Protest gegen meine Niederlassung in Stuttgart erhoben, obwohl sie von der Ärztekammer genehmigt war. Ich blieb. Und es kam, wie es kommen mußte. Es ging voran. Wir hatten es geschafft. Was in Cannstatt nicht anlaufen wollte: hier sahen wir die Früchte unserer Bemühungen. Es war ein erstes schönes befriedigendes Gefühl, in eigener Praxis die ersten Erfolge zu erleben – wobei es nicht immer so fein in der Diagnostik herging wie bei Kleist –, aber dafür um so

therapiefreudiger. Gerüstet sein für den Anfang einer ärztlichen Tätigkeit – das wäre vielleicht auch mit eine Aufgabe des Studiums. So aber bleibt alles dem einzelnen überlassen. Wie merkwürdig: zur gleichen Stunde wird diese Vokabel auch für den beginnenden Krieg gewählt: gerüstet sein.

Ja – gerüstet sein bis zu den Zähnen. Man kann nie wissen, was der andere vorhat. Das Kriegsspiel begann schon 1934, als ich im Virchow-Krankenhaus war – und bis 1939 wurde es überdimensional. Zum Platzen. Zum Bersten. Es sollte loskrachen wie ein Orkan. Schnell und erfolgreich. In Polen und in Frankreich. Der Beginn war schleichend – infiltrierend mit Einmärschen in Wien und Prag. Das ging still und fast selbstverständlich vor sich, ohne große Veränderungen. Die Einmärsche nahm man zur Kenntnis – man fand sich damit ab. Es war wie eine Krankheit, die sich schleichend entwickelt: ein Husten – ein Schmerz – eine Gewichtsabnahme – eine Müdigkeit – alles läßt sich noch leicht abtun – auch beschönigen – mit mildernden Vorzeichen versehen, bis man plötzlich mitten im Abwehrkampf steht und der Organismus nach Hilfe ruft – zu spät! Solcher Beginn zeigt schon Symptome des Endes an – die ersten Zeichen von Herzschwäche und Nierenversagen – wie schnell alles geht, und postum erfolgt lapidar die Feststellung, daß man eigentlich den Krebs durch Vorsorge hätte verhindern können. Aber selbst der in die staatliche Vorsorgeuntersuchung eingeschaltete Arzt schüttelt zweifelnd den Kopf.

MEINE EINBERUFUNG ERFOLGTE nach einigen Monaten. Schütze Domnick erhielt die Uniform und wurde mit einem Bataillon nach Prag zur Grundausbildung abgestellt. Wie oft sprach ich schon von der langersehnten Freiheit. Immer war es nur eine Idee. Eine sinnliche Vorstellung. Ein Traumzustand. In der Jugend auf der Schule. Im Studium vor den Examina. In der Klinik. Immer das Danach: nach der Heirat – nach der Niederlassung. Es wird nicht sein und jetzt erst recht nicht. Jetzt war es ganz vorbei. Ich hatte keine Ahnung, wie das zugehen sollte. Ich wurde mit hundert anderen eingezogen und hatte mich zur Aufnahme und Registrierung pflichtgemäß zu melden. Ausziehen. Nackt vor den Richtertisch, wo sie saßen, die Herren vom Stab – mit durchdringendem Blick. Hundert nackte Menschen zusammengepfercht, hautnah, gewaschen und doch Ausdünstungen. Manche genierten sich und falteten ihre Hände vor dem Geschlecht. Manche machten Witze. Manche froren zitternd. Schwarze und braune und blonde und blauäugige, von ihren Richtern geprüft auf Tauglichkeit, für Führer und Vaterland zu kämpfen. Sie wußten noch nichts davon, daß jetzt oder später andere – nicht blond und blauäugig – nackt zusammengepfercht von anderen Richtern geprüft wurden, auf ihre Tauglichkeit zu sterben. Wir rückten der Reihe nach vor. Als ich vor dem Richtertisch nach meinen Personalien gefragt wurde, mußte Stabsarzt Haller (der mich kannte) die Identität bestätigen. Man traute einem jungen Menschen ohne schmückenden Umhang Beruf und Alter nicht zu. Die Herren bezweifelten, ob ich wirklich Arzt – gar Psychiater – sei. Wo war ich? Welch übles Spiel mit meiner knabenhaften Figur? Ich war kein muskulöser Bulle, auch kein vergeistigter Gelehrtentyp. Ich war ein unbescholtener Mensch mit guten Gaben, jung, gesund an Leib und Seele. So aber fing es an. So ging es fort.

K ASERNE PRAG. Die Herren Unteroffiziere, die uns schindeten mit allem, was sie nur erdenken konnten. Ich war auf einer Kleiderkammer, empfing die Stiefel, viel zu groß: »Abhauen – fertig!« Dann der Stahlhelm, der wackelte in allen Richtungen: »Der paßt!« »Nein – der paßt nicht«, war meine klare Antwort. »Der paßt! Nächster!« Dann die Hosen: ich zog sie immer höher, um meine Stiefelspitzen sehen zu können – um Himmelswillen, ich war mit meinem Hosenbund am Kinn. Das machte Eindruck. Ich durfte tauschen. Die neue Hose hatte einen Zwickel eingenäht, der rieb mir meine Schenkel wund. Die grauen langen Unterhosen, die ich nun empfing (ein Schreckgespenst) verhinderten das Reiben, doch war das ganze nun von Angesicht ein schrecklicher Soldat. Doch sagte man: das gibt sich schon beim Exerzieren – die Arme hoch, die Füße fest geschlossen. »Los, ein Lied – Sie da, gehen Sie ins Glied – Sie komische Figur, wo will der Stahlhelm denn mit Ihnen hin – grinsen Sie nicht! Sie Krummhübel, wo sitzt Ihr Koppel? Schnalle, Koppelschloß und Uniform bilden ein Ganzes. Sie Trübling! Sie Brillenhänfling! Wo kommen Sie her? So so aus Stuagard. Na denn mal los: Hinlegen! Aufstehen! Ein Lied! Laufen! Halt! Kehrt! Hin-

legen! Aufstehen! Marsch-marsch! Halt – ein Lied – was keuchen Sie – wie heißen Sie – ach was – schweigen. Hinlegen! Knien! Aufstehen! Augen rechts, kehrt! Die Augen links, kehrt! – Stehen – Stehen – Wegtreten!«
Um Gottes willen. Wo war ich hier? Ich schaute nach den Kameraden. Ich merkte gar nichts. Keiner hatte diese Übung so exerziert. Ich war allein. War das die Strafe für den Helm? Wofür? Was sollte denn das Ganze? Das ertrag ich nicht. War ich wieder in der Penne? Man kann doch einen friedliebenden Menschen nicht so behandeln. Das sind ja Teufelsmethoden. Ich kam verstört in die Kaserne: grüßte jeden Schützen, stand stramm – und lernte erst im Abstand einiges dazu.
Das ging nun Tag für Tag. »Raus! Rein! Hinlegen! Aufstehen! Marsch-marsch! Rechts-um, links-um. Laufen, Knien, Grüßen, Schießen –« nein, das ertrag ich nicht. Der Postempfang, der Bettenbau, der Unterricht, die Nacht auf Stroh, das Scheißhaus und die Prüfung. Nein, das ertrag ich nicht. Das Wecken mit dem UvD, die Trillerpfeife: Kaffeeholer raus, das Rennen – Schieben – Stubsen, die Uniform, das Schreckensbild im Spiegel, die Mütze, nein das Schiffchen – so doof auf Scheitelspur – der Kragen – die Hose mit dem Zwickel – der ganze Kerl wird nie Soldat. Wie schneidig kommen andere in die Stube, während ich jetzt überlege, was Greta in der Praxis macht. Ich wurde krank. Doch wieder psychogen? Ich hatte Fieber, kam ins Revier. Das Fieber stieg. Ich kam ins Lazarett. Ich war erlöst. Hier lagen zwölf Soldaten, die waren lustig miteinander. Da man nicht wußte, mit welchem Dienstgrad man verkehrte (die Uniform hing ja im Spind), hielt ich mich abseits und klagte über Heiserkeit, um mein Schweigen zu entschuldigen. Der Stabsarzt hielt mich lange fest. Ich lag dort gut. Und konnte auch nach Hause schreiben. Sechs Wochen war die Zeit der Grundausbildung, drei Wochen blieb die Grippe an mir hängen. Ich sah nur zu, daß ich nicht noch einmal den Kurs zu wiederholen hatte, was mir gelang.
Ich hatte dieses Prag geschafft. Ich kam zurück nach Stuttgart. Und jetzt lief wieder alles besser. Die Uniform ließ ich mir schneidern, die Stiefel kaufte ich von Bally, die Dienstgrade marschierten nacheinander bei mir auf. Ich konnte kaum die Schulterklappen so rasch wechseln: aus Schütze D. kam der Gefreite D. mit Winkel, zwei

Winkel schufen schon den Obergefreiten D., der Unterarzt war Unteroffizier, der Assistenzarzt Offizier, der Oberarzt trug einen Stern, der Stabsarzt D. zwei, er stand im Hauptmannsrang. Diesen Dienstgradablauf erlebte ich von 1940 bis 1945, und da jedesmal die Beförderung mit einem Umtrunk besiegelt wurde, konnte man bei solchem potentiellen Frontkämpfer am Endsieg nicht zweifeln. Die Praxis lag indessen in Schutt und Asche, und ich lag im Osten bei Tschudowo und kämpfte für Führer und Vaterland.

Zuerst jedoch wurde ich einem Reservelazarett in Cannstatt zugeteilt. Oberstabsarzt Beetz war mein Vorgesetzter. Hier gab es im Lazarett langwierige Behandlungen der peripheren Neurologie: Schußverletzungen an Armen und Beinen mit Nervenlähmungen (Sensibilitätsausfälle, Athrophien und Paresen), die mich zu einer Arbeit über die »Reflektorische Thermalgie« anregten. Die Behandlung bestand in Elektrotherapie, Massage, Übungen. Der Fortschritt war mäßig und die chirurgische Nervennaht von langer Heilungsdauer. Die Soldaten wurden als Versehrte eingestuft in I, II, III. Und jeder Mann bemühte sich um Zuerkennung des Verwundetenabzeichens, das es in Schwarz, in Silber und in Gold gab.

Das Cannstatter Lazarett lag nur fünf Minuten von der Wohnung entfernt. Aber die Zeit drängte nicht und die Arbeit war gut zu schaffen. Es zog sich so hin. Der siegreiche Krieg in Polen und Frankreich ließ kaum Resonanz bei den Verwundeten aufkommen – sie fielen mit ihren peripheren Nervenverletzungen sowieso für den weiteren Kriegsdienst aus, und die Tendenz zum Zivilleben war vorherrschend. Die Zeit dehnte sich mit vielen Gedanken über den Fortgang des Kriegs. Die Wochenschau brachte Stimmungsberichte von der Front. Es war schon etwas lähmend geworden. Man spürte Resignation, obwohl doch militärisch Zufriedenheit signalisiert wurde. Man hatte ein schlechtes Gewissen, irgendwo zu feiern oder an eigene Interessen zu denken, wenn der Krieg Männer an die Front band und Frauen an die Rüstungsindustrie. Man wollte nicht auffallen, zog sich zurück, zählte seine Lebensmittelmarken, lebte damit und mied das Autofahren, besonders wenn es sich um ein BMW-Coupé 328 handelte. Der Arbeitstag verlief freudlos, er unterschied sich nicht vom Frieden. Man konnte nichts planen. Nicht reisen. Die Zeit dehnte sich, die Uhr ging nicht voran. Tag für Tag der Weg ins Lazarett, immer die minimalen Fortschritte der Paresen registrierend, unpersönliche Visiten, stereotype Fragen nach dem Befinden der Lähmung. Der Tag endete abends in der Poststraße mit der Praxis, aber dort war ich auch nicht zu Hause. Halb Soldat, halb Zivilist. Meine Frau versorgte die Praxis allein fast besser – Verantwortung kann eigentlich immer nur einer tragen. Und sie war in die Arztpraxis hineingewachsen, die ihr auch Freude machte. Wir fuhren abends mit Lichtschlitzen nach Hause, die Straßen waren leer, der Weg bekannt. Man gewöhnt sich an jeden Zustand – und der Krieg dauerte schon ein Jahr, und wir hofften mit den anderen auf sein Ende.

IN DIESEM ZUSTAND DER STAGNATION erreichte mich in der Praxis ein Telefonanruf und beorderte mich: innerhalb von 24 Stunden Vorstellung auf dem zuständigen Wehrmeldeamt: Entgegennahme meines Marschbefehls: Abstellung in den Nordabschnitt Ostfront: Tschudowo. Ich am Telefon soldatisch-männlich »Jawoll«, aber die Stimme vibrierte leicht. Meine Frau blieb reglos. Gefühl der Ohnmacht, der Angst und Feigheit: Wie schnell aus solchen Erlebnisbereichen Affekte kommen, die wir beide – voreinander stehend – durchlebten. »Es ist soweit. Rußland.« Die Stunden vergingen im Fluge. Telefonate. Verabschiedungen. Anordnungen. Abends gemeinsames Helfen mit Packen bis in die Nacht. Man verbarg Bangigkeit. Man lachte und trank. Ich war ein wenig weich in den Knien, und das Herzzittern irritierte mich. Ich machte mir Gedanken über den Abschied »auf Zeit« oder »auf ewig«. Immer das Fünkchen Hoffnung, das der Mensch mit sich trägt und das ihn aufrecht hält. Er denkt an die Millionen Menschen, die auch wieder zurückkamen – 1918 aus Frankreich und jetzt aus Polen. Man wollte nicht zurückstehen, sich »anständig« zeigen, nicht andere den Kopf hinhalten lassen, tapfer und einsatzbereit, so wie unsere Väter es waren. Und dann kamen die Quergedanken: warum ausgerechnet ich an die Front? Warum nicht der oder jener? Warum überhaupt? Wohin sind wir geraten – was ist Krieg – wofür sollen wir kämpfen – für wen? Aber weg-weg mit den Gedanken. Abschalten – die Schüsse im alten Schloß. Wer ist ein Held? Man kommt nicht zur Ruhe, malt sich den Winter in Rußland aus, denkt an Hunger und

Kälte. Aber es gab doch die Pelzsammlung für die frierenden Soldaten, es gab die Finnenzelte für die Schneenächte, es gab die Pulswärmer, Russenmützen, Fäustlinge, Pelzschuhe. Was gab es nicht für diese Krieger im Osten?
Ich reiste allein. Mit viel Gepäck im Tornister und Decken und einem silbernen Zigarettenetui, das ich immer in der linken Brusttasche trug. Ich dachte an den Krieg 1914 bis 1918 (den ich beschrieb) und erinnerte mich an die Verwundetenzüge. Ich fuhr allein, tagelang – nächtelang in abgedunkelten Zügen. Station in Warschau. Ich sah dort die deutsche Besatzung und erlebte nachts die Orgien mit polnischen Frauen, sah die Gehenkten auf dem Marktplatz, die sich im Winde drehten. Aber man nimmt das alles nicht mehr real oder emotional auf, schaut weg, entschuldigt alles mit Krieg. Es ist eben so. Ich fuhr allein und blieb auf einem Abstellgleis stehen – die Maschine defekt, stundenlanger Aufenthalt – Kälte. Ich sah manche Gesichter wieder, die ich von der Übernachtung im Soldatenheim Warschau her kannte. »Denn dieser Feldzug – ist ja kein Schnellzug« sangen die von 1914 und wir von 1941; Wir sangen nicht mehr. Ich meldete mich in Tschudowo, wurde an die Front als Truppenarzt kommandiert, erhielt auf dem Gelände kurz Unterricht im Pistolenschießen, wurde mit einem Schlitten in den Abschnitt gefahren. Ich habe gelernt, mit den Soldaten zusammenzuleben, ihnen Vertrauen zu geben – denn alles hängt an einem bißchen Hoffnung: Und wenn wir schon getroffen werden, dann wollen wir gut versorgt sein. Die Kritik setzt ein, in die eigenen Fähigkeiten – was kannst du schon tun? Und doch: es ist das bißchen Hoffnung auf das, was ich ihnen vielleicht geben kann. Was machten diese armen Kerle, wenn es zum Angriff blies? Das war 1870/71 nicht anders wie 1916 – auf dem U 9-Bild mit dem untergehenden Matrosen, der die schwarz-weiß-rote Fahne hielt. Das drang uns Kindern ins Herz. Jetzt war es »unser Führer«, für den zu kämpfen und den Tod zu sterben als heilige Verpflichtung galt. Immer wird die Geschichte von diesen oder jenen Idolen geprägt, für die keine Opferschale zu groß ist. –
Ich war der 215. Infanteriedivision zugeteilt und machte mir Gedanken über diesen Krieg, wie sie jeder aus der Sicht seines kleinen Blickwinkels anstellt: der Landser mit dem grüngefärbten Mückennetz, an seiner Zigarette ziehend, der seine Stellung hält, dem Ur-

lauber einen Gruß nach Hause mitgibt und selbst auf Urlaubstage wartet – der Unteroffizier mit der Aufforderung, die Soldaten in Schwung zu halten, und die Offiziere mit dem Gedanken an den Endsieg. Aber wenn dies alles morsch wird und es zu gären beginnt? Nichts hat zu gären! Es war noch nicht so weit.

Ich lebte in selbstgebauten Unterständen. Manchmal in russischen Blockhäusern. Wenn Cognac kam, tranken wir uns in den Himmel, spannen unser Glück von der Heimat – es ist immer derselbe Wunschtraum. Und dann die Gefangenenschicksale, die trostlose Monotonie, die seelenlose Lagerlandschaft – und dann das Grauen der Kämpfe – Mann gegen Mann – Mann gegen Reiter – Mann gegen Panzer. Der einzelne gegen die Technik, gegen das Material. Was wird erfunden in diesem ungleichen Kampf? Haftbomben, aus dem Panzerloch im toten Winkel an den Koloß geheftet. Sprengstoffladungen. Wie alles nur auf Vernichtung, Zerstörung angelegt ist. Halte sich wer kann! Rette sich wer mag! Zusprüche an Verlorene auf einsamen Posten. Ich war dabei, wenn ein Angriff losbrach. Mit Panzer- und Flugzeugunterstützung. Was geht in den Hirnen dieser Angriffskompanien vor? Nichts! Nur Kampf und Hoffnung auf Sieg. Sie tragen ihr Amulettbändchen in Silber um den Hals, und der Herrgott wird sie beschützen. Auch der Russe betet und trägt sein Glaubenssymbol am Kettchen. Und jeder kämpft für eine gerechte Sache! Trostlos sind die Gedanken eines Sanitätsoffiziers, der Wunden verbindet und geblendete Augen mit Mull zudeckt. Der dem humpelnden Soldaten das Bein verbindet, das er spätestens auf dem Hauptverbandsplatz verlieren wird. Der dem Verschütteten die Hoffnung mitgibt, er sei schon aus der Gefahrenzone heraus. Der den Herzschuß sieht und die flache Atmung abwarten kann bis zum Stillstand. Der das Flakfeuer als Musik empfindet, weil es gegen Abend stiller wird und die Nacht über die Wälder von Rußland sich dämmrig ausbreitet – Nebelschwaden – oder doch Gift? Manche blieben im Sumpf liegen, die am Morgen eingesammelt wurden. Und am Abend trinken wir wieder den Cognac und vermissen diesen Kameraden oder jenen, mit dem wir gestern noch unser Spiel trieben.

TELEGRAMM AUS BERLIN vom Heeressanitätsinspekteur: Oberarzt Domnick abkommandiert in das Hirnverletztenlazarett Breslau. Dieses Telegramm erhielt ich gerade in dem Augenblick, als ich mich von einem vierzehntägigen Fronturlaub wieder zurückmeldete. »Was wollen Sie noch bei uns?« Zuerst dachte ich an einen Scherz, an eine Überraschung für einen Urlauber. Dann kam aber doch die Freude durch – ein unbeschreibliches Glücksgefühl. Nie wieder habe ich das so intensiv empfunden, nach den Fronterlebnissen. Das Leben wurde mir zurückgegeben – eine Art Neugeburt. Der eben durchlebte Urlaub mit allen Phasen des Wiedersehens – des Abschieds – der Gespräche und der Begegnungen – des Sehens und Gesehenwerdens – der Freude – der Trauer – des Stehens – Liegens – Gehens – der Zweisamkeit – der Einsamkeit – all das wurde auf der Urlaubsrückreise noch einmal durchdacht in saugendem Erinnern: das Wiederdurchdenken, das Festhalten am Erlebten zu Hause, der quälende Abschied, das Winken auf dem finsteren Bahnsteig, das Rufen in eine echolose Halle, Soldaten im Grau des abgedunkelten Bahnhofs. Diese schmerzlichen Erinnerungen waren auf der Frontreise lebendig gewesen im müde sich dahinschleppenden Zug nach Rußland ohne die geringste Aussicht auf eine Änderung des Soldatenlebens. Alles Leben schien zu erfrieren: Möglichkeiten des Vereisens – Dahinleben – Vegetieren – trostlos – ausweglos – militärisches Versagen – festgefahren in der Öde psychischer Ohnmacht – Warten auf den Tod oder die Verwundung – oder auf sonst irgend etwas. Dieses Dahindenken beim Rütteln der Schienenstöße in Richtung Tschudowo – Leningrad, die schütteren Wälder mit der Mückenbrut, die uns das Leben so schwer machte. Mückennetze, Räucherkerzen, zurückgelassene Panzer, die mit Kettenschuß steckengebliebenen Kolosse – manövrierunfähig. Von der Natur wieder mit Grasbüscheln zum Eisensarg emporgewachsene Denkmäler, an den Vormarsch nach Moskau gemahnend. Ein Stopp gesetzt – ein Halt für immer. Die Frontstabilisierung war nur vorübergehend – hier und da ein Zucken, wie bei einem angeschossenen Tier mit vergeblichen Bewegungen des Vorderlaufs oder Stoßen der Hinterhand: hier ein verwestes Pferd, das den Panjewagen zog und von einer MG-Salve niedergeschossen wurde – dort ein Rad, in den Speichen satte Kuhblumen in leuchtendem Gold. So durchpflügte ich auf eingleisigem Bahnkörper langsam dies weite unendliche Land – man spürt kaum etwas vom Krieg –, hört in der Ferne (wenn die Lok Wasser tankt) Geschütze brodeln, wie Dünung am Meer. Auf kleinen Bahnstationen kommen Russenkinder betteln. Ich werfe ihnen ein paar Zigaretten zu. Die Blicke gehen in die Weite über die Kinderaugen hinweg oder durch sie hindurch. Ich spüre Traurigkeit, je weiter ich in das Land gefahren werde, das so viel Melancholie ausstrahlt – ob in Krieg oder Frieden, wie die sehnsuchtsvollen russischen Lieder. Ich bin allein mit meinen Gedanken. Ich versuche mich im Lesen, rauche, träume vor mich hin. Ich habe kein Gegenüber. Meine Holzbank steht in diesem Abteil vor einer Bretterwand, die ich anstarre, dahinter liegt ein Schaffnerplatz. Der Horizont weitet sich. Die Flächen sind unendlich, sie wechseln von Wiesen zu Wäldern – zu unbestelltem Acker. Es gibt auffallend wenig Vögel. Nur Saatkrähen tauchen in Scharen auf. Sie sitzen meist auf schwarzen Erdkrusten. Wenn ich mit dem Papier die Scheibe putze, sehe ich Aas, von Krähen zerpflückt.

ALLE DIESE EINDRÜCKE von der Frontreise hatte ich mitgenommen in den Leningrader Abschnitt, wo ich im »Peterhof« die Abkommandierung erfuhr. Konnte ich irgend jemand die freudige Erregung mitteilen? Ich umarmte, ich schenkte, ich wollte teilnehmen lassen – dann gab es in mir einen Ruck: einhalten – sich nicht brüsten – Glück nicht hochspielen – an die anderen denken, die weiter in der großen Einsamkeit Fremde und Feinde blieben – wer hätte nicht mit mir getauscht? Und wie wäre es mir gegangen bei der Begegnung mit dem Urlauber – dem Heimkehrer. Aber ich mußte Freude verteilen, ich verschenkte alles, was ich dort lassen konnte und fuhr dieselbe Strecke am nächsten Tag zurück. Aber ich war ein anderer geworden: bewegte mich, lief auf Gleisen herum, sprang die Böschung herunter, pflückte Grasblumen, warf sie vor Freude wieder aus dem Fenster, winkte in die Landschaft, spürte den Rückgruß, sang eine Melodie vor mich hin oder lehnte mich aus dem Fenster, so daß der Fahrtwind meine Haare durchfuhr. Ich wollte laut hinausrufen: ich komme zurück – der Krieg ist vorbei – es gibt Frieden – wir werden wieder zusammensein und – und –, doch der Wind nahm mir die Stimme von den Lippen. Ich lehnte mich zurück – meine Holzbank schien weich und gepolstert – Sonne fiel in die Au-

gen – der blaue Himmel reflektierte Freude – himmlische Freude, und ich las (zum wievielten Male!) meinen Marschbefehl nach Breslau, nach Schlesien, woher meine Frau von der Klinik Otfried Foerster nach Frankfurt gekommen war. In dieser Stadt hatte sie gelebt, dort ging sie zur Schule, machte ihr Abitur, ihre Examina. Nach diesem Breslau war ich jetzt beordert. Unversehrt. Wo die Schwiegereltern den heimgekehrten Sohn empfangen werden, der nun auch bei ihnen wieder ein Zuhause finden wird. »In der Heimat – da gibt's ein Wiedersehn« – Gedanken vor und zurück – mit einem Gefühl der Dankbarkeit. Eine neue Freiheit (die wievielte eigentlich in meinem Leben) kündigte sich an, begann mein Denken zu beherrschen. Ich war dem Krieg entronnen – Breslau in tiefem Frieden – kein Bombenterror – kein Schießen – kein Sterben – kein Heldentod. Ich war dankbar. Und wollte dieses Gefühl anderen, Fremden mitteilen – ich wollte – doch die Bahn ratterte im Rhythmus der Schienenlücken, die Stöße kamen hart. Ich empfand den Rhythmus aktivierend, ging im Wagen auf und ab, grüßte in die Landschaft, winkte und durchfuhr die Nacht, die kein Ende nehmen wollte. Ich blieb schlaflos. Die Tablette brachte nicht die erhoffte Ruhe. Ich war müde und gleichzeitig erregt. Ich ging auf und ab. Im Dunkel durch unbekanntes Land. Die Lampen waren ausgeschaltet. So tastete ich mich, mal hier mal dort sitzend, durch die Nacht, dem Ziel Breslau entgegenfahrend.
Am Morgen des 19. Mai erreichte der Feldzug den Bahnhof Breslau, der wie mein Elternhaus mit Zinnen im Tudorstil umsäumt war. Ja, ich konnte es kaum fassen, wirklich angekommen zu sein. Immer denkt man bei glücklichen Ereignissen an einen Zwischenfall, der alles wieder zunichte machen kann. Man bangt um das Ziel, das plötzlich wieder in weite Ferne rücken könnte.

10

BRESLAU. DIESE ODERSTADT in ihrer Unversehrtheit, an der der Krieg vorbeizuziehen schien, die 1943 noch keinen Fliegeralarm erlebt hatte, während andere Städte längst in Schutt und Asche gelegt waren, sollte bis 1945 meine neue Heimat werden. Ich erhielt in Rosenthal ein dreistöckiges Gebäude, einen Schulneubau an der Weidebrücker Straße, um dort ein Hirnverletzten-Lazarett einzurichten. 150 Hirnverletzte sollten für das weitere Berufsleben umgeschult werden. Eine schöne Aufgabe, die mich erwartete.
Und als ich mich abends in das weißbezogene Bett meines neuen Zimmers legte und Radiomusik anstellte, wußte ich etwas von dem unverdienten Glück, das so plötzlich über mich gekommen war. Meine Gedanken gingen zurück an die Front: Erinnerst du dich an die frisch Verwundeten mit deiner »Ersten Hilfe« in improvisierter Form, nicht sehr verschieden von Wallensteins Lager, mit Notverbänden, Blutstillung, provisorischer Schienung und Verabreichung schmerzstillender Spritzen? Hörst du nicht die stöhnenden Kreaturen, umgeben von Sterbenden und Toten, von Bomben- und Geschützdonner und dem Zischen der MG-Geschosse? Und weißt du nichts mehr von deiner allmählich geleerten Medikamententasche? Hast du den aufopfernden Dienst deiner Sanitätssoldaten vergessen, nach denen die Verwundeten riefen? Hörst du nicht ihr Schreien? Und nun liegst du hier, selig beglückt, dem Schrecken entronnen zu sein und nicht mehr in den Schrecken hinaus zu müssen. Welch Zustand des Friedens, des Glücks. Am nächsten Morgen wurde mir alles noch bewußter: Das Aufwachen ohne Schießgeräusche, die neue Ordnung, das Waschen am fließenden Hahn, geputzte Scheiben, blauer Himmel, Frühstück aufs Zimmer, Zuteilung eines Burschen, der meine Sachen richtet, Schuhe putzt, Besorgungen erledigt. Ich werde verwöhnt.

Ich stürzte mich in die Arbeit: mit Visiten, Untersuchungen, Gesprächen mit meinen Hirnverletzten. Auch die waren den Schrecken entronnen, tapfere oder weniger tapfere Landser: Im Dreck verwundet. Granatsplitter im Hirn. Steckschuß im Kopf. Breiter Schädeldefekt mit Deckung durch Kalotte. Jetzt lagen sie schon monatelang in Lazaretten, immer weiter zurückverlegt, in die Heimat – »da gibt's ein Wiedersehn«. Mürrisch geworden, unzufrieden mit ihrer Situation. Der ewig gleiche Ablauf des Lazarettlebens, der Alltag eines Genesenden. Wovon genesen? Hier gibt es keine Heilung. Und doch immer noch nicht entlassen aus dem Wehrdienst. Immer noch die alte Uniform, an der die Nahkampfspange, das Verwundetenabzeichen in Silber, das Eiserne Kreuz klebten. Wie oft hatten sie vor der Scheibe gestanden, sich stolz gespiegelt, an die Ereignisse gedacht, in lebendiger Erinnerung. Und dann wieder: Betten bauen – Appell – Visiten – Essenfassen – Ausgang – Schlafen – nicht schlafen können, weil in den Jahren seit der Verwundung kein Schlaf mehr da ist, keine Müdigkeit, dafür unausgeschlafene Reizbarkeit. Am liebsten alles wegwerfen: sich selbst. Kein Lebensmut. Vitale Depression. Ein Zwischending zwischen krank und gesund, keins von beiden, jetzt mir zugeteilt zur sozialen Betreuung nach Abschluß ärztlicher Maßnahmen. Hier waren die Verwundeten auf das spätere Berufsleben vorzubereiten, waren entsprechende arbeitstherapeutische Einrichtungen zu schaffen. Das war ein ganz anderes Betätigungsfeld als bisher. Ich mußte einen Behandlungsstil entwickeln, der der Labilität der Hirnverletzten Rechnung trug, ihrer Wesensveränderung, ihrer Denkstörung und ihrer organischen Reizbarkeit. Die psychische Ansprechbarkeit war entscheidend. Das Aktivieren der dekompensierten Hirnleistung, trotz ihren Anfällen, trotz ihrer Demenz war meine Aufgabe.
Denn ich erkannte bald, daß nur in der Tätigkeit und im Rhythmus des Tagesablaufs ein erster Erfolg der Arbeitstherapie sich einstellen könnte. Das müde Herumliegen auf Krankenbetten, das Rauchen, das Kartenspiel, die sich hinziehenden Stunden ohne nutzbringende Tätigkeit schufen Situationen von gereizter Stimmung und weiterem Versanden. Es galt, diese kriegsbedingten Unterbrechungsfolgen mit der viel zu langen Lazarettzeit abzubauen, indem man die Inaktivität in »Leben gleich Tätigkeit« umfunktionierte. Es

war auch eine Frage des Temperaments: mit Elan Werkstätten aufzubauen, den Ehrgeiz anzuregen, ihn zu fördern, Wege zu ebnen, die Eingliederung in Betriebe zu schaffen, Freude zu stiften, nicht durch Zeitvertreib wie Spiele und Unterhaltung, sondern durch sinnvolle Arbeit. Und hier spürte ich ein Engagement: immer wenn ich vor neue Aufgaben gestellt werde, mit eigener Initiative, eigener Gestaltung, entwickle ich Aktivitäten, die sich auch auf andere übertragen. So ging es mir bei dieser neuen Tätigkeit, die ich weder in Berlin noch in Hamburg oder Frankfurt kennengelernt hatte. Ich war wieder auf mich gestellt, mußte abtasten, welche Methoden sich bei den Hirnverletzten am besten bewährten.

MEIN VORGESETZTER war der Oberstabsarzt Professor Viktor Freiherr von Weizsäcker, der das Hauptlazarett mit den drei Ärzten Zülch, Hebel und Derwort leitete. Von Weizsäcker gab die Anregungen für eine soziale Betreuung der Hirnverletzten über die Berufsberatung und eine sinnvolle Umschulung zum Zwecke der Neueingliederung in andere Berufe. Diese fürsorgliche Tätigkeit war seine Idee. Anders als mein Lehrer Kleist, der autoritär, ohne Tendenz zu spekulativem Denken, für fremde Ideen nicht immer ansprechbar war, zeigte sich von Weizsäcker stets aufgeschlossen und offen. Er suchte geradezu die Anregung von außen und lenkte Klinik und Lazarett mit lockerem Zügel. Er übertrug die philosophische Tradition des schwäbischen Geistes (in Schlesien wieder einmal ein Schwabe!) auf das Gebiet der Medizin. Seine Veröffentlichungen wie die »klinischen Vorlesungen« dokumentierten seinen Kontakt zum Patienten, und die theoretischen Werke: »Der Gestaltkreis«, »Pathosophie« und seine Vorlesung über die »Antilogik« brachten seine engsten Mitarbeiter bisweilen in Denkkonflikte. Für meine differentialdiagnostischen Erörterungen an Hirnverletzten, etwa über eine innervatorische Apraxie, konnte er sich nicht erwärmen. Manchmal unterbrach er meine Vorstellung eines hirnpathologischen Syndroms mit der Frage an den Patienten: »Wie geht es Ihnen eigentlich?«
Mehr gewann ich sein Interesse, wenn ich ihm unsere Bauten zeigen konnte. Ein mir zugeteilter Pädagoge, Dr. Lindemann, leitete einen Zeichen- und Schriftsaal, um die latenten Paresen mit Pinsel und

Feder üben zu lassen, was über diese Praxis besser ging als durch Heilgymnastik. Wir richteten im Keller Werkstätten ein: Tischlerei mit Hobelbänken und Sägen, Schlosserei mit organisierter alter Drehbank, eine Schusterei und schließlich einen Friseurladen mit Drehstühlen (von der Friseurinnung aufgetrieben), alten Frisierkommoden, blind gewordenen Spiegeln, Kämmen, Pinseln, Messern, Haarschneidemaschinen. Das waren damals Attraktionen, der Salon war immer besetzt. Der Haarschnitt mußte ja nicht mehr militärisch sein, da wir uns dem Zivilleben wieder nähern sollten. Wir hatten mit unseren maurerkundigen Soldaten einen Hühner-, Enten- und Gänsestall gebaut. Die Soldatenbauern oder die Bauernsoldaten verlangten für das Federvieh einen Teich. Der fungierte als Löschteich, aber auch zur Zucht von Karpfen für die Weihnachtsfeier. Ein Pferdestall, ein Schweinestall vervollständigten unseren landwirtschaftlichen Betrieb. Inzwischen war die Schutthalde hinter dem Lazarett mit Hacke und Spaten zu einer Gärtnerei gestaltet worden. Wir waren autark. Keine Verwaltung. Wir organisierten selbständig, wie wir es im Krieg gelernt hatten.
Es war interessant, die Reaktivierung der Hirnverletzten durch lustbetontes Tun zu beobachten, nicht im Sinne einer »Arbeit«, sondern einer freudvollen, tonisierenden Tätigkeit. Im Lazarett gab es keine Schwierigkeiten mit den Hirnverletzten. Die Atmosphäre wurde von den Soldaten selbst geschaffen, der Ehrgeiz angekurbelt zu Leistung und Erfolg. Weizsäcker mit seiner Lehre der Psychosomatik hat es bisweilen staunend registriert, daß in meinem Lazarett keine neurotischen und funktionellen Störungen auftraten. Die Antwort darauf ist heute wie damals die gleiche: die lebendige Aktivierung der anvertrauten Kranken mit neuen Lebensimpulsen in zukünftige Lebensbereiche, Arbeitsbereiche. So wurde das Lazarett für meine weitere ärztliche Entwicklung von entscheidender Bedeutung. Daß mein geliebter Satz: »Leben ist Tätigkeit« zur Maxime meines Handelns wurde, war die Konsequenz. Diese Erfahrung hat mein ärztliches Denken geformt, und auch heute vertrete ich diese Auffassung.
Mit meinen 150 Verwundeten hatte ich eine kleine Landwirtschaft aufgebaut, Werkstätten eingerichtet, Schulklassen zur Weiterbildung geschaffen, Sport getrieben, (selbst das silberne Sportabzeichen gemacht) – und das alles ohne Zuwendungen, ohne Bezugs-

scheine, ohne Verwaltungsapparat und auch ohne auf die klinische wissenschaftliche Arbeit zu verzichten. Meine Versetzung an das Hirnverletztenlazarett hatte ich einer früheren Arbeit über die »traumatischen Stirnhirnschädigungen« verdankt. Jetzt schrieb ich eine Arbeit über »Gesichtsapraxie« (erschienen 1944) und in der Sozialmedizin einen Erfahrungsbericht über meine Hirnverletzten, worüber ich in Bad Ischl bei einer Tagung 1944 referierte. Daneben war ich als Betriebsarzt in der Flugzeugfabrik Friesecke und Hoepfner dienstverpflichtet. Aber hier merkte man noch nichts vom baldigen Kriegsende. Ich wunderte mich, daß 1944 noch verchromte Firmenschilder auf jedes Flugzeugteil aufgeschraubt wurden, daß es Aufwand gab mit Sekt und Büfett bei Besichtigungen. Nichts »Fieberhaftes« war zu spüren, und »für den Sieg«, an den doch noch die Firma mit Plakaten glauben machen wollte, wurde nicht sehr intensiv gearbeitet. Alles war dissoziiert in diesem Land mit den zwölf Provinzen, den Gauleitern, Statthaltern, Parteibonzen: In Köln holte man Leichen aus den Trümmern, in Stuttgart wurden Krankenhäuser evakuiert, in Breslau aß man gut zu Abend, und bei Friesecke und Hoepfner gab es Sekt, als sei tiefer Frieden. Auf der Radrennbahn in Rosenthal sausten um die Kurven schnelle Renner, die ich bewunderte. Es gab auch noch Museen und Galerien. Was nicht ausgelagert war, blieb doch sehenswert. Das schöne mittelalterliche Stadtbild wurde noch durch eine Filmgesellschaft aufgenommen. Ahnte man etwas von der Zukunft, über die keiner zu reden wagte? Etwa: wann ist Breslau dran?
Wir näherten uns dem Kriegsende. Keiner wußte, was werden sollte. Die Russen hatten die Weichsel überschritten. Aber niemand von uns war orientiert über die Lage. Wir schrieben Januar 1945. Zu Weihnachten hatte noch eine Feier mit den Verwundeten stattgefunden mit Ansprachen, Liedern und Cellospiel von mir. In dieses immer noch friedliche Breslau schlug der Evakuierungsbefehl wie eine Bombe ein. Die Bevölkerung – »Frauen und Kinder zuerst« – erhielt Anweisungen über den Gauleiter Hanke. Das geschah im schneereichen Februar 1945. Alle Möglichkeiten des Abtransports wurden genützt: Viehwaggons, Lastwagen, Fahrräder, pferdebespannte Fuhrwerke wurden über Nacht zur Evakuierung dieser großen unbeschädigten Stadt eingesetzt. Der Gauleiter verlas über Rundfunk seinen Befehl, daß die Stadt Breslau bis zum letzten

Mann verteidigt würde und daß alle wehrtüchtigen Männer vom 15. bis 60. Lebensjahr sich in der Kommandantur zur Registrierung zu melden hätten. »Wer die Stadt eigenmächtig verläßt, wird erschossen.« Unsere Lazarette wurden aufgelöst, die Hirnverletzten nachts per Bahn nach Schkeuditz verlegt. Einige Ärzte blieben in der Stadt zurück. Sie wurden dem Verteidigungskommando unterstellt. Ich ließ alles im Lazarett zurück, behielt nur als Talisman eine kleine afrikanische Maske, die jetzt neben meinem Schreibtisch hängt. Ich nahm Derwort als Sozius auf meinem Motorrad mit. Wir fuhren an unendlichen Trecks vorbei: Schneetreiben, Stürze in weiße pulvrige Masse, Panjepferde, Achsbruch am morschen Wagen. Frierende Flüchtlinge im Treck ohne Ende. Professor von Weizsäcker hatten wir verloren. Er fuhr in seinem DKW. Viel später erfuhren wir, daß er die schrecklichste Nacht seines Lebens in Dresden, in einem Keller zugebracht hatte, als diese Stadt vollkommen durch Bomben zerstört wurde. Er war verstört, sprach leise, stand wochenlang unter diesem Eindruck. Weizsäcker wurde nicht alt. In Heidelberg erkrankte er nach dem Krieg an einem Parkinson-Leiden, das vielleicht mit diesem Schock in der Bombennacht zusammenhing.

Der Krieg ging nun wirklich seinem Ende entgegen. Wir blieben in Schkeuditz nur kurze Zeit. Alle Verbindungen waren abgerissen, der Postverkehr unterbrochen. Niemand wußte vom andern, wo er sich befand, ob er lebte, ob der »Führer« noch in seinem Hauptquartier in Berlin war. Keine Nachricht kam durch. Im Radio hörten wir den Ostsender. Wir wurden zusammen mit den Verwundeten weiter nach Mitteldeutschland verlegt. Der Feind stieß nach. Breslau wurde belagert und zerstört. Wir kamen in das verwaiste Schloß Hubertusburg, richteten uns ein, dachten an das Kriegsende, schrieben Briefe, die nie ankamen, diskutierten über unsere Überlebenschancen. Keiner dachte mehr an die »große Sache«, jeder wollte nur heil herauskommen, nichts mehr riskieren. Wir saßen auf Abstellgleis – wie oft gebrauchte ich diese Vokabel in meinem Leben: in Greifswald, in Fürstenberg, in Friedrichsberg, und jetzt in Hubertusburg. Merkwürdig, die ähnlichen Namen! Hier entschied sich unser Schicksal. Als ich im Schloßhof meine 125-ccm-Maschine aufheulen hörte, wußte ich: die Russen sind da. Wir sind Gefangene. Nach wenigen Minuten der erste Befehl: »Alle Uhren, Fotoapparate und Schußwaffen abliefern. Wer sich widersetzt, wird erschossen.« Dann Kontrolle – die neuen Männer mit dem Russengesicht. Die breitschultrigen Krieger mit gedrungenem Körper und eckiger Uniform, die beim Anschauen die Augen zukniffen und nie eine Mimik zeigten, waren gefürchtet seit 1941, als wir ihr Land überfielen. Jetzt hatten sie unser Land besetzt. Aber wie es im Leben so geht: der Mensch kann sich rasch assimilieren, er ist imstande, innerhalb kurzer Zeit sich auf eine veränderte Situation einzustellen, sich damit abzufinden oder aus dieser neuen Lage wieder rasch Konsequenzen zu ziehen. Das ist dann wieder das Fünkchen Hoffnung, das nur dem Menschen zuteil wird. Kein Tier kennt dies, wenn es auch instinktsicher Flucht- und Angriffsreflexe mobilisiert. Nun – die Russen hielten sich nicht mit langen Überlegungen auf: »Alles antreten, Verwundete mit den Ärzten in Vierer-Reihen.« Die Kommission. Ich hatte über einen Dolmetscher meine Hirnverletzten vorzustellen, die ich alle für den Abtransport Heimat frei bekam, wobei mancher Stecksplitter im Röntgenbild einem anderen Hirn zudiktiert wurde. Danach umarmten wir uns. Manche mußten den weiten Weg in die Gefangenschaft antreten. Sie hatten feuchte Augen. Aber meine Lazarettabteilung mit den 150 Mann war gerettet. Und ich war frei.

Ich blieb im Schloß Hubertusburg und knobelte an mir herum: Knöpfe abzählen, Garderobe in Zivil, Paß, Ausweise, Stempel. Ich überlegte lange, auch nachts. Dann entschloß ich mich zur Flucht: einfach fliehen – wie Tausende vor mir auch. Morgens um vier Uhr verließ ich das von russischen Soldaten bewachte Lazarett mit einem Fahrrad (das ich organisierte). In Zivil glich ich jetzt eher einem Bauern, der auf das Feld eilt. Natürlich eilte ich, nachdem ich diese Sperren durchschritten hatte. Ich fuhr und fuhr – das Land lag ruhig im dunstigen Morgengrau. Ab und zu erhob sich eine Lerche, ihr Lied trillernd, oder die Amsel sang vom Scheunenfirst. Ein merkwürdiges Gefühl kam an diesem Morgen über mich. Ich war mit meinem Fahrrad allein, Angst im Rücken, dann wieder Freude über diesen Tag der Flucht, und die Hoffnung eines nach Hause drängenden »Heimkehrers« – auf dem Fahrrad. Mein Fluchtdrang war nicht zu bremsen. Vor mir lag die Elbe. Die Brücke war von entgegenkommenden Gefangenen mit Fahrzeugen gesperrt. Ich blieb stehen – zurückflutende Menschenmassen drückten mich gegen das Brückengeländer. Alles bewegte sich mir entgegen, stieß, schob, trat in mein Fahrrad, vor das ich mich schützend stellte. Aber ich kam nicht gegen diesen kilometerlangen Treck an. Ich preßte mich ganz eng an das Geländer. Ein Gefangenenaufseher machte eindeutige Handbewegungen. Ich ging zurück, mit dem Treck – war wieder Gefangener unter Gefangenen. Plötzlich spürte ich hinter mir eine kleine Lücke, ging rückwärts mit meinem Fahrrad, das Gesicht mit dem Flüchtlingsstrom nach Osten gerichtet. So entwickelte ich auf dieser Brücke einen Stil mit einem Schritt vorwärts, zwei zurück, einen Schritt vorwärts, zwei zurück. An den Brückenpfeilern teilte sich der Elbestrom. Wirbel, schäumendes graublaues Wasser, himmel-reflektierend. Es ging sehr langsam. Manchmal hantierte ich an der Fahrradkette. Ich gewann damit einen Stopp, der mehr einbrachte als mein »einen vor zwei zurück«. So überschritt ich diese Elbegrenze mit einer neuen Methode. Einsamkeit auf vollgestopften Flüchtlingsstraßen, der »Feind« als Begleitung. Elendszüge auf enggewordenen Fahrbahnen, auf das Pflaster starrende Gesichter, müde, abgemagert, unterwegs zu neuen Lagern, verzweifelnd über das Schicksal, gezeichnet von Entbehrungen.

ICH WAR DRÜBEN am anderen Ufer. Hier waren die Amerikaner die Besatzung. Ich floh mit dem Rad in eine Scheune. Es war dunkel und kühl. Ich setzte mich auf einen Holzstoß. Ich ruhte lange aus. Die Augen waren geschlossen. Ich wollte mit irgendeinem Menschen sprechen. Ich ging umher. Mein Glück blieb ohne Resonanz: Undankbar, unzufrieden? Russische Grenze hinter mir. Nicht nach Sibirien. Gelassenes Gefühl. Ich in Zivil. Deutsche Dörfer. Amerikanische Besatzung. – Wo blieb das Gefühl der Freiheit, wo die Dankbarkeit? Wieder erlebte ich die menschliche Schwäche nach einem Ereignis, das ebensogut Ende wie Beginn hätte bedeuten können. Ich war müde. Ich schlief im Graben eines birkenumsäumten Feldwegs ein. Ich rechnete die Fluchtzeit aus: 600 km. Manchmal hockte ich auf einem Lastwagen. Manchmal kehrte ich bei Fremden ein, bat um ein Essen. Manche beherbergten mich. Ich kam nach Württemberg, in meine Heimat. Schneller, immer schneller flog mein Rad die leicht abschüssige Straße durch die Kurven.

Niemand wußte, daß ich am 23. Juni 1945 um 10 Uhr 53 auf dem Sattel eines fremden Fahrrads saß und in die Pedale trat, kräftig, zügig, schneller werdend. Ich war in diesem Moment Rudi Mierke, den ich in Breslau so oft auf der Radrennbahn sah, wo er sein Rennrad so kühn in den Kurven die Steilwand hochjagte und dann wie ein Habicht herabstieß und seine Gegner stehen ließ. Sein Lederschutzhelm, frech nach rechts geneigt, entsprach seinem burschikosen Typ. Dieser Rennfahrer, den ich auf der Bahn bewundert hatte, wurde jetzt in mir lebendig. Ich identifizierte mich mit ihm, er gab mir Kraft. Aber das Pflaster in Gmünd und die Steilstrecken im Wald ließen mich wieder zurückfallen. Ich schnallte mein Gepäck fester, schob das staubige Rad, zählte die Hunderte von zurückgelegten Kilometern und dachte an die »Tour de France«. Was bedeutete die von mir gefahrene Strecke gegen die »Tour«! Ich schwang mich wieder auf den Sattel, trat kraftvoll in die Pedale – Stuttgart war mein Ziel. Ich sah nichts als dieses Wiedersehen, dieses endgültige, das durch keine Trennung mehr unterbrochen werden konnte. Doch ich war erschöpft, meine Beine müde, die Knie steif, der Sattel eine Qual. Ich war am Ende. Sollten die letzten 60 km nicht zu schaffen sein? Ich klingelte an einem fremden Haus. Ich bat um Unterbrechung meiner »Tour«. Müde Glieder streckten sich im weichen Bett. Tiefer Schlaf, von Träumen unterbrochen.

Ich träume: Um die schnellen Windhunde in England zu testen, werden künstliche Hasen auf die Fährte gesetzt, die im Tempo gesteuert werden können. Und so jage ich – träumend – in atemberaubendem Tempo einem Phantom nach – bis zur Barriere, die ich in einem Salto überspringe – mein Rad bleibt zerfetzt auf den Schienen eines vorbeifahrenden Güterzuges liegen – ich renne dem nach – mein Rad zerschellt, verbeult – ich suche die Lenkstange – ich finde den Korkgriff, an dem ich mich festklammere – ich stecke ihn auf das Rohr – binde alles zusammen – schleppe die Trümmer bis zur Erschöpfung – bleibe liegen – ein Bauer findet den Flüchtling, legt ihn auf den Heuwagen – er versinkt in dem weichen warmen Nest. Ich erwache im fremden Bett.
Stuttgart lag am nächsten Morgen genauso weit weg wie abends zuvor. Ich sattelte und strampelte dieser letzten Abschnitt im Sprintertempo herunter. Die zerstörte Stadt dämpfte die Freude der

Heimkehr, die sich mischte mit Resignation, Schmutz, Erschöpfung. Als ich müde und verstaubt an der Glocke eines mir bekannten Arztes läutete, wurde ich als »heimkehrender Sohn« angesprochen. Die Verbindung mit meiner Frau wurde hergestellt. Sie fuhr einen Adler Trumpf junior. Müde Begrüßung, gehemmt. So viel Vorfreude, so viel Erwartung, auf diesen Augenblick hin gelebt. Träume, Sehnsucht, Gedanken. Jahrelange Entbehrungen, Enthaltsamkeit. Nun war alles zum Greifen nah, sich anbietend, entgegenkommend.

Doch plötzlich entstand hier eine Leere, eine Hemmung baute sich auf, paradoxes Spiel von Nehmen und Zurückgleiten. Jedes frühere Wiedersehen im Urlaub war von mehr Emotionen begleitet gewesen, als wir sie jetzt unter den teilnehmenden Blicken der kurzen Gastgeber aufbrachten. Hier in einer fremden Wohnung eines fremden Arztes, später in den fremden Praxisräumen meiner Frau, dem Notquartier, in dem sie die letzten Kriegsjahre verbracht hatte, hier empfing mich Fremde statt Heimat. Fremde Räume, fremde Behelfsmöbel, Pappe in den Fenstern, weißlackierte Klinikbetten, – wo doch meine Gedanken noch an die Poststraße und die Taubenheimstraße fixiert waren. Ich versuchte die vierjährige Abwesenheit mit den Raumgebilden zu überbrücken: dort der Tisch, hier meine Kreuzlampe, dort das Bett auf den schwarzen Heidschnuckenfellen, dort die Tür zum Gastzimmer, die immer knarrte – dort, wo die Schiebetür klemmte – dort, wo das Schild die Praxis ankündigte und meine Frau auf einen kurz-lang-Rhythmus des Klingelzeichens an die Tür sprang und mich empfing. Dort sollte ich sie doch jetzt begrüßen – umarmen – nichts sprechen – nur sich fühlen – sich festhalten – sich aneinander drücken – den Kopf an den anderen lehnen und schweigend diese Umarmung den Körper durchfließen lassen – ganz still stehen, dicht beieinander – nichts sagen – nichts tun – sich nicht aus dieser stillen festen Umarmung lösen – ganz ruhig in unendlicher Sehnsucht nach diesem Augenblick. Jedes Wort würde diese Zweisamkeit stören. Jeder Gedanke an Entbehrungen ist ausgelöscht. Jeder Kilometer hat auf diesen Moment hingestrebt: Hier und jetzt. Ich treibe mein Fahrrad mit Sporen an – die Straße unter mir huscht als Asphaltband vorüber – mein Rücken biegt sich – der Kopf geneigt – den Lenker tief gefaßt – die Augen nach vorn gerichtet – schneller, immer schneller fliegt mein Rad die leicht abschüssige Straße durch die Kurven – jagt die Steilwand hoch – stößt herab wie ein Habicht – in die Zielgerade hinein – Hunderte von Kilometern zurückgelegt, um dieses Ziel zu erreichen: Hier und jetzt. Jetzt und ewig.

Odysseus ist heimgekehrt.

II

11

ICH WAR HEIMGEKEHRT. Die Stunde Null. Das linke Handgelenk trug keine Uhr mehr. Und vom Turm schlug keine Stunde. Wir fingen wieder von vorn an.
Stuttgart: Die Topographie dieser großen Stadt war unübersichtlich geworden. Ich fand mich nicht mehr zurecht. Kaum Leben. Wirres Nebeneinander. Ineinandergeschobene Massen. Gebrochenes Gebälk. Zerborsten. Ganze Straßenzüge niedergewalzt vom Bombenteppich. Löcher aufgerissen, in denen einst Hilfesuchende in verkrampften Haltungen verschüttet lagen. Hier ein Auto unter Trümmern. Dort eine zerfetzte Leiche. Unbekannt. Man gräbt und gräbt – dem faden Geruch nachgehend, der aus Trümmerhaufen steigt. An leeren Straßen Holztafeln mit Suchanzeigen. Auf einem Platz ganze Wände vollgeschrieben. Vorübergehende bleiben stehen, notieren diese oder jene Adresse. Verregnete Orientierung. Verstaubte Schilder. Verwittert. Überall Schutt. Straßen weggefegt. Ausradiert. Ganze Straßenzüge verschwunden. Einfach weg. Abgerissene Leitungen – im Winde pendelnd am Mast einer Ruine – am Geländer einer zerstörten Wirtschaft. Man verirrt sich – sucht, findet sich nicht zurecht. Überall das Grau. Sturm über der Ruinenstadt. Eine Stadt? Doch. Es gab noch Inseln, unberührt vom Bombenregen, wo Grün ansetzte und Kinder mit Blindgängern spielten. Man las mit Kreideschrift an der Tür einer Ruine: »Ich lebe und bin in Backnang am Graben 7.« Wer war dies »ich«? Oder »Familie Rebmann am 22. 3. beim Fliegerangriff umgekommen« oder »Mein Geschäft befindet sich in Cannstatt, Nauheimer Straße 18, Keller«.
Ich stehe vor der Poststraße 6. Das Schild mit Praxis und Sprechzeit hängt noch am Holzbrett. Ringsum kein Haus mehr. Der Schornstein ragt einsam, fast drohend in den wolkenlosen Himmel. Die

ganze Poststraße ist weggebrannt, ausgelöscht. Auch die anschließende Lange Straße existiert nicht mehr. Ich bleibe auf meinem Platz stehen. Ein Ruinenplatz. Wohin ich sehe: grau-gelber Mörtel, Staub, Steinmassen. Die Holzfachwerkkonstruktionen sind verkohlte Balken, die ineinander verkeilt am Boden liegen. Ich versuche die topographische Zuordnung. Da aber um mich herum markante Punkte fehlen, bleibt das Ganze ein anonymer Schutthaufen von überdimensionalen Ausmaßen. Man könnte über diesem Stadtteil in Gedanken schweben, und würde nichts mehr ausmachen können als dies: Chaos, verschüttete Straßen, ineinander gesunkene Häuser. Ich denke an Pompeji: als Lavamassen die Stadt zusammenbrechen ließen, alles niederwalzten mit Schwefel, sengender brennender Masse. Eine Flut von Glut – Sturmflut. Menschen im Bett verkohlt, Menschen im Keller erstickt. Menschen bei der Arbeit überrascht. Es gab kein Entrinnen. Das war im Jahre 79, und ich stehe im Jahre 1945 vor diesem abgebrannten Stadtteil, mit lebendigen Erinnerungen an meine ärztliche Tätigkeit. Ich gehe auf den Mauerrest zu, schaue nach oben, der Kamin mit seinen Reinigungsklappen steht ziemlich fest in seiner Isolierung. Eisenbänder verbinden ihn mit einem Träger, der an moderne Plastik erinnert. Ich steige über den Mauerrest, finde im Keller einen vergitterten eisernen Weinschrank. Ausgelaufene Flaschen, zerbrochen. Ich berühre das Schild, unsere Namen, Fachärzte, wische Staub mit dem Finger weg. Ich bin allein. Kein Mensch treibt sich in den Trümmern herum. Ich stecke mir eine Lucky an, atme tief den Virginia-Tabak ein, stoße ihn langsam aus – und vor mir brennt das Haus, versinkt wie im Traum. Die Lange Straße – eine andere als die in Greifswald mit den Couleur-Studenten. Gibt es nicht mehr. Ratten tummeln sich im Gebälk, in Schlupfwinkeln, die keine mehr sind. Vor wem sollen Ratten sich noch verkriechen?
Ich steige über Trümmer, finde Blechbriefkästen, die am Eingang der Praxis montiert waren. Sie sind aufgesprungen, verbeult, aber noch erkennbar. Ich finde Geländerteile – Eisenstäbe – gußeiserne Verzierungen vom Treppenlauf –, ich hebe etwas auf, betrachte es drehend in der Hand, werfe es wieder weg. So durchschreite ich diese »Mondlandschaft« mit meiner Lucky und denke daran, daß meine Frau noch vor einem Jahr sich hier um Kranke bemühte, immer im Gleichmaß einer Pflichterfüllung, mit Bunkerdienst und

Begutachtung von Verletzten. Man tut seine Pflicht. Und die Heimat hat in diesem Krieg mehr leisten müssen als je zuvor – manche Urlauber kamen an die Front zurück, erschüttert über die Bombenerlebnisse in ihrer Heimatstadt. »Zeit heilt Wunden« sagt man so dahin, hier denkt man: nie wird diese Stadt aus den Trümmerbergen wiederauferstehen. Nie!
Mit diesem Eindruck lief ich weiter, verirrte mich, suchte nach Wegweisern, die man überall provisorisch angebracht hatte – suchte und fand den Weg hinaus in die Gerokstraße, in der meine Frau das letzte Kriegsjahr verbracht hatte. Diese Gegend war wie durch ein Wunder unbeschädigt geblieben. Ich ging in das Haus, schaute mich um, dachte an das Erlebnis im »Kessel« der Stadt, die man von hier oben hatte brennen sehen.
Erste Eindrücke nach Kriegsende in dieser zerbombten Stadt.
Selten sah ich in Rußland eine vollkommenere Zerstörung. Hier war alles ausgestorben. Kalt. Und wenn ich über Steinmassen oder Geröll stieg, wurden Erinnerungen wach: Warschau – Lodz – Tschudowo – Leningrad. Bilder überschneiden sich: Ruinen in Rußland, schwarze verbrannte Ziegel, in Stuttgart graue Steinhaufen, später in Vietnam napalmvergiftete Dschungel, und jetzt im Libanon gesprengte Hochhäuser in der Wüste, oder aus Irland immer die Nachtfotos auf dem Bildschirm mit brennenden Straßenzügen. Nur die Leichen sind überall gleich, auf dem Bauch liegend, Arme abgespreizt. Alles grau. Und unendlicher Staub. Aus Schächten warme stechende Gase. Augentränen – Nasenreiz – Taschentuch – Mundschutz. Flache Atmung. Weg – weg.
Überall Krieg. Zerstörung durch Naturkräfte, Zerstörung im Tierreich, Stark gegen Schwach. Aggression: als unerläßliche Grundlage eines geordneten Zusammenlebens der Artgenossen, oder als Urtrieb zur biologischen Auswahl und zur Abgrenzung des Territoriums – als Grundstimmung ist sie ein entscheidendes Moment in der Evolution der Lebewesen. Menschen und Tiere würden wahrscheinlich eingehen, wenn sie dieses Spiel nicht mehr hätten. Massenvernichtungen sind nur die Konsequenz der zivilisatorischen Entwicklung, die gründlicher vorgeht. So lange es Menschen gibt, wird gekämpft und getötet, grausam und schändlich, zu allen Zeiten. Um Sieg oder Niederlage – Sieg und Niederlage mit verteilten Rollen. Wie viele Kriege tobten seit dem von 1870/71, dessen

Schlachten bis in unsere Schulzeit kommentiert wurden – seit dem von 1914 bis 1918, in dem unsere Väter kämpften – seit unserem Krieg 1939 bis 1945 – Kriege die Europa umpflügten – Korea, Vietnam, Israel, Angola, Libanon, Kriege, die uns bevorstanden, damals noch. Es hört nicht auf, und es wird auch nicht aufhören. Waffen werden gebaut, geliefert, verkauft. Machtpotentiale. Es gibt immer wieder Gründe oder Vorwände für kriegerische Auseinandersetzungen, immer raffinierter gehen die Vernichtungen weiter – immer perfekter werden die Erfindungen. Wer erfindet? Und wie wird der Teufelskreis vermenschlicht, die Abrüstung bagatellisiert! Alle Welt spricht davon und rüstet doch weiter bis zur Stunde X. Und meine Uhr – jetzt eine Weltautomatik und nichts an ihr geht mehr zu stellen, zu ziehen, zu drehen –, die Uhr (seit Kindheit Symbol meines Lebens) wird die Stunde des planetarischen Ereignisses anzeigen, auf das wir alle hinsteuern: die Vernichtung der Erde – restlos – gnadenlos – absolut – ohne Chance, davonzukommen. Ob mit der heißen Waffe der Bombe oder mit der kalten des ökologischen Raubbaus, des technischen Amoklaufs, der dem »Wiederaufbau« konsequent folgt, das macht keinen Unterschied. – Doch bis dahin haben wir uns noch tiefer im Paragraphenwald der Bürokratie verirrt. Und sind darauf vorbereitet, den letzten Abschnitt als Vollendung zu betrachten, als konsequente Vollendung eines Prozesses fortschreitender Denaturierung und Dehumanisierung.

Denn grotesk bleibt, daß nach einer solchen Niederlage, wie wir sie 1945 vorfanden, mit Zerstörung der großen und kleinen Städte, mit Vernichtung der meisten Unterlagen, Registraturen, Akten, Schriftstücke kein echter Neubeginn bei uns geschaffen wurde, sondern alles genau so aktenkundig wieder aufgebaut wurde, wie es seit dem Bismarck-Reich (oder vielleicht schon seit den weltumspannenden Kanzleien der römischen Kaiser?) entwickelt worden war: diese Fragebogenmanier, die Karteien, Register, das Gerichtswesen, die Polizei, die Verwaltung, die Regierung, die Parteien. Alles wurde genau so formalisiert, alphabetisiert, katalogisiert, numeriert, konsequenter als je zuvor, nur noch unhumaner, unpersönlicher, zum Computer hin. Die Nummer des Menschen, der Mensch im Computer: wenn er stirbt, erhält der Nächste seine Nummer, der zukünftige Hilfsarbeiter die des ehemaligen Nobelpreisträgers vielleicht oder umgekehrt. Etwas wie Seelenwanderung

– Metempsychose. Die Menschennummer erhält den Zuschlag, die Größenordnung nach fingierten Steuerabgaben, die Bewertung nach politischem Geschick. Der finanzielle Aspekt ist vordergründig, der Geist verkümmert mit zunehmender wirtschaftlicher Gesundung, Massenmedien liefern billige Schlagworte. Wir ersticken im Papierkrieg. Und keiner sucht einen Ausweg. Je weiter ein Land sich entwickelt, um so stärker wächst die Bürokratie. Wächst weiter und weiter mit zunehmender Macht.

Ich kehrte aus dem Krieg heil und unversehrt nach Stuttgart zurück. Ich habe in den Jahren 1940–45 viel gesehen, mehr als ich je glaubte kennenzulernen. Bewundernswert blieb der Soldat, der (wo auch immer) seine Pflicht erfüllte und getreu seinem Eid sein Leben gab. Ich sah die armen Kerle halb verhungert oder mit erfrorenen Füßen in der zugewiesenen Stellung liegen – an allen Frontabschnitten die gleiche Situation. Aber ich sah auch mutige Taten mancher Offiziere bei der Durchführung einer belanglosen Frontbegradigung. Oder bei Spähtrupps, um einen oder zwei Russen einzufangen, die dann zur Aussage über Dolmetscher in unseren Bunker gebracht wurden. Dafür opferten wir manche Soldaten. Von den Russen erfuhren wir natürlich nichts, da sie selbst keine Ahnung vom Kriegsstand hatten. Was war da Sinn, was Unsinn? Was Opfer, was Pflicht? Man stand da – es gab keine andere Wahl. Sollte man die anderen den Kopf hinhalten lassen, um den seinen zu retten? Es gibt eine Solidarität des Bösen, die stärker ist als der Abscheu vor dem Bösen. Ich kam zum Glück nicht in die Situation, schießen zu müssen – als Arzt. Ich sage: ich hätte es nicht getan, hätte in die Luft geschossen. Aber Sagen ist leichter als Dastehen, wenn es heißt: Auge um Auge – Zahn um Zahn. Das Feindbild war aufgebaut und der Soldat war an das Gehorchen gewöhnt – wenn auch oft widerwillig, mit Kritik und abfälligem Kopfschütteln und auch stärkeren Äußerungen des Mißfallens, doch natürlich unfähig, etwas zu ändern. Auch die Zeremonie, bei Erstattung einer Meldung strammzustehen, wurde zum sinnlosen Ziel für den Abschuß. Wallensteins Feldzug. So fiel der Adjutant Mollenkopf, als er seinem Hauptmann Hoffmann eine Meldung überbrachte. Für ihn gab es nach dem Krieg keinen neuen Anfang, wie für uns, die heil nach Haus kamen.

DER BEGINN WAR SCHWIERIG. Ich tat etwas, ohne mir die Konsequenzen vorzustellen, mir klarzumachen, wohin ich stürzen würde, wenn ich mich fallenließ. Ich hatte keine Kraft, mich lange am Seil zu halten. Den Gipfel hatte ich nicht erreicht, nun galt es nur zu überleben. Das Halteseil hing über meinem Kopf. Ich konnte es bequem erreichen, und mit beiden Händen fest zupacken. Aber ich konnte das nicht mehr lange tun. Arme und Hände wurden rasch müde. Und die Angst loszulassen steigerte sich von Minute zu Minute. Die Beine suchten mit den Füßen Halt, um die Arme zu entlasten. Dieser Versuch mißlang, da der Stein nachgab und mit staubigem Echo in den Abgrund stürzte. So wirst du auch stürzen, wenn du losläßt! Meine Augen blickten in die Tiefe. Schwindelgefühl. Dann begann ich mit dem Körper zu schwingen, wie ich das als Kind an den Ringen gelernt hatte. Ich brachte meinen Körper erst langsam, dann schneller in schwingende Bewegungen, die mich in die Nähe eines zum Absprung geeigneten Plateaus brachten. Als ich mich dorthin fallenlassen wollte, war der Schwung meines Körpers aber schon wieder rückläufig, und ich mußte einen neuen Versuch machen, wenn ich am weitesten über der bemoosten Stelle schwebte. Das geschah innerhalb der nächsten Sekunden. Meine ganze Aufmerksamkeit hatte sich auf den Absprung zu konzentrieren. Ich schwebte dem anzustrebenden Punkt entgegen, wobei es nur darauf ankam, die Zehntelsekunde abzupassen, in der ich mich vom Halteseil lösen mußte. Tat ich das zu früh, stürzte ich in das gähnende Loch, löste ich mich zu spät, stürzte ich ebenfalls in die Schlucht. Wieder versäumte ich diese Zehntelsekunde des Loslassens, wieder pendelte ich zurück, um das Wagnis erneut zu beginnen. Loslassen, genau wenn ich auf dem Kulminationspunkt schwebte – im Bruchteil einer Sekunde mußte es geschehen, bevor die Rückbewegung sich einpendelte. Ich sprang. Ich ließ das Seil los, mein müder Körper fiel wie ein Sack auf das Moosbeet und blieb dort liegen. Die Hände, noch in Beugekontraktur, lösten sich mühsam und schmerzhaft vom Seilkrampf. So lag ich lange. Eine wohlige Müdigkeit überkam mich. Ich hatte weder ein Gefühl für Frost noch für Wärme, auch verspürte ich keinen Durst. Meine Lage auf diesem Felsvorsprung war beruhigend, entspannt. Ich genoß dieses Gefühl. Müdigkeit ließ mich mit der Nacht eins werden. Ich schlief traumlos. Ich war nichts, ich war alles. Ich war ich, als ich erwachte.

EIN TRAUM – EIN LEBEN – EIN TRAUM. Ein Leben voller Risiken, ohne die nicht entstehen kann, was sich von der vorgezeichneten Lebenskurve abhebt. Wagnis schafft neue Impulse: es mobilisiert, aktiviert, und läßt Kräfte entstehen, die Widerstände, Rückschläge überwinden helfen. Das Leben war damit angefüllt, viele habe ich mir selbst zuzuschreiben. Doch seit der Flucht aus der russischen Gefangenschaft sah ich einen Weg vor mir, der hieß: Leben mit Kunst. Meine Feldpostbriefe an meine Frau enthielten kaum Schilderungen vom Frontgeschehen im Nordabschnitt. Da war auch nicht viel zu schildern. Über Kriegsereignisse schweigt der Soldat. Wozu auch berichten? Nach Stunden oder Tagen ist doch alles überholt.
Ich schrieb täglich Briefe, aber anderen Inhalts. Man fragte mich, was eigentlich so viel zu berichten sei – ich hätte noch mehr schreiben können, wenn nicht Tinte und Papier knapp gewesen wären. Ich schrieb Gedanken über Franz Marc, der 1914 wie August Macke in Frankreich kämpfte. Marc fiel 1916, Macke schon 1914. Zwei große junge Maler wurden abgeschossen wie Hasen (und es waren nicht die einzigen). Man hat nie erfahren, wie sie starben, aber man weiß aus den Feldpostbriefen von Franz Marc an seine Frau Maria, wie er sich im Feld mit der Kunst auseinandersetzte: mit Form und Inhalt – mit Farbe – mit Tierschicksalen. Mitten im Krieg schrieb ich Impressionen von Landschaften, schrieb über Maler, Motive, Architektur und Plastik, schrieb Gedanken über das neue Leben, wenn der Krieg vorüber wäre, der ja so viele Ehen trennte auf Zeit, oder auf ewig. Gedanken über das Leben nach dem Krieg, nicht das nach dem Tod. Keiner denkt im Krieg an das Sterben, es sei denn aus Angst. Aber der »gemeinsame Haufen«, der zum Schicksalsbund wird, verschafft allen das gleiche Heimaterlebnis. Nur auf diese Weise wird überhaupt durchgehalten – im Krieg, in der Gefangenschaft, in der Not.
Ich schrieb über den Winter: Schnee – Kälte – Frieren. Im April 1942 war noch alles »zu«. Im Mai noch Schnee – und die Natur? Alles rückt sich zurecht: das Grün sprießt, nur schneller, intensiver, dafür kürzer. Aber der Ablauf mit Blüten, Früchten, gelbem Herbst ist der gleiche – und die vitale Freude daran auch: kurz und intensiv.
Ich schrieb von Kameraden, wie sie hier lebten, wie sie dachten,

wovon sie sprachen, und ich schrieb auch, wie ich mir dein Leben in Stuttgart vorstelle, ich gab Anregungen. Welche Bilder waren in mir lebendig, welche Enttäuschung über fixierte Photos mit erstarrtem Gesicht, fehlender Mimik – keine Sprache, kein Leben: Du sollst dir kein Bildnis machen – Du sollst nicht töten – Du sollst nicht stehlen – Du sollst – O Gott, was tun wir? Wo ist die Pflicht? Warum sagen wir nicht die Wahrheit? Meine Augen waren geblendet, als ich in Tschudowo in einer Latrine las: Hitler – der Mörder. Ich sah weg, konnte das nicht noch einmal lesen. Von diesem Augenblick an war mir etwas ins helle Bewußtsein gerückt, womit ich nicht fertig wurde: da liegen Städte in Schutt und Asche, Tote, Verwundete überall. Krieg draußen und in der Heimat, die Opfer und die Bereitschaft. Diesen Brief vernichtete ich. Ich wußte: ich werde zum Verräter, welche Gedanken beschäftigten mich? Ich fragte niemand, es wurde auch nie darüber gesprochen: Vielleicht gilt die nächste Kugel dir. Du bist ein Verräter – schon der Gedanke daran: Straftat – Degradierung – Todeskommando. – Sind wir nicht alle feige gewesen, außer den wenigen, die sich offen aufgelehnt haben, und die dann die Kugel von ihren eigenen Landsleuten erhielten, nicht vom »Feind«. Es wird eines Tages wieder Frieden sein.

ALS ICH NACH STUTTGART kam, war ich Zivilist. Die russische Gefangenschaft, die eigentlich gar keine war, hatte ich nur zwei Wochen in Hubertusburg kennengelernt. Wir blieben unbehelligt, nachdem wir die geforderten Fotos, Uhren und Schießeisen abgegeben hatten. Damit waren die Formalitäten erledigt. Die neuen begannen mit einem Ausweis der französischen Besatzung, der die Identität meiner Person auswies. Eine Umquartierung war abzusehen, als die Franzosen den Amerikanern die Stadt überließen. Auf diese Weise habe ich in kurzer Zeit die drei Siegermächte kennengelernt. Jeder Deutsche konnte am eigenen Leibe diese oder jene Sympathie für diese oder jene Macht an sich erfahren. Bei den Amerikanern gab es die Fragebogen, Vordrucke, die mir seit den Schulzeugnissen verhaßt waren. Zur Klassifizierung dienten Wortneubildungen wie »Mitläufer«, »betroffen«, »nicht betroffen«, und vor allem »aktiver Pg«, »Kriegsverbrecher«. Das ganze diente der »Entnazifizierung«. Heute kann man darüber spotten, doch welche Ängste gab es damals beim Ausfüllen der Selbstzeugnisse. Solche Ängste blieben mir diesmal erspart: Ich konnte (wie damals mein Mitschüler die »Eins«) jetzt bei allen Noten die »Null« einsetzen: nicht betroffen. Doch die Betroffenen von 1933 wurden degradiert und von den neuen Erziehern in die Lager geschickt, für deren Belegung sie selbst früher gesorgt hatten. Es waren nicht dieselben Lager – die meisten lagen außerhalb der Grenzen der Bundesrepublik. Aber sie wurden mit dem gleichen Schweigen übergangen wie die damaligen KZ, sie waren nur weniger tödlich und sollten geläuterte Demokraten entlassen.

Wir hatten die drei Feindmächte kennengelernt. Aber die vierte Feindmacht waren die Deutschen selbst: Denunzierungen – Revanche für frühere Erniedrigung. Die häßlichen Szenen erinnerten peinlich an die von 1933, nur mit umgekehrtem Vorzeichen. Auch das Schlagwort von den postmortalen Klugscheißern drängte sich wieder auf. Die Menschen hatten sich nicht geändert. Wie sollten sie auch? Ich zog mich in meine Arbeit zurück und wollte mein Leben neu aufbauen, das in diesem Land ja erst kurz vor dem Krieg begonnen hatte.

Der Start war nicht so einfach: Die Praxis eine Ruine, die Wohnung von Bomben ausgeblasen. Wenn der Sturm über Stuttgart fegte, war die Stadt in Staubnebel gehüllt. Mit Tüchern vor dem Mund rettete jeder sich in Sicherheit, froh, nicht von diesem herabfallenden Stein oder jener Stange getroffen worden zu sein. Es gab keine Verkehrsmittel. Hier und da ein kleiner DKW, ein Adler junior, eine Daimler-Droschke 170V, ein Fahrrad oder ein Gutbrod-Kastenwagen. Die Gleise waren aufgerissen, die Wagen ohne Fenster, die Lok stammte aus altem Rangierbetrieb. Es gab kein Lokal. Kein Bett für Freunde. Kein Restaurant. Das war die Stadt, die vor dem Krieg zu den schönsten Deutschlands zählte. Aber der Kriegszustand war beendet. Jeder kroch aus seinem Versteck. Schaute sich um. Holte tief Luft. Faßte an. Ein Auto lag unter Trümmern, die beseitigt wurden, um eine intakte Zündspule, einen Ventilator oder eine Hinterachse zu suchen. Man grub, man fand. Das Aufräumen hatte etwas Ameisenhaftes: flinkes Wuseln, Hin und Her von Jung und Alt, Groß und Klein, Versetzen ganzer Steinberge. Man mußte nichts anordnen, alles lief von selbst. Jeder machte mit, als gelte es, in einem Jahr alle Trümmer zu beseitigen und etwas Neues aufzubauen. Überall entstanden Behelfsunterkünfte (»Behelf« war neu geprägt wie früher einmal »Ersatz«). In der Garage der Gemüsehändler, im Bunker das Amt für Öffentliche Ordnung, Notkrankenhäuser, Notkirchen, Notbrücken. Ich hörte das Steinhäuser-Quartett in ungeheizter Ruine – ein Erlebnis. Ich sah Graphik von Grieshaber in seiner noch unmöblierten Werkstatt. Mit wieviel Hingabe, Arbeit, Interesse geschah das alles. Wie nahe lagen Hunger, Kälte, Krankheit, Verwundungsfolgen beieinander. Keiner wußte, ob morgen oder übermorgen mit einer Zuteilung zu rechnen war. Ein Wunder, daß auch das Musische in dieser Stadt lebendig wurde. Rolf Schroers inszenierte Tasso ohne Bühne, ohne Dekoration, in einem Saal. Es war sensationell. Wann erlebte man je soviel Kraft einer Inszenierung, soviel Mitgehen des jungen und alten Publikums, soviel Bereitschaft zum »trotzdem«, soviel Durst und Hunger nach Kunst.

ICH WAR WIEDER IN STUTTGART, das ich 1940 nach zwei Jahren Praxisbeginn verlassen hatte. Gerade Zeit genug, um die Schwaben ein wenig kennenzulernen, die laut Thaddäus Troll ein besonderes Volk sind mit vielen merkwürdigen Eigenschaften. Das stimmt wohl. Geld ist ihnen wichtig, sehr wichtig. Sie werden spinnefeind bei Erbstreitigkeiten und Geldforderungen. Sie schimpfen massiv, und ihr Dialekt wird derb. Manchmal haben sie Angst vor ihrem eignen Mut. Dann möchten sie wieder zurück in die Ausgangsposition. Sie sind fleißig und sparsam, sehr sparsam sogar. Sie legen nicht nur etwas zurück, um im Alter unabhängig zu sein. Sparen ist ihr Prinzip. Daher auch die Formulierung: Das langt noch – das tut's noch (z. B. das Auto, der Anzug) – das reicht (z. B. das Essen). Sie schwätzen gern, um dabei mehr über den Nachbarn zu erfahren. Da in Schwaben ein guter Wein wächst, den sie am liebsten selber trinken, gibt es unendlich viele Kneipen, Beizen genannt, wo sie bruddeln und ihr Viertele schlotzen können. Sie sind umgänglich und hilfsbereit, kommen immer wieder, wenn sie spüren: Der macht's recht, der ist ein Schmid und nicht ein Schmidle. Sie zahlen ihre »Sach«. Samstags gibt's Spätzle mit Kartoffelsalat, und sonntags zähen Rostbraten, Suppe und Nachtisch. Sie gehen feiertags gern spazieren, am liebsten in den Wald. Morgens hängen sie die

Betten aus dem Schlafzimmerfenster, man soll wissen, daß sie zeitig an die Arbeit gehen. Auf Fleiß legen sie Wert. Faul ist ein Schimpfwort. Sie sind etwas »neidig«, wenn der Nachbar das größere Auto fährt oder dessen Frau schon wieder einen neuen Pelz trägt. Sie sind putzfreudig, scheuern ihre Treppe mit Stahlspänen und fegen den Bürgersteig wie ihre Stube. Ihre Sprache ist dialektbetont. Sie verbinden »wegen« mit dem Dativ und sagen »der Butter«. Manche Bezeichnungen wie Colter für Wolldecke sind mit dem Italienischen verwandt und stammen aus der römischen Besatzung, die sie, das reiche Germanenvolk im fruchtbaren Land, jahrhundertelang über sich ergehen lassen mußten. Diese über viele Generationen erzwungene Unterordnung unter die Besatzungsmacht züchtete eine Neigung zur Anpassung, zum Ja-Nein-Sagen, zum Sowohl-Als auch, zum Ausweichen, Eigenschaften, die dem Schwaben den Ruf geschickter Diplomatie und vorsichtigen Taktierens einbrachten. Das alles ist aber heute nur Ausdruck seiner Insuffizienz und seines betonten Ehrgefühls: Man darf sich nicht bloßstellen, muß seinen Vorteil wahren, bei allem vorsichtig sein. Von ihrem Vermögen darf keiner etwas Genaues wissen. Wenn einer zuviel hat, bleibt Kundschaft weg. »Der hat genug.« Sie sind meist gut zu haben. Manche Komplexe muß man allerdings übersehen. Sie sind verletzlich, haben eine verwundbare Seele, werden durch herabsetzende Bemerkungen irritiert. Wieviele »endogene Depressionen« (die in Schwaben relativ häufig sind) knüpfen an echte oder vermeintliche Verletzung ihres Ehrgefühls, als psychische Traumen an. Bei anderen bäumt sich schwäbischer Stolz auf, dann können sie beleidigend werden. Sie sind abwartend, lassen den anderen erst mal kommen, um dessen Forderungen zu erfahren. Sie sind geschäftlich tüchtig, nicht sehr großzügig, wenn es um Prozente geht. Sie treten bescheiden auf, ziehen sich bei Besuchen korrekt an, lieben keine Extravaganz, wollen sich nicht reich zeigen, wenn sie es auch sind. Diese Wesenszüge bestimmen den Schwaben, den kleinen Mann wie den Gelehrten, – sie haben sich so typisch in diesem Volk festgesetzt, daß keine Verwechslung sich anbietet. Es ist ja eine reiche Fazettierung von Geist, Temperament, Empfindsamkeit, Fleiß und Sparsamkeit, also Eigenschaften mit positivem Vorzeichen. Die Minuspunkte liegen auf dem Geldsäckel, die den Schwaben häufig in Konflikte bringen.

Mit diesen Schwaben hatte ich also zu tun, hatte sie zu behandeln, zu beraten. Das war nicht immer einfach. Sie verlangen eine Aufklärung über Art der Erkrankung und erwarten, daß alles in Ordnung kommt. Sie sind nicht nachlässig – oberflächlich, vor allem nicht, wenn es die Gesundheit betrifft, sie wünschen die Wahrheit zu hören. Und wenn es an das Sterben geht, wollen sie ihre »Sach« in Ordnung haben: Testament, Erbschaft, Geld, Häuser, Papiere, Äcker. Erst dann erfährt man den wahren Besitz, der nach außen nie durchdringt. Einem Schwaben sieht man sein Geld nicht an. Und wenn ein Schwabe darüber spricht, dann hat er entweder Schulden – oder er ist keiner.

Alle haben das Kriegsende herbeigesehnt. Aber die Schwaben haben dafür gebetet. Und sich dann mit voller Kraft in den Aufbau gestürzt. Dieses wuselige kleine arbeitsame Volk schaffte Unglaubliches. Da half alles von der Großmutter bis zum Kind: Steine sortieren, Mörtel abklopfen, Putz abschlagen, Restmauern verwenden. Das war ein emsiges Aufräumen und ein mühsames Schaffen. Man wunderte sich über die Kraft, wo es doch nichts zu kaufen gab und die Lebensmittel fehlten. Aber sobald in einer zerbombten Häuserreihe einer mit Aufräumen begann, machten die anderen mit, jeder half und pfiff sein Lied dazu. So sind die Schwaben: nicht unterzukriegen. Und jeder schuf sich wieder sein Gärtle, säte und erntete. Und sie gingen in die Weinberge und brachten auch diese wieder in Ordnung, bis endlich durch ihre rauhe durstige Kehle der eigene Tropfen fließen konnte. Sie hatten ihren Standpunkt und der war schwäbisch: hilf Dir selbst, so hilft Dir Gott. Nach diesem Grundsatz waren sie 1945 in ihrem zerstörten Land angetreten, und die Geschichte hat ihre Leistung in Bild und Wort festgehalten. Die Schwaben sind stolz darauf, weil ihr Stuttgart die totale Zerstörung am raschesten wieder überwunden hatte. Da sie früh dran waren, mußten sie später wieder einiges abreißen, was ihren Qualitätsansprüchen nicht genügte. Später wurde die Stadt wie alle anderen durch Hochhäuser und Tankstellen ihres früheren Charmes beraubt. Das war überall das gleiche. Als ich nach vielen Jahren (1974) meine Heimatstadt Greifswald besuchte, war ich erschüttert über den Verfall, die mangelnde Pflege, die Vernachlässigung. Aber bei genauerem Hinsehen war alles beim alten geblieben, nur eben gealtert, faltig, ergraut – wie alte Menschen eben auch. Und ein wenig

ungepflegt. Aber vielleicht war es dort früher auch nicht so pingelig und so fleißig zugegangen wie bei den Schwaben.
War das der Grund, warum ich mich hier wohl fühlte? In dieser Stadt, in der ich die Gerokstraße 65 – nun die dritte Praxisstation – mit eigenen Händen wieder aufbaute? In der ich aber auch als »Nichtschwabe« einen Widerstand zu spüren bekam, der nach außen hin vielleicht berechtigt erschien, weil Naturalien mir zuweilen eher zufielen als anderen Kollegen. Doch ich mußte genau wie die anderen anstehen nach Kohle, Benzin, Holz, Lebensmittelmarken, Autoreifen. Alles, was gebraucht wurde, mußte ja zugeteilt werden. Und nun begann der Tauschhandel: gib mir Nägel – kriegst du Benzin. Dieses Spiel hatte geradezu sportliche Reize. Es gab nichts, keinen Draht, keine Farbe, keinen Leim, keine Nägel. Aber man lernte das Improvisieren, das Organisieren. Was sich fand, wurde verwandt. Es war eine junge Zeit, wie bei den Urmenschen, die aus Zufallsmaterial »bastelten« (bricolage, ein Ausdruck von Lévi-Strauss) und damit Dinge schufen, die auch heute noch nicht überholt sind. Die Improvisation blühte. Produktivität aus Mangel. Zweckentfremdung von Gegenständen (Pappe statt Fensterscheibe, Koffer statt Stuhl, Zeitung statt Mütze), wie man sie heut noch im Gastarbeitermilieu findet, war damals Usus. Das befruchtete auch die Kunst: Bühnendekoration, Malerei, Plastik. – Hungerkünstler.
Der objektive Hunger war stärker als der subjektive. Das Gegenwärtige erscheint immer als das Normale. Spöttische Bemerkungen über unsere vollen Gesichter auf alten Fotos, später mitleidsvolle Äußerungen über unsere vergeistigten Züge auf Nachkriegsfotos. Geschenkte Kalorien wurden zum Erlebnis. Die kranke Bauersfrau, der Sohn mit der Handnervenlähmung, der Vater mit dem Granatsplitter: ich behandelte sie in der Sprechstunde und wurde mit Milch und Honig belohnt. Der Speisezettel blieb ein ernährungswissenschaftliches Problem mit Verteilung von Eiweiß, Fett und Kohlehydraten. Hühner – dicke braune Rhodeländer – wurden zu Lebensrettern: jeden Tag ein Ei, Futter von der Mühle. Frische Gräser im Nachbargarten, wo die Hennen zu nisten liebten. Oder sie saßen wie Adler in der hohen Tanne, als wir gerade zum literarischen Zirkel bei Hedingers aufbrechen wollten. Zoologische Erkenntnisse. Landwirtschaftliche Studien. Freundschaftliche Einla-

dungen: die Spiegeleier bei Domnicks. Kleine Freuden des Alltags. Kindliche Genüsse bei Care-Paketen. Wie in Häfkes Greifswalder Laden. Das Leben lag vor uns wie vor fünfzig Jahren. Die Zukunft hatte schon begonnen.

12

IN DER GEROKSTRASSE 39 saß ein Mann mit dem Namen Willi Baumeister, der die Malgesetze studierte, analysierte, lehrte. Er wurde unser Freund, begleitete seit 1946 unser Leben bis zu seinem viel zu frühen Tod 1955. Diesem bewundernswerten Menschen verdanken wir viel. Dieser Maler, produktiv, menschlich, schuf ein Werk, für das es sich lohnte zu leben. Das Dasein wäre ohne Kunst reizlos, traurig, arm. Kunst ist dem Menschen gegeben – nicht allen, aber vielen. Und von allen seinen Fähigkeiten zeichnet vor allem die Kunst ihn als Mensch, als homo sapiens aus. Unsere Aufgabe geht in diese Richtung: zu intervenieren, zu interessieren, zu wecken. Nach dem totalen Zusammenbruch, da alles Materielle und auch vieles Geistige fragwürdig erschien, wollte ich in den Bereich der modernen Kunst vorstoßen. Natürlich ging das alles nur langsam voran, in einer Zeit, in der rostige Nägel zum Aufhängen der Bilder mitgebracht werden mußten. Ich war ungeduldig, wollte schneller vorankommen, hatte Pläne, die von den Freunden als illusionistisch beurteilt wurden. Aber in mir war ein Drängen, eine Unruhe, die nicht überall nur Sympathie weckte – ein Trieb: mehr sehen, mehr hören, mehr erfahren, auch mehr tun, leisten, aufbauen.
Die Architektur spielte in meinem Leben immer eine dominierende Rolle, ich suchte das Zusammensein mit Architekten wegen der Gespräche über die Baukunst. Ich lernte sie kennen: Hanow, Döcker, Stohrer, Schmohl, Eiermann, Gutbrod, Debus, Schlenker, Roth/Zürich, Gutbier, Beck-Erlang, Löschner. Diese Menschen imponierten mir, ihr dreidimensionales Fühlen, ihre rasche Auffassung eines gestellten Problems, die reizvoll hingeworfenen Skizzen als Verständigungsmittel, das Wissen um statische Gesetze, ästhetische Fragen, das Abwägen der Dimensionen, die Metrik, das Erahnen von Proportionen, das Fühlen der Zusammenhänge, das Raf-

fen, Komprimieren von Massen (die wiederum zur Farbanalyse in Beziehung gesetzt werden). Diese schöpferischen Geister, die das Große sehen und doch an die Details denken, das Ganze unter eine Grundidee stellen, so wie es Le Corbusier tat und meisterhaft in seinen Werken darlegte: in Bauten und Schriften. Die Utopie seiner »neuen Stadt« tat sich auf – nicht nur die »Wohnmaschine«, sondern die humane Bauweise, ein Funktionalismus, der auch die psychischen Bedürfnisse einbezieht. Le Corbusier hatte diesen einmaligen Blick, das rechte Maß brachte seine Ideen zur Vollendung, ebenso wie Gropius, Frank Lloyd Wright und die anderen Initiatoren. Das ist die Krönung eines Werkes, wenn ein schöpferischer Mensch diese oder jene Form so weit vorantreibt, daß sie schlechthin zur Endform wird. Große wissen um dieses Gesetz. Wenn ihre Kraft, ihre Persönlichkeit stark genug sind, wird sich das in der kompromißlosen Arbeit bald und immer wieder zeigen. Das sind die Auserwählten: wie in der Malerei Cézanne, Braque, Picasso, Klee, Kandinsky, Mondrian – bis zu Hartung, Soulages, Tàpies, Rothko, Kline, Pollock. Aber mehr als die Maler haben die Architekten sich noch mit anderen Gegebenheiten auseinanderzusetzen, die ihre Arbeit komplizieren: mit dem Bauherrn, den Baufirmen, den Kosten, dem Material, den technischen Problemen. Erfordert der ärztliche Beruf nicht eine ähnliche Vielfalt von Eigenschaften?

DIE ÄUSSERE TÜR GING SCHWER. Das Ziehen war anstrengend. Die innere Tür stieß leichter ins Lokal. Dazwischen hing eine Wolldecke, um den Luftzug zu mildern. Der Fußboden war zyklopenartig mit Travertinsteinen ausgelegt. Er wurde geölt und gebohnert – alles in Schwaben muß glänzen. Beim Eintritt kam der Gruß des Wirtes Friedrich Ebert, eines »gestandenen Schwob«, der Bier und Viertele ausschenkte. Hemdsärmlig dirigierte er hinter der Theke, und seine Stimme hatte etwas Durchdringendes. Manchmal kam er vom Fußballplatz zu spät an seine Theke, dann machte er gern »Sprüch«, war guter Dinge, wenn es bei seinen Kickers lief. Die alte Mutter, Frau Lydia Knoll, schwerhörig und senil, saß an der Heizung, strickte und nickte dabei ein. Baumeister freute sich über die eingeschlafene Mutter Knoll. Alice Bauer, die Chefserviererin, trieb ihren Spaß. Sie kannte ihre Gäste und deren schwache Stellen. Durch die

Essensausgabe lugten die Kirschenaugen der Kläre Ebert, die die Bestellung aufnahm. Wenn Baumeister verreiste, holte er sich bei ihr »Maultaschen« und »Leberkäs« als Tütenproviant und kaufte Zigarren mit Fehlern um zehn Pfennige billiger.
Hier trafen sich die Freunde vom »Bubenbad«: der Schriftsteller Mostar, der Rechtsanwalt Schwamberger, der Maler Eichhorn, der Pianist Professor Erfurth von der Musikhochschule, die Verleger Albrecht Knaus und Gert Hatje, der Kunsthistoriker Hans Hildebrandt, Wilhelm Wagenfeld, der verdienstvolle Designer, der Philosoph Max Bense, der Kunsthändler Herbert Hermann, bisweilen auch der Berliner Kunsthistoriker Kurt Leonhard. Immer bildete Baumeister die zentrale Figur, um die sich – magnetisch angezogen – die anderen sammelten. Es war ein Kommen und Gehen. Unser Nachbar Schneidler mit Baskenmütze erschien am Abend dreimal, holte Bier oder Wein von der Theke, begrüßte Alice oder uns und verschwand wieder rasch in seinen Keller. Dr. Büscher trank seinen Klaren, und war standhaft, wenn es mehrere wurden. Cantz, der Superdrucker, kam aus Cannstatt, und manches Fachgespräch am nächsten Tisch ließ einen Auftragsabschluß ahnen. Da gab es noch den Formgeber Hans Warneke mit dem modernen Bürstenschnitt und dem hohen Kragen, ein enger Freund von Baumeister. Es kam auch der Kunsthändler Otto Lutz mit dem französischen Gesicht, das an Pierre Loeb aus Paris erinnerte. Er rauchte leidenschaftlich Pfeife, schnupperte am Mundstück, wenn er etwas wichtiges zu sagen hatte. Dann gab es den Starfriseur Benner, der die Frauen exzentrisch frisierte, Haare skurril färbte und ein Leben führte, das so gar nicht in das brave Stuttgart passen wollte. Es kamen auch die Akademieschülerinnen und machten manche Weinrunden mit. Die Gespräche drehten sich um Kunst, Architektur, um den Wiederaufbau der Stadt und um die Kritiker, die auch Baumeister zusetzten. Die Beleuchtung war schummerig. Tische und Stühle standen hart auf dem Steinboden. Meist zog es. Das Restaurant war nie recht warm, die Heizung kaum in Betrieb. Aber bei dem Alkoholkonsum störte das niemand – und Frauen waren bis auf Frau Lilo Rasch-Nägele und Frau Steffi Schwamberger kaum anzutreffen. Ein Männerlokal also. Offene und freie Reden. Laute Gespräche. Kein Säuseln. Man grüßte von Tisch zu Tisch. Zog bald die Vorhänge zu, von Maler Eichhorn entworfen. Man kam und ging, man saß und stand

herum – es war salopp, aber gerade deswegen sympathisch, ungezwungen. Die Männer um Baumeister als zentrale Figur waren künstlerische Menschen, und das färbte auf alle ab, die das »Bubenbad« betraten.

Baumeister feierte seinen 60. Geburtstag im »Bubenbad«. Er lud ein, ließ Bier und Wein fließen, dazu gab's Essen nach Belieben. Baumeister wurde zum König gekrönt, von seinen hübschen Schülerinnen mit einer Krone geschmückt, die er auf einem Podest sitzend stolz trug, und ließ sich feiern. Das konnte er mit der ganzen Ausstrahlung seines sympathischen Wesens.

Jetzt steht an dieser Stelle ein »Wienerwald«-Lokal. Die meisten der alten Freunde sind gestorben. Das »Bubenbad« existiert nicht mehr. Ich gehe vorbei, bin nie mehr Gast. Die Erinnerung an die Nachkriegsjahre mit all den Menschen, deren Geist dem Gespräch Richtung und Form gab, ist dort erloschen – ausgeglüht. Es haben sich keine »Jahresringe« angesetzt. Man unternahm zwar einen Versuch, gründete ein Baumeister-Zimmer, hing Zeichnungen und Fotos dieses Mannes auf, aber es blieb still. Baumeister starb zu früh. Ich wurde gerufen. Er saß im Atelier in seinem Korbstuhl. Die Zigarette in der linken Hand. Der Kopf hing nach rechts. Die Staffelei stand dicht vor ihm. Der Pinsel lag am Boden. Er war ihm aus der kalt gewordenen Hand geglitten. Er saß da, als ruhe er ein wenig. Ich ging auf ihn zu, sprach ihn an. Nichts rührte sich. Totenstille im Raum – auch in mir. Ich faßte ihn an. Starr und leblos. Ich wußte: ich berührte einen Toten. Das war der Nachmittag des 31. August 1955. Wir legten ihn auf sein Sofa, auf dem er gern Mittagsruhe hielt. Nun sollte er hier den ewigen Schlaf finden. – In der Stadt wurde es plötzlich still. Die vielen Baumeister-Verehrer hatten Abschiedsgefühle nicht mitteilen, aussprechen können. Sie waren stumm und blieben es bis zur Beerdigung auf dem Prag-Friedhof am 4. September 1955, an der eine kaum übersehbare Menschenmenge teilnahm, um Abschied zu nehmen von diesem liebenswerten großen Mann, dem Maler, dem Künstler.

Ein Jahr zuvor drehte ich in seinem Atelier einen Film über Baumeisters Leben und Werk, als hätte ich geahnt, daß die Zeit drängte. Im Marquart-Kino fand die Uraufführung statt. Baumeister war glücklich. Er sah sich und seine Arbeit zum erstenmal auf der Filmlein-

wand und sagte nach der Aufführung zu mir: »Wir machen weiter.«
Je länger dieser Maler die Erde verlassen hat, um so mehr erkennt man seine Bedeutung für die abstrakte Malerei. Wir sollten immer daran denken, daß auch er gegen Widerstand zu kämpfen hatte und daß er einen dornenvollen Weg zurücklegen mußte mit Malverbot und Entlassung aus dem Lehramt in Frankfurt. Viel zu spät kam die Anerkennung seines Werkes auf dem internationalen Kunstmarkt. In seinen letzten Lebensjahren erlebte er seinen internationalen Erfolg. Er war bei aller Bescheidenheit stolz auf diese Resonanz. »Wir machen weiter« war sein Wort. Ein tätiger Mensch.

Ein seltener Gast im »Bubenbad«, dafür aber auf jeder gesellschaftlichen Veranstaltung anzutreffen, war unsere Nachbarin Frau Lily Hildebrandt. Unsere Bekanntschaft reichte bis 1939 zurück, als sie und ihr Mann unsere Cannstatter Wohnung besichtigten. Frau Lily war eine bekannte Stuttgarter Persönlichkeit. Malerin (Hinterglasbilder), Mutter von Rainer Hildebrandt aus der Widerstandsgruppe von Haushofer (wer weiß heute noch etwas davon?), vital bis in die Fingerspitzen trotz zahlreichen, mit der ihr eigenen Selbstironie vorgetragenen Klagen, die im Nachbarhaus Dr. Domnick immer neue Blutuntersuchungen veranlaßten. Symbolische Handlung? Kontaktvisite? Plauderstündchen? – Sie war das belebende Element für ihren Mann, der trotz jahrzehntelanger perniziöser Anämie mit spastischer Beinlähmung eifrig die moderne Malerei verfocht. Das war damals noch etwas, das Feinde einbrachte. Zwar war Hans Hildebrandt nicht eben eine Kämpfernatur, doch verdankte er die Tatsache, daß er eigentlich keine Feinde hatte, auch seiner Ehefrau, die mit ihrer Lebendigkeit und gesellschaftlichen Begabung, mit dem Charme ihres Wesens – der immer mit Ironie und gewisser Aggressivität verbunden war – das Wort führte. Man konnte alles mit ihr anstellen. Sie amüsierte sich himmlisch, war immer guter Laune, machte mit, wenn es ins Abenteuerliche ging. Sie ließ sich in meinem ersten Spielfilm »JONAS« und in »ohne datum« ohne jede Kamerascheu aufnehmen, bot mit bescheidenen Mitteln stets eine elegante Erscheinung, auch als die sagenhafte Schönheit ihrer jungen Jahre längst verblaßt war.

WIR REISTEN 1946 mit Hildebrandts und dem Maler Max Ackermann an den Bodensee in einem kleinen DKW mit Stockschaltung, Zweitaktmotor, blauer Dunstfahne und dem bekannten stechenden Geruch, der meine Frau immer an die Anatomie erinnerte. Der Bodensee liegt 150 km südlich von Stuttgart und der Untersee mit der Höri war zum Refugium von Malern geworden. Manche hatten dort ein Haus, manche ein Atelier, manche waren untergeschlupft. Dort erfuhren wir von Frau Helmuth Macke das Schicksal ihres Mannes, den der See nicht mehr hergegeben hatte. Auf seinem Segelboot war er verunglückt. Von ihm machte ich 1946 eine Gedächtnisausstellung in Stuttgart. Seitdem begleitete mich das Bild »Der barmherzige Samariter«. August Macke war der berühmtere, er fiel im Krieg 1914. –
Ackermann lebte auf der Höri mit seiner Frau, die Kindern Gymnastikunterricht gab. Er war ein fröhlicher Mensch, wurde sehr alt, lebte lange in Stuttgart, später im Schwarzwald, wo er fast 90jährig starb. Er hinterließ ein einheitliches Œuvre. Er theoretisierte gern, sprach von Kontrapunktik, liebte aber doch mehr Beethoven als Bach, verehrte Hoelzel (dessen Schüler er war) und war mit Ida Kerkovius befreundet. Er war ein Malertyp mit langen Haaren, dickem Wollschal und einer panischen Angst vor Ansteckung. Er lebte enthaltsam, war Waerland-Anhänger und ernährte sich am liebsten von »Früchten« (nicht Obst, wie wir das nannten), mied Alkohol, rauchte nicht. Meist sah man ihn allein – fröhlich und verwundert wie ein Kind, wenn Menschen seine Bilder liebten oder gar kauften. Er hatte naive Züge – das kann man auch unschwer aus seinem breitgefächerten Werk ablesen. Er arbeitete intuitiv. Die Systematik lag ihm nur theoretisch. Er hatte seine spezifische Harmonik, auch als Zeichner, besonders seine kleinen Formate sind Kostbarkeiten: musikalisch aufgebaute, vibrierende Akkorde in Farbform und Linienführung. Er blieb der liebenswürdige Maler vom See. Wir sahen uns ab und zu. Er war immer glücklich über ein Gespräch.
Am Untersee lebte auch Erich Heckel mit seiner charmanten Frau – früher Tänzerin, von zierlicher Statur, die er oft gemalt hatte. Als wir vor Heckels zarten Landschaftsaquarellen standen (die wir auch schätzten), beklagte er sich über die ablehnende Kunstkritik, die den Elan der Expressionisten-Zeit vermißte. »Das ist doch ohne

Unterschied. Meine Bilder vor 20 Jahren sind Erich Heckel – vor 10 Jahren Heckel und jetzt auch Heckel. Die Menschen meinen fälschlich, Abwandlung sei Stilbruch. Stilbruch ist: wenn das Bild nicht stilvoll in sich ist, also uneinheitlich, inkonsequent. So haben wir immer mit Unwahrheiten zu kämpfen, die uns Zeit und Kraft kosten.« Er war dabei zurückhaltend vornehm auf seine liebenswürdige Art. Meine Frau entdeckte die »Schlafende«, sie war von diesem Bild mit dem Blau der Decke und der ausstrahlenden Ruhe sehr beeindruckt. Das freute Erich Heckel. Und als wir uns nach einem Tee verabschiedeten, waren wir dankbar für die Begegnung mit diesem großen Menschen.
Wie anders Dix: Als wir klingelten, öffnete die Tochter – modisch gekleidet, etwas reserviert. Nach Vorstellung taute sie auf. Wir sprachen im Eingang von unseren Malerfreunden auf der Höri, bei denen wir im Atelier Bilder sahen. Sie führte uns durch das Haus, ein Haus von Format mit Bildern von Format, große barocke Motive. Otto Dix bekamen wir nicht zu sehen. Er malte damals in altmeisterlicher Manier, dieser Stil lag uns nicht. So etwas war nach dem Krieg nicht leicht zu verkraften, auch wenn man Reaktionen einbezog. Ich war dagegen allergisch.
Es gab auch einen Mann am Bodensee – am Obersee – mit dem französisch klingenden Namen Julius Bissier (manchmal nannte er sich auch Jules). Er war seit langen Jahren mit Baumeister bekannt, verließ aber kaum den See und mied Reisen nach Stuttgart: »Was soll ich dort? Den großen Willi (B.) bewundern? Ich lebe hier zurückgezogen, besuche gelegentlich meine Freunde in Freiburg« – wobei er auf seine alte Freundschaft mit Martin Heidegger anspielte. Er war mit Lisbeth Bissier verheiratet, die nach dem Krieg durch eine rasch bekannt gewordene Handweberei für den Unterhalt sorgte. Als wir ihn 1947 besuchten, gab es nicht nur Interessantes zu sehen – auch das Essen war eine Delikatesse: ein selbst aufgezogener Truthahn wurde auf dem Tisch serviert, tranchiert und weggegessen, verschlungen von hungrigen Mägen. Jetzt erst hatten wir Kraft und Lust, seine Kostbarkeiten anzuschauen: auf Japanpapier schwarze Tuschen, asiatischen nachempfunden – zeichenhafte Formen, die er Blatt für Blatt vor uns ausbreitete, während er östliche Weisheiten zitierte. Die Münchener Malergruppe ZEN entstand wenige Jahre später, aber zunächst ohne Bissier und Baumeister.

Bissier war schwierig. Er war in sich versunken wie ein buddhistischer Mönch, wirkte auch so in seinem Phänotypus. Er litt an hohem Blutdruck, auch seine Nierenfunktion schien gestört, wie er uns regelmäßig berichtete. Später übersiedelte er nach Ronco und nach Ascona, wo er 1964 starb.
Der Bodensee, so nahe der unerreichbaren Schweiz, war während des Krieges Zuflucht vieler Künstler geworden. So kam es auch, daß dort die ersten Ausstellungen stattfanden in Überlingen und Konstanz: Schlemmer, Baumeister, Beckmann, Macke – Musik von Strawinsky und »Mutter Courage«. Dort lernten wir auch die »Schreiberin« kennen, Frau Dr. Margarethe Schreiber-Rüffer, Intellektuelle, Dichterin, an Else Lasker-Schüler erinnernd, die sich treu für das Werk und später für das Leben von Fritz Winter einsetzte, wobei damals ihr Besitz an Silber, Meißner Porzellan und alten Kunstgegenständen allmählich für das tägliche Brot, Kaffee und Zigaretten draufging. Eine Frau von heiter-unternehmendem Wesen, aber im Grunde ein tragischer Mensch – wie viele in der Kunst. Es gehörte damals Mut dazu, die abstrakte Kunst zu vertreten. Zu sehr war der Begriff der »entarteten Kunst« in der öffentlichen Meinung verankert, zu stark kontrastierte auch die harmonische Gesetzmäßigkeit dieser Malerei gegenüber dem deutschen Expressionismus. War es nicht immer so gewesen, daß Neues in der Kunst verdammt wird? Aber ihren höchsten Wert für uns besitzt die Kunst doch nicht erst dann, wenn sie »klassisch« geworden ist und hoch gehandelt wird, sondern wenn wir sie mit Mühe und Opfern uns aneignen – wenigstens im Geist.

10 UHR 35 – ABFAHRT VOM HAUPTBAHNHOF, Bonatz-Wahrzeichen von Stuttgart. Die Halle zugig. Tauben fliegen hindurch. Das Pflaster kantig, mit spitzen Löchern, in denen der Fuß sich verfängt. Wasserpfützen. Früher Zeitungskioske, Wurstbuden, Bierhallen. Jetzt ausgebrannte zerstörte Orte, einige mit Brettern zugestellt, hier und da eine Notverglasung. Der Schaffner in Strickweste ohne Bahnuniform. Auf dem Kopf eine alte Soldatenmütze – Erinnerung an Rußland. Überall Kälte. Überall Frierende, Hungernde, in diesem kältesten Winter seit Stalingrad. Besatzungssoldaten bilden Gruppen mit ihrem Anhang des Schwarzmarkts: »Lucky Strike« in wei-

ßer Packung mit dem roten Ring, die Schachtel für 50 Reichsmark oder die Stange zu 400 Mark. Man schiebt sich enger zusammen: mauschelt, verständigt sich in Zeichensprache. Daneben Dirnen in Amifähnchen. Und die Jeeps: eckig – bockig. Notverdeck. Vierradantrieb. Schmale Beine, enge Uniformhosen, gummibesohlte Schuhe ragen heraus. Elastischer Gang. Welch ein Unterschied zu unseren Landsern, die auch auf dem zugigen Bahnsteig stehen in alten langen grauen Soldatenmänteln. Abgerissene Tressen. Fehlende Knöpfe, Kragen hochgestellt. Fausthandschuhe. Unrasierte Gesichter. Müder Ausdruck. Auch Kinder stehen herum, betteln um Brot oder Kaugummi. Manchmal um Nescafé. Der Zug nach Augsburg ist 10 Uhr 22 eingefahren. Wagenfenster zugeklebt. Oder Pappe. Mitunter eine zersprungene Scheibe, die Licht einfallen läßt. Alte Waggons. Heizungsrohre kalt. Die Lok hat nur Dampf zum Fahren. Alles geht langsam – so der Ein- und Ausstieg – man drängt sich um einen Platz. Manche steigen über geöffnete Fenster ein. Man schiebt sich zusammen, bleibt im Gang stehen, spürt den Atem des Nachbarn. Ungewaschene Typen. Jeder ist froh über einen Stehplatz, und die Kälte weicht, je näher wir zusammenrücken. Es verkehrt nur dieser eine Zug nach Augsburg. Dort wollen wir hin, nicht um jemand zu besuchen oder zu sprechen: wir wollen Bilder sehen, im Schätzler-Palais, das unversehrt geblieben ist. Margarethe Schreiber-Rüffer begleitet uns. Sie kam aus Diessen am Ammersee, wo sie auf Fritz Winter wartet, der in Rußland irgendwo in Gefangenschaft ist. 1944 schuf er noch die Serie: »Triebkräfte der Erde«. Und dann fuhr er in den Krieg zurück nach diesem letzten Urlaub. – Wir haben etwas Schnaps bei uns, trinken den auf der Straße. Die Flasche von Mund zu Mund. Wohliges Gefühl in der Magengrube, ungewohnt am Vormittag. Wir kriechen zusammen, haken uns ein. Durchlaufen Augsburg im Schnee. Wie friedlich das Land und die Stadt daliegen, die weiße Fläche deckt alle Wunden zu. Wir gehen zu den Bildern. Auch zu Fritz Winter. Wir sind glücklich. Kälte und Hunger sind gewichen. Dafür ist es warm – fast heiß am Kopf – am Herzen – pulsierendes Blut in den Gliedmaßen. Wir gehen von Bild zu Bild. Auch Karl Kunz ist da, der Holzhändler und Maler aus Augsburg. Auf Sperrholztafeln gemalt: surreale Darstellungen aus dem Alltag. Wir entdecken neue Namen. Neue Bilder prägen sich ein. Wir sind in einer neuen »heilen« Welt. Der Krieg plötzlich ausgeblendet. Erinnerungsverlust? Und als wir nach einigen Stunden die weiß-blendenden Straßen sehen – schneebedeckte Dächer – Ruinen in weiß – verliert auch hier der Krieg, der erst so kurz zurückliegt, seine Bedeutung. Wie mächtig ist der Eindruck der Kunst. Sie überwächst die Zeit. Die Räder, die einst für den Sieg rollten (und zum Teil noch das alte Signum tragen), rollen jetzt in langsamer Fahrt auf defekten Gleiskörpern nach Stuttgart in die zugige zerstörte Bahnhofshalle, wo wir von Würstchen, Bier und Kaffee träumen. Wir kommen wieder an Schwarzmarkt-Gruppen vorbei, die sich traubenartig an Pfeiler oder Treppen ansetzen, wo der Wind die Scheine nicht wegweht und die Rückendeckung gegen US-Police gewährleistet ist. Wir nehmen noch eine Schachtel Lucky mit. Wie reich fühlt man sich, wenn die Folie noch intakt ist.

IN DIESE ZUKUNFTSGERICHTETE, hoffnungsvolle Stimmung schlugen zwei Meldungen wie eine Bombe ein. Die Namen waren für uns neu: Penicillin und Hiroshima. Das Penicillin, bereits 1928 entdeckt, war seit 1938 intensiv therapeutisch eingesetzt worden, aber unsere Wissenschaft war abgeschnitten gewesen von internationalen Kontakten, die erst jezt wieder einsetzten. Ein Mittel zur Heilung der gefürchteten Infektionen, die Verwundungen so kompliziert hatten, auch der Lungenentzündung, die Junge und Alte hinraffte, oder so ungewöhnlicher Krankheiten wie die Endocarditis lenta. Die junge Frau eines befreundeten Malers von der Höri war nach langem Leiden daran gestorben, kurz bevor das Heilmittel zu uns kam. – Eine bessere Zukunft eröffnete sich nach den Schrecken des Krieges. –
Und dann kam die Nachricht von Hiroshima. Wir hatten allmählich Kenntnis erhalten von den Greueln der Konzentrationslager in unserem Land, die wir erst ungläubig, dann betroffen verarbeiteten. Und nun die Bombe. In den letzten Kriegswochen sei im Land bereits das Gerücht umgegangen, Hitler besitze eine Waffe gegen die Invasion von Westen: einen Sperrgürtel an der Rheinlinie, 100 km breit, wobei »kein Blatt, kein Vogel« verschont bleibe. Man rechnete sich auf der Landkarte die Entfernung von seinem Wohnort aus, zu apathisch, um zu glauben oder Konsequenzen zu ziehen. Nun war es Wirklichkeit geworden, aber auf der anderen Seite, bei

den Befreiern. Neue Gerüchte um Hiroshima: die Schattenrisse menschlicher Figuren auf Gemäuern, Negativ-Abdrücke als letzte Spur von Menschen, die mit ihrem Körper die Wand vor dem tödlichen Tausendstel-Sekundenblitz abgeschirmt hatten. Was für Zukunftsperspektiven. Doch keine Hoffnung auf den Frieden, der uns versprochen worden war? Vielmehr die Aussicht auf eine neue Sintflut, eine neue Eiszeit, eine neue Wüste, aus der dann wieder primitives Leben sich neu entwickeln sollte? Neue Urmenschen. Atomvergiftet.

Heilen und töten in einem Atemzug. Beides Produkte der Wissenschaft. Ein Zufall? Ein Widerspruch? Oder gab es einen gemeinsamen Nenner? Bildeten Fortschritt und Zerstörung im Grunde eine Einheit? Seit der Entwicklung der Menschheit kollidieren diese beiden Kräfte. Wir wissen heute: die Menschheitsgeschichte setzt ein mit dem Zeitpunkt, als der Hominide den schützenden fruchtreichen Urwald verläßt, um in die freie Steppe auszuschwärmen. Es war keine Mangelsituation, die für das Mangelwesen Mensch erste Fortschritte der Zivilisation erzwang: die ersten Waffen zur Jagd, die Werkzeuge zum Ackerbau. Neue Untersuchungen von L. B. Leakey beweisen vielmehr, daß der Urmensch aus der Nahrungsfülle des Urwaldes ausbrach, also nicht etwa aus Hunger. Warum? Aus Neugier? Aus Forschungsdrang? – Der Vorstoß ins Unbekannte ist seitdem ständige Aufgabe des Menschen. Aber auch der andere Urtrieb: zur Zerstörung. Die Gründung von Siedlungen setzte voraus, Wälder zu roden, also die Urlandschaft zu zerstören. Der erblindete Faust glaubte als Vollendung seines höheren Strebens dem Meer Land abzugewinnen, aber statt eines Grabens schaufelten die Lemuren sein Grab. In den »Wahlverwandtschaften« finden die vier Menschen, die durch gesellschaftliche Normen an ihrer »natürlichen« Verbindung verhindert sind und dadurch zerstört werden, Vergnügen an der Umgestaltung der natürlichen Landschaft zum Park. Ähnliches betreiben wir heute, indem wir Fitnessanlagen und »Erholungsstätten« in unseren restlichen Wäldern anlegen. Zerstören ist das ureigenste Erbgut des Menschen – Vorbedingung jedes kulturellen Fortschritts (aber auch unserer eigenen Vernichtung) – nicht etwa eine zufällige, vermeidbare Fehlentwicklung. Hätte der Hominide sich mit Rohkost begnügt, die ihm reichlich zur Verfügung stand, gäbe es keine Wissenschaft.

»Hunger nach Erkenntnis aus Freude an der Erkenntnis« (Lévi-Strauss) ist ein Urtrieb der Menschheit, der konsequent zu Antibiotika und Atombombe führt.

WAS IST FORTSCHRITT – wenn er die Vorstellungskraft des Menschen übersteigt? Was bedeutet dieses Substantiv im Leben des Durchschnittsbürgers, wenn ihm nicht die Möglichkeiten des Nachvollziehens gegeben sind? Und welche Perspektiven ergeben sich von der Atomspaltung und der Molekularbiochemie für den privaten Bereich? Was für ein Anachronismus. Für den Wiederaufbau einer Arztpraxis blieben solche Fragen unbeantwortet und auch belanglos. Man mußte darüber hinwegschauen, sich auf sich besinnen und so tun, als gäbe es nichts anderes. Manche schafften es rascher als ich. Aber ich haderte nicht. Ich meine: wer so nah beim kämpfenden Soldaten stand wie ich, wer Verwundete versorgte, wer so viel Elend sah und das alles überstand, wer jetzt sein Leben wieder einrichten konnte, der mußte alle Widerwärtigkeiten, die sich ihm entgegenstellten, überwinden und für dieses neue Leben dankbar sein.
Ich war durch die drei Schulen, die ich durchlaufen hatte: die Hirnpathologie von Kleist, die Neurosenlehre von Gebsattel (wenn auch nur am Rande) und die Psychosomatik von Weizsäcker zu eigenen Vorstellungen über die Neuropsychiatrie gekommen. Meine wissenschaftlichen Arbeiten aus den Lazaretten ließen die Verbindung zur Universität Tübingen aufleben, wo ich bei unserem ersten Nachkriegskongreß nicht nur alte Freunde wiedertraf, sondern auch über psychische Störungen bei Halsmarkverletzungen sprach. Zufällig (oder folgerichtig) wurden solche Querverbindungen zwischen »organisch und psychisch« bei diesem Kongreß mehrfach erörtert. Für mich stellte sich die Frage einer Habilitation. Die Universitäten wurden neu besetzt, politische Gründe ließen die Lehrstühle zum zweitenmal vakant werden: es war ja die Stunde Null, die Chancen bot und eine neue Garnitur von Lehrern auf die Hochschulbühne rief. Doch jetzt, nach der neuen Freiheit – der wievielten? – erschien mir eine Universitätskarriere mit ihrer hierarchischen Ordnung nicht erstrebenswert. Ich tendierte von Anfang an zum Klinischen hin und streckte meine Fühler aus: Da gab es das

Nachbarhaus – ich führte Gespräche: Übernahme der Ruine mit Aufbau einer Klinik. In der Nähe gab es ein städtisches Grundstück, weswegen ich beim Oberbürgermeister Klett vorstellig wurde. Da gab es einen katholischen Orden mit Schwester Bertina, die ich für eine solche Klinik am Herdweg interessierte, und da war in Cannstatt auf der Taubenheimstraße das Kurheim, in das ich schon vor dem Krieg meine encephalographierten Patienten legte, wo ich Malaria-Fieberkurven durchführte. Ich sprach überall vor, auch im Robert-Bosch-Krankenhaus – aber es war umsonst. Ich mußte mich auf mich selbst besinnen.

Ich war UNNRA-Arzt geworden: zu behandeln waren KZ-Opfer, Polen, Tätowierte, die den Übergang in das normale Leben nicht schafften. Die Gutachtertätigkeit nahm zu, die Ambulanz wuchs und damit auch die Zahl der Angestellten. Ich hatte ein Haus, hier ließ sich manches realisieren. Ich erweiterte, baute intern um, machte aus einem Zimmer zwei oder umgekehrt. Ich bestieg den Dachboden und überlegte raumbringende Möglichkeiten. Blitzartige Einfälle, Abrißgedanken: Umbauen – Neubauen – Geld. Das Symbol meiner Tätigkeit: der monumentale schwarze Schreibtisch in Halbrund beherrschte wieder das große Sprechzimmer. Im Jahre 1945 – als alles in Notwohnungen zusammengepfercht lebte – wirkte dieser überdimensionierte Raum von 3,70 m Höhe, der den Mittelpunkt des Hauses bildete, sicher etwas aufreizend. Aber er war 1912 als Musiksaal entworfen worden, ich hatte den Raum so übernommen, er ließ sich nicht unterteilen. Die Großzügigkeit des Arbeitsraums lag mir, und die Zahl der Angestellten machte mir Freude. Aber da kam völlig unerwartet und unbegründet ein Brief unserer Ärztekammer mit der Unterschrift des Präsidenten G., in dem meine Tätigkeit mit den Worten: »Wie schon früher bei Ihnen (gemeint war die Praxis in der Poststraße) stellen wir fest, daß Sie wieder einen geschäftlichen Großbetrieb aufgezogen haben –« beanstandet wurde. War ich vom Teufel verfolgt? Mit Fleiß – Bienenfleiß – haben meine Frau und ich nach dem Krieg eine angesehene und renommierte Arztpraxis eingerichtet, die manchen Fachkollegen vielleicht ins Auge stach. Professor Beckmann und Dr. Krais (der später in der Ärzteschaft sich Verdienste erwarb), haben mich verteidigt, nachdem ich Widerspruch – wogegen eigentlich? – eingelegt hatte. Das waren die Bremsklötze auf meiner Bahn. Dann kam eine andere Denunziation: Ich hätte in meinem ersten (Cannstatter) Sprechzimmer eine Lampe in Hakenkreuzform montiert. Wieder so ein mißgünstiger Zeitgenosse, der unsere Arbeit gern unterbrechen wollte mit Mitteln der bösen Nachrede. Der alte Professor Gaupp sah mein Foto dieses schönen Raums und legte diese Verleumdung beiseite.

Dazu kamen die neuen Behandlungsmethoden: Viele Patienten waren Produkte der Notzeiten: Nervös-Erschöpfte, Vegetative, reaktive Störungen. Aber wir hatten noch keine Psychopharmaka wie Librium und Valium, und die Apotheken waren leer. Ich hatte im Kriegslazarett die Bindegewebsmassage kennengelernt und ließ nun damit vegetative Störungen behandeln, was unsere Kassenärztliche Vereinigung jedoch als unwissenschaftliche Außenseitermethode abzuwerten glaubte. Da damals von den Inauguratoren Leube – Dicke die wissenschaftliche Grundlage dieser Behandlungsmethode bewußt offen gelassen wurde, lud ich den Kollegen Professor Kohlrausch ein, der diese Außenseitermedizin ebenfalls verfocht. Wir sandten an die Stuttgarter Krankenhäuser die Einladung zu seinem Vortrag, doch nur ungläubig nahmen die Kollegen von dieser Segment-Massage und ihrer Theorie Kenntnis. Die Beeinflussung des vegetativen Nervensystems über die peripheren Reflexbogen setzte sich im Laufe der Jahre durch: die Segmenttherapie mit Impletol (nach Hunecke), die Reflexzonenmassage (nach Kibler) und verschiedene andere Segment-Therapien – bis hin zur Akupunktur. Sie beruhen alle auf dem gleichen Prinzip, wozu natürlich (last not least) die suggestive Übertragung durch den Arzt kommt, der von seiner speziellen Methode überzeugt ist. Professor Birkmayer aus Wien (ich begegnete ihm in Bad Ischl), der seit Jahrzehnten das vegetative Nervensystem beforscht, hat jetzt auch für die Akupunktur die Bedeutung biochemischer Reaktionen (über das Serotonin) bewiesen – »Transmittersubstanzen«, die für die Psychiatrie und Hirnforschung von so großer Bedeutung geworden sind. Ich kann über Akupunktur nichts sagen, da ich mich auf die Impletol-Therapie beschränkt habe. Persönlich glaube ich, daß es ziemlich gleich ist, ob ich eine Nadel einführe, massiere oder Procain injiziere. Man muß nur gezielt therapieren.

Aber solche Theorien lagen damals für den praktizierenden Nervenarzt außerhalb der Diskussion. In der Sprechstunde behandelte man Patienten, bei denen zunächst offenblieb, ob das Vegetative nicht nur die Kehrseite des Psychischen war: hypochondrische Syndrome mit Klagen über körperliche Beschwerden, aber mit spärlichem körperlichem Befund. Mit Klagen über Herz, Magen, Rücken, Kopf – mit intensiver Zuwendung zu diesen Beschwerden, – mit überwertiger Selbstwahrnehmung – Leidenshaltung eines Schwerkranken. Mit Klagen, die diese Patienten zum Internisten führten und vom Internisten zu uns, und deren Ursache sich bald als das herausstellte, was ich bei Weizsäcker als »psychosomatische Störungen« kennengelernt hatte. Aber meine Diagnose: »psychogen« war manchem Kollegen nicht recht einleuchtend, erweckte sogar bisweilen Ablehnung. Weizsäckers »psychogene Angina« – Fluchtreaktion junger Mädchen vor sexueller Bedrohung (auch im weiteren Sinne, z. B. vor Verlobung) war damals indiskutabel. Solch Vokabular war nicht aktuell. Erst im Laufe der Jahre setzte sich der Begriff »psychosomatisch« durch und merkwürdigerweise war es nicht Weizsäcker, sondern ein Internist (Jores), der den Begriff überhaupt ins Gespräch brachte und seine Fachkollegen lehrte, den psychischen Sektor bei körperlichen Beschwerden mehr zu beachten.

Wie oft wird der Name eines Erfinders vergessen, oder seine Erkenntnisse setzen sich erst in die Breite durch, wenn sie bereits überholt, abgenutzt, oder durch Vulgarisierung deformiert und ihres Wahrheitsgehalts verlustig gegangen sind. Nur gut, daß jeder, der auf der Suche nach Erkenntnis lebt, in dieser Suche bereits seine Befriedigung findet, auch wenn er als unbequemer Außenseiter abgelehnt wird. Die Nachhut sammelt die Beute ein, nachdem die Avantgarde den Kopf hingehalten hat.

»WAS IST DENN HEUTE MIT IHNEN LOS?« fragte mich der am ersten Pult sitzende Professor Grahe, als wir das Beethoven-Streichquartett op. 18, Nr. 3 spielten. Er unterbrach, bat um eine Wiederholung ab Buchstabe B, als ich im Allegro des ersten Satzes eine tonleiterartige Stakkatostelle nicht präzise genug spielte, zumal vier Takte vorher das aufgelöste fis in f im abgerissenen Forte zu spielen war. Wir wiederholten. Ich saß ihm diagonal gegenüber. Er sah mich an: schon wieder nicht präzise. Wie das so geht bei der Kontrolle: und wenn er noch mal unterbricht, dann geht es sicher gar nicht mehr. Seit meiner Kindheit halte ich nicht viel vom Wiederholen einzelner Passagen – es sei denn aus musikalisch-gestalterischen Gründen. Mein Vater hat dies so geübt: habe ich nicht immer (und nicht nur ich) den Bogen zu spüren bekommen, wenn ich mal flüchtig spielte? Den Takt nicht hielt, das f in fis verwandelte? Meine Mitspieler waren Professor Beckmann, der die Bratsche strich, und Dr. Schlack, der Kinderarzt am Pult der zweiten Geige. Wir spielten die klassischen Quartette: Haydn, Mozart, Beethoven, auch Schubert und Mendelssohn. Wir trafen uns alle zwei Wochen – spielten nie vor, nur für uns. Grahe war ein temperamentvoller dynamischer Geiger. Sein Sohn besuchte die Musikschule in Trossingen. Es gab keine grundsätzlichen Differenzen. Tempi und musikalische Auffassung bestimmte der Primus. So lief es, wie es laufen mußte: man kam gemeinsam an, so wie man begonnen hatte, und freute sich, daß es mal wieder klappte. Ich war der Jüngste. Bisweilen ungestüm. Man wußte das.

Und wenn die Instrumente in die Kästen gelegt wurden und der Abschied kam, ließ ich mich gern vom Bratschisten in seinem 2-Liter-BMW nach Hause fahren. Wir waren Nachbarn. Dann war der Motor für mich Musik. Ich liebte diese BMW-Motoren in Erinnerung an mein 328-BMW-Coupé. Ich hoffte: eines Tages wirst du den DKW beiseite stellen und einen neuen Wagen haben, wie ihn in der Stadt die Amis fuhren. Und als ich bei Auto-Staiger mit einem Buick liebäugelte, rief mich am nächsten Tag der Geschäftsführer für Gebrauchtwagen in der Praxis an: der Buick, den gestern »Ihr Sohn« besichtigt hätte, sei zum Verkauf frei. Mein Sohn? Bist du Vater und Sohn zugleich? O welches Spiel! Denk nie zurück im Zorn. Jetzt übst du die Stakkato-Stelle des Beethoven-Quartetts, damit Fürst Lobkowitz zufrieden ist. Mit dem eigenen Spiel ist man nie zufrieden. Du übst und übst – und wenn es darauf ankommt, bist du genau an dieser Stelle wieder raus. Mit Üben hat das nichts zu tun. Das ist ein Zwang, der dir den Kummer macht. Drum hüpf hinüber, nimm es leicht und sag dir: das ist nicht schwer. Du spielst es glatt, wie du dein Auto fährst. Und wenn es dreimal so gelaufen ist, ist diese Stelle auch geschafft: jetzt und ewiglich.

In Stuttgart existierte nach dem Krieg das Steinhäuser-Quartett. Diese Quartettvereinigung bildete sich sozusagen auf der Schutthalde. Ihre Konzerte fanden anfangs in ungeheizten Notunterkünften statt, aber der Saal war voll, besonders wenn am zweiten Weihnachtsfeiertag das Forellenquintett von Franz Schubert gespielt wurde. Ich lud sie ein, bei uns zu spielen. Es war der Beginn unserer Veranstaltungen – der Einzug der Musik in unser Haus. Die Menschen lebten auf, sie tranken Musik und waren glücklich. Ich organisierte Wein bei den Bauern. Damals 1947 – heute 1977, dazwischen liegen 30 Jahre. Heute leben wir bei Nürtingen auf dem Lande, wohnen zwischen Bildern und veranstalten wieder Cello-Konzerte. Der Kreis schließt sich. Das Cello blieb mein Instrument, das mir 1914 mein Vater schenkte. So hat jedes Tun seinen Anfang – seinen Beginn.

Durch offene Türen Gäste. Garderobe im Wartezimmer, das für zwei Tage umfunktioniert wird. Manche reisen schon am Freitag an. Privatunterkunft bei Freunden. Manche schlafen auf dem Untersuchungsdiwan, junge Menschen im Sessel. Man ist mit allem zufrieden. Es gibt keine Ansprüche. Stühle werden zu Reihen geordnet. Das Sprechzimmer wird zum Hörsaal. An den Wänden rostige Nägel, die man aufbiegt, umbiegt, gerade klopft. Denn jetzt gibt es hier keine Musik – aber Bilder. Bilder voller Musik. Ein »Zyklus abstrakter Malerei«. Der eiserne Ofen dazwischen ein Fremdkörper. Aber Kanonenöfen funktionieren, man hat nie Ärger mit ihnen. Oder doch? Rasche Strahlungswärme, die in der Nähe sengt. Bin ich versichert? Bilderversicherung? Ich werde das überprüfen. Erst Gäste begrüßen. Meine Frau macht das besser. Ich bin mit organisatorischen Fragen beschäftigt. Professor Hildebrandt muß einen Lehnstuhl haben. Ich finde einen. Georg Schmidt, Basel, will seinen Assistenten mitbringen: vorsorglich stelle ich einen Stuhl daneben. Frau Rut Schlemmer wird von ihrer Tochter begleitet. Ich schaffe Platz. Aus Köln reist Dr. Rusche an. Er bittet um eine Suppe. Man ißt bescheiden, und ist es auch. Mein Haus ist voll. Mehr wollen kommen, drängen nach – wie auf dem Bahnhof. Der Zug ist besetzt. Aber man rückt zusammen. Es geht. Hier noch einer – da noch einer. Es geht besser. Die Menschen schütteln sich zusammen wie in einem Behälter. Man kann kaum Bilder sehen. Aber man schaut. Man ist dabei. Margarethe Schreiber-Rüffer für Fritz Winter, Georg Meistermann aus Solingen, der bereits ein Werk abstrakter Malerei vorzuweisen hatte (natürlich auch bei Malverbot) und sich nach dem Krieg mit Elan öffentlich für die Abstrakte (und auch für mich) einsetzte. Fast alle hatten in den vergangenen Jahren durch die Politik schwere Beeinträchtigungen erleiden müssen, in ihrer künstlerischen Arbeit und auch im persönlichen Leben – aber keiner von ihnen gefiel sich in einer Märtyrerrolle. Rudolf Probst aus Mannheim, der progressive Kunsthändler der zwanziger Jahre in Dresden, vertrat die ethischen Werte der abstrakten Malerei und konnte inbrünstig über Kunst meditieren, während wir schon wieder an die Psychiatrie am nächsten Morgen dachten.

In der Praxis fingen wir an, uns mit der Psychoanalyse auseinanderzusetzen. Auch die Künstler und Kunsthistoriker im »Zyklus« sprachen viel über das »Unbewußte« als dynamische Quelle der Kunst. Wir waren einverstanden, als bereits damals HAP Grieshaber – ironisch an Koestlers Emigrantenbuch »arrival and departure« anknüpfend – die Analyse als kunstzerstörend oder -verhindernd abwertete. Grieshaber war auch im Widerstand gewesen, später im belgischen Bergwerk. Rudolf Probsts Neffe war als Mitglied der »Weißen Rose« in München hingerichtet worden, wie auch die Geschwister Scholl, von denen diese kühne Widerstandsbewegung der Jungen ausgegangen war. Inge Scholl, davongekommen, begann damals den Aufbau der »Hochschule für Gestaltung« in Ulm, die neue Impulse schuf. Ständiger Gast war auch Frau Maria Marc, trotz vieler Altersbeschwerden aufgeschlossen, tolerant, gemütvoll und dem Neuen lebendig zugewandt. Auch Otto Stangl kam, der gemeinsam mit seiner Frau eine moderne Galerie in München eröffnet hatte, bereits mit einem Bestand Klee aus der Sammlung Ibach. Es kamen Frau Dr. Stünke von der Galerie »Spiegel« in Köln und Dr. Herbert Hermann, von der ersten modernen Galerie in Stuttgart. Er hatte nach dem Krieg Ausstellungen veranstaltet, die von Kurt Leonhard eingeführt wurden. Hermann gab später auf, weil ihm »die Luft ausging«. Es fanden sich nicht genug abstrakte Maler, um alle vier Wochen eine neue Ausstellung zu veranstalten – oder man wußte noch nichts von ihnen.

1947 war schon ein merkwürdiges Jahr mit der Dissoziierung: Hunger nach Brot – Hunger nach Kunst. Da hatten die Menschen aus München, Köln, Freiburg, Düsseldorf, Wiesbaden ihr Brot in der Tasche, den Nescafé im Koffer – sie reisten in verstaubten Zügen, in denen notdürftig die Fenster zugeklebt waren. Aber sie waren gekommen wegen ein paar neuer Bilder an den Wänden, wegen einiger Vorträge über Kunst, wegen einiger Diskussionen. Alle vier Wochen ein anderer Maler: Winter – Ritschl – Baumeister – Meistermann – Ackermann. Es war alles andere als ordentlich organisiert, es war ein dichtes enges Menschenknäuel beieinander, das sich mochte, das Rücksicht nahm, das sich verstand. Man erwartete nichts – und doch geschah so viel. Ein Widerspruch? Jemand fragt – Kurt Leonhard antwortet. Einer will wissen, was abstrakt bedeutet – Baumeister äußert sich. Otto Ritschl theoretisiert philosophisch. Und alle sind sich einig, daß etwas Neues für sie Gestalt gewonnen hat, besonders für die, denen seit 1933 der Zugang zur zeitgenössischen Kunst verschlossen war. Erste Begegnungen. Der Zyklus gab Anstöße für immer weitere Kreise. Eine Handvoll Menschen trug Erkenntnisse hinaus und schuf den Boden für weitere Saat.
Diese Zeit nach dem Krieg war unbeschreiblich. Nie wieder hat es ähnliches gegeben. Man stöberte überall herum, fand in Bibliotheken interessante Schriften, besuchte Ateliers, lernte Maler kennen, studierte Graphik, tauschte, kaufte, hungerte, aber das Stillen des großen Hungers nach Kunst erschien wichtiger. Es war schön, damals vorn zu sein, und auch manches Opfer dafür zu bringen, den Kopf hinzuhalten gegen Unverständnis und Engstirnigkeit. Man tat es ja freiwillig, suchte den Angriff, um die Menschen zu provozieren, sie aufzuschrecken. Viele Freundschaften entstanden mit Malern, auch mit solchen, die heute vergessen sind, die nicht durchhielten oder es nicht schafften. Hatten sie vielleicht ihre künstlerische Potenz im Kampf gegen den Widerstand verbraucht und keine Kraft mehr, als der Widerstand wegfiel? Das gilt nicht nur für die Maler von damals. Kein Künstler wird verschont von Potenzverlust – auch nicht Picasso. Wenn Tizian mit seiner Danae mit 90 Jahren noch ein Meisterwerk malte (meine Frau sah es in der Ermitage in Leningrad), so weil er kein Neuerer war, sondern ein Vollender. Dorazio sagte mir einmal: Kein Maler könne länger als zehn Jahre kreativ – produktiv sein, später wiederhole er sich. Das ist wohl

richtig, und es schadet auch nichts, wenn er sich wiederholt, seinen Stil ausbaut, variiert – oder (warum auch nicht?) perfektioniert, statt sich krampfhaft um Neues zu bemühen, das doch nicht sich herbeizwingen läßt, wenn es nicht spontan fließt. Natürlich gibt es Ausnahmen wie Klee, der immer Neues schuf.
Damals war alles neu. Man reiste weit, um es zu sehen, man suchte Kontakte, man wollte schnell voran. War ich wirklich »der Mann der ersten Stunde«, wie Horst Keller mich 1976 in seiner Fritz-Winter-Monographie titulierte? Sicher ist, daß der Zyklus 1947 ein Anstoß war. Hieraus entstand die Publikation »Die schöpferischen Kräfte in der abstrakten Malerei« (Müller und Kiepenheuer Verlag). Ich sehe »Mü« vor mir stehen. Er nahm das fertige Buch (das ich ihm vorlegte), verkaufte die 1000-Exemplar-Auflage im Handumdrehen. »Zu wenig, viel zu wenig« rief er mir zu. Ich reiste mit ihm in die Schweiz – im Wagen verstaute er viele Bücher. Der Zoll packte aus. »Mü« mußte zahlen. Aber wer ihn kannte, der wußte: das tangierte ihn wenig. Er war ein harter Gesell mit freundlich-liebenswürdiger Ausstrahlung. Unsere Wege haben sich verloren. Er starb. Ich arbeitete an meinem neuen Buch im eigenen Verlag: an der dreisprachigen Hartung-Monographie.

13

AM 23. JULI 1948 WURDE IN PARIS der »Salon des Réalités Nouvelles« eröffnet. Neue Wirklichkeiten – aus abstrakter Malerei. Auch hier stritten sich wieder die Geister um die Bilder, um den Begriff, um das Vokabular. Die Bilder: reiner Ausdruck von Farbe und Form – zu wenig? Aber sagt eine grüne Wiese mehr aus als eine grüne Fläche? Bereits die Impressionisten haben eine grüne Wiese so gemalt, daß kein Gegenstand mehr erkennbar war. Das Vokabular: »Abstrakt«? Oder: »Ungegenständlich«? »Non objective« kam von den USA. Heute fassen manche die gesamte abstrakte Nachkriegsmalerei als »das Informel« zusammen – zu Unrecht. Diese Bezeichnung war damals dem Tachismus reserviert, der erst gegen 1951 einsetzte: die scheinbar (und teils auch wirklich) unkontrollierte, rein spontane Niederschrift. Die »Abstrakte« dagegen, so unkontrolliert sie wirken mochte, unterschied sich doch (trotz ihrer Aussage als Psychogramm) vom echten »Informel« durch die im Grunde strenge Komposition der Bilder. Streit um Worte: abstrakt (Komposition), konkret (die Geometrischen), tachistisch (Farbflecken), Informel (die streng Unbewußten) – Streitobjekt und Schreibobjekt für die Kunsttheoretiker. Charles Estienne, damals der führende Kritiker in Paris für die Abstrakten, schrieb etwas esoterische Texte, welche die betroffenen Maler gern zur Kenntnis nahmen, ohne sich aber – denke ich – in ihrer Malerei dadurch beeinflußt zu fühlen. Für diese erste Phase halte ich auch heute noch den Begriff der »lyrischen Abstraktion« für den treffendsten.
Was bedeutete überhaupt (diskutierte man damals) der Verzicht auf den Gegenstand? Vergleiche mit dem Weltbild der modernen Physik, mit der Fragwürdigkeit der »Materie«, mit dem Verfall der Epoche des 19. Jahrhunderts gingen ja schon Jahrzehnte voraus. Jetzt fragte man weiter: Bedeutet der Verzicht auf den Gegenstand

Negation? Oder etwas Positives? Man einigte sich (vortastend in diese neuen Bereiche) auf die »Freiheit« in der Malerei. Freiheit vom Gegenstand, Freiheit vom literarischen Inhalt. Freiheit auch von Diktatur, Krieg, politischer Diffamierung. Alle Länder der Welt vereinigten sich in dem »Salon«. Das klang an die alte Internationale an, und der Salon war auch deutlich rot gefärbt. Rot scheint die Farbe der Freiheit zu sein. Auch in privaten Salons, in die man (wie fremde Tiere) die Deutschen einlud, fanden wir Hammer und Sichel hochgeschätzt und wurden in Gespräche über »Collectivisme« verwickelt. Diese Tendenz der Gebildeten – sicher auch eine Reaktion gegen das Dritte Reich – ging damals durch alle Länder. Sogar in der Schweiz wurden wir in Kunstkreisen auf das Marx-Manifest verwiesen, und zwar von Menschen, denen man es eigentlich nicht zugetraut hätte. Der Kollektivismus hatte die Intelligenz in ihren Bann gezogen. Noch viele Jahre später, als ich mit meinen Filmen durch Frankreich zog, sprachen die jungen Leute alle von der »Communication«. Im Grunde wohl der gleiche dezente Ausdruck für eine ihnen vorschwebende Einheit der Weltbürger, der sie sich als Erben der Barrikaden und als Nachfolger Rousseaus wohl verpflichtet fühlten. Solche Begriffe mußten sich die politisch unerfahrenen Deutschen erst einmal aneignen – eine neue »Education sentimentale«. Dabei kamen wir doch wegen der Bilder! Aber wie dem auch sei, die Deutschen waren wieder dabei. Welche Ehre, in der Zeit von Kontrollrat, Truman-Doktrin, Berlin-Blockade und Marshall-Plan als gleichberechtigte Nation im Rahmen der Kunst auftreten zu dürfen.

Ich war – ich weiß nicht mehr wie – zu der Aufgabe gekommen, die Beteiligung der deutschen abstrakten Maler an dieser ersten internationalen Kunstausstellung zu organisieren. Mr. Anthony Thwaites von der Englischen Botschaft in München hatte mich mit dieser Aufgabe betraut. Ich hatte für die Formalitäten zu sorgen, Papiere, Fragebogen, Lizenzen, Transport zu vermitteln. Mir lagen solche Aufträge. Ich war wieder in meinem Element. – Und wie bei den Musikfesten in Greifswald wurde bei Domnick das Büro für die Korrespondenz zweckentfremdet: Maler her! Das war gar nicht so einfach, abstrakte Maler bei beschränkter Teilnehmerzahl und Quadratmeter Hängefläche auszuwählen, ohne jemand zu benachteiligen. Durch meinen »Zyklus« hatte ich bereits Verbindungen.

Man freute sich über jeden, der dazustieß. Maler, die schon lange abstrakt arbeiteten, tauchten aus dem Versteck auf, neue kamen hinzu, sandten Bilder. Ein großer Transport, begleitet vom Segen der Militärregierung, von politischen Unbedenklichkeitsattesten und Zollformalitäten, ging nach Paris ab. Die Namen der Maler erschienen sogar im Katalog. Da Deutschland in Frankreich mit A anfängt, kam einer der Herren vom Comité auf die glorreiche Idee, unser Land unter »Zones occupées de la Féderation allemande« in den Katalog einzureihen, womit die Rangordnung respektiert und dem Alphabet Genüge getan war. Wir dagegen revanchierten uns für die Teilnahme, indem wir anschließend eine Wanderausstellung französischer abstrakter Maler durch zehn Städte der Bundesrepublik organisierten, die ich mit Vorträgen begleitete.

Da hingen sie nun, die Ackermann, Baumeister, Meistermann, Trier, an den Wänden des Pariser Salon, und da hingen die anderen aus der übrigen Welt. Unbekannte Namen, die vor 1933 kaum in Kunstgeschichten standen. Picasso war nicht dabei, natürlich, er lehnte abstrakte Malerei »als Prinzip« ab. Miró war nur als Gerücht existent. Wir gingen nachdenklich durch die weiten, überdimensionierten Museumsräume im »Salon des Réalités Nouvelles« und sahen Bilder – Bilder – Bilder. Da fiel mir plötzlich ein ganz merkwürdiges Bild auf. Ich sehe es vor mir: auf weißem Grund zwei ovale schwarze Formen, die in der Mitte einen gelben konzentrierten Fleck begrenzen, worüber zwei feine schwarze lange Striche führen. Nicht mehr – nicht weniger. Ein Bild in einem für unsere Verhältnisse ungewöhnlichen Format von ca. 100 mal 130. Ich stand davor, war fasziniert, suchte den Namen rechts unten: Hans Hartung 1946. Ich schrieb mir diesen Namen auf und auch noch den von Pierre Soulages und auch noch de Staël, und ich verließ den Salon mit diesen Adressen und klingelte abends bei Hans Hartung in Arcueil.

HARTUNG WOHNTE in der Rue Simon Barboux in Arcueil. Wir fanden dieses Haus, in dem sein Schwiegervater Gonzales lebte, erst nach Umwegen. Das Haus lag abseits und still. Unten wohnten zwei Tanten mit vielen Katzen. Das waren die Schwestern von Julio Gonzales, dem Spanier, der herrliche Eisenplastiken schuf, die heute im »Musée d'art moderne« ausgestellt sind. 1975 sah ich diese Skulpturen in Paris wieder und war von neuem beeindruckt. Hartung lebt seit 1935 in Frankreich. Er ist 1946 französischer Staatsbürger geworden, nachdem er vorher in der Fremdenlegion und in der Widerstandsbewegung kämpfte. Er wurde schwer verwundet – verlor sein rechtes Bein – und als ich ihm, dem gebürtigen Deutschen, zum erstenmal gegenüber stand, hielten unsere Blicke auffallend lange aneinander fest. Er trug eine dunkle Malerjoppe, die man über den Kopf streift und die von Farbe ziemlich fleckig war. Davon existiert ein Foto mit Roberta Gonzales, seiner zweiten Frau. Sie war blond und temperamentvoll. Auch sie hatte eine Gehbehinderung durch Hüftgelenksluxation. So waren beide beinleidend, wobei Roberta ihre Hüftgelenksversteifung besser kaschieren konnte als Hans Hartung, der meist ohne Prothese mit zwei Krücken im Atelier herumhumpelte.

Hans Hartung nannte sich nie Jean, und auch Roberta rief ihn nicht so. Er hat auch immer mit Hans Hartung signiert. Er fühlte sich deutsch, liebte aber die französische Sprache, die Malerei, den Lebensstil und den Himmel. Sein Atelier war groß, verglichen mit den deutschen um diese Zeit, und voller Atmosphäre. Wir wunderten uns, daß keine Bilder zu sehen waren, sondern alle umgekehrt an der Wand gestapelt waren. Wir fanden die Bilder herrlich. Hartung malte und zeichnete den ganzen Tag. Er hatte nie genug Zeit. Es brannte ihm auf den Nägeln. Seine Gehbehinderung störte ihn ungemein, irritierte und quälte ihn, zumal durch die Umstände ihrer Entstehung: als nicht kämpfender Soldat (als Sanitäter) von den eigenen Landsleuten (den Deutschen) angeschossen, im Lazarett bei den Franzosen amputiert (wie er meinte: zu Unrecht, man hätte das Bein erhalten können), noch dazu in falscher Höhe (ungünstig für die Prothese) mit nie gut verheilter Amputationsnarbe. Diese Beinamputation, mit der Summierung all dieser Umstände, wurde für ihn zur überwertigen Idee, sie war sein psychisches Trauma, und man weiß nicht, ob und wie sich seine Malerei ohne diesen ständigen Stachel, den »Dorn im Fleisch«, entwickelt hätte. Aber davon will er nichts hören. Er war schon vor der Verwundung ein guter Maler, der neue Wege ging. Und ich will die Analyse meines Freundes nicht weitertreiben, obwohl sie ihm nur Bewunderung einbringen könnte. Nicht zufällig sind seine Bilder reine Psychogramme.

Nicht etwa schwungvoll in Kurven und Bogen hingemalt, sondern langsam gezeichnet, die Linien nicht gezogen, sondern geschoben, die Flecken vorsichtig, mit Pausen, hingesetzt, fast ertastet.

Wie er im Atelier zeichnete und malte, zeigt der Film des damals noch unbekannten Cineasten Alain Resnais, der lange vor dessen Hiroshima-Film entstand. Diese Spontaneität seiner Niederschrift ist unter der Kamera festgehalten, so gewinnt das Ganze im Film den Status nascendi. Wir erleben die Geburt eines Bildes, einer einmaligen in dieser spontanen Form unwiederholbaren Niederschrift. Dies gilt besonders für die Zeichnung, auch die farbige, während das Bild unter ständiger Eigenkritik gemalt wird. Ich sehe Hartung vor mir in seinem Atelier in Arcueil, mit den Krücken, der dicken Brille, den dichten schwarzen leicht lockigen Haaren und dem intensiven Blick bei etwas gehemmtem Wesen, in der uns fremden Situation mit den knarrenden Türen und den Katzen, dem eisernen Ofen, seinem Korbstuhl, der Staffelei, den gestapelten Bildern. Wir sprachen wenig. Wir hatten das Gefühl, auch ohne Sprache uns zu verstehen.

Dieser Mann mit der starken Ausstrahlung bei großer Bescheidenheit sollte in meinem Leben eine zentrale Figur werden. Seit 1947 wußte ich, daß diese Reise nach Paris so kurz nach dem vernichtenden Krieg mein Leben in neue Bahnen lenkte, und daß mit dieser Begegnung ein langer Weg begann, der zu dem führte, was sich heute als »Sammlung Domnick« dokumentiert. Ich spürte, daß ich einem Mann gegenüberstand, der Entscheidendes in der modernen Malerei gewagt hatte, es galt, ihn zu fördern, sein Werk bekanntzumachen, seine Entwicklung zu schildern. Es entstand die Monographie über Hans Hartung: dreisprachig, 1949 ausgeliefert, diesmal im eigenen Verlag mit allen Risiken in einer Auflage von 5000 Exemplaren. Noch ahnte ich nichts von Schwierigkeiten. Ich plante nach dem ersten Erfolg bei Müller und Kiepenheuer diese zweite Kunst-Publikation in eigener Regie. Jetzt wollte ich selbst ernten. Die Amerikaner hatten mir die Verlagslizenz erteilt, so daß ich frei und unabhängig war. Unabhängigkeit strebte ich ja immer an. Ich suchte Selbständigkeit. Auch das Risiko, in neue Gebiete vorzudringen, die mir fremd waren. Viele Menschen fragten mich nach dem Sinn meines Tuns. Sie verstanden kaum meine Bemühungen, und nichts von meiner Hartung-Begeisterung. Aber ich war überzeugt von diesem Maler. Kein Opfer schien mir zu groß, keine Mühe wollte ich scheuen, um dieses Buch herauszubringen. Keine Reise nach Paris war uns zu lang. Wegen der Arztpraxis stand uns nur das Wochenende zur Verfügung. Freitagmittag Start mit dem Porsche – über Kehl – Straßburg – Lunéville – Nancy – Toul – St. Dizier – Sézanne – Paris – Hotel am Boulevard Raspail neben Rodins »Balzac« und dem Café du Dôme. Sonntagmittag zurück. Diese Strecke kannten wir, wir benutzten dieselbe Tankstelle, picknickten am gleichen Waldrand bei Nancy, kannten die Hindernisse an gefährlichen Kurven in den ersten 300 km, die Bahnübergänge und die Durchfahrten in den nächsten 300 km bis Paris. Unter fünf bis sechs Stunden war es nicht zu schaffen. Wir waren zufrieden, vor unserem Hotel zu halten. Im Café du Dôme tranken wir bei der Ankunft den Esprès und abends mit Hartung den Vin rouge. Man scherzte: »Weekend in Paris – fast ein amerikanischer Filmtitel.«

DAS PARIS DER NACHKRIEGSZEIT erlebte seine zweite Besatzung durch die Amerikaner: die GI und die Touristen. Die Amerikaner hatten den Krieg gewonnen, und die Franzosen, die sich in kluger Resignation rechtzeitig nach sechs Wochen Krieg ergeben hatten, waren erst vier Jahre später durch die USA befreit worden. Das psychische Trauma war eklatant, am deutlichsten verkörpert in der Figur des Generals de Gaulle, aber auch durch Sprüche an den Hauswänden: »Ami go home.« Doch das ausgehungerte Paris, gerade eben der Besatzung durch die Knobelbecher ledig, gewann durch die naive Freude der weichbesohlten Amerikaner, die auch eben erst den Krieg hinter sich hatten, einen gewissen Glanz. Man hörte aus jeder Bar und aus den Fenstern nicht nur »La vie en rose« vom Spatzen Edith Piaf, sondern auch »I like Paris.« Es gab hier nichts von der Tristesse der »verlorenen Generation« Hemingways. Das Paris von 1947, wie wir es sahen, war arm, grau, unelegant, aber es war heiter. Trotz Existentialismus – auch trotz unseren immer noch hungrigen Mägen, an die wir nun schon lange gewöhnt waren.
Aber unseren Freunden von der Malerei ging es auch nicht viel besser. Wovon sie lebten, wußten wir nicht. Es gab Galerien für diese neue Kunst, wie Lydia Conti, die Hartung, Soulages, Schneider ausstellte, oder Madame Bois in der Galerie Jeanne Bucher, wo

Willi Baumeister früher und auch später wieder ausstellen durfte. Dann tauchte die Galerie Maeght im Gesichtsfeld auf, von Anfang an elegant und teuer. Louis Carré hatte schon früh die Verbindung zu den USA, er hielt seine Pariser Maler streng unter Kontrakt. Bilder wurden aber offenbar nur wenig verkauft. Die Händler nahmen pro Monat eine bestimmte Zahl (vertraglich festgelegt) oder auch die gesamte Produktion ab und zahlten eine feste (bescheidene) Pauschale, die auf spätere Verkäufe angerechnet wurde. Wir empfanden die Methode damals als Ausbeutung, der die Maler ausgeliefert waren. Aber vielleicht war es doch der Kunst dienlich? In der Erinnerung könnte man meinen, daß die ungeheure Vielfalt, Lebendigkeit und Kraft der »Ecole de Paris«, die damals von den Abstrakten beherrscht wurde, bedingt war durch die Widerstände: des Lebens, des Verkaufens, der Abhängigkeit von ihren Galerien. Aber auch durch die Bewunderung der Kunstfreunde, die sich aus aller Welt hier trafen. Vor allem auch der Amerikaner, die mit ihrem Dollar potente Käufer waren – Museumsdirektoren, wie etwa J. J. Sweeney, der damals für New York die Frühwerke der »Ecole de Paris« erwarb, unter anderem auch das Hartung-Bild, das mich 1947 so fasziniert hatte. Bewunderung fördert ein künstlerisches Werk – wie eine Frau an Charme und Ausstrahlung gewinnt, wenn sie ins Licht der Öffentlichkeit gerät. Natürlich kann auch der einflußreichste Kunsthändler einen schwachen Künstler auf die Dauer nicht hochstilisieren. Aber auch ein starker Künstler gelangt nur schwer zu seiner vollen Entfaltung, wenn er durch widrige Umstände keinen Händler findet und im stillen Winkel zwar begeisterter, aber wenig potenter Galerien verkümmert. Kunstbegeisterung scheint beinahe ein Hemmnis für kunsthändlerischen Erfolg zu sein, ein wahrer Kunstliebhaber müßte ja bei jedem Verkauf einen Stich ins Herz spüren. Es war etwas Jesuitisches beim großen Kunsthändler: der Zweck heiligt die Mittel. Das bedeutet, dem Maler nicht nur den Lebensunterhalt, (wenn auch oft nur das Existenzminimum) garantieren, sondern auch Leben ins Atelier bringen, Kräfte im Künstler aktivieren, Leistung anregen, die sonst vielleicht verkümmert wäre.

Je mehr allerdings der Franc rollte, um so größere Charakterstärke gehörte dazu, Ruhm und Geld einerseits – künstlerische Aussage andererseits – in Einklang zu bringen. Die Suizide vieler Künstler (zuerst de Staël) haben sicher mit dieser künstlerischen Krise auf der Höhe des Erfolgs zu tun, wenn auch natürlich nicht alle. Wohl kaum ein Künstler ist mit diesem Problem des Erfolgs fertig geworden. Als hätten die großen Kunsthändler gespürt, daß finanzielle Unabhängigkeit und Freizügigkeit sich ungünstig auf die Kunst auswirken könnten, blieben sie mit ihren Monatswechseln sparsam, bei striktem Ablieferungsgebot der Bilder an die Galerie. Wir sprachen mit unseren Freunden über dieses psychologische Problem, das uns damals schon klar war – fanden aber wenig Gegenliebe. Heut ist die Situation anders: Kunstmarkt, Kunst als Ware und Kunst als Kapitalanlage – aber darüber will ich nicht polemisieren.

SO ENTDECKTEN WIR PARIS: Das Paris, in dem Kafka und merkwürdigerweise auch Heidegger Mode wurden. Das Paris der Existentialisten, in dessen Kellern die jungen Mädchen (mit ihren Pferdeschwänzen) barfuß tanzten. Das Paris mit der sauberen Trennung der Bars und Cafés: im »Dôme« die Deutschen (in Erinnerung an die Knobelbecher) noch vertraulich begrüßt, als da waren Kunstschülerinnen, Maler, Touristen, in der »Rotonde« die Arrivierten, auch die Amerikaner, in den »Deux Magots« die Abstrakten, im »Flore«, ehrfürchtig bestaunt (schon damals sein eigenes Denkmal) der tragische Sartre. Das Paris der Kinos, in die man zu beliebiger Zeit mitten in einen Film ging und den Anfang zuletzt sah. Das Paris der »rive gauche« mit den unzähligen Galerien: Mit Pierre Loeb, dem Mißtrauischen mit der guten Nase für Neues, das er dann fallenließ zugunsten des noch Neueren. Mit der »Librairie La Hune«, die Literatur und Malerei verband. Mit Louis Carré, der uns in seinem Talbot-Coupé zu Lanskoy (dem kahlköpfigen) fahren ließ, »nicht wegen der Malerei, sondern comme personnalité«. Mit der winzigen Intellektuellen Madeleine Rousseau, die mit einem 2,20 m großen, schwarzen Dichter befreundet war. Mit den riesigen dunklen vollgestopften Wohnungen. Mit der Île St. Louis. Mit den Läden voll der tollsten Hüte. Mit der sagenhaften »Femina«, in der »oben ohne« serviert wurde. Mit den im Schaufenster im Bettchen ausgestellten, wie Puppen zurechtgeschminkten Zehnjährigen an der Place Pigalle.

Die Erschöpfung vom Umherlaufen in den Galerien, die müden Beine, der brummende Kopf vom ungewohnten Pernod und der knurrende Magen: das war Paris zwischen 1946 und 1950. In unserer Erinnerung ein ähnliches Erlebnis wie im Paris Hemingways 1919: die wiedergewonnene Freiheit nach Krieg und Zerstörung, die sicher nicht so beglückend empfunden worden wäre (oder in der Erinnerung empfunden wird), wäre sie nicht damals getrübt worden durch die Impotenz: bei Hemingways negativem Helden durch die Verwundung, bei uns durch das Dilemma des Devisenmangels. Den schönsten Frauen, den schönsten Bildern, die sich anbieten, gegenüberzustehen: unfähig sie zu erwerben! Die merkwürdige Geldsituation in den Nachkriegsjahren brachte gewisse Schwierigkeiten mit sich, besonders für einen Deutschen mit großer Kunstbegeisterung, aber normalem Einkommen und anerzogenen Hemmungen, Devisengeschäfte zu machen, die sich damals vielleicht angeboten hätten. Wir schlüpften zur Nacht bei Deutschen unter oder in drittklassigen Hotels – wir aßen (zur Mißbilligung der Patronin) mittags nur ein Omelette und brachen nach diesem Horsd'œuvre auf. Andererseits erschien meine Frau dort im »New Look«, der neuen langen Mode, die ich als Erlös für einige Exemplare »Schöpferische Kräfte –« (mein einziges Honorar für die Herstellung des Buches) aus der Schweiz mitgebracht hatte. Diese Aufmachung meiner sonst so bescheidenen Frau, auch unsere gute Orientierung über Kunst allgemein und vielleicht auch unser Blick für die Qualität der uns noch fremden Malerei, ließen uns wohl als potente Sammler erscheinen und öffneten uns viele Türen. Und dann der »schwarze Mercedes«: erst nachträglich wurde uns klar, wie er wohl unser Image, das Image deutscher Kunstbegeisterter färbte.

Wir schrieben das Jahr 1946, als ich ein aus Bayern importiertes Wrack Herrn Niess, dem Chef der Reparaturabteilung des zerstörten Werkes Daimler-Benz Untertürkheim, auf einem LKW anlieferte. In Bayern hatten sich die Überreste der Deutschen Wehrmacht aufgelöst, und es wimmelte von Wracks aller Art, mit denen schwunghafter Handel getrieben wurde. Herr Niess schlug die Hände über dem Kopf zusammen, das Wrack betrachtend. Aber dafür hatte ich einen goldenen Ring, eine Schreibmaschine und viel Geld opfern müssen. Das waren die Zeiten der Kompensationsge-

schäfte, und Herrn Niess mußte ich das nötige Material nach Sindelfingen liefern: Polstermaterial von Sesseln, Lack von der Firma Herberts (dem großen Sammler), über Willi Baumeister. Und die Reifen. Und die Bosch-Leuchten. Wiedergeburt eines schrottreifen Autos bei Daimler-Benz. Die Freude steigerte sich beim Abholen in Sindelfingen von der PKW-Rampe – in leise wehmütiger Erinnerung an meinen cremefarbigen Roadster 170 V 1936 in Frankfurt. Mit dem neuen Wagen fuhr ich über Stadt und Land und nach Paris, wo es in einer Nacht bumste. Ich sprang aus dem Bett, zog die Gardine einen Spalt auf und sah meine Frontscheibe zerschlagen. Ich ging noch nachts auf die Straße, deckte die zerstörte Scheibe zu und entfernte Haßworte, die mit roter Farbe auf den Fenstern standen – zwei Jahre nach Kriegsende. Aber wie soll der Haß so schnell abgeklungen sein, wenn die Wunden noch nicht verheilt sind? Zwei Jahre sind zwei Stunden, verglichen mit dem Ablauf der Weltgeschichte. Trotzdem war dieses Ressentiment nicht etwa eine allgemeine Haltung.
Wir haben diese Reise mit der zerstörten Frontscheibe nicht vorzeitig abgebrochen. Der Plan von Paris mit seiner klaren Topographie und der traditionellen Unterscheidung von rive gauche und rive droite wurde uns bald geläufig. Und der Verkehr! Der Straßenverkehr: In einer Stadt, die den Menschen zur Ameise werden läßt, wenn es gilt, die Place de la Concorde oder den Etoile zu überwinden, gleich welche Art der Fortbewegung er wählt. Es war ein Rauschen und Gleiten, ein sich Schieben und Geschobenwerden, im Einklang mit Dynamik und Rhythmik – ein Dahingleiten auf Asphalt – ein Sichverstehen – ein Spüren gegenseitiger Sympathie und Rücksicht. Alles schnell, très vite, aber ohne Hetze – alles im Tempo, aber ohne Raserei – alles mit Elan und Charme – ohne Schimpf und Tadel. Die amtierenden Polizisten mit ihrer kleidsamen Pelerine und ihrem weißen rasch pendelnden Stock griffen nur ein, wenn wirklich mal ein Knäuel entstand, das sich dann mühelos auflöste. Die Motorenmusik, begleitet von singenden Pneus auf dem glattgefahrenen Asphalt machte das Dabeisein zu einem Erlebnis, wie es weder London, Rom oder Madrid vermitteln.

»Bitte geben Sie mir sofort die Schlüssel!« – »Was, Sie meinen, die würden nicht passen?« – antworte ich dem Fremden. »Wir werden sehen.« Ich stelle meine Koffer neben das Auto, fummele am Schlüsselring, schließe die Tür auf, stecke den Schlüssel in das Zündschloß, drehe nach rechts, das rote Lämpchen zeigt den Kontakt an. Ich drücke auf den Anlasser und nach einigen Sekunden schüttelt der nicht ganz sauber laufende Vierzylinder seine Kolben über Pleuel und Kurbelwelle. »So, mein Lieber, jetzt wissen Sie, daß dieser Schlüssel zu diesem Wagen paßt und wenn Sie etwas anderes behaupten wollen . . .« Ich spreche ins Leere – neben mir steht niemand, meine abgestellten Koffer sind weg – die Straßen leer – keiner, den ich hätte fragen können. Jetzt erinnere ich mich an den Inhalt, zähle meine Sachen nach: Der Anzug – das Etui – die Weckeruhr, ein Geschenk – ich überlege: So schnell kannst du am heiligen Vormittag eines stillen Sonntags in einer Nebenstraße beraubt werden. Du hast mitgespielt, bist reingefallen, überlistet, von Angesicht zu Angesicht – nur eine Verwechslung, nichts weiter. Du bist ein Tor, ein dummer Zeitgenosse aus dem Jahr 1947, wo jeder jeden belog, um etwas zu holen, wo er die Chance sah – und jetzt bist du dran! Wer glaubt dir das – geh doch hin zur Polizei, niemand wird dir zuhören, dir glauben, und du stehst da, ohne Koffer an deinem kleinen Auto, das sich anständig zeigte und dir half, deinen Schlüssel zu beweisen. Jetzt steigst du ein, bist leichter geworden – ohne Gepäck – ohne Mantel – ohne Waschzeug. Du bist reich in deiner Armseligkeit. Tu Gutes, gönn es deinem Feind, der dich auszog. Denk daran, daß er noch weniger hat als du! Denk an sein unrasiertes Gesicht, an seine ungeputzten Zähne. Er wird sich zu Hause waschen mit deiner Seife, sich rasieren mit deiner Klinge, sich die Zähne putzen mit deiner Bürste. Wie reich du warst. Er wird aus deinem Koffer deinen Anzug nehmen, ihn probieren, der wird etwas zu eng sein, aber man trägt den Einreiher offen. Er wird die blaue Krawatte anlegen, das gestreifte Hemd anziehen, ja auch das farbige Unterhemd aus der Schweiz. Er wird vor den Spiegel treten und sich brüsten, sich freuen. Er ist plötzlich etwas geworden, zu dem du ihm verholfen hast. Du wirst sehen, er kommt nie wieder in deine Nähe. Du kannst ihn abschreiben. Er braucht dich nicht mehr. Er hat genug von dir. Was ihm fehlte, hast du ihm gegeben. Gebt den Armen und ihr seid reich! Er wird ein anderer

Mensch werden. Er wird eine Stelle finden. Er wird aufsteigen. Er wird etwas lernen. Ja – lernen: er wird einen anderen Trick finden. Er wird die Sachen auf dem Schwarzmarkt verkaufen. Er wird . . .

Ich fahre weiter. Und denke an meine beiden Koffer. Sie sind in andere Hände übergegangen. Recht hat er, daß er mich zum Armen machte auf der stillen Straße. Und dann ist man glücklich, daß man sein Auto noch hat! Es hätte ja auch den Besitzer wechseln können, – und ich stände da und schreibe mir die Nummer auf, die ich doch im Kopf habe – weiße Schrift auf schwarzem Grund – wie merkwürdig dies alles abläuft! In Sekunden schießen Impulse durch das Hirn, man muß korrigieren, ventilieren, reflektieren, kritisieren und seine Reaktionen beherrschen, um nicht noch mehr Unsinn zu machen. Jetzt packt mich die Wut in Erinnerung an persönliche Dinge, wie Fotos, Briefe, Andenken, mit denen der Kerl gar nichts anderes anfangen kann, als sie wegzuwerfen, – und ein anderer findet sie – nicht auszudenken. Ich sollte doch zur Polizei gehen und den Fall melden. Aber die haben anderes zu tun, als deinen Koffer zu suchen. – Ich werde darüber schlafen. Ich werde mit mir zu Gericht sitzen. Ich werde eine Lucky rauchen, den Tatbestand schriftlich fixieren und dann das Ganze vergessen.

1948. WÄHRUNGSREFORM. Neubeginn. Gleicher Start für alle. Die Uhren sind gestellt. Aber schon nach kurzer Zeit setzen sich einige ab. Tour de France – das Feld weit hinter sich lassend. Rudi Altig, Hannes Junkermann, Rudi Mierke – nein, nicht mehr – oder der sagenhafte Eddi Merckx: sie gewinnen immer mehr Zeit und damit Boden und damit Prämien und damit Geld. Gleicher Start für alle mit 60 DM. Aber es gab welche, die schafften aus 60 DM rasch 600 DM und 6000 und 60 000, ehe ein Sterblicher es sich versah. Das waren die Männer der ersten Stunde. Die Helden der Wirtschaftstour. Wo war ich um diese Zeit? Im Sommer 1948? Ich stand in Paris im »Salon des Réalités Nouvelles«, an dem zum erstenmal eine deutsche Gruppe teilnahm. Aber das war mehr als eine Teilnahme. Es war ein universeller Gedanke mit einem unmittelbaren Echo »auf der anderen Seite des Rheins« (del Marle). Unsere deutsche Teilnahme war die Tour und die Anregung zu einer großen französischen Wanderausstellung durch sieben Städte: Stuttgart – München – Düsseldorf – Hannover – Hamburg – Frankfurt – Freiburg mit zehn Malern so verschiedener Richtungen wie Kupka – Herbin – Domela einerseits – Hartung – Soulages – Schneider andererseits. Ich stand in den Kunstsälen der zerstörten deutschen Städte. Ich sprach zu Menschen, die mit dem Nachkriegsschicksal fertig werden mußten, die weder Geld besaßen, noch ihre Wohnung in Ordnung hatten, deren Kinder Notschulen besuchten. Die Stadtväter stellten zum Empfang Blumen bereit. An manchen Orten gab es Wein oder auch einen Imbiß. Immer war die Ausstellung ein Ereignis, das Interesse groß. Zeitungen berichteten, im Radio hörte man Essays. Es sprach sich im zerstörten Deutschland herum: französische Maler präsentieren moderne Kunst. »Non-figurativ« – »l'art abstrait« – »tableaux objets«. Es war eine kritische Auseinandersetzung. Man wurde unruhig, ich versuchte zu erklären, was nicht zu erklären war. Ich sprach zu Jungen und zu Alten, zu Malern und Professionellen. Ich warb und kämpfte um die Idee, trat für die internationale Verständigung ein, und hoffte darauf. Aber die Kritiken der großen Zeitungen in Frankfurt, Hamburg, München blieben reserviert. Man zeigte sich ratlos, voller Ressentiments, blieb zurückhaltend, scheute keinen Vergleich und liebäugelte mit der »Natur«, die man nicht aufzugeben bereit war. Immer wieder die langatmigen Einwände mit der Natur, dem Können – dem Menschenbild – der romantischen Sehweise. Franz Roh, der mutige Kunsthistoriker, stellte sich in die vordere Reihe und erklärte mit bebender Stimme: »Zu allen Zeiten wird das Fortschrittliche verkannt – 50 Jahre müssen über Mensch und Land ziehen, bis die Assimilation gelingt.« Ein Leben also. Mehr als dies. Denn das andere ist nicht genutzt. 50 Jahre vertan. Nichts erlebt von dem, was die Geister bewegt. Diese aufregende und anregende Zeit einer neuen Welt – einer modernen Sehweise aufgrund neuer Erkenntnisse (die zu anderen Disziplinen Querverbindungen schaffen) – dies alles wird übersehen im Gefühl atavistischer Bequemlichkeit oder nostalgischer Tendenzen. Um dann 60 oder auch nur 30 Jahre später als wertvolles Sammlerobjekt zu dienen. Dabei ist doch Kunst – ich muß es immer wieder sagen – am lebendigsten und wertvollsten zu der Zeit, in der sie entsteht, weil sie das zeigt, was die anderen noch nicht sehen, noch nicht erkennen und doch erkennen sollten.

Ich reiste von Stadt zu Stadt. In jedem Monat eine neue Vorstellung meiner französischen »Kollektion«, mit Begeisterung inszeniert, mit Elan eröffnet. Nach einem halben Jahr bekam ich Sicherheit und Kraft, Einwände beiseite zu schieben. Bei den »weißen Bildern« von del Marle fror man – und bei den »vitalen« von Hartung, die eine zarte Seele vibrieren ließen, schüttelte man ratlos den Kopf. Die großen Soulages empfanden nur manche als großartig und männlich stark – die meisten wollten etwas herauslesen, was nie gemeint war. Und Kupkas »Orphismus« (Apollinaire) wurde mißverstanden. Bilder pflügten eine ganze Stadt um. Diskussionen brachten Licht in verstaubte Säle. Man sprach miteinander über etwas, das so weit weg war – nach Hunger, Elend, Krieg. Aber man lernte verstehen. Und als ich nach sieben Monaten in Freiburg diese Wanderausstellung beendete, hatte ich nicht nur für die französischen Maler einen Dienst getan – ich hatte zugleich eine Bresche für die moderne Kunst in Deutschland geschlagen, die auch den Beginn meiner eigenen Aktivität darstellte. Denn von nun an gab es für mich wirklich nur noch die Synthese: Leben – Beruf – Kunst. – Diese Trias wurde zum Inhalt meines Lebens. Aber was ist Leben nach diesem Krieg? Tätigkeit. Risiko. Neues Sehen. Immer plante ich: voranzukommen mit Orientierung an moderner Kunst. Kaum Zeit zum Ausruhen. Das seit 1933 Verlorene aufzuholen – die Zeit einzuholen. Schneller leben, den Kompressor einschalten, den Lebensrhythmus ändern – nachts reisen, um den Tag zu nutzen –, wobei die ärztliche Tätigkeit kaum etwas von dem unruhigen Geist spüren durfte.

Mein Leben war Bewegung. Für Essen und Schlafen blieb die Zeit knapp. Und auf den Straßen mußte das Auto sportlich bewegt werden. Es gab bald einen Porsche, der damals alles hinter sich ließ. Das Tempo war mitunter Selbstzweck. Ich gebrauchte die PS, um mich wohl zu fühlen, um voran zu kommen. Ich konnte nie bummeln. Der Tag begann um 7 Uhr. Er endete um 22 Uhr. In dieser Zeit lief mein Programm. Dann das Detail: hinsehen – genau hinsehen – die Zeichnung von Gonzales, das Pastell von Hartung, das Bild von Soulages, die Plastik von Domela. Ich war hier und dort. Das Hier wechselte rasch mit dem Dort, weil ich das Hier mit dem Dort immer wieder verglich. Ameisenhaftes Hin und Her. Ich eilte. Manche Menschen mochten das nicht. Verständlich. Ein unruhiger

Geist ist unbequem. Er bringt Unruhe mit, ist selbst Unruhe, und deswegen empfahl mir meine Schwester, doch einmal den Kompressor abzuschalten. Meine Frau folgte mir mit hängender Zunge, aber gern. Die anderen folgten nicht so gern. Wer die gewohnten Bahnen verläßt, findet keine Freunde. Wer schnell voran läuft, die anderen auf der Tour hinter sich läßt, weiß nicht genau, wer ihm folgt: Nachfolger oder Verfolger?

Einmal finde ich im Hain bei Avignon einen Platz zum Niederlegen, meine Beine müssen ruhen, mein Kreuz muß sich entspannen, meine Augen starren träumend in das Blau des Himmels – aber schon nach zwanzig Minuten habe ich wieder Sehnsucht nach dem Gaspedal meines schnellen Autos. Ich reise, um ans Ziel zu kommen, aber ich reise auch um des Fahrens willen, wegen der ästhetisch befriedigenden Form einer selbständigen Fortbewegung mit dem abenteuerlichen Reiz eines schnellen Automobils. Das alles ist Leben, mein Leben, das mich aktiviert. Und das will so ablaufen mit allen Gefahrenmomenten und Risiken. Nicht Flugzeug, nicht Zug oder Schiff, wo ich Passagier unter Passagieren bin. Hier im Auto bin ich Pilot, Kurvengestalter und Überholer, und das Lied meines Motors ist Musik – ich horche und lebe mit und bin glücklich im Rausch riskanten Fahrens. Wie oft rede ich mir ein langsameres Tempo ein – tue es auch für kurze Zeit, um dann wieder loszudonnern mit der Kraft der mir anvertrauten Pferde. Ich kann nicht anders.

DAS HARTUNG-BUCH: 280 x 300 mm groß, 14 mm stark. Rechts oben ein großes schwarzes Hartung-Signum auf weißem Einband, ein Signum, das mich durch mein Leben begleitet und zum Symbol meines Verlages, meiner Filmproduktion, meiner Briefköpfe und des Museums wurde. Sah ich den Dornenweg voraus? Nach dieser ersten dreisprachigen Publikation plante ich eine internationale Schriftenreihe über neue Kunst und kündigte als II. Band Juan Miró an. So weit ist es aber nie gekommen. Es war immer mein Prinzip: mir eine Aufgabe zu stellen, sie termingerecht einzuplanen, mir ein Programm zu machen – doch die Verhältnisse – nun ja! Ich stand mitten in der Hartung-Produktion. Verhandelte mit Madeleine Rousseau, schrieb an James Johnson Sweeney, trieb Kunstdruckpapier auf, das noch als Rest einer Vorkriegsware angeboten wurde, fand bei der Druckerei den »nagelfesten« Lacküberzug, wodurch aus dem sonst matten Schwarz der Reproduktionen ein glänzendes Hartung-Schwarz wurde. Ich beantragte Lizenz bei der Militärregierung und erschien täglich bei meinen Druckern in der Klischieranstalt, angekündigt als »Der Kontrollrat kommt!« Das Milieu wurde mir so vertraut, daß ich später aus meinem »Jonas« einen Drucker machte. Das sind ja differenzierte Handwerker. Ich fand in Virginia Fontaine, der amerikanischen Freundin, eine Übersetzerin ins Englische, während meine Frau sich mit der deutschen Übersetzung aus dem Englischen und Französischen herumplagen mußte. Zeitraubende Arbeit. Akten. Leitzordner. Obwohl mir manches schwerfiel und die körperlichen Kräfte nicht immer verfügbar waren. Diese Hartung-Monographie war schon ein Marathonlauf, der in Paris endete.

Weihnachten 1949: im Wagen liegen 20 erste Bücher. Wir kommen an den Zoll und müssen verzollen – was ich vermeiden wollte. Müller ging es 1947 auf der Reise in die Schweiz mit den »Schöpferischen Kräften« auch nicht anders. Nur war in Kehl noch die Frage offen, ob das Buch nicht etwa politisch zu beanstandende Texte enthielt. Dies zu klären beim französischen Zoll, dauerte fast zwei Stunden. Denn die Texte enthielten Formulierungen, Begriffe, Vorstellungen, die den Zollbeamten fremd waren und als konspiratives Material verdächtig schienen. Schließlich ließ man uns laufen, ohne die Frage befriedigend geklärt zu haben. Die neue Achse Bonn – Paris war noch nicht geschmiedet, und Mißtrauen gehörte zur Tagesordnung.

Bei Hartung ist der Weihnachtstisch gedeckt. Essen mit den Tanten, Roberta und Hans. Ich warte ab. Etwas Erregung in mir. Gegen 21 Uhr hole ich ein Exemplar, entblättere es, trete vor den Freund, überreiche ihm sein Buch. Wir umarmen uns. Ich lasse ihn mit dem Buch allein. In diesem Augenblick spielen all die Strapazen keine Rolle mehr – auch nicht die finanziellen Opfer. Und ich hole ein zweites Exemplar, überreiche es Roberta, und ein drittes und ein viertes für die spanischen Tanten, und jeder hat seinen Hartung-Band vor sich, blättert, liest, schaut den schwarz-weiß-gelben Einband an oder die Auflagezahl 5000! Jeder hat sein Buch. Hartung kann nicht viel Worte machen. Seine Augen sagen mehr.

Wir gehen zu La Hune, in die Kunstbuchhandlung, Hartung zeigt sein Buch. La Hune übernimmt 50 Exemplare. Erster Erfolg. Wir gehen in andere Buchläden. Anerkennende Worte. Ich notiere die Bestellungen. Wir sind vom ersten 1000 noch weit weg, aber wir beginnen ja auch erst. Wir besuchen den Großvertrieb. Er hätte gern den Vertrag mit mir abgeschlossen. Aber ich wollte nicht. Das Büro machte einen wenig vertrauenerweckenden Eindruck. Später sah ich meinen Fehler ein. Am Anfang überzieht man leicht seine Forderungen und ein Zurück ist schwer. Ich hätte die ganze Auflage an einen internationalen Großvertrieb verkaufen sollen und tat es nicht. Zu dicht war ich mit dem Werk verbunden, zuviel Einsatz stand dahinter, der doch in würdigem Rahmen seinen Lohn forderte. Ich blieb ablehnend. Vielleicht war eine Erklärung meiner Ablehnung die negative Phase: die Refraktärphase nach der intensiven Anspannung. Ich fuhr zurück. Um 20 Bücher leichter, um ein Bild reicher: »Formes noires«, das uns Hartung für dieses Buch überreichte. Die Rahmung wurde gelöst, das Bild gerollt und im Kofferraum quer verstaut. Es hing immer über meinem Schreibtisch. Jetzt ist es in unserem Privatmuseum auf der Oberensinger Höhe.

ICH FASSTE EINEN PLAN. In der Neujahrsnacht nahm ich mir das Versprechen ab: das Buch wirst du jetzt im Alleingang abzusetzen haben. 5000 Exemplare über einen unbekannten Maler – ich hatte Hoffnung. War die Kritik doch in Paris sehr positiv. So kostbare Kunstbücher gab es damals selten. Und wieder wurde ich Mitglied einer neuen Gilde: Vertreter – Vertreter mit eigenem Auto. In Sachen Kunstbuch. 1948. Ich bin Vertreter über das Wochenende, lasse mir eine Karte drucken: »domnick verlag stuttgart« – packe meinen Wagen mit Hartung-Büchern voll. Reise in das Rheinland. Düsseldorf: Buchhandlung Huber. – Ich trete ein. Aktentasche links, Handschuhe, Visitenkarte im Griff. Ein Fräulein begrüßt mich als Kunden. Ich erbitte den Chef. In welcher Angelegenheit? Privat. Er wird gerufen. Finsteres Gesicht. Überarbeitet. Die Bücherregale mäßig gefüllt. Der Laden leer. Kunden noch nicht da, weil erst einmal der materielle Bedarf nach der Währungsreform gestillt werden muß, ehe die Bildung einsetzen kann. Schlechte Zeiten für Buchhändler. Schlechte Zeiten für Buch-Vertreter. Huber –

Domnick. Ja bitte? Ich zeige meine Karte. Er liest mit aufgesetzter Brille. »Domnick-Verlag – wer ist das? Kenn ich nicht. – Ich bin das. – Ja und: bitte? Ich wollte Ihnen mein Verlagswerk – Huber: haben Sie keinen Verlagsprospekt? – Nein, ich fange erst an. – Welches Thema? – Ein Kunstbuch. Schweigen. Moderne Malerei. – Doch nicht etwa: – abstrakt? nein, nein, dafür haben wir keine Kundschaft. – Wollen Sie mal einen Blick draufwerfen, Herr Huber. – Ach wissen Sie, für solche Bücher empfehle ich den Kunsthandel.« Ich wickle aus, entblättere die Folie, die sich ansaugt, lege den Band auf den Büchertisch, da bleibt er liegen. Herr Huber hat sich abgemeldet, sich entschuldigt: »Sie verstehen, aber – die Arbeit ruft.« Er hat recht.
Ich packe ein, verlasse den Buchladen. Spreche mir Mut zu: Vertreterberuf ist eben so. Man kann nicht gleich verkaufen – muß arbeiten – kämpfen – nicht den Mut verlieren – überzeugen. Das mußt du erst lernen – der Beruf ist neu. Du wirst es schon schaffen. Ich sehe in mein Dispositionsbuch. Hagelkorn und Co. Das klingt gut, besser als Huber. Ich richte mich: Aktentasche links, Handschuhe. Visitenkarte griffbereit. Großer Laden mit messingbeschlagener Tür. Ich trete ein. Ein Läutewerk ertönt: melodisch – sympathisch. Der Laden ist fast leer. Ein alter Bibliothekar sucht nach Jean Paul. Ich werde von einem Jüngling mit auffallend großen Ohren begrüßt. Diesmal versuche ich es anders: ich komme aus Stuttgart und soll Ihren Chef grüßen von Herrn Dr. Claus – Dr. Arnold Claus – ja und ich sollte etwas Persönliches überbringen. Dies war eine gute – eine bessere Einführung. Meine Karte ließ ich beiseite. Dann kam Herr Hagelkorn flott auf mich zu, bedankte sich für den Gruß des Herrn Dr.... »Claus« ergänzte ich. »Ja sagen Sie, wie geht es ihm denn bei Goverts.« Ich beruhigte, konfabulierte und zog heimlich aus der Aktentasche mein Buch hervor. »Ist das eine Neuerscheinung von Goverts?« Ich überließ ihm das Buch. Er blätterte, fand einen fremden Namen, schaute in sein Verlagsverzeichnis: »Der steht ja gar nicht drin –« Dabei war ich doch eingetragenes Mitglied der Industrie- und Handelskammer Stuttgart im Hinblick auf zukünftige Verlagsprogramme in Sachen Kunst. »Also ein ganz Junger – und was soll mit diesem Buch geschehen? Nun, ich übernehme es in Kommission.« – »Wieviel darf ich notieren?« »Eins. Dies. Das ist genug. Schaun Sie unser Lager an. Ich kann ja nachbestellen.«

Ich schließe mein Messingschloß an der Aktentasche, ziehe meinen linken Handschuh an – verabschiede mich, die Tür läßt den Akkord ertönen. Ich gehe langsam zum Wagen. Meine wartende Frau sieht mir das erfolgreiche Bemühen an. 1 Exemplar von 5000 an Hagelkorn und Co. in Kommission gegeben. O Gott, wo will ich hin. Nur Mut. Man gibt nicht auf. Meine Frau tröstet mich. Ich renne weiter. Aktentasche links. Klingeln. Mittagsruhe. Ich renne zum vierten, zum fünften, zum siebenten, zehnten, zwölften Buchladen. Es ist immer das gleiche: Vorstellen, Öffnen, Ansehen, Zuklappen, Weggehen. Es bleibt dieses Spiel mit einem kleinen Erstlingsvertreter. In Düsseldorf. Andere Städte, andere Gebiete folgen. An neuen Wochenenden: Köln, Dortmund, Bochum, Rheinland, Ruhrgebiet, Hessen, Kassel, Nürnberg, München! Vertreter in eigener Sache. Und die Bilanz? Ich geniere mich, diese Bilanz zu eröffnen. Aber ich habe dazugelernt. Manches geht nicht – obwohl es gehen müßte. So einfach liegt alles da. Ein schönes Buch. Ein guter Text. Die Bilder farbig und schwarzweiß, mit farblosem Lack glänzend gemacht, Original mit Firnis. Doch du kannst die Welt nicht bezwingen, einen Kunstbuchmarkt nicht aus der Erde stampfen. Dafür gibt es die Distributeure, Buchvertriebe, Verlagshochburgen – mit bekannten Namen und besserer Tradition. Willst du als Außenseiter dagegen an- oder mitspielen? 5000 Exemplare. Bedenke! Ich schreibe an Gott und die Welt. Und ich schreibe ins Ausland. Nach Holland und den USA, wo durch den guten Dollarkurs einige Hundert übernommen werden. Ich schreibe – ich schreibe – zum Reisen fehlt die Kraft – die Zeit – ich bin verlassen. Hartung hilft über Pariser Buchläden. Aber was sind die paar Bestellungen gegen meinen Bestand.
Ich hadere mit mir. Ich finde keinen Ausweg. Die Zeit wird helfen. Und die Zeit half – nach drei Jahren über »modernes Antiquariat« Löwit, Wiesbaden, der den Bestand in einem Jahr ausverkaufte. Dank sei ihm! Ewiger Dank!
Wer je einmal durch Leichtsinn, Fahrlässigkeit oder durch höhere Gewalt dem finanziellen Ruin gegenüberstand, legt einen heiligen Schwur ab: nie wieder in solche Situation zu geraten. Ich bin da nicht der einzige. – Und ein Schwur genügt nicht immer.

14

INZWISCHEN STAGNIERTE DIE POLITIK im »kalten Krieg«. Die Bundeswehr wurde aufgebaut, ohne daß wir es uns recht versahen. Politik hatten wir genug erlebt, und ich war im Grunde kein politischer Mensch, wenn auch ein engagierter. Die Ostzone wurde zur DDR, erst zur »sogenannten«, dann zur realen. Das Elternhaus in Greifswald entfremdet, die Mutter tot. Nach dem Krieg besetzten Flüchtlinge das Haus, erfüllten es mit Unruhe und Schmutz. Später zog ein Kirchenmusikinstitut ein: Choräle, fromme Lieder – vielleicht auch Bach – aber nicht die Chaconne meines Vaters. So sorgte die Weltpolitik dafür, daß die Fäden zur Vergangenheit abgeschnitten wurden und wir schließlich, frei von alten Bindungen, uns ins Neue vorwagen konnten. Zwischen Vergangenheit und Zukunft: die Gegenwart. Sie bestand, trotz aller Kunstleidenschaft, im ärztlichen Beruf. Der war Tag für Tag zu absolvieren – darüber gibt es nicht viel zu reden. Ein Beruf wie jeder andere? Vielleicht – oder auch nicht? Jedenfalls stellte er immer neue Aufgaben und war, wie viele andere Berufe auch, von der Zeitsituation abhängig.
Psychosen sind in der Kriegs- und Nachkriegszeit nicht häufiger aufgetreten als in ruhigen Zeiten. Massenschicksale schirmen offenbar gegen intrapsychische Prozesse ab. Auch der Psychiater Bürger-Prinz beschrieb das geordnete hilfeleistende Verhalten selbst schwerer Psychosen in Katastrophensituationen. Die Kernneurosen, entstanden aus Fehlentwicklungen bei ungünstigem Kindheitsmilieu, mangelnder Nestwärme, falscher Beziehung zu frühen Kontaktpersonen, unrealistischen Ansprüchen an Leben und Umwelt – auch sie waren während des Krieges seltener geworden oder sogar ganz weggeblieben. Die Härte der Nachkriegszeit ließ sie meist nicht wieder aufleben. Die Not im Haus und außerhalb drängte Selbstbeobachtung zurück. Auch die Fürsorge der Umge-

bung, welche Neurotiker so leicht erwerben, viel leichter als Psychosen, war in so herber Zeit nicht zu erwarten. Diese in früher Kindheit angelegten Neurosen – bei Menschen, die an sich leiden und an denen ihre Umwelt leidet – kamen erst nach dem Wirtschaftswunder wieder zum Zug. In den Jahren, in denen es um die Erhaltung des primitivsten Existenzminimums ging, in Bombennächten, Hungerzeiten, totalem Krieg mit Arbeitseinsatz bis zum letzten, konnten sich Neurosen nicht entfalten. Hier galten härtere Maßstäbe. Nervöse Erschöpfungen, depressive Verstimmungen – das hatten schließlich alle und mit Grund. Aber jetzt sah ich neurotische Zustandsbilder, die mir neu waren.

Da gab es so verschiedenartige Typen wie wohlgenährte Bäuerinnen, die monatelang jammernd im Bett lagen – aus dem Beruf geworfene Pg nach der politischen Wende – oder junge Menschen ohne Beruf, die nur das Schießen gelernt hatten –, da waren KZ-Überlebende, die ihrer Freiheit nicht recht froh werden konnten. Es war nicht zu übersehen, daß die Nachkriegssituation für diese Krankheitsfälle verantwortlich war. Die Reaktion der Ausgestoßenen oder der noch Ausgeschlossenen – gut, dies war einfühlbar. Aber die, deren Situation sich durch die Zeitwende gebessert hatte? Wie kam es, daß die Bäuerinnen krank wurden, da doch unerwarteter Reichtum durch Tauschhandel, »Perserteppich im Kuhstall«, freundliche Umwerbung durch früher hochmütige Städterinnen eher freudige Reaktionen erwarten ließen? Wie kam es zu ähnlichen Symptomen bei KZ-Überlebenden? Nach Wegfall von Zwang, Gewalt – von Bedrohung, Verachtung – von Hunger und Lebensgefahr wäre doch normalpsychologisch eher eine Beglückung zu erwarten, wie auf bescheidenerer Ebene bei den Bauersfrauen: nach Wegfall von täglicher Mühsal, chronischer Überarbeitung, Gefühl der jahrhundertelangen Erniedrigung als »der vierte Stand« (»wir armen Bauern« hieß es noch vor dem Krieg). Gelangten sie doch jetzt endlich zu der Achtung, die ihnen als Ernährer des Landes zukam – wie die KZ-Opfer zu der Rehabilitierung und Fürsorge, die ihnen jeder entgegenbrachte.

»Des Menschen Seele ist unergründlich«, spotteten wir manchmal bei diesem oder jenem Zeitgenossen. Wir erinnern uns an die »Kontrastreaktionen« nach Artillerieangriffen im ersten Krieg und nach Bombennächten im zweiten Krieg, als man – noch einmal davongekommen – oft mit übermütig gehobener Stimmung auf die »Entlarmung« (Alarm – Entlarm!, eine Wortneubildung unseres Luftschutzwarts) reagierte, im Grunde sinnlos, da die nächste Nacht den gleichen Angriff erwarten ließ. Die psychologischen Abläufe sind nicht immer logisch nach dem äußeren Anschein, aber logisch nach inneren Gesetzen. Jeder Klimawechsel bedeutet eine Belastung. Gute und böse Umstände sind gleich schwer erträglich, wenn die Wende zu unvermutet eintritt, zu unerwartet nach langem Warten. Auf die Wende von Mißachtung zur Hochachtung vermag die Selbstachtung nicht so prompt zu reagieren. Vielleicht wirken auch wieder Schuldgefühle mit, atavistische Vorstellungen von Sünde als Ursache von Krankheiten. Schuldgefühle gegenüber den Hungernden, welche den Bäuerinnen ihren Reichtum vergällten – Schuldgefühle vor den Mitopfern im KZ, die das freie Leben nicht mehr erleben konnten. Das Gedenken verhindert, einfach so zu leben, als verstehe sich das von selbst. »Das schlechte Gewissen der zufällig nicht Vergasten« nannte es Günter Anders.

Ähnliches beobachtete man Jahre später, wieder als »Massenexperiment«, bei den Heimatvertriebenen, nachdem sie sich in Fleiß und Sparsamkeit ihr altes soziales Niveau wieder geschaffen, ihr »Häusle« gebaut hatten wie die Eingesessenen und auf bescheidener Stufe zu Wohlstand und Ansehen gelangt waren. Da traten die chronischen hypochondrischen Zustandsbilder auf – das von Doktor-zu-Doktor-Laufen – das Nicht-mehr-schaffen-Können. Vor allem bei den Sechzigjährigen, die noch die alte Heimat kannten und die neue Heimat selbst geschaffen hatten – die Jüngeren, die diese Heimat nicht mehr kannten, fragten sie: »Damals, als es dir schlecht ging, warst du gesund und jetzt geht es uns gut und du bist dauernd krank.« Unlogisch? Nein. Psychologisch klar. Schulte (Tübingen) hat damals diese depressiven Verstimmungen beschrieben unter dem Gesichtspunkt der »Entlastung« nach Wegfall jahrelanger »Belastung«. Heute noch kann man solche Patienten, mit verzögertem Nachholbedarf des Leidens in der Sprechstunde erleben und nach Aufklärung über die psychologischen Faktoren auch bald wieder in Ordnung bringen. Schwieriger ist das schon bei den Ehekonflikten auf höherem sozialen Niveau: den Ehen, die, in Notzeiten geschlossen, nach gemeinsamem Aufbau des sozialen und finanziellen Status, später am endlich gesicherten Reichtum und Luxus scheitern.

Es sind dann die Frauen, die sich nach den früheren Zeiten des Anfangs zurücksehnen, als der Ehemann noch studierte und die Frau das Geld verdiente, die Kinder in der möblierten Wohnung aufwuchsen – während jetzt Villa und Sauna und Reitstall und Weltreise die Langeweile nicht auszufüllen vermögen. Das werden dann gewöhnlich die Alkoholikerinnen auf Wohlstandsbasis, die Leidtragenden des Wirtschaftswunders. – Aber so weit war es noch nicht. Es gab noch kein »wunschloses Unglück«.

Ich denke, wir sollten nach ihm sehen lassen. Schließlich liegt Afrika 3000 km von uns entfernt. Er läuft nicht so rund, wie ich es gewohnt bin, und er ist auch lauter geworden. Laß uns vom Schwarzwald wieder zurückfahren. Und Porsche wird noch einmal alles überprüfen.
Ich fuhr den Porsche Nr. 3. Das war 1949, als die Firma sich in Zuffenhausen in Baracken niederließ und der spätere Rennfahrer Lingel mein Auto mit zwei Monteuren zusammenbaute. Als ich 1947 eine Notiz las, daß Professor Porsche in Gmund an der Entwicklung eines Sportwagens mit 140 km Spitze arbeitete, erwachte in mir wieder die Sehnsucht. Ich schrieb nach Gmund und erhielt auf meine Blanco-Vorbestellung die Nr. 3 zugeteilt. Das Werk faßte in Stuttgart Fuß und erlebte bis heute einen sensationellen Aufstieg mit Rennerfolgen ohne Vorbild. Heut läuft der Porsche Turbo 260 km bei 3 Liter Hubraum und 260 PS bei 5500 U/min. Mein Auto Nr. 3 hatte 40 PS bei 1100 ccm Inhalt und fuhr 140 km Spitze, was damals, als die anderen 80–100 fuhren, eine kleine Sensation war. Aber immerhin – er lief unrund. Offenbar sind differenzierte Automobile genauso störungsanfällig wie differenzierte Menschen.
Nun – ich stand auf dem Hof in Zuffenhausen. Lingel schüttelt den Kopf, fährt mein Auto, das nach Afrika sollte. Schaut sich kritisch das Kerzenbild an, nimmt das Auto auf die Grube, überprüft Stoßfänger, Lenkung, Hinterachse – zuckt mit den Achseln. Spricht nichts, fährt nochmal eine Runde, überprüft nochmal Bremsen. Dann übergibt er mir das Auto: »Der ist gesund – aber Sie sollten mal in Urlaub gehen.« Damit brauste ich ab. Staubwolken ließen Lingel verschwinden. Mein Porsche lief rund und schön. Also doch Angst vor der weiten Fahrt? Die erste Nacht war wie die folgenden:

ruhig, ohne Sorge um das Auto, mit großen Erwartungen, was wir in Spanien, Gibraltar, Marokko antreffen würden. Alles lief nach Programm. Porsche hatte uns einen Korb Ersatzteile mitgegeben, die wir aber nie anrühren mußten.

Wenn ich den Porsche 600 km bewegt hatte, sehnte ich mich nach Ruhe. Die Geräuschentwicklung, die fehlende Wärmeableitung, die sengende Hitze im Juli an der spanischen Ostküste, ließen Sehnsucht nach einem Bad im Mittelmeer aufkommen. Ich suchte einen ruhigen Platz, wir legten uns erschöpft ans Meer, ruhten im Crescendo des Auf und Ab kleiner Wellenbewegungen, die ich von der Ostsee kannte und liebte, die mich ins Träumen wiegten, wenn ich die Augen schloß. Murcia – Valencia – die Schlager von Lubmin – Lucky hours – erste Liebe – Réunion mit Gerhard Pflugradt. Senta. Erinnerst du dich? Es war Mittag, als die Sonne hoch am wolkenlosen Himmel stand. Wir sprachen wenig miteinander. Das Dröhnen der Reifen lag in den Ohren und die Fahrt war anstrengend. Man fährt vorher auf der Karte die Strecke mit dem Finger nach – immer voller Reize: internationale Hotels, Restaurants, Abenteuer, Stierkampf, Cafés – und dann in Wirklichkeit merkt man erst, was es heißt, voranzukommen, schlechte Straßen zu überwinden, Hotel zu finden. Der Anfang in Spanien machte schon Schwierigkeiten, als beim Zollübergang ein Baske sich einschlich. Unverschämt. Mit dickem Lederkoffer im zweisitzigen Porsche, das war nicht nur unbequem, es wurde auch noch wärmer. Aber ich kann nicht so leicht »nein« sagen, wenn jemand einen Wunsch äußert. Ich dachte an unsere Kriegsschuld und wollte von mir aus wenigstens etwas Gutes tun. In Barcelona stieg er aus. Wir waren wieder ein Paar – das sich verstand. Das Hotel – durch ihn vermittelt – laut. Aber daran mußten wir uns gewöhnen. Ich wurde von einem Polizisten der Guardia Civil in seiner stolzen Uniform Karls V. angehalten, der meine Shorts beanstandete. Eben hatten wir uns der französischen und amerikanischen Sitte der möglichst kurzen Shorts angepaßt, die damals – auch ein Teil der neuen »Freiheit« – das Bild der Côte d'Azur beherrschte, da hieß es wieder umlernen. Ich mußte sofort von der Straße aus im Herrengeschäft eine lange Hose kaufen. Das war mir neu, aber die Etikette in Spanien war streng. Man geht auch nicht ohne Krawatte. Die hatte ich zurückgelassen auf der Reise nach Marokko. Doch der spanische Sinn fürs Zeremoniell war so lebendig, daß der Sohn des Hauses, wo wir zum Mittagessen eingeladen waren, sich entschuldigte, daß er noch vom Büro her seine Krawatte trug – also meinen Formfehler taktvoll annullierte. Wir erfuhren bei dieser Einladung, daß Kleider grundsätzlich nur mit der Hand genäht wurden und Gastgeschenke aus den USA, maschinengenäht, als unzumutbar im Schrank abgelegt wurden – während uns wieder eine damals modische USA-Hemdjacke als Luxus erschien. Die Mode wechselt unberechenbar, nicht nur in der Kleidung. Man muß nicht gleich Nietzsche zitieren, wenn man an die Umwertung aller Werte denkt.

Schlüsselübergabe. Internationaler Führerschein. Nicht vorhanden. Der Porsche wird von einem müden Beamten durch die britische Kronkolonie Gibraltar gefahren. Ich sitze daneben. Er fährt schlecht. Schaltfaul. Abwürgen. Starten. Schalten. Eckig. Lustlos. So wie man hier lebt. In der Garnison. Nicht anstrengen. Wozu. Der nächste Wagen ist ein Amerikaner. Der läuft allein. Hier (beim Porsche) muß man arbeiten, schalten. Meine Frau kommt zu Fuß durch die Stadt. Wir finden uns am Zoll. Ich wische Lenkrad und Schalthebel ab – unangenehme Hände hatte der Bursche. Jetzt gehört mir wieder das Auto. Aber der Sitz ist verstellt. Ich rücke mich zurecht. Doch nicht für lange. Schon wieder: »Steigen Sie aus. Zeigen Sie Ihre Papiere. Lösen Sie Ihr Billett. Stellen Sie den Wagen an die Rampe. Schließen Sie ihn ab. Den Schlüssel bekomme ich.« Nun schwenkt ein Kran auf das Auto zu, vier Halteseile werden um die vier Räder gelegt und dann wird auf Signal angehievt. So schwebt unser silberner Porsche in den blauen Himmel, macht einen Schwenk und wird auf Deck gelassen, genau abgesetzt in die für ihn ausgemachte Lücke. Wir gehen an Bord. Wie immer auf einem Dampfer ist das Ablegen mit Lösen der Taue ein unheimlich schönes Erlebnis: alles läuft leise, stoßfrei, ohne Behinderung ab. Die frische Seeluft, das Winken, das Zurücklassen der Mole, die Möwen, das dumpfe Signalhorn. Man steht als Fremdling unter Fremden an der Reling, schaut mit leichter Wehmut dem zurückbleibenden Europa nach und ahnt schon im Dunst des Meerblaus am Horizont den neuen Kontinent: Afrika. Die Überfahrt nach Ceuta verläuft ruhig. Die Möwen werden von Delphinen abgelöst. Imponierend beim Zurückschauen die Felsen von Gibraltar (der »Ulysses« war uns noch nicht bekannt), die aus dem Meer steigen und den

Blick auf die festungsartigen Anlagen freigeben. Wir landen – nein, wir legen an mit der sicheren Hand des Kapitäns. Keine Erschütterung am Schiffsrumpf. Auch gut für meinen Porsche, an den ich denke, wenn er nun zum zweitenmal durch die Lüfte herabgelassen wird. Alle knipsen ihre Autos. Ich auch. Von unten hat noch niemand sein Auto gefilmt. Irgendwie ist es indiskret. Die Übertragung aus menschlichem Bereich. Oben und unten. Unten ist immer »genital«, »anal« – bei »oben ohne« weiß jeder, was los ist. »Unten ohne« versteht auch jeder. Aber 1949 war man noch diskreter. Heute – 1976 – gibt es kaum noch Indiskretionen. Man hat sich an das alles gewöhnt, nachdem die Sexwelle das Land durchpflügt hat.

Tanger. Hotel mit Aussicht. Auf der Terrasse noch die klappernden spanischen Gespräche. Dann schon die ersten verdeckten Gesichter. Nur die Augen. Manche funkeln, manche schauen weg, manche sind traurig. Die Gesichter sind nur Augen: mandelförmig, groß. Ich denke an Jawlensky oder an die Augen bei Rouault. Augen – das andere ist abgedeckt, das Alter ausgeklammert. Die Figur nicht erkennbar in den langen weißen Gewändern – und doch ahnt man hier und da Reiz, Bewegungscharme, verdeckte Blicke, die etwas spüren lassen, sich aber rasch wieder zurückziehen zwischen die Lider, wie Schneckenfühler.

Dann gehen wir durch Tanger, durch Bazare und Cafés und durch elegante Straßen, durch Bankviertel, die geschlossen sind (Tarnfirmen gegen Steuerverluste). An Handwerkerständen vorbei, wo Messing geklopft, gestanzt, geprägt, getrieben wird – wo der Teppich geknüpft und Leder genäht wird – wo gedrechselt wird, das Werkstück mit den Zehen gehalten. Wo die Bettler betteln und die Bazars zum Tee einladen. Sie wissen: das Geschäft läuft besser über diese Teezeremonie. Dazwischen Kinder. Überall Kinder. Nie sahen wir soviel Kinder, über die man stolpern konnte. Dann die »offenen« Schulen. Kinder am Boden sitzend. Der Lehrer davor. Wir schauen zu. Ablenkbare Zöglinge. Laut. Wenig Lernerfolg.

Wir gehen abends durch die Stadt. Ein »Führer« bietet sich an: on parle français, – english, german, espagñol. Wir gehen natürlich nicht mit. Aber er bleibt uns auf den Fersen, reduziert sein Honorar, spricht uns von hinten in deutsch an, weckt Hoffnung mit »delikaten Filmvorführungen«. Er tut uns fast leid, bleibt wie ein Köter

bei uns, es gibt noch nicht viel Fremde zum Führen. Wir lassen ihn gewähren. Er bringt uns in dunkle Gassen – verspricht intime Restaurants mit Musik. Wir folgen ihm langsam und denken: Wenn der uns zum Abschlachten irgendwohin führt – wir laufen einfach so harmlos mit in diesem lasterhaften Tanger. Wir nehmen ihn jetzt in die Mitte. Wir hören leise Musik. Also doch kein Bandit. Wir gehen durch ein Lokal, in dem kaum Licht brennt. Man trinkt Tee ohne Rum, mit frischen Pfefferminzblättern, die darüber gestreut werden. Die Besucher sitzen auf niedrigen Lederkissen – ohne Lehnen. Oder auf Teppichen. Es sind Verliebte oder Gäste aus den USA oder aus Stuttgart – wie wir. Unser Mann bleibt diskret im Hintergrund, der Musik wird auf einem Messingteller etwas gestiftet. Wir beteiligen uns sparsam, haben nicht die Absicht, lange hier zu bleiben, wollen mehr sehen – ziehen mit ihm weiter. Er bringt uns in ein Privathaus. Wir müssen warten, die Chefin kann nichts bieten. Filme sind unterwegs. Er fragt uns, ob wir an »Stellungen« interessiert seien. Das würden zwei junge hübsche Mädchen in natura vorführen. Wir genieren uns fast – was soll das? Das meiste kennt man doch. Aber wenn es reizvoll demonstriert wird, dann soll es sein: Es erscheinen – nur für uns – zwei Mädchen im Alter von 16 Jahren, die sich vor uns ausziehen, sich auf ein Bett legen, oder auch nicht, herumtollen, wie junge Hunde oder kleine Bären, – die sich lieben und dabei kichern. Dann führen sie uns zwölf Liebesakte in zwölf Positionen vor, wobei die Rollen maskulin – feminin gelegentlich vertauscht werden. Dieses Spiel – für Touristen arrangiert, wie überall im Orient – hatte etwas Amüsantes, sogar Charme – bisweilen fast sportlichen Charakter, jedenfalls nichts Vulgäres. Den beiden Mädchen machte es Spaß, und sie freuten sich wie Kinder an ihrem Liebesspiel.
In Casablanca hatten wir ein anderes Mädchen-Erlebnis. Der Porsche-Vertreter brachte uns in den Bezirk der Freudenhäuser. Das war ein eingezäuntes Areal, wo die jungen Marokkanerinnen ihr Geld für ihre Aussteuer sich verdienen konnten. Die Hütten niedrig, schmal. Man trinkt in Kojen Tee oder Whisky. Ich habe das Gefühl, wir durchschreiten einen D-Zug. Überall hocken die jungen Mädchen auf den Schenkeln der Soldaten oder Besucher. Man singt, raucht, trinkt und läßt sich bei Whisky von Musik animieren. Zieht sich in eine Koje zurück, ist glücklich mit dem jungen Blut, fast

noch Kinder: heiter-gelöst, mal hier – mal da zubeißend, streichelnd, anlehnend, um dann dieses reine Liebesspiel allmählich in ein erotisches Crescendo hinübergleiten zu lassen und mit geschicktem Spürsinn dem Spiel diese oder jene Richtung zu geben. Ein Vergnügen ist es immer. Und nie verletzend. Diese Mädchen kehren nach zwei Jahren in ihr Dorf zurück, genauso »unschuldsvoll«, wie sie einmal auszogen, heiraten, bekommen Kinder und sind nur noch für die Familie da.

Ich fragte mich, warum die uns auf derselben Straße folgenden Amerikaner in ihrem großen Buick immer frisch und erholt aus ihrem Wagen stiegen, während wir erschöpft vor demselben Hotel in unserem Porsche vorfuhren. Waren es die Konserven, die die Amis mit sich führten? Waren sie stabiler als wir? An heißes Klima gewöhnt? Daß es Air-Condition gab, war uns nicht bekannt, die wir im Winter noch in Decken gehüllt ins Allgäu fuhren oder ein Katalyt-Öfchen im Auto als Luxus empfanden. Merkwürdig gegensätzliche Paare: Dort der große Reisewagen mit kaum wahrnehmbarem Geräuschpegel, dazu der große Kofferraum, Luxus und Weite der Kabine – wir im engen zweisitzigen Sportwagen, Lärm und Hitze nicht abwendbar. So reisten die Amerikaner zivilisiert durch Spanisch- und dann Französisch-Marokko, wir dagegen im sportlichen Trip – aber die Leistung war bei beiden Partnern die gleiche: es zählte das kilometerfressende Rädchen, und wenn wir das vor dem Hotel verglichen, stimmten Meilen zu Kilometern. Nicht jedoch die jeweiligen Touristen: Makellose Garderobe bei den Buick-Insassen. Unsere abends gewaschenen Hemden wurden über Nacht nie richtig trocken. Und in der Hotelhalle nahmen die Amerikaner frisch ihren Drink, während wir froh waren, uns kalt abduschen und uns ausruhen zu können. Wir schliefen schlecht. Die Schlaftabletten wurden geteilt. Die Hitze am Tag wurde von kalten Nächten abgelöst. Wir lernten die Wolle schätzen. Was gut ist gegen die Kälte, ist auch gut gegen die Wärme. Die Schäfer in Ostpreußen vertraten diese These. Und die Marokkaner wickeln sich in ihre Tücher – Baumwolle oder tierische Wolle. Immer sind genug Falten da für den Körper. Und nachts hüllen sie sich darin ein – es wird nie zu eng. Als ich in Marrakesch – schlaflos im Leinenbett – schnarchende Geräusche hörte, sah ich vom Fenster aus unter mir auf der Straße Schlafende. Ich erkannte anfangs nur weiße zusammengerollte

Knäuel, erst eine Armbewegung ließ Menschliches erkennen. Am Tage bilden diese Tücher die Djellabah – wie wir aus dem »Guide Maroc« erfahren – und sie fallen genau so glatt und gleichmäßig herab von den Schultern wie die Nylon-Hemden der Amerikaner, während der Burnus (laut Michelin) den höheren sozialen Schichten vorbehalten ist. Dagegen tragen die eingeborenen Berber im Süden des Landes Indigo-Hemden (die Farbe unserer Jeans), die – zufällig oder absichtlich? – die Haut blau färben, wenn der Körper in Schweiß gerät. Wir kennen die Jod-Stärke-Reaktion aus der Neurologie, um bei Nervenschädigungen ein nicht schwitzendes Haut-Areal abzugrenzen: da ergibt Jodanstrich mit Stärkepuder und Hautschweiß die blaue Reaktion. Vielleicht liegt hier etwas Ähnliches vor? Man kann doch sein ärztliches Denken nirgends ganz abschalten. Es gelang uns jedoch nicht, diese These bei den sagenhaften »hommes bleus« zu verifizieren, derentwegen wir einen großen Umweg von Agadir nach Süden machten. Denn Domnick und Beifahrer gaben wegen Hitze auf.

In vier Wochen eine neue Welt entdeckt – und nach vier Wochen wieder vergessen, hinabgetaucht in die Erinnerung, bis sie wieder auftaucht, heut, da sie nicht mehr so existiert. Eine Welt damals, die noch Ursprünglichkeit bewahrt hatte, die noch nicht wünschte, zu neuen Ordnungen aufzubrechen, um in die Reihe der zivilisierten Völker eingereiht zu werden. Die die Schirmherrschaft von Spaniern und Franzosen noch auf sich nahm, ohne Last zu spüren. Ein Jahr später gab es dort Aufstände, Krieg – die Rif-Kabylen, ich weiß es nicht mehr. Dann konnte man nicht mehr – wie wir – von Tafraout den Anti-Atlas überqueren, auf endlos gewundenen Bergstraßen, die statt Serpentinen jeden Berg zu 150 Grad umkreisen, ehe sie kehren. An Berberdörfern vorbei, rote Hütten an roter Erde hängend – wie Vorbilder des Kubismus –, aus denen Kinder strömen, ängstlich von ihren Müttern zurückgerufen – vielleicht von denen, die ihre Jugend im Areal von Casablanca verbracht hatten? An weiten Feldern gleichgeformter Steine, wie Stelen, vorbei, nicht mohammedanisch, auch nicht magischem Geisterkult gewidmet: Phallussymbole, wie man uns erklärte. Menschen- und autoleere Straßen, nur einmal ein Reiter auf einem Muli, der seine farbige, lederbestickte, messingglänzende Tracht willig lächelnd fotografieren ließ. Karawanen in der Ferne mit Kamelen – einmal am Hori-

zont eine Gruppe, die an die Flucht mit dem Jesuskind nach Ägypten erinnert. Kein Auge für die Fremden, keine Neugier, keine Furcht. Nur die Kinder – überall Kinder, die zutraulich und offen die Fremden umschwärmen, um ein »favor« bettelnd. Und die Hunde, überall die Hunde, struppig und abgemagert zum Skelett, die die Straßen von allen Resten säubern und doch verhungert sind, wie Wild – ohne Besitzer, ohne Herren.
Nach der Leere der Landschaft die Fülle in den Dörfern und Städten. Mitten auf freiem Feld ein Markt, zur Gebetsstunde alle Händler auf ihren Teppichen kniend mit nach Osten gebeugten Rücken. Schlangenbändiger, auf eintöniger Flöte die sich wiegende Kobra begleitend – Geschichtenerzähler, von Menge umringt – die Sukhs mit ihren schmalen Straßen. Jeder Ort ein Punkt der Erholung, ein Hotel zum Schlafen. Nur ausruhen von den Eindrücken, den Strapazen, der Hitze, die im Innenland auch nachts nicht wich und uns lieber durch die Straßen wandern ließ, an Schlafenden vorbei, die Stille genießend.
Gegen Morgen rief der Muezzin vom Minarett, in alle vier Himmelsrichtungen, die Gläubigen zum Gebet, damals noch in persona, seine weiße Fahne hissend. Wie bald wurde er vom Tonband abgelöst. Leider. Und jetzt begann die Unruhe auf dem Platz, Kamele, Esel, dazwischen Kinder. Der Markt ordnete sich zum Treffpunkt. Wasserpumpen, Tierfüttern, Unruhe im Viertel, Vorbereitungen zum Marktgeschäft, Aufbauen der Verkaufsstände. Lautes Gestikulieren und Platzsuchen, man fürchtet immer, sie streiten sich. Aber keine Gendarmerie muß einschreiten, die französische Polizei steht meist abseits, winkend, weisend – ordnend, was sich schließlich von selbst ordnet. Der Markt wird zum Bazar, zum Volksfest, zum Treffpunkt all der umtriebigen geschäftemachenden Händler: Stoffe, Getreide, Öle, Keramik, Tonwaren, Leder – und viel Gehäuse aus Messing. Dörrfische, Dörrfleisch. Tausch und Kauf. Alles ist möglich. Wir lassen uns treiben. Werden geschoben, bleiben stehen, hören dem Schreien und Anpreisen zu. Überall Blinde: die Trachomkranken mit ihren milchigen Augen, die (irgendwo hockend) den Kopf dem Rufer zuwenden, hinhören, teilnehmen, oder in sich versunken dahindämmern. Ich bleibe bei einem Trachomkind stehen, beobachte es, bin überrascht über die lebendige Mimik und streichle ihm den Kopf, es dreht sich zu mir und

schaut in meine Richtung. Ich gehe weiter: der Markt von Marrakesch ist mehr als ein Konglomerat von Marokkanern. Hier entsteht etwas Menschliches, eine Stätte des Kontakts mit Verbindung zu alten Kulturen, ohne Lenkung, ohne Direktion. Man ist eingefangen, eingemeindet, alles Fremdartige fällt plötzlich ab. Es gibt eine Verständigung ohne Sprache, mit Zeichen und Gestik und Rufen von Lauten der Freude oder der Angst, wenn einer versucht, den anderen zu übertrumpfen. Natürlich ist dieses Marktgeschäft nicht immer seriös oder korrekt, aber dafür sehr menschlich und urtümlich. So haben die Araber-Völker immer gelebt, getrieben vom Instinkt des Handelns, mit dem Blick nach Reichtum, Ansammeln von Münzen und Herden, Besitznahme von Land oder Bauten. So wurden Kraft und Geist gleichzeitig lebendig. Diese Auslese war natürlich – sie wurde geachtet. Dieser Markt war mehr als ein Markt in Marrakesch: es war ein Einblick in eine fremde Welt.
Von dem »Film« einer vierwöchigen Reise ins Unbekannte, der sich in unseren Hirnen abspulte, blieben nur die »Standfotos« im Geist erhalten, Augenblicksbilder: die dunklen traurigen Augen der Marokkanerinnen aus ihren verschleierten Gesichtern, die milchigen Augen der Trachom-Knaben und -Greise mit ihrem leeren Blick ins Leere, die tränenüberströmten Augen meiner Frau beim Erleben des ersten Stierkampfs, die sanften Augen der Rinder in großen Herden, jedes einzelne besetzt von einem großen schwarzen Vogel. Und über allem der Sing-Sang des Muezzins, der die ganze Reise begleitete mit seinem einfachen sehnsuchtsvollen Tonfall – ausgelöscht und nicht mehr wiedergefunden.

AN DIESEM TAG FLOGEN DIE TAUBEN engere Kreise. Ich holte noch einmal aus der Apotheke Heftpflaster mit Luftkissengaze und Chloroform-Puder. Die Barometerfeder tendierte nach links und Wolken kamen vom unteren Himmel auf. Über mir war es noch sonnig. Die Luft stand. Die Atmung ging schwer. Der Körper war müde, der Schritt langsam. Muskeln vibrierten bei der Innervation. Ich konnte die müden Menschen beobachten. Den Tauben merkte ich nichts an. Ihr Gurren und der Flügelschlag beim Start waren wie immer eindringlich, wenn man darauf achtete. Sie blieben länger als sonst auf dem Dachfirst, ihr Ausflug in die Taubenrunde war seltener und kürzer. Das Blau vermischte sich mit der staubigen Luft zu einem stehenden Grau, das ich einatmete und wieder ausstieß – unbewußt – automatenhaft –, aber ich merkte die bleierne Schwere meiner Atmung. Ich setzte mich auf den Stein – hart und kühl. Die Menschen um mich sprachen kaum. Man hörte kein Lachen. Auch die Kinder spielten nicht lebhaft ihr Fangen und Verstecken – sie spielten leise mit Murmeln. Ich legte mich auf das Gras; vor müden Augen tanzende Mücken – sirrend und nervös. Sie blieben magnetisch in ihrem Feld und belästigten mich nicht. Die Wolke in grauweißen Umrissen wuchs – sich aufblähend – über den Rasenplatz, dessen hohes Gras meinen Körper in ganzer Länge aufnahm. Die Müdigkeit wurde drückend. Die ausgestreckten Glieder, die doch keine Muskelleistung zu vollbringen hatten, sehnten sich nach noch mehr Entspannung – noch tiefer in das Gras zu kriechen, sich flach auszustrecken. Die Dehnung des Brustkorbs, das Strecken der Wirbelsäule, des Körpers – das alles brachte keine Erleichterung. Stickige Luft – Atmung schwer – müde. Geschlossene Augen. Versiegende Tropfen am Glas meiner Flasche. Jetzt: ich will diesen Zustand bewußt erleben – durchleben – den Zustand einer Ohnmacht – oder den kurz vor dem Einschlafen – oder den beim Verdursten – oder den beim Ersticken. Ich kontrolliere genau die Leistung meines Herzens: die Pulsfrequenz – die müde sich durchquälende Blutwelle – die beginnende Täuschung der Sinne. Ich höre Zirpen – Sausen – jetzt nichts mehr – doch jetzt wieder ein Singen – ein Sirren wie Ohr am Telefonmast. Jetzt Ohr auf Schienenstrang: noch 800 Meter – noch 600 Meter – noch 300 Meter. Der schwarze Punkt auf dem Schienenstrang entwickelt sich rasch zu einem Koloß. Ich beeile mich vom Schienenkörper zu springen – jetzt höre ich ein Getöse – jetzt rhythmisches Auf und Ab – ein Rauschen – abnehmend bis zur Stille. Ich empfinde nichts mehr am Ohr – bin ich taub? Meine Augen starren vor sich hin. Alles um mich herum ist fremd. Bin ich ein anderer? Wo bin ich? Wo sind die Steine? Wo die Tauben? Die murmelspielenden Kinder? Ich liege im Wasser – schwimme in langen Zügen dem Land entgegen. Ich bin nackt. Am Strand stehen Menschen mit warmen Wolldecken. Ich friere nicht. Ich habe keine Orientierung. Ich will ans Land, und je mehr ich mich anstrenge, um so weiter entferne ich mich vom Ufer. Die wolletragenden Menschen sind Schilf, und der Wind bewegt sie im

Rhythmus meiner Atmung. Ich komme nicht mehr vorwärts. Meine Schwimmbewegungen erstarren, ich lasse mich treiben – liege auf dem Wasser. Meine offenen Augen blicken in das Blau des sich öffnenden Himmels. Wolken sind vertrieben, das Mückenspiel verdichtet sich wieder. Die Luft wird von den Lungen tief eingesaugt. Ich bin ohne Kontrolle. Meine Sinne verdichten sich zu einem Spiel von Dunst – Licht – Farbe – Stimmen. Es ist die Zeit der Träume, der Tagträume auf dem Rasenplatz von St. Georgen, auf dem die Kinder Reifen treiben und die Pferde grasen und die Grillen sirren. Ich bin da – erwacht vom Schlagen der Taubenflügel beim Start in die ewige Runde um den weiten Platz, auf dem ein Denkmal steht.

WIE OFT STANDEN WIR vor dem großen eisernen Tor und wie oft lasen wir die Öffnungszeiten. Aber wir waren immer zu zeitig da: morgens vor 9 Uhr 30, mittags vor 14 Uhr. Die Sehnsucht war größer als das ausgiebige Mittagsmahl oder das Frühstück im Hotel. Sehnsucht nach Kunst. Kunst wie sie uns hier angeboten wurde, das gab es woanders kaum. Basel – Stuttgart: zwei Stunden mit den schnellen Autos: Porsche oder BMW 507 oder Jaguar – oder Grifo, dem schnellsten. Die Reise nach Mailand zu den »Exoten« (Ferrari, Maserati, Lamborghini, Iso) machten wir immer über Basel. Und immer standen wir vor dem Tor, das von einem Wärter pünktlich geöffnet wurde. Durch die Stäbe fiel unser Blick auf den Innenhof, und auf die »Bürger von Calais«. Man war selbst plötzlich gefangen oder ausgestoßen: die Hände umgriffen die Gitterstäbe. Wir sahen die sechs Bürger in ihrer verzweifelten Haltung. Der Schlüsseltragende aufrecht, geraden Blicks. Dahinter ein Gebeugter, der sich den Kopf hält. Daneben ein alter Mann gesenkten Hauptes und links die berühmte Figur des Jünglings mit dem extrem gebeugten rechten Arm, mit dem Blick auf seinem angespannten Bizeps. Ausdruck von Widerstand? Andeutung von Kraft wie bei Athleten, die ihre Muskeln präsentieren: schöne Muskelmenschen vom Bodybuilding? Die Gruppe stellt das Geiseldrama von Calais dar. Das ist jetzt über 600 Jahre her und uns doch so nah gerückt durch die Flugzeuggeiseln. Damals kam der Faktor Freiwilligkeit dazu, sich mit der Übergabe des Schlüssels an die Feinde auszuliefern. Wir be-

trachten dieses Geiseldrama, indem wir um die Gruppe herumgehen, Gestik, Mimik, Haltung in uns aufnehmen. Wir sind immer etwas beklommen, ob Rodin hier nun wirklich eine große monumentale Plastik gelungen ist? Ist es nicht auch Modell einer Anklage, eine literarische Vorlage? Der Opfergang der sechs Bürger, gebückt und stolz. Abschied nehmend von der Welt oder besser von der Stadt Calais. Verzweifelte Gebärden, schicksalsträchtig, expressiv in Haltung und Ausdruck. Nicht doch zuviel Theatralik, hinter der die künstlerische Form zurücktritt? Nicht doch ein Pathos, das uns in dieser realistischen Form nicht so liegt – nicht mehr? Das trotz unserer menschlichen Anteilnahme etwas zum Lächeln reizt? Wie Gerhart Hauptmanns Realistik. Aber auch Schillers »Räuber«. Immer wenn die Thematik so massiv vorherrscht, leidet die Form (auch wenn ein Regisseur hier korrigiert). Mir liegen in der Kunst allgemein mehr die abstrakten Formulierungen. Also nicht Barlach. Lieber Gonzales. Nicht Beckmann. Lieber Klee.
Wenn wir die Halle passiert haben, fahren wir nicht mit dem Aufzug nach oben zu den Modernen. Wir würden dann nämlich den großen Calder verpassen, der im Treppenhaus schwebt und sich zart bewegt, wir würden auch den großen Otto Freundlich und den Bodmer versäumen, wichtige Werke, die sich gegenüber hängen. Wir besuchen den Leiter des Museums, Georg Schmidt, der vor dem Krieg die verfemte Kunst aus Deutschen Museen erwarb und nach dem Krieg in Stuttgart einen glänzenden Vortrag über Klee hielt. Das war um 1950. Er war anschließend bei uns und führte in gehobener Stimmung seinen Bauchtanz vor: Willi Baumeister half mit geschwärzten Korken und meine Frau mit Leinentüchern. Sein damals noch kugeliger Leib wurde zum Gesicht umfunktioniert, der Nabel zur Nase, und vom Brustkorb aufwärts diente eine Leinendrapierung als Koch-Mütze. Georg Schmidt konnte sich so schön freuen. Ein böses Krebsleiden brachte ihm ein frühes Ende.
Sein Assistent Dr. Werner Schmalenbach, der später in Nordrhein-Westfalen wirkte, war damals in Basel. Wir lernten ihn dort kennen, auch den ebenfalls viel zu früh verstorbenen Dr. Rüdlinger, der sich große Verdienste um Poliakoff und andere erwarb. Ein progressiver Museumsmann in Bern. Überhaupt die Schweiz: wohin man kam, freundlicher Empfang der Deutschen ohne Ressenti-

ments. Frau Tschudi lud mich, einen Fremden, im Jahre 1945 für einige Wochen in ihre Villa nach Vevey ein. Susanne Feigel bewirtete uns in ihrem Haus in Basel. Dazu die Bilder in den Museen! Ein sauberes Land, gepflegte Lokale, gute Hotels, seit Murten (?) kein Krieg. Die Straßen im Flachland beängstigend eng, aber in den Bergen beruhigend breit – schon damals auf dem Weg ins Tessin. Heut nun die neuen Autobahnen. Warum gelingt der Schweiz ein anständiger griffiger Straßenbelag und warum bauen wir halsbrecherische Asphaltstraßen, die bei Nässe oder Reif und Frost zu Rutschbahnen werden? Das Grausen überkommt einen.
Wir sind oben. Bei Picasso, Braque, den frühen kubistischen Bildern, die sich in Komposition und Farbton so ähneln. Wir üben uns im Erraten: Wer ist wer? An feinen Einzelheiten, die doch so bedeutsam sind, erkennen wir meist die Notwendigkeit einer Linie bei Picasso und die Beliebigkeit mancher Linien bei Braque. Aus dürftigem Kunstland kommend, sind wir streng im Urteil, schulen unseren Blick, den Georg Schmidt durch entsprechende Gruppierung mehrerer Maler in den Abteilungen auf unvermutete Übereinstimmungen lenkte.
Wir sahen die großen Meister: Léger, Klee, Mondrian, Kandinsky, den großen restaurierten Franz Marc:»»Tierschicksale«, Schlemmer, die frühen Surrealisten wie Tanguy und Chirico. Wir sahen später die Amerikaner Pollock, Rothko, de Kooning, Franz Kline, Marc Tobey – und unsere Freunde Hartung und Soulages. Es gibt keinen besseren Anschauungsunterricht über die Moderne als hier in Basel. – Die vielen Privatsammlungen in der Schweiz von reichen Fabrikanten, aber auch von minder bemittelten Enthusiasten, die ihre Fränkli aufeinanderlegen, sparen und Kunst kaufen. Die Schweiz ist mit Kunst durchflutet. Das spürt man auf Schritt und Tritt. Mit dem Galeristen Otto Stangl aß ich vom Messingwagen (oder war es Kupfer?) Kalbsbraten in der Züricher »Kronenhalle«. Dort sahen wir Originale an den Wänden von Miró, Juan Gris, Picasso. Wir besuchten in Ascona den Monte Verità mit der Sammlung von der Heydt mit asiatischer, aber auch moderner Kunst in den Hotelräumen. So ist dieses Land mit den hinreißend guten Plakaten, den Cafés, den Geschäften auf der Bahnhofstraße Zürich für lange Jahre ein exklusives Vorbild geblieben. Jetzt haben sie auch ihr Schweizer Automobil mit dem schönen Namen »Monteverdi« –

ein eigenes Produkt in kleiner Stückzahl mit guter Leistung. Ich probierte den Wagen in Basel.

Wir gehen über den Hof zurück, an den »Bürgern von Calais« vorbei – Auguste Rodin 1884–1886. Nach all den Bildern erkennen wir die raumfangende Architektonik der Gruppe. Tauben lassen sich auf Kopf und Schulter nieder. Die Bronze ist grünlich verfärbt. Weiße Exkremente der Tauben auf den regengewaschenen Körpern lassen Kopf und Schultern in Streifen verblassen. Patina, die sich den »Bürgern von Calais« mit ihrem Schlüssel im Laufe der Zeit angesetzt hat – nicht zu ihrem Nachteil.

I‍CH SITZE VOR DEM HALBRUND meines schwarzen Schreibtisches, habe einige Krankenblätter durchgesehen und bereite mich auf den für elf Uhr angekündigten Besuch vor. Ich kann mich gar nicht vorbereiten. Ich kenne nicht den Grund ihres Erscheinens, ich weiß nur so viel, daß die Herren mich gern in meiner Umgebung kennenlernen wollten und Fragen stellen, die meine Nebenwege berühren. In solchen Situationen bin ich ruhig und besonnen. Ich warte ab, beobachte, studiere die Verhandlungstaktik und bleibe am Anfang immer in der Defensive. Erst wenn ich spüre: hier geschieht dir Unrecht, hier wirst du angegriffen oder hier wird dir eine Schlinge gelegt, dann trete ich aus meiner Reserve heraus, sehr zur Überraschung meiner Kontrahenten. Mach ich's kurz: vier Staatsbeamte in dunklem Anzug vom Kultusministerium, Finanz- und Steuerwesen begrüßten mich formell, wobei meinem Anwalt die Vermittlerrolle zufiel. Der Raum mit den abstrakten Bildern und der ärztlichen Bibliothek schien zu überraschen. Man nahm Platz, stellte Fragen: »Hier arbeiten Sie, hier leben Sie, hier schreiben Sie.« Ich nickte ruhig mit dem Kopf: »Ja – so ist es.« »Sie beschäftigen sich mit der abstrakten Malerei« – »Ja, das tue ich.« »Und Sie schreiben auch Bücher, in fremdem Verlag und im eigenen.« »Fremd war Müller und Kiepenheuer 1947 und der eigene der ist domnick-verlag Stuttgart« – war mein aufklärender Hinweis. Die Herren im dunklen Anzug zogen aus der Aktentasche in braunem Leder mit Messingschnappschloß ein Buch hervor, das ich sofort als meine Hartung-Monographie identifizierte. Auf den Tisch gelegt, wurde sie zum Beweisstück. Sie lag da, nackt, isoliert, ohne wärmende Hülle, ohne Beibücher, Zeitschriften, bedrucktes Papier. Der Tisch war leer – nur Hans Hartung leuchtete auf mit seinem Signum. Die Herrenrunde schwieg. Ich auch. Mein Anwalt blieb wie ich abwartend. Merkwürdige Situation: Tisch, Buch, vier Herren in schwarz, ich in weißem Arztmantel. Ich blieb zurückhaltend, nachdem man mich schließlich fragte, wie ich mit dem Erfolg zufrieden sei. »Ach, wissen Sie: Erfolg? Wann hat man Erfolg mit avantgardistischer Literatur – mit abstrakter Kunst? Ich bin über dieses Buch sehr glücklich. Aber es braucht Zeit, viel Zeit. Man muß einen langen Atem haben, man muß warten können. Kunst geht nicht wie Seife oder Textil. Wollte ich dies – würde ich nicht das andere tun. Aber ich kann nur das tun, was in mir ist ohne Rücksicht auf momentanen wirtschaftlichen Erfolg. Ich bin stolz auf dieses Buch, das ich im Alleingang riskierte und das eines Tages vergriffen sein wird. Aber das braucht Zeit.« So argumentierte ich – man hörte zu, aber glaubte mir wohl nicht. Ich wurde gelockt, gereizt: Die Herren erhoben sich, betrachteten die Bilder, gingen an den langen Bücherschrank, lasen Titel und Autoren – den Kopf links oder rechts drehend, je nach Buchrückentext, nachdem sie vorher die presbyope Brille aufgeklemmt und sich wieder streckend mich fragten: »Warum schreiben Sie eigentlich keine medizinischen Bücher? Warum über moderne Kunst, die man doch nicht versteht?« Das war ein Frontalangriff, der mich traf wie die Linke von Cassius Clay. Ich blockte ab, blieb stehen, die linke Hand auf dem Hartung-Buch, mit der rechten gestikulierend: »Ist es schon wieder so weit, daß der Staat sich in private Dinge einmischt und Anweisung gibt, dies zu tun oder jenes zu lassen?« Meine Stimme vibrierte: »Ich habe mich für eine Sache engagiert, die Ihre Statuten gar nicht erfassen können. Ich weiß, Sie wünschen Auskunft: Geschäft oder Liebhaberei? Aber ohne Liebhaberei kann man in der Kunst nicht beginnen. Warten Sie ab! Ich werde Ihnen eines Tages einen Gewinn nachweisen, der Sie für Ihre Steuerberechnung beruhigen wird. Jetzt bin ich für Sie ein Einzelfall, vielleicht. Aber Sie werden mich nicht von dem zurückhalten, was mein Leben ist, das in Stationen abläuft mit manchen Umwegen, Haltezeiten, Verspätungen. Aber eins wird sein: dieses Buch macht seinen Weg mit der mir zugeteilten US-Lizenz. Erfolge (wie Sie sie wünschen) kann ich nicht nachweisen. Sie müssen warten. Wie ich.«

Ja – so war es! So lief es ab. Genau wie ich es hier schreibe. Am Vormittag in der Gerokstraße 65 in Stuttgart, an einem hellen Tag, an dem das Blau des Himmels die Bilder zum Leuchten brachte. Die Herren zeigten sich etwas verwirrt über so viel Passion für nicht verstandene Dinge. Man verabschiedete sich steif und formell wie bei der Begrüßung, und ich schwor mir: NIE WIRD DER FISKUS MEIN ZENSOR! Unter dieser Schlagzeile erschien in der Stuttgarter Zeitung ein Artikel über diesen Sachverhalt und brachte Bewegung in die Diskussion um die neue Kunst. Mein Anwalt, gutmeinend und seriös zugleich, klärte mich darüber auf, daß ich bei aller Passion einmal auch Gewinn nachweisen müßte, wenn ich nicht zum »Liebhaber« deklariert werden möchte, was steuerlich gesehen für mich (milde formuliert) »nicht vorteilhaft« sei. Ich wußte, was ich zu tun und zu lassen hatte. Und ich begann mir Gedanken zu machen über meine Finanzen auf meinen Nebenwegen.

ALS DIE HERREN IN SCHWARZ mich etwas herausfordernd fragten, warum ich eigentlich keine medizinischen Bücher schriebe, fragte ich in Weiß zurück: »Woraus schließen Sie das?« Nach dem Krieg habe ich viel geschrieben. Endlich kam der Geist wieder zu Wort, das Marschieren war vorbei, und daß Kunst mit im Spiel war, brachte mir viel Anregungen. Ich will berichten, daß neben meiner künstlerischen Betätigung auch medizinische Arbeiten das Haus Gerokstraße 65 verließen: »Betrachtungen zum Kopfschmerzproblem« 1946, »Über den Schmerz« 1946, »Zum Rentenproblem« 1947, »Zur Frage psychischer Veränderungen bei Halsmarkverletzungen« 1948. Später 1952 erschien ein Beitrag über die »akustische Reflexepilepsie« und 1956 das Buch über »Das cervicale Unterdrucksyndrom«, das meine unkonventionellen Vorstellungen von meinem medizinischen Fach zusammenfaßte.
Für die Festschrift zum 70. Geburtstag meines verehrten Lehrers Professor Kleist schrieb ich 1949 einen Beitrag mit dem Titel: »Entwurf einer Rückenmarkspathologie«. Das klang etwas hypertroph, aber ich sympathisierte mit Themen von eigenwilliger Konzeption und spekulativen Aspekten. Das ist in der Medizin durchaus legitim und anregender als z. B. statistische Erhebungen oder referierende Sekundärliteratur. Nach Kleist und Weizsäcker erlebte

ich die psychiatrische Szene in Süddeutschland, die damals noch von Kretschmer, Tübingen (»Körperbau und Charakter«) beeinflußt war, in die aber bereits die »Daseinsanalyse« von Binswanger eintrat. Ich wunderte mich, »daß sich Theorien bilden, die, weil miteinander inkongruent, zu Differenzen führen, nicht nur sich nicht decken, sondern sich gegenseitig ausschließen, indem radikal die eine Betrachtungsweise die andere als falsch und unzutreffend bezeichnet«. Das erinnerte an das Weltbild der neuen Physik, die so neu auch nicht war (annähernd die fünfzig Jahre, die zur Adaptierung neuer Ideen benötigt werden), und die bei Diskussionen über abstrakte Malerei damals gern herangezogen wurde, auch von mir. Und so – von der Kunst wieder zur Medizin angeregt – eröffnete ich meine Arbeit mit der bombastischen Formulierung: »Die moderne Philosophie lehrt uns, daß Ideen im Sinne Platos nur Symbole sind, unter denen wir die Gestalt des Lebens zu erfassen versuchen –« und wies darauf hin, daß »die moderne Physik das Scheinproblem entdeckt hat – daß das Atom, das Licht, je nach der technischen Untersuchungsmethode zwei ganz verschiedene Wesen darstellen können – und daß nicht die eine und nicht die andere Betrachtungsweise richtig oder falsch ist, sondern daß jede für sich ihre Richtigkeit hat und daß vielleicht alle nur Symbole unseres Intellekts für die Kräfte sind, in die wir uns eingebettet finden«. Unter diesem Motto suchte ich die drei Systeme Hirnpathologie, Psychosomatik und Konstitution in Einklang zu bringen und stellte Beziehungen auf zwischen höheren und tieferen Rückenmarkssegmenten, Körperorganen und konstitutionellen Faktoren. Dabei stützte ich mich auf meine Beobachtungen an psychosomatisch Kranken und meine vorausgehende Veröffentlichung über Halsmarkverletzte 1948.

Diese Denkweise, der Stil und die sich ergebende Einbeziehung ano-genitaler Regionen paßte zwar gar nicht zur Kleist-Schule. Doch ich hatte die Freude, daß Karl Kleist mir ein Alterswerk »Gehirn und Seele« 1955 mit einer Widmung »in Erinnerung an meine Arbeit« sandte, in dem er den Dualismus: organisch – psychisch unter der gleichen Analogie zur modernen Physik erörterte. Die Beglückwünschung eines anerkannten Sexualwissenschaftlers zu diesen Gedankengängen dagegen fand ich nicht recht am Platz und auch die etwas hochtrabende Formulierung ist eigentlich nicht mein Stil. Doch war es damals die Zeit solcher hochstilisierter Erörterungen – auch in der Kunstkritik. Sicher als Reaktion auf die eingleisige militärische Diktion der vorausgegangenen Jahre und unter dem Einfluß Heideggers, Sartres und des Existentialismus. Die Lektüre damaliger Ausstellungskataloge zeigt, welche weltanschauliche Bedeutung man der Kunst zuerkannte.

Ich hatte mit dieser Arbeit meine medizinischen Lehrjahre sozusagen resümiert und konnte mich – unabhängig von übernommenen Meinungen – frei bewegen. Zweigleisig. Die Sprechstunde in der Gerokstraße wuchs, ich hatte viel zu tun (aber welcher Arzt hat das nicht?), beschäftigte Krankengymnastinnen, Sekretärinnen, meine Frau widmete sich der mühevollen Gutachtertätigkeit – das alles mußte laufen, stimmen. An Wochenenden tauchten wir unter in der Kunst. Dies Leben: komprimiert, engagiert, konzentriert, verlangte seinen Einsatz. Und doch war – ärztlich gesehen – die Situation der Ambulanz nicht glücklich. 1950/51 richtete ich kurzer Hand eine klinische Station in der Gerokstraße 65 ein. Es bedeutet eine große Umstellung von einer Ambulanz zur Klinik, einerlei ob es sich um 10, 20 oder 100 Betten handelt. Wenn ein Netz zu eng geworden ist, genügt nicht eine größere Masche. Das ganze Netz muß neu und größer angelegt werden. Wir bauten um. Nicht nur einmal. Der letzte Umbau fiel in die Zeit zwischen meinen beiden Filmen »JONAS« (1957) und »GINO« (1960). So lief von nun an unser Leben zweigleisig. Mitunter waren die Menschen kritisch mit dem, der so vielerlei umtrieb und doch dabei für sich blieb. Für Sitzungen, Gremien, Konferenzen hatte ich immer wenig Sinn (schon eher für Stammtische). Weder wird dabei der menschliche Kontakt noch der Geist gefördert. Leerlauf beherrscht oft die Situation. Gespräche gelingen nur in kleineren Kreisen, und Fachliches läßt sich besser über Vorträge vermitteln. Dagegen habe ich eine große Sympathie für das Telefon: überall Kontakt in kurzer oder längerer Form, die ich bestimmen kann.

Ich baute um: eine kleine persönliche Klinik. Ich kam von großen Krankenhäusern, und das größte, das Virchow-Krankenhaus in Berlin, war auch das schwierigste gewesen: Verwaltung, Pavillonsystem, anonymer Betrieb, wenig menschliche Wärme, wenig Kontakt, ein Ablauf nach Fließbandprinzip. Ich war in Hamburg-Friedrichsberg und dann an der Universitätsklinik in Frankfurt. Jedes Haus hatte sein Gepräge, auch das von Gebsattel. Aber so etwas kann man nicht bauen, verwalten, dirigieren, wenn man unabhängig bleiben soll. Das war die Vorbedingung. Im Augenblick einer Abhängigkeit verändern sich Lebensstil und ärztliches Handeln. Bist du allein verantwortlich für alles, dann prägst du selbst die Ordnung und den Stil, den jede Klinik braucht, will sie persönlich geführt sein und nicht einem Hotelbetrieb ähneln. Heute leben wir in einer Krankenhaus-Hypertrophie mit viel zu vielen und zu luxuriösen Krankenhäusern, die weder für den Patienten noch für den Arzt befriedigend sind. Nicht jeder Luxus dient der Heilung. Doch darüber später mehr.

15

DIE FRANZÖSISCHE EXPEDITION lag hinter mir: quer durch deutsches Bundesgebiet. Ich spürte Resonanz – aber auch Ablehnung. Der »Hunger nach Kunst« schien vorerst gestillt. Man begann sich zu etablieren. Die Zeit der Improvisation war vorbei. Die Phantasie des einzelnen setzte sich durch. Manche suchten Anregung in der Schweiz, in Frankreich, Italien. Manche blieben stumpf und uninteressiert. Aber alle horchten auf, wenn das Thema »moderne Kunst« hieß. Ob sie dabei blieben, war eine andere Frage. Manche spürten den Stachel, der sie nervös machte und reizte, manche wollten mehr wissen, hinter das Geheimnis kommen: was ist los mit l'art abstrait, was wollten diese Maler mit ihren ungegenständlichen Bildern? Es gab kaum Reproduktionen von Braque, Léger, Picasso oder Miró. Wir sammelten Aufsätze aus Schweizer Kunstzeitschriften oder italienischen Architekturheften, besuchten Vorträge von Georg Schmidt, Haftmann, Roh. Aber die anderen? Vielleicht waren sie auch hungrig, und ich wollte diesen Hunger stillen mit einem Film, der den vielen fragenden Menschen eine Antwort geben sollte: »Was ist abstrakte Malerei?«
Das dritte Gleis: der Film schien mir geeignetes Medium, in Bild und Ton eine Antwort auf die vielen Fragen zu geben. Ich dachte an die rasche Verbreitung und an die Möglichkeiten des Films, die bildhafte Entwicklung mit Beispielen zu belegen und die logische Fortsetzung vom Kubismus in die Abstraktion zu zeigen, zumal da das Bewegungsmoment (das der abstrakten Malerei innewohnt) dem Medium Film entgegenkam. Ich schrieb ein Exposé. Ich holte mir Rudi Klemm, der in Stuttgart einen Tricktisch, eine 35 mm ARRI hatte und der mitmachen wollte. Das war 1950, erst fünf Jahre nach Kriegsende.
Ich hatte keine Ahnung von Filmtechnik und Apparaturen. Aber

ich hatte einen Mann zur Seite, der mit mir durch Stuttgart zog, der mich verstand und der aufnahm, was ich brauchte. Das klingt sehr einfach: Was aufnehmen? Wie? Wozu? Und dann der Schnitt. Text? Musik? Karl Kleber an der Orgel. Irgendwo in einer Kirche. Der Pfarrer gab den Segen. Erwin Goelz stieß zu uns: wollte mehr erfahren, ich blieb Antwort schuldig: der Weg ins Unbekannte. Wußten wir, wohin die Filmreise ging? Nur etwas sagen – zeigen – aufklären – was gilt und verbindet: die feindliche Einstellung abbauen. Kunstfreunde gewinnen, die Gemeinschaft wachsen lassen, die Arroganz auflösen, das Verständnis fördern – o ja – ein großes Feld war zu beackern mit einfachen Argumenten. Nicht überheblich sein. (Daß andere mehr wissen, will niemand gern hören.)
Ich fuhr mit dem VW nach Göttingen. Auf dem früheren Flughafengelände hatte nach dem Krieg mein Bruder Hans Domnick mit Hans Abich eine »Film-Aufbau-Gesellschaft« gegründet, gebaut, eingerichtet und in Betrieb gesetzt. Als ich mit meinem Film erschien, gab es lange Gesichter. Aber 300 Meter waren doch kein Risiko, verglichen mit den 3000-Meter-Filmen, die dort gedreht wurden. Ich sah auch keine Absatzschwierigkeiten. Ich war guter Dinge. Mit der ersten Kopie Vorstellung in Wiesbaden bei der FSK, wo Dr. Krüger mich beglückwünschte. Am nächsten Morgen stand ich in München bei Herzog-Film: doch Direktor Tischendorf, ein untersetzter kahlköpfiger Filmmanager, hielt meinen Film für eine »verrückte Kiste«. Ich war erledigt. Aber ich ließ nicht locker. Zwei Tage schlich ich um den Herzog-Verleih herum. Zwei Tage warb ich – umsonst. Er war nicht da für mich. Er, der mit Millionen umging, der einem Stab von Untergebenen vorstand – was sollte er mit meinem Filmchen? Der Kampf war leise und zäh. Wer mehr zu verlieren hatte, das war ich. »Geschäft oder Liebhaberei« das stand doch bei mir jetzt auf dem Spiel. Ich mußte den Abschluß unbedingt erkämpfen. Ich ließ nicht locker. Immer wieder stand ich da: vorne raus, hinten wieder rein. Bruder Hans sprang ein. Und am dritten Tag war es so weit: Tischendorf übernahm den Film und zahlte 15 000 DM. Vertrag und Geld: welch ein Gefühl! Ich mußte diesen Abschluß tätigen. Zu viel hing davon ab: die Hartung-Monographie, der Fiskus, die geplante Monographie über Miró. Wofür die Mühe. Wen berührt solch ein Thema? Doch nur mich. Zeig dich! Stell dich! Aber klage nicht. Du bist allein verantwortlich. Tu was

du willst – aber jammere nicht! Geh an die Arbeit. Laß deine Nebenwege. Tu deine Pflicht. Bleib bei deinen Leisten, wie es dir der Direktor deiner Bank geraten hat. So gingen, so schossen die Gedanken durch mein Hirn.

Diese Jahre von 1948 bis 1951 haben mich in ein Tief gebracht. Was nützte der Bundesfilmpreis und die Prädikatisierung »besonders wertvoll«, was nützte eine Prämie vom Bund mit 1000 DM in ein rotgebuchtes Konto? Was hatte ich zu überstehen in diesen Jahren meines Starts in ein Leben für die Kunst? Aber das erste war geschafft: der Film »Neue Kunst« verkauft, das Konto ausgeglichen und die schwarzen Herren vom Finanzamt waren zufrieden.

Oder sollte Mister Tischendorf doch recht behalten? Der Film »NEUE KUNST – NEUES SEHEN« wurde in den Palast-Lichtspielen Stuttgart uraufgeführt. Ein Gong: das Licht geht langsam in Dunkelheit über, man spürt nur noch ein Knistern. Jetzt geht der Samtvorhang elektrisch hoch. Noch kein Anfang. Man rückt sich zurecht. Jetzt ist die große Leinwand da, jetzt Karl Klebers Trommelwirbel, jetzt der Titel – alles gut. Sehr aufmerksam: Ottomar Domnick: »NEUE KUNST – NEUES SEHEN – Eine Einführung in das Wesen der abstrakten Malerei.« Gut. Wie deutlich alles ist. Wie groß die Schrift. Die ersten Aufnahmen: Maschinenbilder von Léger. Dazu Natureindrücke. Technik. Parallelen. Text. Schön. »Merkwürdige Bilder schauen uns an.« Alles mäuschenstill. Ich freue mich. Erste Unruhe von links unten. Gelenkt? Wieder Stille. Man sieht, was man nicht kennt. Man hört: »Immer wurde das Neue verlacht.« Man wartet noch ab. Und dann passiert es: Auf der schwarzen Fläche rollt die Blende auf und enthüllt langsam die Rembrandtzeichnung: »Königin von Saba«: Linien, wirr, ohne erkennbare Form, auf denen ganz oben ein kleiner Kopf schwebt. Die Blende geht hoch, und hoch gehen die Pfiffe, nicht einzeln, sondern über den ganzen Saal verteilt. Rembrandt: 1951 in Stuttgart ausgepfiffen. Was nützt dann die Enthüllung: »Und das ist Rembrandt 1648, und das van Gogh 1887, und das Picasso 1931.« Parallelen, Hinweise, die Form zu sehen, das Linienspiel. Es fängt sich. Man schaut hin, hört zu. Optische Analogien, die überzeugen. Jeder sah schon solche Bilder – unbewußt. Man folgt dem Film, er hat etwas Saugendes. Jetzt noch Klee, Kandinsky, Mondrian: die Abstraktion eines Baumes. Dann prähistorische Malerei, dann der Stier von

Picasso: wieder Unruhe, Lachen im Parkett, das um sich greift. Als im Laufe der Abstraktion des Stiers das typische Merkmal sich herausbildet, findet die Heiterkeit ihr Objekt. Lachen befreit von der Spannung des Unbekannten, das in so einfacher, fast simpler Form vorgestellt wurde. So gehen zwölf Minuten hin wie eine Stunde in der gleichen Spannung, gemischt aus Freude am Werk und Angst vor der Resonanz, wie alle die späteren Filme es auch mit sich brachten. Und wie später auch hier am Ende: Beifall und Ablehnung, Kopfschütteln und Begeisterung. Klatschen und Pfeifen. Mein erster Auftritt auf der Filmszene. Mein Debüt in Stuttgart 1951. Ein harmloses Filmchen, betrachtet man es heute – und welche Wogen schlug es beim Start. Ein gutes Zeichen, daß Kunst die Gemüter noch erregte? So dachte man damals nicht. Ich war nicht glücklich. Baumeister tröstete mich anschließend beim Wein.

1955 STARB WILLI BAUMEISTER. So überraschend, wie ich das geschildert habe. Als ich 1954 einen Film über ihn drehte – wieder in Zusammenarbeit mit Rudi Klemm – sagte er mir bei der Filmarbeit: »Denken Sie daran, daß ich noch viel malen werde.« Nach der Uraufführung: »Jetzt müßte der Film wieder da anfangen, wo er mich als Maler zeigt.« Er sollte keinen Schluß haben, Baumeister verdrängte das Filmende. Er hatte noch so viel vor: malen – zeichnen – drucken – schreiben – reisen. Doch der Mittagstod an der Staffelei setzte eine Schranke und erstickte alle Pläne. Will Grohmann (»mein Biograph« nannte Baumeister ihn stolz) schrieb den Text zum Film. In einer Nacht in meinem Haus in Stuttgart. Das Schreiben floß ihm leicht aus der Hand. Der Film fand auch in Paris ein gutes Echo. Abends tranken wir dort Beaujolais und aßen festlich. Baumeister ging von Tisch zu Tisch. Er freute sich, genießend und Genuß vermittelnd. Nie hat uns der Wein so gut geschmeckt wie in seiner Anwesenheit – mit seinem »Weinverstand« und Genießertalent. Das gehört dazu. Trinkbrüder sind aufeinander eingestimmte Menschen mit der Bereitschaft zum phantastischen Gespräch – in Ideenflucht und utopischen Aspekten. Zum Filmen war Baumeister stets bereit: »Sie können alles mit mir machen – ich mache mit.« Wir besprachen die Szenen draußen und in seinem Atelier, an der Staffelei und in Darmstadt bei Gustav Sellner, wo ich eine Inszenierung

von Max Komerells »Kasperlespiele« mit Baumeisters farbigen Bühnenbildern aufnahm. Egon Vietta assistierte (auch er starb plötzlich). Wir reisten weiter nach Wiesbaden, Frankfurt, und immer drängte es Baumeister zum Museumsbesuch. Er wußte Bescheid: dort hängt ein Tizian – dort Cézanne, dort Schlemmer, oder Picasso, die er alle sehr verehrte. Die Expressionisten lagen ihm nicht so sehr. Auch Beckmann war ihm zu brutal. So ordnet sich im Leben jedes jedem zu. Baumeister war vor der Kamera ebenso undoktrinär und ungeniert wie vor der Staffelei. Er blieb immer sich selbst treu. Deswegen stimmte sein Leben wie sein Werk.
Der Film hat mit einer gekürzten und einer Originalfassung das Werk Baumeisters in die Welt getragen. Er erhielt Bundesfilmpreis, eine Geldprämie. Er wurde im Stedelijk-Museum Amsterdam gezeigt, in Brüssel, Rom, Paris, Berlin und bekam Preise bei Kunstfilmfestivals in Bergamo und im Metropolitan Museum, New York.

ICH KANN NATÜRLICH NICHT BEURTEILEN, ob all mein Tun für die Kunst nach dem Krieg sinnvoll war. Ich weiß nicht genau, warum es mich trieb, ob ich eine Verpflichtung spürte, ob ich missionarische Tendenzen in mir fühlte, ob ich einen Auftrag sah – ob ich mißverstandenen Malern helfen wollte, den Weg zu ebnen. Weswegen klopfte ich an die Ateliers? Weswegen zog ich durch das Land mit meiner französischen Ausstellung und holte mir widersprechende Kritiken ein? Weswegen veranstaltete ich den Zyklus – machte Bücher und Filme mit finanziellem Risiko? Aus welchem Grunde legte ich mich mit dem damaligen Kultusminister Schenkel an, der in einer Ausstellungseröffnung die abstrakte Kunst abschätzig beurteilt hatte (wobei ihm der Druckfehlerteufel ein Bein stellte, der Schneeglöckchen mit Schneeflöckchen verwechselte und so gewisse Konzessionen des Herrn Minister an den geometrisch-abstrakten Aufbau der Schneeflocke ins Gegenteil umkehrte). Aber so stand es nun geschrieben, und am 10. November 1952 antwortete ich in einem offenen Brief: »In Ihren Reden haben Sie der modernen Kunst Nihilismus, Unnatur, Faxen, Mangel an Ehrfurcht vor dem Schöpfer, Hohn und Spott in der Darstellung des Menschen und Blasphemie vorgeworfen. Sie haben einen Naturalismus nach dem gesunden

Lebenswillen des Volkes empfohlen und behauptet, die moderne Kunst habe noch keinen Anschluß an das gesunde Volksempfinden gefunden. Sie werfen den Malern armselige Farben bei wenig Lichtempfindung vor, kennzeichnen sie als überheblich und achtungslos vor den höheren Gesetzen und bezweifeln ihr ernsthaftes Suchen.« Welche Zeit, welche Aufregung, und welcher Erfolg. Ich kam mir vor wie ein »Aufklärer«, der um Jünger warb, die sich um ihn scharten. Ich handelte ohne Auftrag. Ich wurde zum Sprecher einer Idee. Einer Idee von der abstrakten Kunst.
Während ich dies niederschreibe, werden in mir die Argumente wieder lebendig, mit denen man mich schlagen wollte. Aber blick nicht zurück im Zorn! Ich habe meine Gedanken zur Kunst vorgetragen, die von vielen Menschen akzeptiert wurden und damit der Kunst Freunde gewonnen. Der Kommentartext zu meinem Film »NEUE KUNST – NEUES SEHEN« – von mir gesprochen – war klar, sachlich, ohne metaphysische Anklänge. »Die Unruhe unserer Zeit muß sich auch in der Kunst niederschlagen«, waren meine Worte, und was ich in meinem Buch »DIE SCHÖPFERISCHEN KRÄFTE« schrieb (von einigen Unklarheiten der ersten Jahre abgesehen) könnte ich auch heute noch formuliert haben. Meine programmatischen Ausführungen zur französischen Wanderausstellung waren vielleicht etwas kritisch überzogen gegenüber den vorausgehenden Kunstepochen (Naturalismus, Expressionismus), aber, so meinte die Presse: »aufklärend, wegweisend, informativ, nähmen sie sich neben so mancher verschwommenen Äußerung über dieses Thema wohltuend aus«. Sie halfen sicher vielen, abstrakte Malerei zu verstehen. Wieviele Menschen berichteten mir, daß sie die ersten Anregungen als Schüler beim Besuch meiner Sammlung gewonnen hatten, die jahrelang in der Staatsgalerie Stuttgart ausgestellt war.
Ich zog mit der Kunst durch die Lande. Im kleinen Universitätsstädtchen Erlangen wurde eine Ausstellung eröffnet mit meinem Film »NEUE KUNST – NEUES SEHEN« und anschließender Diskussion, die bis in die Nacht ging. Ich reiste mit meinen Bildern im VW-Bus auf die Elmau, wo 1951 eine »Begegnung mit zeitgenössischer Kunst«, mit Filmen, Vorträgen, Aussprachen stattfand. Roh, Sandberg, Meistermann, Baumeister, Eckstein, Leonhard sprachen für die moderne Malerei. Im Programmheft wurde ich als Initiator und Organisator dieser Woche tituliert. Im großen Saal hingen die

Gemälde an Stellwänden und die Gäste konnten neben den Vorträgen die Bilder studieren. Diese Kunstwoche blieb lebendig. Fast hatte ich den Eindruck, in die Märchenwelt der Elmau einen modernen Geist infiltriert zu haben. Ein wachsames Publikum spürte etwas Aufrüttelung und sah plötzlich andere Zusammenhänge. Die Elmau ist ja nicht arm an Kunstdarbietungen – besonders der Musik – aber die Augen sind zu sehr von der großartigen Natur, der Schönheit der Alpenwelt abgelenkt und geblendet. Die Gegenüberstellung Kunst – Natur wird von der Naturseite her zu sehr belastet. Kunst hat mit Natur nichts zu tun. Kunst wird aus dem Geist geformt, für den Natur höchstens anregend sein kann, nicht mehr.
Eine zweite Kunstwoche fand 1965 statt mit Juliane und Franz Roh, Wilhelm Fucks, Hans Richter, Max Frisch, György Ligeti, Wolfgang Weyrauch. Mein Film »ohne datum« lief in Garmisch mit viel Unverständnis bei der Elmauer Jugend, um so mehr Bewunderung von der sagenhaften Sieglinde – dem Phänomen der Elmau.
So haben sich allmählich Jahresringe angesetzt, die meinen Einsatz für die Kunst festigten: Immer entstand aus dem Augenblick der Begegnung eine Reflexion. Ich suchte die Verbindung. Mein Leben war ein Auf und Ab – Erfolg und Mißerfolg. Mit Wartezeiten, Prüfungen – Vorwärtsdrängen, Rückwärtsgleiten, Hin und Her. Leben ist Tätigkeit. Zielgerichtetes Leben ist meine Aufgabe. Jeder Tag, jede Stunde verlangten Konsequenzen – und wenn Hauptweg und Nebenwege sich kreuzen, so entscheidet an diesem Punkt die Sonne, der Wind, der Mond. Du wirst den Weg fortsetzen bis ans Ende der Welt.

Ich bin kein Sammlertyp. Ich habe weder Briefmarken noch Schmetterlinge gesammelt, auch keine Steine, keine Münzen, keine Automobile. Und doch besitze ich eine Sammlung von Bildern. Aber dies ist etwas grundsätzlich anderes: einem Bild begegnet man im Leben irgendwo, irgendwann, und gewinnt es mitunter so leidenschaftlich gern, daß man es unbedingt besitzen möchte. Voraus geht ein qualvoller Zustand mit Zweifeln und Fragen. Die Entscheidung liegt in einem selbst.
Natürlich kann man sich von einem Galeristen oder Museumsmann

beraten lassen. Aber für die Urteilsbildung über einen unbekannten Maler ist das ziemlich unergiebig. Man überprüft sein eigenes Empfinden – besucht wieder und wieder den Maler oder das Bild, lebt auf Probe mit dem Bild zusammen. Dann entscheidet es sich bald. Man muß sehen lernen. Den Deutschen liegt das nicht so sehr (die Franzosen sind optisch viel sensibler). Erst wenn sie aufmerksam gemacht werden, öffnen sich ihnen neue Perspektiven. Das Sehen muß qualitativ differenziert sein: spontan erfaßt man Farb- und Formnuancen, zugleich das »graphische Geflecht«, und fortschreitend wird auch das kompositorische Sehen trainiert. Jede Frage nach der Identität eines modernen Bildes ist ein Abenteuer. Natürlich haben es eidetische Typen und solche mit »künstlerischem Auge« leichter, sie kennen kaum Deutungsschwierigkeiten in der Malerei. Dann gibt es optisch Unbegabte, die den unmusikalischen Menschen entsprechen. Merkwürdigerweise liegt den meisten Musikern bildende Kunst mehr oder weniger fern. Sie gehen ganz in der Musik auf. Die amusischen Typen leben ohne Kunst am besten. Ich habe mich schon in der Schule für Malerei interessiert und suchte in Büchern Orientierung. Bei Max Deri und Carl Einstein: Moderne Kunst, bei Prinzhorn: Bildnerei der Geisteskranken, Lübke-Semrau: die fünfbändige Kunstgeschichte. Ich las viel. Meinem Vater schenkte ich einen Piper-Druck von Hodler: der Holzfäller. Damit konnte er gar nichts anfangen. Vielleicht war ihm das Motiv zu vulgär. Ich liebte dieses Blatt, nahm es wieder an mich. Warum? Diese unglaubliche Spannung, die von der Axtspitze über die am Holzgriff gekreuzten Hände durch den muskelgespannten Rumpf und die gespreizten Beine bis in die rechte Fußspitze zieht. Das ist eine große dynamische Kraft, eine gespannte Stahlsaite kurz vor dem Abriß. Höhepunkt einer Bewegung – ähnlich der Laokoon-Gruppe. Sie entspricht einem abstrakten Bildaufbau. Dieser Hodler von 1910 (nicht etwa sein Jugendstil-Werk) nahm meine Vorliebe für expressive Abstraktion vorweg.
Von Anfang an hatte ich eine Vorliebe für schwarze Bilder. Schwarz ist die entschiedenste Farbe, mit dem entschiedensten Ausdruck. Und wenn ich heute durch die Sammlung gehe, wundere ich mich fast über das viele Schwarz, wodurch ein einheitliches Profil meiner Sammlung entstanden ist: die frühen Hartung-Bilder, die Soulages, die Vedova aus den sechziger Jahren, die Rainer-Bilder, die frühen

Brünings, der Tàpies, der Klee von 1940 und die vielen Baumeister. Es kann ja auch gar nicht anders sein, wenn man sich dazu bekennt, daß eine Sammlung eine sehr private Angelegenheit ist: wenn sie selbständig entstand, wird sie auch einheitlich sein. Natürlich gibt es wundervolle Sammlungen in der Welt, bei denen diese Forderung nicht zutrifft, ohne daß die Qualität dadurch gemindert wird. Das ist aber ein anderer Ansatzpunkt: so bei Staatsgalerien, Mäzenen, Stiftungen, die kunsthistorische Gesichtspunkte berücksichtigen müssen und auf Vollständigkeit hin sammeln. Solche Sammlungen sind selten das Werk eines einzelnen – ausgenommen Professor Werner Schmalenbach, der in Düsseldorf die große Kunstsammlung Nordrhein-Westfalens aufbaute. Das Suchen und Finden ist die eigentliche Triebfeder jedes Sammelns. Es befriedigt nicht die Sammlertätigkeit, von diesem oder jenem Kunstkenner auf dieses oder jenes Bild aufmerksam gemacht zu werden. Ich besuchte immer die Ateliers, wo ich dem Maler gegenüber saß, mit ihm sprechen, mir die Entwicklung seiner Arbeiten zeigen lassen konnte. Ich spürte die Atmosphäre, das Temperament des Mannes, schlürfte dabei den Kaffee und entschloß mich beim zweiten Besuch für dieses oder jenes Bild – oder auch nicht. Eine Privatsammlung soll ein persönliches Gesicht haben, das dem Wesen des Sammlers entspricht: Die Auswahl, die Rahmung, die Hängung, die Einrichtung und schließlich das Haus drum herum. Bilder verschließen sich in schlechter Umgebung (wie differenzierte Menschen auch), sie strahlen erst aus in einem ihnen gemäßen Milieu: Am schönsten wirkt das Bild im Atelier des Malers.

HANS HARTUNG ARCUEIL – PARIS 1947: Links von ihm steht die Staffelei. Sie erhält Licht vom Nordfenster, das bis zur Decke reicht und im oberen Teil durch eine Leinenmarkise einfallendes grelles Licht bei wolkenlosem Himmel abschirmt. Meist ist aber die Markise hochgezogen. Der Maler braucht den hellen Raum – und Hartung besonders. Er sitzt auf einem alten Stuhl mit Rohrgeflecht. Die Beinprothese steht in der Ecke, und seine großen langen Holzkrücken (die an die Kriegsveteranen von 1870/71 erinnern) mit gepolsterten lederbezogenen Achselkissen liegen neben ihm griffbereit auf dem Boden. Seine Beschwerden im Schulter-Kopfbereich sind

Folge der Belastung durch die Krücken. Er humpelt zum Maltisch, stützt sich überall ab – an Lehne, Tisch, Podest. Er spricht nicht viel. Und man erfährt nicht, ob er sich über anerkennende Worte freut. Er stellt Bilder auf die Staffelei. Das macht er allein, auch bei großen Formaten. Seine Malutensilien befinden sich auf zwei fahrbaren Tischen: Pinsel, in runden Behältern mit den Haaren nach oben, gewaschen, ein Wald von Pinseln: groß – dick – klein – zart – rund – eckig – spitz – stumpf – lang – schmal – kurz – borstig: Pinselsträuße, eine Welt von Pinseln, die er pflegt, ordnet, hütet. Immer bereit zum Akt einer unmittelbaren Niederschrift auf Papier, Leinwand, Holz. Am zweiten Tisch rechts von der Staffelei, den er zu sich heranziehen kann, liegen Tuben geordnet nach Farben nebeneinander. Hier »Pinselsträuße« – dort »Farblandschaften«. Er weiß genau, wo sein Cadmiumgelb oder sein ganz spezielles Blau liegt. Alles sieht unordentlich aus. Der Eindruck täuscht. Er würde sich in der Dunkelheit zurechtfinden und kaum danebengreifen. Er raucht viel, er braucht dies Stimulans. Wenn er arbeitet, muß er allein sein – er kann nur eins tun. Jeder Anruf stört ihn. Und jeder Besuch wird ferngehalten. Er spürt den inneren Druck. Das muß jetzt geschehen, sofort: Skizzen – Zeichnungen – Pastelle im Format 60/80. Diese Blätter sind wie Stenogramme, Kurzfassungen einer Idee mit intensiven Strichen – Kurven – Kreisen – Spiralen. Dann ist plötzlich ein Blatt darunter, das so überwältigend dicht und komprimiert ist, daß man es sich in großem Bildformat wünschen möchte.

Hans Hartung, der 1945 nach einem abenteuerlichen Leben (mehr getrieben als treibend) in Emigration, Fremdenlegion, spanischem Gefängnis die französische Staatsbürgerschaft angenommen hatte, wurde für uns zum Symbol eines großen progressiven Malers, der ein eigenständiges Werk von besonderer Kraft und höchster Sensibilität entwickelte. Viele Kunsthistoriker und Kritiker analysierten seinen Stil, viele versuchten eine Erklärung seiner Bildpoesie, seiner intensiven immer gezügelten Niederschrift, der Bildsuggestion seiner Psychogramme. Hartungs Malerei wurde zum Begriff. Und er blieb dabei bescheiden, ließ sich nicht in jene Höhen tragen, aus denen ein Fall überraschend und schnell kommen kann. Er blieb bis heute derselbe konsequente Maler. Immer ist er dem Verständnis seiner Kunstfreunde ein wenig voraus. Nie wird er zu Beginn einer neuen Malepoche verstanden. Immer ist er auf der Suche nach der neuen Bildform, ohne Rücksicht auf Vorstellungen, die an früheren Epochen hängen.

In meiner Monographie über Hans Hartung schrieb ich 1949 auf Seite 55: »Das Kriterium des echten Künstlers ist: original zu sein, darüber hinaus aber im gesamten Verlauf seines Werkes unter ständiger zeitlicher Abwandlung die Eigenart zu zeigen, die seine Persönlichkeit und jedes einzelne seiner Werke bestimmt. So ist – mit einem Ausdruck aus der Psychotherapie – ein einzelnes Werk im Hinblick auf den Künstler als eine ›Typensituation‹ anzusprechen; d. h. in ihm, in diesem komprimierten Bruchteil spricht sich zusammengefaßt seine Persönlichkeit aus, die gar nicht anders kann, als im Denken, Sprechen, Handeln, von den kleinsten Banalitäten bis zum künstlerischen Ausdruck, sich in der ihr spezifischen Form zu äußern. Mensch und Werk gehen zusammen. Aber das geschieht auf einer höheren Ebene. Denn es handelt sich nicht um bewußte, vom Künstler also auch nicht kontrollierbare Faktoren, die sein Werk speisen. Diese aus der Tiefe seiner Persönlichkeit stammenden Kräfte befruchten die künstlerische Gestaltung und werden durch sie gebändigt. So siegt der Geist über das Chaos der Affekte. Inhalt und Form, Aussage und Gestaltung werden hier identisch. Das stellt das Werk Hartungs dar.«

D<small>IE SAMMLUNG ENTWICKELTE SICH</small> kontinuierlich. Ich suchte das, was meinem Temperament entgegenkam, wobei Spontanniederschriften mir mehr lagen. Ich war in manchen Ateliers, bei solchen Malern, die bereits berühmt waren, die später berühmt wurden, oder die später in Vergessenheit gerieten. Unterlassungssünden? Ich hätte kaufen müssen: In Rom Franz Kline. In Paris de Staël. In Spanien Tàpies. In Berlin bei Springer Morris Louis. Man denkt immer, es ist noch Zeit. Oder man ist erschöpft vom Suchen. Vom Sehen. Oder man denkt: du mußt vorsichtig sein. Auch Abzahlungen müssen aufgebracht werden. Nach einem Jahr war zwar das Einkommen wieder gestiegen, aber auch die Preise. Und wieder wartet man. Und wieder ist es falsch. O wenn man wüßte: das mußt du tun und das jetzt lassen. Ich wäre heute besser dran. Oder? Man weiß es nicht.

Im Netz der Haupt- und Nebenwege verfängt sich vielleicht auch der feste Schritt – hindert das Schauen das Tun. Ich denke an Weizsäckers »Gestaltkreis«, seine Reflexionen über Wahrnehmung und Bewegung.
Ich suchte immer neue Wege beim Sammeln, dessen Reiz ja gerade darin besteht, Neues aufzustöbern, auf Jagd zu gehen, auf Fischfang, auf Pilzsuche oder welche Vergleiche man wählen mag. Etwas Neues zu finden, abseits, im Dickicht. Nicht Arriviertes als Kapitalanlage zu erwerben. Das gibt es natürlich auch. Aber es war nie meine Motivation. So kam es, daß ich immer junge Kunst erwarb, unbekannte Maler entdeckte, sie förderte und Kontakte pflegte. Das Risiko war immer mit eine Triebfeder meines Sammelns. Natürlich kaufte ich auch in Galerien, wenn ich dort ein besonderes Bild fand: So Arakawa bei Schmela, Soulages in der Galerie de France, Brüning bei Änne Abels, bei Stangl einen Bodmer, bei Rothe Wittenborn und so fort. Man wußte aber auch, daß ich behutsam wählte und erst kaufte, wenn der Hahn dreimal gekräht hatte. Wenn dann nach Jahrzehnten auch eine kunsthistorische Bestätigung erfolgte, war ich glücklich über die Anerkennung meines Tuns.
Die Begegnung mit Künstlern ist immer ein Erlebnis. Ich ging zu Malern, die mir viel bedeuteten. Wir waren beglückt von dem Werk. Wir verließen das Atelier, mit einer Zeichnung beschenkt, in der Absicht, bald wiederzukommen. Mitunter blieb es bei dem Vorsatz. Und wie oft konnten wir von fern den ruhmreichen Aufstieg dessen bewundern, den wir in bescheidensten Verhältnissen kennengelernt hatten. Manche Künstler gaben auf – andere ließen sich beeinflussen. – Manche machten Umwege, manche hielten nicht, was sie versprachen. Manche fanden zurück und begannen neu. E. W. Nay ließ niemand neben sich gelten außer den ganz Großen: Picasso und Ingres. Er hielt sich für den Meister und verteidigte sein Image mit der ganzen Vitalität seines Wesens. »Vor Cézanne ziehen Sie doch den Hut! Vor Nay werden Sie ihn eines Tages viel tiefer ziehen!« (1947 in seinem Atelier bei Frau Bekker vom Rath in Hofheim) Oder: »Sie verstehen nichts von Malerei, wenn Sie meine Bilder nicht akzeptieren.« (Bei Günther Franke anläßlich seiner Ausstellung) Oder: »Wenn das Bild nicht diagonal stimmt, ist es umsonst gemalt« (über Hartungs »Formes Noires« in

Stuttgart 1951). Solche Begegnungen sind erfrischend in der Sammlertätigkeit und lassen aufhorchen, auch wenn E. W. Nay mir 1947 schrieb: »Machen Sie, was Sie wollen« und damit den Zorn ausdrückte über nicht genügend erwiesene Referenz – bei aller Freundschaft und gegenseitigen Achtung, die uns verband.
Im Grunde sprach Nay nur das offen aus, was andere Künstler für sich behalten: aus Höflichkeit loben sie diesen oder jenen Kollegen, weil dessen Werk ihnen näher liegt oder aber so fern ist, daß sich Vergleiche nicht ergeben. Doch in Begeisterung geraten sie nur bei klassischen Werken, die ihnen verwandt sind. Das ist bei Malern das gleiche wie bei Filmern. Es kann ja auch gar nicht anders sein. Der Künstler, der Neues, Ungesehenes, Ungehörtes schafft, hat wohl das Recht auf Egozentrik. So vielen Einflüssen ausgesetzt, von denen es sich frei zu machen gilt, heißt es: sich abzuschirmen, nur sich selbst zu sehen und seinem eigenem Werk zu dienen, die Überzeugung aufzubringen, für sich und sein Werk zu arbeiten, wie das Nay tat. Wahre Kunst ist nur neue Kunst. Epigonales kann zwar zur Zeit seiner Entstehung eingängig sein, da verbindlicher und vertrauter, aber es hält nicht durch. Wie in der Wissenschaft ist auch in der Kunst nur das Fortschrittliche von Wert. Nur sieht man nachträglich oft nicht, wie neu das heute bereits Assimilierte damals, zur Zeit seiner Entstehung war. Wenn die Sekundärliteratur die neuen Erkenntnisse hundertfach referiert hat, wird der Forscher leicht vergessen, der sie zuerst sah und seinen Kopf dafür hinhielt, Neues zu postulieren. So auch in der Kunst. Nie wird dieser Kreislauf unterbrochen werden – so sehr wir auch außerstande sind, uns Vorstellungen über die Zukunft der Kunst zu machen. Aber darin liegt gerade der Reiz.

TRR: ES WAR DER 23. MAI 1951, als ein junger Mann bescheiden im Flur stehenblieb, seine schwere Zeichenmappe abstellte, seinen Wettermantel an die Garderobe hing, etwas verlegen seinen Namen nannte, woran sich die Wiener Herkunft zeigt. Die Haare umschlossen voll sein zartes jungenhaftes Gesicht. Man spürte ihre sorgfältige Drapierung zum Titus-Kopf. Er sprach auffallend leise, man mußte aufmerksam hinhören. Dabei erfuhr ich einige Lebensdaten, die beim Ausbreiten seiner Blätter ergänzt wurden. Auch muß der Chronist gerechterweise erwähnen, daß die drei signierten Buchstaben TRR nur bei manchen Zeichnungen als autorisierte Signierung galten, während viele frühere Arbeiten den Geburtsnamen mit A. R., Rainer – oder Arnulf Rainer trugen. Ich beobachtete ihn beim Sprechen und Hantieren mit seinen Zeichnungen und mir fielen scharfe und ablehnende Formulierungen über weltbekannte Maler auf: Über Mondrian, Rembrandt, auch über Kandinsky und Klee. Ich überhörte manches. Er saß auf dem schwarzweißen Fellteppich und seine Motivation blieb unklar: warum kam er zu mir, warum zu dieser Stunde? Ich unterbrach die Unterhaltung mit einem kleinen Abendbrot. Er schien Hunger zu unterdrücken. Manchmal zeigte er ein kurzes Lachen, das er aber schnell wieder zudeckte durch eine über sein blasses Gesicht fahrende Handbewegung. Dann kam eine abrupte Bemerkung über den »Unsinn der Malerei« – oder über Léger (den ich so sehr schätzte). Dann ein Gedankensprung zu den Romantikern: »Nichts«. Ich fragte zurück nach Vorbildern, die er aber ablehnte. Gedanken sprangen im Raum hin und her – analog seinen Zeichnungen, die er ohne System auf dem Boden ausbreitete. Manchmal trat er versehentlich auf ein Blatt – aber das berührte ihn nicht sehr. Es entwickelte sich kein Gespräch. Es blieben Fetzen: mal hier – mal da. Abends kam Baumeister herüber. Er freute sich über diesen etwas unwirschen jungen Maler und zeigte Achtung vor seiner Arbeit. Aber das Gespräch blieb unergiebig. Immer waren es kleine Wiener Attacken gegen diesen oder jenen Maler aus dieser oder jener Zeit. Der Wechsel kam überraschend, die Motivation war nicht ablesbar. Aber man konnte ihm nicht böse sein. Er wirkte (trotz mancher Ungereimtheiten) immer sympathisch. Man spürte dahinter seine Welt: versponnen, undurchsichtig, autistisch.

Er war oft in Stuttgart in der Gerokstraße. Seinen Besuch nie ankündigend, stand er mit der Mappe da – lächelnd, verlegen. Wir freuten uns. Und immer fand ich etwas, behielt meist mehr, als ich wollte, und fragte mich: was ist mit diesem Rainer? Er läßt dich auch nicht los. Das war von Anfang an der Fall – zwingend – suggestiv – überzeugend (oder welche Vokabel man mag). Dann malte er auch bei uns, auf Malkarton, Sackleinwand. Er hat das fast vergessen. Als wir ihm diese Kartons anläßlich seiner Ausstellung in Wien zeigten, bestritt er seine Urheberschaft. Später erinnerte er sich

daran und freute sich über den großen Rainer-Bestand von Domnick. Ich war einer der ersten, die ihn sammelten. Über meinem Schreibtisch in Stuttgart hängt ein »Rainer-Strich«: 100 Striche – 1000 Striche. Immer in dieselbe Kerbe. Funktion des Schlagens. Ich schrieb schon über den Holzfäller von Hodler – und das »Strichbild« von Rainer ist die Funktion des Holzfällers. Die Entmaterialisierung des Axtschlagens. Später kamen die Übermalungen. Das übermalte Kruzifix fand ich in Wiesbaden bei einem Galeristen. Ein anderes entdeckte ich in Karslruhe in der Galerie der Frau Rottluff, mit surrealem Titel. So geht der Rainer seit 1951 in mir, mit mir um. Wir sahen uns in Köln auf dem Kunstmarkt und tranken österreichischen Wein zusammen. Die gegenseitige Achtung blieb bestehen, auch wenn es bisweilen zu kleinen Spannungen kam.
Bilder sammelten sich an: auf Leinwand und Karton – auf Holz und Hartfaserplatte, die Baumeister wegen der unglaublichen Haltbarkeit bevorzugte. Seine Bilder waren fast nicht zerstörbar, und er war stolz darauf. Manchmal stieß er versehentlich im Atelier mit der Schuhspitze dagegen, lachte: »das macht nichts – bei Leinwand wäre das Loch an der rechten Stelle« oder »die Schuhspitze wäre nicht uninteressant, dann wäre ich ein Surrealist«. So war der Mann: in jeder Situation amüsant, einfallsreich, sympathisch. In Darmstadt wetterte er gegen Sedlmayr, pfiffig und aggressiv, wohlmeinend und verzeihend. Sein schwäbischer Humor lag über allem. Er konnte nie schimpfen, nie erregt sein mit seinem gutmütigen und toleranten Wesen. Wir hatten ihn abends oft zu Besuch. Nach zwei Flaschen Beaujolais ließ er mitunter alle meine Bilder aufmarschieren an Wänden, Tischen, Stühlen. Und dann wurde lange geschaut, Kritik geübt: hier die Komposition, dort die Farbe, hier die brutale, dort die zimperlich-pedantische Art. Immer fand er das treffende Wort. Eine Stunde Vorlesung mit fundiert vermitteltem Wissen. Kunstgeschichte beherrschte er glänzend: die alte und die moderne. Er zitierte gern Paris und zeichnete – wie oft! – den genialen Grundriß dieser Stadt mit den Boulevards, der Seine, der rive gauche der Maler und der rive droite der Gesellschaft und der Galerien. Er blieb meistens bei Cézanne hängen, den er als den Vater der Moderne verehrte. Er liebte den Kubismus, besuchte Cézannes Heimatstadt Aix und hielt sich in dessen Atelier auf, wo die Voraussetzungen zum Kubismus entwickelt worden waren. Er wollte immer

so gern nach Rom. Aber die Zeit reichte nicht mehr zu dieser Reise: er starb zu früh. –

FRITZ WINTER: ein Spätheimkehrer aus Rußland mit der Romantik eines Franz Marc. Er schuf die zauberhaften Blätter: »Triebkräfte der Erde«. Er kam vom Bergwerk ans Bauhaus, wo er von Klee, Kandinsky, Schlemmer als Meisterschüler angenommen wurde und erste Anregungen in der abstrakten Malerei empfing. Später war er von Kirchner beeindruckt. Seit 1935 lebte er in Diessen am Ammersee, mit Ausnahme einer Lehrtätigkeit an der Akademie in Kassel in den sechziger Jahren. Seine Maltätigkeit begann er autodidaktisch, aber diese ersten Arbeiten wiesen den Weg. »Künstler zu sein, kommt nicht vom Können, sondern vom Müssen« schrieb er in sein Tagebuch. (Dieser Satz wird auch Arnold Schönberg zugeschrieben.) Winter war nie »akademisch«, viel eher ein Naturtalent, das von Beginn an die Handschrift zeigte, die sein Werk auszeichnete mit den Schwarz-Grau-Tönen, dem romantisch-düsteren Farbklang, der Verbindung zu Erde und Stein. Auch er geriet in die Reihen »entarteter« Maler. Der Krieg unterbrach den kraftvollen Lebensstrom, der aus seinen ersten Skizzen und Ölbildern entsprang. Mit Fritz Winter begannen wir den »Zyklus« am 25./26. Januar 1947, als der Maler noch in Gefangenschaft war. Er ist nach Diessen zurückgekehrt, wo Margarethe Schreiber-Rüffer das Leben mit ihm teilte. Sie starb – auch die zweite Frau starb. Seine Schwester sorgte sich jetzt um ihn, der krank wurde – ein Kranker, der malt, mit gelähmter Hand wie Jawlensky? – Auch er ist inzwischen gestorben, 70jährig nach langem Krankenlager. Fritz Winter hat wohl die meisten Preise seines Landes auf sich vereinigt. Schöne Tage haben wir miteinander verlebt: in Diessen, in Ried bei Maria Marc, in Paris, in Stuttgart.
Wir gehen die Maler weiter durch. Sie präsentieren sich an Wand und Stühlen. Der Malewitsch hat es Baumeister angetan: der Konstruktivist aus Rußland, der mir abhanden kam wie anderen Sammlern auch – unangenehme Erinnerung. Dann der Moholy-Nagy, der kleine Schwitters, der Klee aus dem Todesjahr 1940, der kleine Kandinsky, aber auch das große Bild von Helmuth Macke: »Der barmherzige Samariter«, lagen Baumeister sehr.

So lebten wir mit Bildern zusammen, diskutierten und machten Zukunftspläne: Was wird einmal aus den Bildern? Der eigene Platz reicht nicht mehr aus. Wohin? Und während Baumeister sich noch eine Zigarre ansteckt und einen Schluck Beaujolais trinkt, spricht er von Musper, dem Direktor der Staatsgalerie, der sich zwar mehr um die Barthaare von Dürer kümmere, aber vielleicht doch Interesse haben könnte. Solche hingeworfenen Gedanken nahm ich gern auf – viel lieber als fertige Pläne. Ich stand in der Staatsgalerie, durchschritt die Säle, und Musper bot mir den unteren Marmorsaal an, wo Gipsabdrücke und alte schwäbische Maler ihr Dasein führten. Der Saal wurde umfunktioniert, von Professor Debus modernisiert, und 1953 zog Domnick mit seinen Bildern in die Staatsgalerie. Die Eröffnung war feierlich. HAP Grieshaber sprach und lobte diese Tat.

ABER DIE JAHRE IM FREMDEN HAUS verliefen einsam. Es herrschte eine unterkühlte Atmosphäre. Man konnte dort nicht warm werden. Woran lag es wohl? Souterrain? Abseits? Licht? Aufseherdienst? Die Bilder kamen nicht recht zum Schwingen. Zwar war das Ambiente nicht ohne Reiz: die pseudoklassizistischen Säulen waren von dreieckigen Wandkörpern umstellt, kompakten Stellwänden, an denen die Bilder hingen und durch die man schritt wie durch einen Wald, mit Durchblicken, intimen Raumbereichen, welche die Bilder zugleich trennten und verbanden. Aber was bedeutet das schon gegenüber so viel klassischer Kunst: frühchristliche, Mittelalter, Altarbilder, Romantiker, bis zu den Impressionisten. Ich war abseits. Zu mir mußte der Besucher fünf Stufen herabsteigen – es war fast symbolisch: Souterrain: »Domnick-Saal«? Wer ist denn das? Das Gästebuch enthielt viele Schmähungen. Ich habe das nie sehr ernst genommen. Dort jedenfalls kam kein Leben auf.
Wir ließen Jahre in das Land ziehen, bis eines Tages das Stedelijk-Museum die Domnick-Sammlung nach Amsterdam zitierte: Sandberg, der profilierte sprachgewandte Mann aus Amsterdam hängte meine Sammlung neu und frisch, attraktiv und interessant. Dort erst spürte ich, was hier zusammengetragen worden war. Die Resonanz in Amsterdam und später im »Palais des Beaux Arts« in Brüssel beglückte mich. Es war eine schöne Tat von Sandberg: mich her-

auszuholen aus dem Souterrain und neu zu präsentieren in dieser großen Stadt mit dieser Tradition, in der Sandberg als Initiator moderne Kunst ausstellte, förderte, diskutierte, wobei er mit Charme seine Gäste in drei Sprachen begrüßte: englisch, französisch, deutsch. Ich lebte auf, bekam den Anstoß, den der Mensch von Zeit zu Zeit braucht – und sagte mir: hier mußt du weitermachen. Daß Sandberg uns in das Hotelzimmer in Amsterdam zwei Kataloge unserer Ausstellung auf die Betten legte, war mehr als eine liebenswürdige Geste. Er wußte etwas von der Qual und dem Unbehagen im Stuttgarter Marmorsaal. Er wollte Freude geben und Anregung zugleich. Ich griff sie auf, suchte meinen Weg noch konsequenter fortzusetzen und stiftete den »Domnick-Preis«.

DER DOMNICK-PREIS: In der Jury saßen namhafte Kunsthistoriker wie Will Grohmann, Hans Hildebrandt und Juliane Roh. Die Diskussion entfachte sich an Maler und Objekt. Ich hörte zu und merkte bald: Hier gibt es keinen wahren Preis. Den Preis für E. W. Nay? Fritz Winter? Oder Karl Kunz? Man kann nicht einfach sagen: das Bild von Kunz ist besser als der Nay, Fritz Winter besser als Kunz und Nay besser als Winter. In der Musik ist dies Prinzip des Wettbewerbs viel leichter zu realisieren: hier muß beispielsweise der Geiger das Violinkonzert von Beethoven technisch und gestalterisch exzellent vortragen, um sich in die Auswahl zu spielen. Hier hat die Jury Anhaltspunkte, sie kennt Ton für Ton des herrlichen Konzerts, es gibt konkrete Maßstäbe für die Prämiierung. Bei abstrakter Malerei (aber auch gegenständlicher) ist jedesmal alles neu: Vorwurf, Technik, Aussage, der künstlerische Gehalt. Wir haben keine Analogien, keine Vergleiche, es sei denn, wir halten uns an die Kronzeugen der Moderne: Klee, Kandinsky, Mondrian, oder an die Epoche des Kubismus oder die des Surrealismus: Chirico oder Tanguy oder Max Ernst. Da der Maler sich nicht an Vorbilder anlehnen soll, entfällt der Maßstab, der in der Musik gilt. Wir sahen also bald ein, daß eine Bildprämiierung kein gutes Unterfangen ist. Lieber Geld stiften für die Arbeit. Die Jury blieb unschlüssig. Karl Kunz erhielt den ersten Preis, Fritz Winter den zweiten und Gerhard Fietz den dritten.
Das war 1953. Zu gleicher Zeit und im gleichen Hause schrieb Por-

sche einen Wettbewerb für ein Firmenzeichen aus. Auch das mißlang. Man fand unter den Einsendungen kein würdiges ansprechendes Symbol für diese internationale Sportwagen-Firma. So hatten wir wieder gelernt, daß nicht alles machbar ist, was man will. Und ein Zweites lernten wir daraus: Kunst ist nicht meßbar. Es gibt keine beweisbaren Werturteile. Daran muß man immer denken – und bei neuester Kunst muß man mit Argumenten noch vorsichtiger sein. Die »Seher« sind selten. Wäre es anders, wäre es schlecht. Kunst braucht Zeit – Zeit bis zur Assimilierung, um Allgemeingut zu werden. Aber zu gleicher Zeit bricht schon wieder eine neue Phase an, die zu »sehen«, zu »erkennen« nur wenigen beschieden ist. Und noch etwas kommt hinzu: die »Selbstreinigung«. Vieles geht so rasch wieder unter, daß die meisten Menschen diese Entwicklung gar nicht wahrnehmen. Mitunter taucht hier und dort ein solches »Gebilde« auf, das kaum einzuordnen ist. Aber das gab es auch früher.
Ich lernte dies beim Sammeln kennen, aber auch etwas anderes: Bilder, die einem rasch gefallen, die ohne Schwierigkeiten Eingang finden, sind meist verdächtig. Man sollte sie nicht sofort kaufen. Bevor man sich zu einem Bild entschließt, sollte der Hahn dreimal krähen. Wenn dann die Liebe anhält, dann soll es sein. Nimm's mit nach Hause, häng es in Kopfhöhe in deinen Arbeitsraum, zur Probe. Schau hin, immer wieder kritisch, noch kritischer. Wenn es sich in dich hineinfrißt, dich nicht mehr losläßt, so daß du auch nachts das Bild noch vor dir siehst: steh auf, geh hin, mach Licht, dort, wo du es brauchst – und nun bist du im Zwiegespräch, allein mit deinem Bild. Und wenn du glücklich bist und Wärme zu dir hinüberstrahlt – hast du das Bild gefunden, das du nie wieder hergeben wirst. Und dann packt dich die Sehnsucht: noch eins und noch eins und noch eins und so wirst du eine Sammlung haben, die dich innerlich befriedigt und glücklich macht. So begann ich meinen Weg. Ich würde es ein zweites Mal genauso machen. Man kann nicht früh genug damit beginnen. Dieses Buch legt Zeugnis ab. Ich unterschlage nichts. Ich füge nichts hinzu. Der stille Weg entsprach mir seit meiner Kindheit. Nie war das Tummeln zwischen Menschen meine Sache, – nie sah man Domnick auf Versteigerungen – halt! Doch einmal, als ich in Köln bei Lempertz (ohne Gegenangebot) ein schwarz-blaues Nachtbild von Scott erwarb, das einzige, das mir der Zufall unter

die Augen spielte. Es war ein schwarzes Bild – aber als ich es nach Baumeisters Rezept gereinigt und gefirnißt hatte, strahlte es in Nachtblau, Gelb und Weiß. Ich war sehr glücklich über diesen Fang. So leicht geht einem selten ein Fisch ins Netz. Und wenn ich wieder einmal meine Angel werfe, ich hoffe, ein Franz Kline hängt dran – der spüren müßte: mein Köder kommt aus gutem Hause.

GEGEN MITTAG KAM HAP GRIESHABER zu uns. Es war Sommer 1952. Er sollte eine kleine Festansprache halten. Das Wort stand ihm ja immer zur Verfügung. Er fand auch gute Formulierungen. Die Cordhose und das Sportsakko wollten aber nicht so recht zu einem Redner passen. Und er entschloß sich rasch, den seriösen Eindruck durch einen dunklen Anzug seines Freundes Schneidler, unseres Nachbarn, herzustellen. Er wirkte jetzt wie ein hoher Beamter mit seiner schlanken schmalen Figur. Beim Festakt hatte man auch den Eindruck: er fühlt sich gleichgestimmt. Die Staatsgalerie hatte sich präpariert. Der Domnick-Saal war feierlich hergerichtet mit Leihlorbeer und zarten Blumen. Man grüßte hierher, dorthin. Der Dürer-Forscher Professor Musper ergriff das Wort – kurz und sachlich. Ihm lag moderne Kunst nicht sehr. Das heißt: sie war nicht seine Geliebte. Doch zeigte er Verständnis und stiftete bei diesem oder jenem Bild auch Beifall – zwar schwäbisch reserviert und sich stets den Rückzug offenlassend, aber er tolerierte den Domnick, wenn er mir später auch empfahl, mal etwas anderes als die Abstrakten zu erwerben. Ich antwortete: »Ich fühle mich dorthin gezogen, es ist die Welt, die mich in Atem hält. Ich würde noch viel mehr Abstrakte sammeln, wenn ich die Mittel dazu hätte.« Die Gäste im Marmorsaal, fünf Schritt ins Souterrain hinab, erlebten eine Feierstunde, als ich am Tisch die Urkunde unterschrieb, daß wir die Sammlung der Staatsgalerie vermachen wollen. Es gab weder Bedingungen noch Einschränkungen. Man gratulierte sich, schüttelte die Hände, trank einen Wein aus Schwaben – gelobte Treue, Anstand, Einvernehmen und überließ die Führung mir mit Darstellung der Sammlung, der Maler, der künstlerischen Absicht. Dies hieß doch nicht, daß ich mich nun zurückentwickelte, meinen avantgardistischen Vorstoß annullieren wollte – im Gegenteil: ich hatte Luft für Neues – und Lust, es bald zu tun.

Ich war als Gast in diesem Bau schon gern gesehen, besuchte abends meine eigenen Bilder, war Sonntags Zeuge lebhafter Diskussionen, sah aus dem Gästebuch Besucherzahlen und das Interesse an dieser Kunst, positiv und negativ. Ich hätte mehr Freude daran haben können – jedoch ich spürte diese kühle Atmosphäre, die nicht von meinen Bildern kam. Es war dort tot. Wie in den meisten Museen weht kein Geist – leblos hing Bild an Bild, deckte Wände zu, oder unterbrach den Ablauf eines Heizungsrohrs. Trübes Licht von oben, wenig von den Seitenfenstern, die mit Gaze getarnt waren. Alles etwas düster, vorläufig, und im Laufe der Jahre verstaubt. Obwohl Debus mit der Ummantelung der Marmorsäulen aus angestrichenem Gips und dem pseudoklassizistischem Sockel einen interessanten Rahmen geschaffen hatte. Wenn der »Delegierte« Franz mit Schlüsselbund den Saal durchschritt (um im Depot ein Bild zu suchen), dann war »Verwaltung« zu Gast. Es fehlte die echte Resonanz, die Stimmung, die Atmosphäre. Jahrelang sah ich zu, und jahrelang wurde ich enttäuscht. Ich lebte für eine Kunst, die Opfer verlangte, und sah, daß sie nicht lebte. Schrieb ich nicht schon, daß Bilder sich erst öffnen, wenn alles stimmt: der Raum – das Licht – der Mensch? Hier war ich eingemauert in eine falsche Welt: Säulen, die keine waren – aus Material, das etwas vortäuschte. In einer Pseudoarchitektur entwickelt sich kein Leben, keine Kunst. Ich wußte: Hier wirst du nicht sterben. Und als dann über 13 Millionen D-Mark für die Restaurierung dieses klassizistischen Baus der Staatsgalerie zur Verfügung standen, bat auch ich um einen bescheidenen Anteil für die Renovierung des Domnick-Saales. Vergebens. Man hatte weder Lust noch Veranlassung, mehr zu tun als man schon getan hatte. Ich spürte bei dieser Sitzung mit den Staatsbeamten deutlich: »Du bist isoliert, zieh aus. Mach's kurz!« Ich tat es – oder tat man es mit mir? Man trennte sich. Die Sammlung zog nicht wieder ein. Ich wurde ins Depot verwiesen. Dort schliefen meine Bilder. Dafür erschien im Souterrain, nach Demontage der Debus-Wände, wieder schwäbische Malerei des 19. Jahrhunderts zwischen unverkleideten Säulen im kalten Licht. Ich aber plante: eines Tages wirst du im eigenen Haus dein eigener Herr mit deinen eigenen Bildern sein. Das war mein Weg. Bis dahin blieb die Sammlung deponiert, behütet und versichert. Ich sah sie Jahre nicht. Und Jahre distanzierten mich vom Sammlungstrieb. Ich verlor den Kontakt zu meinen Bildern, mochte an das staubige Depot nicht denken und mochte auch nichts mehr dazu erwerben. Die Zündung war unterbrochen. Platz fehlte. Verwaiste Sammlung.

Mitte der fünfziger Jahre veränderte sich auch die Kunstszene in Paris. Die Abstrakte dokumentierte sich lyrisch (im Hartung-Stil) – daneben drängte das Action-painting aus den USA nach Europa mit Sam Francis, Pollock, Tobey. In Frankreich entwickelte sich der sogenannte Tachismus mit Matthieu, Fautrier und unserem Wols: die scheinbar unkontrollierte spontane Niederschrift, der entfesselte Malprozeß. Beim ersten Anblick überraschend, doch dann bestimmte allein der Duktus den Impuls und das Konzept. Die Malerei gewann insgesamt an Boden – Galerien häuften sich, Stil war zur Mode, Kunst zur Ware geworden. Das war nicht mehr meine Welt. Ich suchte den Alleingang – das Risiko mit eingeschlossen. Ich setzte mich von Gruppen ab, die im Sog der abstrakten Malerei mitschwammen, dort sich ansiedelten, wo ich begonnen hatte, als noch unbetretenes Land den Reiz der Entdeckung in sich barg.

Ich zog mich mehr und mehr zurück: von offiziellen Einladungen, Ausstellungseröffnungen, gesellschaftlichen Veranstaltungen. Nicht etwa aus Snobismus, sondern aus dem Gefühl heraus, in neuen Konventionen zu erstarren. Wie merkwürdig: Ist ein Ziel erreicht, verliert es an Reiz – und neuen Dingen wendet man sich zu, die zwar wieder Anstrengung und Anpassung erfordern, aber auch neue Erkenntnisse mit sich bringen. Ein ständiger Wechsel, besser ein unendlicher Weg, der eigentlich kein Ziel hat, in immer neue Richtungen weist, in Neuland vorstößt mit allen Unbequemlichkeiten und Risiken einer Expedition ins Unbekannte – bis auch dieser Weg wieder von einem anderen abgelöst wird.

16

DER KRIEG LAG ZEHN JAHRE ZURÜCK. Man hatte sich etabliert. Der wirtschaftliche Aufschwung war überall ablesbar. Es wurde gebaut und gebaut. Paläste von Versicherungen, Banken und Bürohäusern. Kinos – Hotels. Wir lebten nicht wie die großen Verlierer. Wir hatten in zehn Jahren soviel aufgeholt, daß das Ausland vom »Wunder« sprach und die nicht umzubringenden Deutschen mit ihrem fanatischen Fleiß mißtrauisch betrachtete. Ich hatte in diesen zehn Jahren mitgemischt: Aufbau der Sammlung, Einrichtung einer Klinik, französische Wanderausstellung, kunstwissenschaftliche Publikationen, Kunstfilme mit Prämierung und Bundesfilmpreisen. Ich war also mitten drin – hatte den Fiskus-Kampf gewonnen – meine Sammlung in die Obhut der Staatsgalerie gegeben, wenn sie auch im Depot ein Schattendasein führte, hinter Schloß und Riegel. So war ich wieder freier, unbeschwerter und Platz entstand für neue Pläne: Aber ich wußte noch nicht den Weg. Manches reizte mich. Auf beiden Gleisen? Oder gar auf drei? Klinik-Erweiterung? Oder Publikationen über Kunst? Oder der Lockvogel Film? Kunst blieb immer lebendig.

Die Literatur setzte neue Akzente: Die lang vergriffene deutsche Übersetzung des Ulysses von James Joyce wurde 1956 vom Rhein-Verlag Zürich wieder gedruckt: Mein Odysseus! Kafka – in seinem kleinbürgerlichen Milieu zunächst etwas befremdend und doch faszinierend, war in Paris bereits in aller Munde, als wir noch Gide und Sartre studierten. Dann kam Beckett mit seinem Molloy, von Suhrkamp 1954 »in vollem Bewußtsein verlegerischer Verantwortung« mit gewisser Entschuldigung (wegen der von der Presse monierten Obszönitäten) herausgebracht. Den Godot lasen wir erst später mit Begeisterung im Urlaub: in San Gimingnano und Portovenere, ich erinnere mich genau. Ich machte dort Nachaufnahmen zu meinem Film »JONAS«. Die neue Literatur brachte auch optische Reize und ich suchte nach neuen Wegen im Film. Nicht der Inhalt war entscheidend. Die Form interessierte mich. Die Optik. Das Bild. Immer mehr entwickelte ich solche Gedanken, bereitete mich innerlich darauf vor, einmal einen Film diesen Stils zu machen. Welch Unterfangen, welch ein Risiko – man warnte mich. Ohne Vorbildung kann man nicht starten. Aber mit den beiden Kurzfilmen hatte ich gewisse Erfahrungen gesammelt. Und wer einmal mit dem Medium Film in Berührung gekommen ist, kann davon nicht mehr lassen. Jede Nacht verfolgten mich Filmgedanken.

Eines Morgens wachte ich mit einer Filmidee auf: Ein Mann kauft sich einen Hut, der ihm gleich gestohlen wird. Er stiehlt sich wieder einen. Ich sah den Hutkauf (immer eine groteske Situation bei Männern), die Freude über die Behutung, die vergeblichen Versuche, den gestohlenen Hut loszuwerden, der immer wieder zurückkommt, als verfolge er den Mann. So entstand die Idee zu »JONAS« in einer schlafgestörten Nacht. Um diesen Kern herum kristallisierte sich Motiv um Motiv bis zum Exposé, bis zum Drehbuch. Dieser Hut – in der Sprache der Psychoanalyse zwar ein sexuelles Symbol (wie sollte es bei Freud auch anders sein) – wurde in meinem Film Symbol einer Schuldverdrängung: Jonas findet in dem gestohlenen Hut die Initialen »M. S.«, seines Freundes, den er bei der Flucht aus einem Lager im Stich ließ. An diese Hut-Episode (fast eine Groteske) rankt sich das psychologische Geschehen mit Schuldgefühlen, Verdrängung, Verfolgung – Nachklänge der Vergangenheit, die zehn Jahre nach Kriegsende noch nicht aufgearbeitet waren. Dieser Film beschäftigte mich ein Jahr lang, bevor ich mit der Dreharbeit begann.

In diesen Jahren blühte die Filmindustrie. Jede Woche ins Kino. Filmtheater schossen aus dem Boden, und die Manager des Films verfügten über Millionen. Film: Das war damals die hohe Stufe des Wirtschaftswunders. Die Filmindustrie bestimmte. Sie griff Projekte auf, die gesellschaftsformend wurden, und die internationalen Filmfestspiele kannten keine Grenzen in Aufmachung, Empfang und Programm. Da aber der Geschmack der Filmverleiher Thema und Form der Filme in hohem Grad mitbestimmte, blieb die blendende äußere Form vordergründig – die Filmkunst selbst mußte einen anderen Weg gehen.

Ich reiste damals häufig nach Göttingen, zum Besuch meiner Schwester, deren Mann dort Operndirigent war, oder zum Neurologenkongreß oder zum Besuch der »Film-Aufbau« meines Bruders Hans. Der Porsche spulte die 440 km mühelos herunter. Die Autobahn hatte noch keine Absicherung. Wenn ein entgegenkommender Wagen von der Fahrbahn abkam, sauste er über den Grünstreifen. Der Frontalzusammenstoß gelang dann klassisch und vollendet. Ich fuhr die Strecke in etwa vier Stunden. Die Bahn ließ schnelleres Tempo zu. Aber die Automobile schafften damals kaum 100 km – so fühlte ich mich mit dem Porsche von 140 km Spitze königlich. Im Filmatelier war ich allerdings nur Zuschauer: Aufnahmehallen, Technik, Lampenpark, Bauten, Innenarchitektur, alles hatte nach dem Krieg schon wieder Format. Viele große Filme entstanden in den Göttinger Ateliers. Ich sah Filmaufnahmen, beobachtete Kameramänner bei ihrer Arbeit, sah die Schminkprozedur, bewunderte die Aufbauten: ein Schloß – ein Fürstenzimmer – ein Bett. Hundert Augen hingen an der Zeichnung des Filmarchitekten, um das zu realisieren, was dieser Mann mit kühner Perspektive entwarf. Das war ein Hämmern, Malen, Kleben. Eine Zimmerflucht wurde in ein paar Tagen aufgebaut, und wenn die Phantasie lebendig blieb, konnte man sich träumend in den Sessel setzen und durch die Fenster auf die Mosel oder in den Schwarzwald blicken, in die Landschaft: gemalt, beleuchtet, in stimmungsvollen Farben. Ich sah die Proben: Regieanweisungen, Agieren der Personen. Ein Märchenland tat sich mir auf. Die Welt des Kinos, die Filmwelt schuf neue Eindrücke. Ich sah die ersten Probeaufnahmen in der Vorführung: Beglückung und Enttäuschung. Aber ich entdeckte auch die Schwierigkeiten einer noch unvollkommenen, sich erst entwickelnden Technik.
Ich ging mit kritischen Gedanken durch das Gelände: warum dies alles? Warum nicht wirklich an die Mosel oder in den Schwarzwald fahren, um dort zu filmen? Ich sah den Bau einer großen geschwungenen Holztreppe in Eiche, auf der ein berühmter Schauspieler hinunterrutschen mußte. Dreißig Sekunden im Film machten 15 000 Mark Atelierkosten aus. Ich schüttelte den Kopf. Ich verstand auch nicht das Prinzip des Bauens und der Atelieraufnahmen. Ich sprach mit Fachleuten darüber, die natürlich ihr Handeln damit begründeten, daß sie auf solche Art alles an einem Ort hätten: Beleuchtung,

Kamera, Schauspieler, Maskenbildner. Es drängte mich, diese Arbeitsweise abzuwandeln durch eine Realität der Innen- und der Außenwelt, das heißt: durch Echtheit der Außenwelt auch die Innenwelt wahrer zu gestalten. Aber Hollywood stand als Kronzeuge da. Dieses gewaltige Amerika mit seiner maßlosen Technik: den hoch- und niederfahrenden Kameras (der sagenhaften »Dolly«), den durch die Ateliers gleitenden Kamerawagen auf gummibereiften Rädern, den tollen Filmarchitekten, die ganze Städte aufbauen ließen, Schiffe in die Luft sprengten, und Automobile in Frontalzusammenstöße verwickelten. Eine phantastische flimmernde Welt. Für uns unerreichbar, auch für Göttingen ein Traum. Ich fuhr oft in dieses Atelier. Mein Bruder Hans orientierte mich über technische Dinge, er war selber technisch begabt, so daß er sich in den fünfziger Jahren einen eigenen Tonwagen bauen ließ.

ICH GING EINEN ANDEREN WEG. Filmtechnik interessierte mich nur am Rande. Wirklichkeit hieß mein Zauberwort. Ich wandte mich dem Film zu, aber ich wußte, daß nur ein direkter und unmittelbarer Weg bei der Aufnahmetechnik mein Prinzip sein würde. So mied ich Ateliers und ging an den wirklichen Schauplatz mit Licht vom Himmel, mit Menschen aus dem Alltag, mit Räumen, die benutzt, bewohnt, gebraucht werden. So wurde plötzlich vieles vor der Kamera echt und Schauspielkunst nicht mehr »denaturiert«. Dies blieb mein Auftrag. Alle meine Filme entstanden so. Sie wurden konsequenter, bis zur Abstraktion, bis zur Auflösung dramaturgischer Prinzipien.
Natürlich war auch Protest in mir: gegen die 08/15-Filme mit den Stars und dem Aufgebot an Komparsen, Atelierbauten, Filmmusik. Ich hatte gar nicht das Geld für diesen Aufwand, den ich sogar für schädlich hielt. Ich wollte etwas anderes. Schon aus Experimentierfreude. Mein Prinzip der Ökonomie setzte sich durch, das Baumeister mich in bezug auf die Malerei gelehrt hatte: Ökonomie der Mittel in der Malerei, im Aufwand, in der Gestaltung. Zwar erhielt ich für meinen ersten Spielfilm »JONAS« Zuschuß von öffentlicher Filmförderung, aber mein Etat war kaum 1 : 10 gegenüber anderen Spielfilm-Projekten. So ging ich auf die Straße, filmte nachts auf leeren Plätzen, aus dem Auto heraus, arbeitete mit Polizei und Feuer-

wehr, schaltete Passanten ein, benötigte keine Komparsen, kein Atelier und sparte viel Geld. Manchmal kam es zu Konflikten mit den filmerfahrenen Mitarbeitern, die »Ausleuchtung«, »Drehplan« und »Handlung« forderten. Ich kam von der Malerei zum Film. Ich wollte nie viel »Licht«. Ich fand in Robert Graf einen bewundernswerten Jonas, in Elisabeth Berzy-Bohaty eine zarte Nanni, und in Herbert Vesely einen begabten Mitarbeiter, der für die Regie vorgesehen war. Er war jedoch anders strukturiert. Nach kurzer Drehzeit trennten wir uns freundschaftlich. Ich übernahm die Regie. Ob solche strapazierenden und aufreibenden Spannungen bei den Dreharbeiten auch zu der inneren Spannung des Films beitrugen? Es arbeiteten auch junge Menschen mit: Gudrun Ensslin war dabei, damals ein fröhliches junges Mädchen. Und ich fand nach Fertigstellung des Schnittes (am geliehenen Schneidetisch in der Garage der Gerokstraße 65) Hans Magnus Enzensberger, der den geistvollen Kommentar schrieb und Freude an der Arbeit hatte. Er arbeitete schnell. Ich bewunderte ihn.
Dieser »JONAS«-Film wurde zu den Berliner Filmfestspielen 1957 als offizieller Beitrag eingeladen. Das war ein guter Start, und ich ließ einen aufwendigen dreisprachigen Prospekt von Cantz herstellen, der bald vergriffen war beim Berliner Film-Festival. Karl Korn hatte in der FAZ eine fulminante Besprechung geschrieben über den Außenseiter, der neue Filmwege beschritt. Aber die konventionelle Kritik war geteilt, wie das so üblich ist bei neuen Dingen: die eine begeistert, die andere abfällig. Beide affektgeladen, nicht nur in bezug auf das Werk, sondern auch auf den Autor. Ich kannte das schon von der Malerei her.

In meinem Prospekt zu den Berliner Filmfestspielen 1957 schrieb ich folgendes:
WARUM SO UND NICHT ANDERS?
»Ich habe diesen Film gemacht, ohne dabei eine Sekunde an das Publikum zu denken. Ich habe diesen Film gemacht, obgleich mir alle davon abrieten. Ich habe ihn gemacht, weil ich ihn machen mußte. Er ist ganz gegen die Regel gedreht. Ohne Star, ohne Atelier, ohne Verleih. Zuerst nur das Thema: der vereinsamte Mensch in der Großstadt. Dann die Sache mit dem Hut. Und dann die Musikplatte Duke Ellington. So ging ich aufmerksam durch die Stadt und fand

Objekte, Bilder, Ausschnitte. Um dem Kameramann klarzumachen, was mir vorschwebte, sammelte ich Fotos. Und so hatte mein Film – bevor ich anfing – schon eine konkrete Substanz: Musik, Fotobuch, Reportage.

Für mich hat der Film eine spezifische Eigengesetzlichkeit. Viele Filme sind fotografiertes Theater und damit unfilmisch. Das Theater hat das fixierte Bühnenbild, und die Schauspieler agieren in diesem Raum. Ich finde, daß der Film Bewegung, Rhythmik, interessante Ausschnitte und durch kontrastierenden Schnitt besondere Assoziationen braucht.

Film ist aber mehr als Kameraführung. Film ist eine große Summe von Einzelkunstformen: Bild, Handlung, Sprache, Musik. Ein Kunstwerk besteht darin, zu verdichten und eine Einheit aus Einzelwerten zu gestalten. Das Bild muß dem Thema, die Musik dem Bild entsprechen. Die Technik stört oft künstlerische Belange. Cinemascope und Farbe haben nichts mit künstlerischer Aussage zu tun. Manches war im Stummfilm besser als heute.

Ich wollte einen modernen Film machen.

Die Kunst hat sich in den letzten 50 Jahren gewandelt. Alle modernen Kunstformen bilden in sich eine Einheit. In der Literatur ist die Handlung uninteressant geworden. Der Mensch in der Welt ist das Thema. Ich wollte im Film einen Zustand zeigen. Den Zustand des modernen Durchschnittsmenschen. Ausgesetzt den Einflüssen, den Schlagworten, den Verlockungen, den Einengungen des modernen Lebens. Ohne tiefere menschliche und religiöse Bindung, vereinzelt, kontaktschwach. Unfähig, mit sich selbst und seiner Vergangenheit fertig zu werden.

In früheren Zeiten halfen in einem geordneten Weltgefüge Religion, Kultur, menschliche Anteilnahme dem gefährdeten Menschen über seelische Krisen hinweg. Die frühere Literatur zeichnete eine Entwicklung der Persönlichkeit. Der heutige Mensch, einer fragwürdigen Zivilisation ausgeliefert, einer zweifelhaften Zukunft gegenübergestellt, entgleitet in seelische Krisen, die er mit sich allein ausmacht und um die sich niemand kümmert. Das Leben geht darüber hinweg.

Es kam mir in meinem Film ›JONAS‹ auf die Gegenüberstellung der beiden Ebenen an, auf denen sich die menschliche Existenz abspielt: einmal das äußere Leben, dann die seelische Situation, in der der

Mensch allein auf sich gestellt ist. Die Umwelt des Jonas, anfangs harmlos, nüchtern, wird zur Bedrohung, zum Verfolger, bis sie schließlich vor seinen Augen zerfällt.

Im Bild wird der Kontrast dieser beiden Ebenen durch Stilwechsel der Fotografie erreicht: Live-Fotografie der Stadt- und Betriebsszenen, wochenschauartig aufgenommen, realistisch, ohne Atelier, ohne Komparsen. Den sublimierten Szenen entspricht eine abstrahierende Bildgestaltung. Die Kamera verfolgt Jonas von morgens bis abends, nur von wenigen Zwischenschnitten unterbrochen. Der Schnitt ist hart, ohne Blenden, kontrastsuchend. Das Moritatenhafte der Hut-Episoden, der Bagatelle, um die sich das Thema rankt, wird durch Raffung und durch einen zwischengeschnittenen Ansager betont. Durch diese Abstraktion wird die Symbolik (Hut = behütet, beschützt, Symbol für die Schuld) verdichtet.

Im »JONAS« wird kaum gesprochen. Der Dialog wird nur dort angewandt, wo eine entscheidende menschliche Aussage notwendig ist. Wo der Handlungsablauf aus dem Bild erkennbar ist, wird der Dialog unterdrückt und ersetzt durch den inneren Monolog: Stichwort Ulysses von James Joyce, oder der griechische Chor. Er gibt die Stimme der Umwelt, der Einflüsse von außen. Er gibt die Stimme des Gewissens, die Stimme des Innern.

Auch hier die beiden Ebenen: das äußere Milieu realistisch. Reklame-, Annoncen-, Gesetzbuch-Texte, Fahndungsprotokolle. Anaturalistisch nur insofern, als sie, an diese Stelle gesetzt, so fremd wirken wie ein Zeitungspapier in einer kubistischen Collage von Schwitters oder ein Auge in einem surrealistischen Bild von Max Ernst. Fremdkörper in einem rein nach innen gerichteten, poetisch konzipierten Ablauf. Daneben der lyrische Kommentar der Stimmen (H. M. Enzensberger), unter Paraphrase des Jonas-Gebets. Alles ohne Pathos. Durch den Wechsel der Stimmen, wie auch beim Schnitt, Verfremdungseffekte zur Distanzierung.

Die Musik enthält dementsprechend auch zwei Kontraste: das treibende Jazzthema von Duke Ellington und die durchsichtig instrumentierte, mit elektronischen Effekten arbeitende Musik von Winfried Zillig. Die Geräusche sind selbstverständlich alle in der Musik aufgegangen. Naturalistischer Illusionismus ist verpönt. Kunst ist Gestaltung, und auch der akustische Raum muß einheitlich durchgestaltet sein.

Das Menschenbild, das ich zeichne, ist kein optimistisches. Ich finde, es ist aber auch kein pessimistisches. Die Zukunft ist dunkel, so wie der Film endet. Der Film zeigt den Weg nach innen. Die Gefährdung des Menschen, der seinem Innern zu entfliehen, seine Vergangenheit zu verdrängen sucht. Analyse und Kritik sind Sache der anderen. Ich will zu meinem Film nur sagen, warum ich ihn so machte und warum ich es nicht anders machte.«

Der Film begann mit einer Bildmontage von Großstadtelementen (Fassaden, Verkehrszeichen etc.) und dem Prolog von Hans Magnus Enzensberger:

in dieser stadt
in ihren türmen
ihren riesigen wabenkörben
zwischen signalen und maschinen
in dieser stadt wohnen keine götter
und keine helden.
die stadt schläft.
in ihren kabinen schlafen viele
sie schlafen in ihren zellen
in stahlskelett
sie schlafen hinter den chiffren
und den fassaden.
nur in den kellern regen sich
schlaflos
die maschinen.
die stadt ist leer
sie hat keine bäume
und kein gelächter.
sie ist ausgestorben
wenn der morgen graut.
wenn der morgen graut
und du suchst einen
irgendeinen
einen mann namens jonas
zwischen den schildern und fronten
mußt du hinter die fassaden sehen
hinter die kalten

> *schlafenden ziegel*
> *seine welt ist mit zeichen vernagelt*
> *die maschinen laufen tag und nacht*
> *aber jonas*
> *jonas steht an einem fenster*
> *irgendeiner*
> *an irgendeinem fenster*
> *und begrüßt den morgen.*

Bei der Aufführung erinnerte ich mich an den Start meines ersten Films »NEUE KUNST« 1950 in Stuttgart. Die Spannung, die Erwartung. Robert Graf, hervorragend fotografiert von Andor von Barsy, verkörperte die Rolle so ideal, daß bei der ausverkauften Uraufführung kein Mensch sich rührte, kein Flüstern aufkam, kein Bonbonpapier knisterte. Schweigend verließen die Menschen am Nachmittag den Zoo-Palast und am Abend die Filmbühne Wien. Ich saß unter ihnen, spürte das Engagement, das sich überträgt. Ich erlebte noch einmal jede Filmsekunde mit – eine atemlose Spannung. Die Menschen gingen still aus dem Saal, während das Licht langsam aufblendete. Draußen traf man sich, Zigarette ansteckend. Nachdenken. Besinnen. Ein anderer Schluß? Vielleicht. Diskussionen. Man bleibt in Gruppen stehen. Fremde treten hinzu. Ich verfolge in den nächsten Tagen die Presse: Ich war eingetaucht in ein Filmfestival, war plötzlich Diskussionsobjekt: welch Erlebnis beim ersten Film! War ich nicht ausgezogen, um das Fürchten zu lernen? Und hatten meine Freunde mich nicht gewarnt?
Ich hatte mit »JONAS« einen nie geahnten Erfolg: zwei Bundesfilmpreise (für Kamera und Musik), zwei Kritikerpreise, den BAMBI für den künstlerisch-wertvollsten Film 1957 und andere Preise mehr. Vor allem aber war die Resonanz beim Publikum und besonders bei jungen Menschen stark und lebendig. So wie die Wanderausstellung der französischen Maler, begleitete ich den Film »JONAS« eine Zeitlang zu den Premieren in großen Städten, sprach Einführungen und freute mich über die Resonanz.

ERFOLG VERÄNDERT DEN MENSCHEN – sagt man. Im Sport ist das sicher der Fall. In der Kunst weniger und in der Wissenschaft kaum.

Das ist verständlich, wenn ein rascher sportlicher Erfolg den Menschen trifft: der Lorbeerkranz nach dem Sieg. Der Beifall und die Bewunderung. Die Verehrung vor dem Sieger, die Verneigung vor der Leistung. Das kennen wir von den Olympiaden. Ich war durch »JONAS« plötzlich auf eine andere Ebene gestellt. Meine Filmarbeit empfand ich als Bestätigung, und als die Resonanz anhielt, wurde ich auf einer Welle getragen, die natürlich eines Tages abebbte, flacher wurde und mich wieder dort absetzte, woher ich kam. Jetzt entsprach das Niveau wieder meinem Vorfilmstadium. Ich hatte mich am Riemen zu reißen, um nicht in einen negativen Sog abzugleiten.

In solchen (durchaus nachfühlbaren) Situationen muß etwas Neues dagegengesetzt werden, das die verlorengegangenen oder abgesackten Impulse mobilisert. Ich brauchte eine neue Aufgabe. Aber ein neuer Film stand noch nicht zur Diskussion. Die Auswertung des Films »JONAS« hatte der PALLAS-Verleih übernommen. Ich konnte eine gute Bilanz nachweisen. Die Schmalfilmrechte übernahm SCHMIDT–Berlin. TRANSOCEAN die internationale Auswertung. Für die USA und Italien wurde der Film synchronisiert. Ich war mit dem Einsatz noch lange beschäftigt. Jeder Mensch wird verstehen, daß ich nach diesem ersten erfolgreichen Film-Start weitermachen wollte. Wieder fuhr ich zweigleisig. Die Klinik wurde erweitert, modernisiert. Ökonomisch war auch das Prinzip der Überbrückung: Ich mietete in Bad Liebenzell einen Stock des Hotels Germania, brachte mit einem Bus meine zwanzig Patienten dorthin, meine Frau als Ärztin, Pflege- und Küchenpersonal. Damit vermied ich den Ausfall in der Klinik. Würde der Staat auch nach solchen Prinzipien handeln, stünde es besser um seine Finanzen. Schon zu Adenauers Zeiten hatte ich angeregt: bevor für die Bundeswehr neue Kasernen gebaut werden (während damals Krankenhäuser sehr fehlten), sollte man die alten Krankenhäuser als Kasernen umfunktionieren und anstatt Kasernen Hospitäler bauen. Auf alle Fälle wäre es aber sinnvoll, für alte Krankenhäuser rechtzeitig andere Verwendung zu finden, damit sie nicht leer und ungenutzt dem Verfall ausgeliefert sind. Ökonomie war für mich immer Leitidee, vor allem beim Bauen.

Der Umbau unter Professor Stohrer lief termingerecht. Nach vier Monaten brachte der Omnibus unsere Patienten zurück. In neue

Betten. In neue Umgebung. Seitdem ist die Klinik in dieser Form geblieben. Sie entspricht einer Frauen-Station in einer Nervenklinik, die von drei Ärzten versorgt wird: von meiner Frau, von mir und meinem langjährigen Mitarbeiter Dr. Winker. Dazu unsere Oberschwester Luise, die seit 1950 bei uns ist. Es war immer ein harmonisches Team mit abgegrenzten Arbeitsgebieten. Ein wichtiger Punkt meiner ärztlichen Tätigkeit. Ich hatte nun die Arbeitsumgebung gefunden, die mir die Möglichkeit gab, mich freier zu bewegen.

ICH BIN EIN UNRUHIGER GEIST. Daran liegt es wohl, daß das Auto immer eine Faszination auf mich ausübte. Noch im ersten Kriegsjahr fuhr ich das BMW-Sportcoupé 327/28, das trotz Verlagerung in einer Scheune von den Franzosen gefunden und vereinnahmt wurde. Vor dem Krieg besuchte ich alle Rennen: Avus – Nürburgring – Feldberg – Kesselberg. Ich kannte Hans Stuck, mit dem ich viel später (1959) auf einem Sport-BMW Typ 507 am Feldbergrennen teilnahm (wobei er mir kurz vor dem Rennen noch eine kürzere Hinterachsübersetzung empfahl). Ich stand in Frankfurt an der Autobahn neben Professor Porsche, als Bernd Rosemeyer am 28. 1. 38 auf dem Auto-Union-Rennwagen bei seiner Rekordfahrt durch eine Windbö hochgeschleudert wurde und dabei tödlich verunglückte. Seine Frau Elly Beinhorn flog mit ihrem Sportflugzeug über die Rennstrecke und hat den Unfall vom Flugzeug aus miterlebt. Ich kannte Rudolf Carraciola, der im Bremgartenwald mit einem 300 SL gegen einen Baum raste und sich schwere Beinverletzungen zuzog. Ich war Kunde bei Peter Lindner, der mich in die Jaguars einwies und selbst damit in Le Mans tödlich verunglückte. Ich war mit Richard von Frankenberg befreundet, der bei seinen zahlreichen Unfällen zwei Ehefrauen verlor und am 13. November 1973 selbst den Tod fand, als er auf der nassen Autobahn bei Heilbronn in einen baufälligen Türkenwagen raste.
Ich machte jahrelang die Kurse der »Scuderia Hanseat« auf dem Nürburgring unter Günther Isenbügel mit – nicht nur um schneller und sicherer zu fahren (das natürlich auch), sondern wegen der »Ideallinie« mit dem Zweck, die Kurve richtig anzugehen, im Scheitelpunkt die Grasnarbe zu streifen und sich danach wieder heraus-

tragen zu lassen: also die Kurve flacher zu machen, zu dehnen – um den Wagen nicht zu verwinden, die Reifen zu schonen. Man muß elegant, weich, »musikalisch« fahren. So sauber und schnell wie Manfred Jantke, der Porsche-Rennleiter seinen Turbo fährt, ja so möchte ich Cello spielen. Technik interessiert mich nur in ihrer Funktion. Ein sensibler Fahrer spürt sehr rasch zum Beispiel bei einer neuen Achsaufhängung die veränderte Straßen- und Kurvenlage, spürt die Lenkdifferenzierung in langgezogenen und engen Kurven, die Getriebeabstufung. Die Möglichkeit, auf diesem Instrument der technischen Gegebenheiten zu spielen, wurde mir besonders bewußt, als ich einmal als Beifahrer in einem Porsche saß, den Graf Berghe von Trips auf dem Nürburgring bewegte. Zuerst vergingen mir Hören und Sehen. Aber bald spürte ich, daß dieses sensible Fahren, der elegante und musikalische Fahr-»Stil« erst die Voraussetzung für Spitzenleistungen bedeutet. Dieser Fahrer sollte am 10. Sept. 1961 in Monza auf Ferrari bei dem entscheidenden Lauf um die Weltmeisterschaft tödlich verunglücken. Graf Trips kollidierte kurz nach dem Start mit Jim Clark, indem beide Wagen sich mit den Rädern verfingen. Aber auch Jim Clark traf das Rennfahrerschicksal am 6. April 1968 in Hockenheim, als sein Lotus plötzlich auf der Geraden ausbrach: Clark wurde gegen einen Baum geschleudert und war sofort tot. Von seiner Rennfahrergeneration ist kaum noch einer am Leben. Und doch folgen immer Neue nach. Es ist wohl das gleiche Motiv, das sie reizt, ihr Leben aufs Spiel zu setzen, das auch den Künstler reizt, in seinem Werk bis an die äußerste Grenze zu gehen – ob die Mitwelt das versteht oder nicht: das Risiko, zu scheitern oder den Lorbeer zu erringen. Daß diese Passion für das Automobil auch einmal im Film bei mir lebendig werden würde, war nur folgerichtig. Mein nächster Film begann mit einer Unfalldurchsage der Verkehrspolizei: »Autobahn-Zubringer B 27 kommen . . . kommen . . .«.

DER FILM LIESS MICH NICHT MEHR LOS. Ich schrieb, verwarf, grübelte, suchte. Ich wollte meinen Filmstil nicht verwässern – und tat es doch. Tat ich es? Ich hatte eine Filmidee: Raum und Mensch. Den Menschen durch seine Umgebung zu charakterisieren, denn Beruf und Umwelt formen die Persönlichkeit. So zeigte ich in meinem zweiten Spielfilm »GINO« einen starrsinnigen Steinbruchbesitzer in seiner Arbeitswelt, einen jungen Gastarbeiter in seiner italienischen Baracke und eine Schriftstellerin in ihrem modernen unterkühlten Appartement. Aus diesen drei Ebenen entwickelte sich ein Dreiecksverhältnis, wobei die jeweilige Umgebung ihren charakteristischen Aussagewert besaß. Das war mein Filmkonzept: den seelischen Zustand der drei Menschen zu zeigen, die zueinanderstrebten, in Eifersucht oder Verlassenheit, und doch isoliert blieben, da sie verschiedene Sprachen sprechen. Das reale Geschehen, fast ein Nichts, spiegelte sich bei dem Jungen in infantilen Träumen vom Rennfahrersieg, bei der Schriftstellerin in einem stilisierten Romantext, wobei die Ebenen sich durchkreuzten. Das Phädra-Motiv klang an.

Das schien vielleicht alles ganz überzeugend, zumal da sich eine Filmhandlung leichter aus dem Bild ablesen als (wie auch beim »JONAS«) referieren läßt. Aber der zweite Film ist schwieriger als der erste, wenn dieser gelang. Die Unbefangenheit dem neuen Medium gegenüber ist dahin. Man weiß schon, wie alles läuft. Ich hatte meinen Stab reduziert auf Kameramann, Assistent und Beleuchter. Sonst waren wir mit den drei Schauspielern allein. Es gab keine Spannungen. Wir drehten wieder alles Original: im Steinbruch, auf der Straße, im Neubau. Der Raum war lang, Spezial-Optik machte ihn noch länger. Die musikalische Gestaltung hatte Wilhelm Killmayer (der die schönen Sappho-Lieder für Anja Silja komponierte), die italienische Musik holte ich mir aus Italien, Joh. Seb. Bach: »Das musikalische Opfer« von Münchinger. Ich mochte keine Schminke, kein Theater, liebte keine Übertreibungen, wollte sparsame Gestik, Alltagsdialoge. Telefon, Schreibmaschine, Radio, Diktatplatte und Tonbandgerät demonstrierten die Isolierung. Die drei geistigen Ebenen ergaben sich aus dem verschiedenen Sprachniveau der drei: Italienisch, Geschäftssprache und Literatur, woraus die Unmöglichkeit einer Verständigung resultiert. Es war ganz gut ausgedacht – aber vielleicht zu konstruiert? Vielleicht drängen sich auch autobiographische Züge störend vor. Denn die drei Personen des Films, die sich gegenseitig irritieren (der »Chef«, die »Schriftstellerin« und der »Gino«) spiegeln auch die Wesenszüge meiner Person: mein Leistungsstreben, meine Liebe zur Kunst und meine überwertige Neigung zum Automobil – ich muß es gestehen. Oder wollte ich

nach dem »JONAS«-Erfolg zu viel? Zerstörte ich nicht das feine Gespinst einer sensiblen Regie? Die Dialoge, bewußt alltäglich formuliert, entsprachen vielleicht nicht ganz der Grundidee. Ich nahm sie später weg. Der Film wurde fast stumm und damit besser. Aber es war zu spät. Leider.
Der »Ton« des Films, der akustische Bereich, wurde nun beherrscht von der Musik und dem »Roman«-Text, der für meine späteren Filme Anregung wurde. Der »Roman« beginnt:

»Ruhen – nachmittags ohne gewitter, ohne erdbeben ruhen. Etwas ganz langsames versuchen – geduldig, ruhelos und kalt. Schneckenhaft. Auf die uhr sehen – und von der uhr absehen. Minutenzeiger auf dem wasserspiegel – zeit aufsaugend – ohne hinblick auf uferränder. Kleine folgenlose störungen –«

Dieser Film wurde wieder vom PALLAS-Verleih und TRANSOCEAN übernommen. Aber der Erfolg blieb aus. Die Kritiken waren indifferent. Ich war ziemlich gedrückt. Man kann seine eigene Arbeit nicht kritisch genug sehen. Man wischt Einwände beiseite und erlebt eines Tages dann doch die Wahrheit. Ich befand mich in einem Tief, das ich körperlich und seelisch erlebte. Von dem »JONAS«-Erfolg auf Höhen getragen, die für mich selbst überraschend kamen, traf mich der Sturz um so heftiger. Je höher die Erwartung, um so schmerzlicher die Enttäuschung. Auf beiden Seiten: beim Autor und beim Publikum. Vielleicht spielte auch ein wenig Schadenfreude mit nach der Bewunderung meines ersten Spielfilms. Aber das ist kein Grund aufzuhören.

HATTE DIE SAMMLERTÄTIGKEIT den »abstrakten Dominikaner« bereits in eine Außenseiterposition geführt – so noch stärker das Filmmetier. Dazu kam die besondere Situation als Norddeutscher im Schwabenland, als tätiger Arzt mit fortschrittlichen, gelegentlich unkonventionellen Behandlungsmethoden. Das Leben, zwei- oder gar dreigleisig mit Beruf, Malerei und Film, wollte so gar nicht in dieses Land passen. Bei den Kollegen war Domnick der Filmer und bei den Filmern der Psychiater, dem leicht etwas von »Röntgenaugen« anhaftet. Dazu kämen (so hieß es) seine »spinnigen« Patienten, die auf ihn »abfärbten«. Das war die Meinung der Leute. Die finanzielle Unabhängigkeit, die »verrückten« Bilder, die »Exoten«: die Autos aus Italien – all das bekam einen negativen Anstrich. Manche oder viele verwechselten mich vielleicht auch mit meinem glückhaften Bruder Hans Domnick und seiner erfolgreichen »Traumstraße der Welt« mit ihren enormen Einspielergebnissen. Doch die Außenseiterrolle, bereits in der Kindheit angelegt, später bewußt angenommen, ließ abseits der breiten Straße Freude an Dingen entstehen, die eben doch nur in der Einsamkeit gedeihen können. Der Mann aus der Gerokstraße 65 blieb auf seinem Weg, wenn auch von manchen kritisch bemängelt.

Die Filmtätigkeit entwickelte sich kontinuierlich, sie hatte gar nichts von Eintagsfliege oder von einem Hobby an sich. Immer stand ich dahinter, ganz gleich ob der äußere Erfolg glückte oder nicht. Abseitig war ja nicht nur das Filmen, sondern auch die Thematik der Filme. Das Schuldproblem mit »JONAS« war so ganz anders aufgefaßt als in den anderen Filmen, die darangingen, die »Vergangenheit zu bewältigen«. Das war damals ein Schlagwort, meist im Sinne der Nichtbewältigung, der »Unfähigkeit zu trauern« (doch wohl besser »zu bedauern«, die eigene Schuld nämlich). Auch im »JONAS« wurde die Schuld verdrängt – auch sie bestand eher in einem Versagen, einem Ausweichen. Im Film, einem Metier der Massenmedien, in dem Bagatellen hochgespielt zu werden pflegen, habe ich stets, auch später, zum Untertreiben geneigt, um den Zuschauer selbst zum Nachdenken anzuregen. Das veranlaßte einen Kritiker zu der Bemerkung: »Wenn Jonas seinen Freund wenigstens umgebracht hätte, dann wäre seine psychische Reaktion eher verständlich.« Die Reaktion des Jonas »im Bauche des Walfisches«.

Mein alter Lehrer Professor Kleist, der meine Filmarbeit mit Interesse verfolgte, äußerte anerkennend: »Sie haben ja eine Psychose gefilmt!«, und etwas kritisch: »aber eine reaktive?« Das gehörte nicht in sein System. Indessen: die Psychiatrie hatte sich gewandelt: Einflüsse aus den USA, Adaptation der Psychoanalyse in die Psychosenlehre, Vokabeln wie »Entbergung – Entgrenzung«, und Verdrängungsvorgänge auch im Bereich der Psychosen tauchten in den Kongreßreferaten auf. So war es gar nicht so abwegig, daß der Psychiater den »JONAS« als Psychose sah mit halluzinatorisch-para-

noiden Vorstellungen, ein anderer als eine Katharsis neurotischer Schuldverdrängung, was er ebenfalls ist. Auch im »GINO« zeichnete ich das Dreiecksverhältnis nicht als dramatischen Ehekonflikt, sondern als stille Vereinzelung und neurotische Erstarrung dreier Menschen in ihrer eigenen Welt.
So werden beide Filme als Psychiater-Filme interpretiert:
»Der Film gestaltet ein tiefenpsychologisches Thema in einer verschlüsselten Symbolsprache mit filmischen Mitteln. – Am Monogramm ›M. S.‹ rollt der Prozeß der seelischen Verdrängung rückläufig bis zum Schuldfeuer, das seine Seele zu verdrängen droht. – Was Jahre mit aller seelischen Energie der eigenen Gewissenszensur entrückt haben, müssen Stunden höchster seelischer Dynamik entschleiern –« (Joh. Spangenberg zu »JONAS« 1958).
»Die Menschen reden miteinander und verstehen sich nicht mehr, und wenn sie einmal doch das Du wirklich und richtig erkennen, bricht alles in ihnen und um sie zusammen. – Der kontaktgestörte, der abgetrennte Mensch hat auch keinen Kontakt mehr zu sich selber« (Ulrich Seelmann-Eggebert zu »GINO« 1960).
Die Genugtuung über solche Kritiken, die ich nicht ganz ohne Stolz zitiere (es gab auch andere), half mir das Tief durchzustehen, in das mich die Wahrheit über »GINO« stürzte. Ich erkannte: es ist immer noch zu viel Handlung, zu viel Spielfilm, was ich doch abstreifen wollte. Fast unbewußt hatte ich im »GINO« die beiden Ebenen des »Romans« der Frau und der »Träume« des Jungen eingeführt. Das schien mir eine bessere Form, meine Vorstellungen filmisch zu realisieren. So kam ich in den drei nächsten Filmen zur Form des reinen »Reflexionsfilms«, der Bild und Kommentar ohne Darsteller einführte.

17

DAS TIEF, DAS ICH ERLEBTE war aber nicht nur mein Tief. Das Wirtschaftswunder, (auch im »GINO« angespielt) schien bedroht zu sein. Wie bereits 30 Jahre vorher – ich beschrieb es – zogen dunkle Wolken am politischen Horizont auf: diesmal die Atomdrohung. Nach Hiroshima fast in Vergessenheit geraten, nun wieder aktuell durch die Aufrüstung auf allen Seiten, vor allem auch bei uns durch das Wettrüsten mit der Atomwaffe. Druckschriften kamen mit der morgendlichen Post. Von der Regierung Verharmlosung der Gefahr durch Ratschläge: »Erde aufwerfen – Aktentasche über den Kopf.« Dagegen veröffentlichte die Zeitschrift »Atomgefahr« Original-Zitate wissenschaftlicher Erkenntnisse gegenwärtiger und zukünftiger Atomschäden mit genetischen und ökologischen Spätfolgen der Kernexplosionen. Aber zwischen diesen beiden Standpunkten gab es keine Annäherung. Die eine Wissenschaft arbeitete im Auftrag für den »Fortschritt« und für die Wirtschaft (wie der Lucky im »Godot«), die andere human-ethisch für die Menschheit. Aber die Stimme der anderen war zu schwach. Immerhin gehörte ein guter Teil führender Wissenschaftler zu den Warnenden, Physiker, Biologen. Aber auch Russell, der Philosoph der mathematischen Logik (die unverständlich für den Laien bleibt), ein Positivist in der Lehre und im Leben, äußerte sich hier verständlich, – so sehr, daß es ihm Gefängnis einbrachte. Ostermärsche setzten ein. Jahrelanger Protest, bis auch dieser fast ohne Resonanz im Leeren verlief. Ohne Ergebnis. Wie so oft. Das war die Situation, aus der »ohne datum« entstand. Die Krebskrankheit der Menschheit – ohne Einsicht – noch nicht einmal Wahrnehmung. Aber auch hier Prinzip der Verdrängung, wie so oft im Leben des einzelnen wie des Staates. Nichts hat sich geändert. Heute werden Atomkraftwerke – »zu friedlichen Zwecken« errichtet. Die Proteste der Bevölkerung werden mit Polizeigewalt niedergekämpft, und Regierungssprecher verharmlosen die Gefahren von Atommüll ähnlich wie damals. Was sagte mein Lehrer Dammann 1927? »Wehret den Anfängen!«

»GINO« LAG HINTER MIR – »OHNE DATUM« vor mir. Dieser neue Film kannte kein Drehbuch mehr, keine Drehorte. Nur eine Idee war zu realisieren: das Sterben eines Mannes – ohne daß ich aber diesen Mann von Angesicht zeige. Ich wollte einen Film konsequent mit der subjektiven Kamera, also nur das filmen, was der Mensch von sich selbst sieht: Hände und Füße, und deren Funktionen und Ausdruck. Aber nie das Gesicht und nie den Spiegel, der in den vorangegangenen Filmen immer eine Rolle gespielt hatte: Psychologische Selbstwahrnehmung. Ich reiste mit meiner Frau und einer kompletten 35 mm Kameraausrüstung nach England. Auf einem Friedhof fanden wir erste Eindrücke: Turmuhr ohne Zeiger, verwitterte Grabsteine. Sturmböen über alten Baumgruppen, geschichtete Platten, zusammengesunkene Gräber. Der zu uns tretende Pfarrer vertrieb uns nicht aus dem sakralen Ort, er lud uns sogar zu dem gerade beginnenden Gottesdienst in seiner kleinen Kirche ein. Es war ein Sonntag. Der Sturm hatte uns zum Filmen animiert. Und später hatten wir Freude an diesen Aufnahmen. Sie wurden eingebettet, sie fingen Atmosphäre von Sterben und Begräbnis ein. So spürten wir alles auf, was in dieses Thema des Hinübergleitens in den Tod hineinpaßte. Zum erstenmal filmten wir beide allein. Anfangs ein Gefühl der Verlorenheit, das sich mit Einsamkeit mischte. Ich suchte nicht nach Motiven: ich fand sie, oder sie boten sich an.
In London konnte ich filmen, wo und was ich wollte – ohne daß sich Passanten umdrehten oder die Wachposten mit ihren tiefsitzenden Pelzhelmen davon Notiz nahmen. Das geduldige Warten in Reihen an den Bushaltestellen mit Zeitung, Melone und Schirm. Die Lokale von altmodischem Zuschnitt ihrer Trink- und Eßordnung. Der ans Bett servierte Tee beim Wecken. Das Bild der alten eleganten Automobile mit Chauffeur am Lenkrad eines Rolls-Royce oder Jaguars, über die offenen Sportwagen, bis zu den alten ausgedienten Taxis, in denen unser improvisierter Filmwagen gut Platz fand. Die grünen Doppelstock-Busse. Die bewundernswerte Haltung der Engländer, wo man sie auch trifft, im Hyde-Park, beim Pferderen-

nen oder im Straßenverkehr. An der Nordsee, auf der Insel Amrum, dokumentierte die unendliche Weite dieses Sandstrands die Verlorenheit eines sterbenden Menschen an der Grenze zwischen Land und Meer und Himmel. Alles wurde zum Dokument. Kein »Spielfilm« mit Handlung. Die innere Situation, ein psychischer Vorgang interessierte. Film ist Optik, Bewegung, Rhythmik. Wie oft bekannte ich mich zu diesem Satz. Wir filmten auf stürmischer Überfahrt: Schlingerbewegungen, Schaumkronen, Stampfen – oder fingen Halterauc, Ankerketten bei der Landung ein. Alles kleine scheinbar unwichtige Details, die wir mit der Kamera sammelten, ohne schon zu wissen, ob und wie sich das alles zusammenfügen würde. Nur die Todesahnung sollte eingefangen werden.
Aber wer sollte den Sterbenden spielen? Da ich das Prinzip des inneren Monologs und der subjektiven Kamera konsequent durchführen wollte (wofür der »Roman« im »GINO« der Anstoß war), übernahm ich selbst die Rolle. Das klingt fast pseudologistisch, war aber ganz einfach: Ich lag auf dem Röntgentisch, die Kamera an mich festgeschnallt. Der Röntgentisch bewegt sich elektrisch nach oben. Ich habe kein Schweregefühl mehr. Dabei filme ich die sich bewegende Apparatur. Der Röntgenologe Dr. Büscher spielt mit, er macht das glänzend, ohne Pose, ohne Eitelkeit. In der Pause trinken wir einen Cognac. Die nächste Szene mit dem Bariumbrei: Ich schaue durch die Kamera. Licht gut. Der Becher wird von mir ergriffen und an das Objektiv geführt wie zu meinem Mund. Dann folgt die Rückbewegung, der Tisch neigt sich wieder in die Horizontale, und liegend filme ich das Gleiten – Dahingleiten: Aufnahme einer Röntgenuntersuchung, wie sie ein lungenkrebskranker Mann erlebt. – Ich filmte meinen Gang zum Meer, meine Füße von den Wellen überspült. Ich zog mich vor der Kamera aus und filmte meine weggeworfene Kleidung. – Oder das Fahrrad: Motiv Bekketts und Robbe-Grillets, später Uwe Johnsons in seinem »Achim« – aber Gedanken tauchen auch auf an die Radrennbahn in Berlin und Breslau, an die Heimkehr mit dem Rad aus der Gefangenschaft, an die Tour de France. Und jetzt: Die Kamera fest umgeschnallt, schiebe ich das Rad, meine Hände umgreifen die Lenkstange, mit dem Vorderrad wühle ich im Sand. Ich lasse das Rad fallen. Ich filme: sich drehende Speichen des Hinterrades, sich bewegende Pedale – Übergang in drehende Rotorflügel des Dampfers. Oder: die

Hände im Sand, Sand, der durch die Finger rieselt wie durch eine ablaufende Sanduhr. Ich und meine Hände. Oder die Liebesszene: Mädchen neben mir – meine Hände in Großaufnahme, die über Gesicht und Körper gleiten, die Haut streicheln. Ich filmte Dinge, die ich kaum in Worten preisgeben kann. Kamera: Subjekt in Objekt – Objekt in Subjekt. Wo ist die Grenze? Oder das Kartenspiel, die Patience: hier ein einzigesmal fremde Hände – Frauenhände – Identifikation in Erinnerung.

Das Konzert auf der Elmau: ich sitze im Saal, reibe, drücke meine Hände. Schmerzen, Qualen. Elly Ney, Denes Szigmondy, Jan Polasek: das Geistertrio von Beethoven. Ich filme Details: das Griffbrett des Cellos, dessen Saiten in Hochspannungsdrähte übergehen. Spiegeleffekt des schwarzen Flügels, mit Otto Ludwig – dem Elmauer Pianisten, übergehend in die Oberfläche des Wassers, synchron zur »Mondscheinsonate«. Was für Phantasien werden bei der Filmarbeit freigesetzt! Es gibt kaum Grenzen. Nichts scheint unmöglich. Der Film ist ein großer Zauberer.

Eine Anregung für Jungfilmer: sie sollten vielleicht auch so einmal beginnen, den Film wie ein Bild behandeln. Kann man diese Methode lernen auf Schulen und Akademien? Ist es nicht ähnlich wie in der Malerei: Technik, Kameraführung, Lichtbestimmung sind erlernbar. Aber das Künstlerische bleibt ich-bezogen. Die Kamera entspricht dem Pinsel des Malers. Wenn Ideen kommen, Filmeinfälle, dann muß man selbst beginnen. Oft entspringen Einfälle auch aus absichtsloser handwerklicher Übung – wie die Gedanken beim Schreiben. Improvisation bringt Frische in das Ganze. Aber meist wird anderes betont: die »Handlung« steht im Vordergrund. Mit diesem Ansatzpunkt entfernt man sich aber eigentlich schon wieder vom Film.

Ich ging einen anderen Weg: unter der Leitidee des Sterbens sammelte ich Aufnahmen, dann erst kamen Text und Musik hinzu, womit der Film vervollständigt, verdichtet wurde. Karl Günther Hufnagel entdeckte den Hesekiel-Text des zerstörten Jerusalem, der so großartig zum Thema paßte, teilte auch ironische Seitenhiebe aus. Im Gegensatz zu dem aggressiven, funkelnden »JONAS«-Kommentar des jungen Enzensberger, zu dem artistisch-konstruierten »Roman«-Text im »GINO« (vielleicht mit Anklängen an Nathalie Sarraute) schuf Hufnagel hier eine herbe lyrische Prosa, in die er (kaum als solche erkennbar) Zitate von Hölderlin bis Brecht einbaute, aber auch das Gebet für die Hiroshima-Piloten. Die Todeskrankheit des Krebskranken wurde in Beziehung gesetzt zur Todesdrohung durch die Atombombe: Die Strahlen, die Krebs heilen, zu den Strahlen, die töten. Die Zerstörung des Individuums zur Zerstörung der Menschheit. Das spielt sich im Film nur leise ab, fast als »lyrische Paraphrase«, wie ich es nannte.

DER FILM »OHNE DATUM« BEGINNT mit Worten über Sand:
»auf und abgehen. gehen. einfach gehen. kreise ausschreiten, linien, linien die sich kreuzen, umkehren, figuren bilden, figuren mit gleitenden rändern. oder sich eingraben, tiefer, bis zu den schultern sich eingraben, dann, sich hinlegen, ganz flach sich hinlegen. ist aber nicht nötig, das selbst zu machen. warten, nur warten – zuwarten.«

Die Filmmusik machte gar keine Schwierigkeiten. Roman Haubenstock-Ramati kam, sah den Film am Schneidetisch und brachte Bänder, die dem Bild angelegt wurden: elektronische und konkrete Musik, als Kontrast dazu setzten wir drei Beethoven-Themen ein. Der eigene Schneidetisch in der Garage erleichterte die Arbeit und sparte Kosten.

Ökonomie der Mittel auch bei den Aufnahmen, eben weil sie unkonventionell, unperfektioniert waren. Wir ließen bewußt zufällige Fehler im Bild, Blitze durch Sonneneinfall, wenn der Kassettendeckel aufsprang, Unschärfen, überhaupt Schärfenwechsel, quer oder auf dem Kopf stehende Bilder, weiße Lücken zwischen den Einstellungen, Fehler, worüber später die Atelierfachleute den Kopf schüttelten: »Dilettanten«. Ich kam mir vor, als hätte ich zum erstenmal die Kamera in der Hand. Das stimmte ja – doch nicht aus Unfähigkeit machte ich es so, sondern aus Spieltrieb und dann bewußt als Filmmittel. Wie arm ist die Sprache, Optisches auszudrükken, das nur Optisches ist. Und wie schwer ist es nach zwölf Jahren, etwas als neu zu beschreiben, was inzwischen längst in die Dokumentarfilmproduktion eingegangen ist. Kurze Schnitte, Asynchronität zwischen Bild und Text. Spiel mit dem Material, mit dem Medium. Die These: Das Medium ist die Botschaft (»the medium is the

message«) war uns geläufig, genau wie das »Primat der Mittel« in der Malerei: nur optische, nicht literarische Mittel beim Malen und auch beim Filmen anwenden. Manche meiner Filme sind vielleicht mit Text etwas überladen – möglich, daß das Bild den Texter zu sehr anregte.
Und die Arbeit am Schneidetisch, meine Frau an der Technik: wieder ein Zaubern mit Bild und Ton, sie aufeinander abstimmen: vor oder zurück, das Bild an den Ton oder den Ton an das Bild anpassen, absolut frei in Bild- und Tongestaltung ohne Rücksicht auf Handlung und Chronologie, nur dem musikalischen Empfinden folgend im Ablauf der Tempi, der Rhythmik. Wie klar wird am Schneidetisch die Identität von Raum und Zeit: beim 35-mm-Film entspricht ein Meter Film einer Laufzeit von zwei Sekunden. Die Koordination von Längenmaß und Zeitmaß wird am Schneidetisch ganz selbstverständlich. Im Prinzip nichts anderes, als wenn der Astronom räumliche Entfernungen in Lichtjahrsekunden ausdrückt. Einleuchtender kann Einstein nicht erklärt werden. Die Grundlagen zu kennen ist zwar wichtig in jeder Wissenschaft und Technik. Wenn man das Handwerk nicht von Grund auf eingeübt hat, sondern als Außenseiter erst später damit anfängt wie ich, wird alles schwieriger. Aber es wird auch »wunderbarer«. Das ist wohl auch der Grund, weswegen Maler gegen die Akademien protestieren, die zwar die Grundlagen lehren, aber das Wundern verhindern.
Mit den »Fachleuten« von der Filmtechnik gibt es dann allerdings Schwierigkeiten. Wie sollte es auch anders sein. Die neue Filmsprache ist noch nicht bekannt, die das Kopierwerk in die fertige Kopie übersetzen soll. »Ein erfundenes Chinesisch« heißt es in »ohne datum« und »neue Zeichen, die wir nicht verstehen« heißt es in »NEUE KUNST« – Zeichen, die vom Künstler zum Publikum gesendet werden. Bei der »ästhetischen Information« (Max Bense) »müssen die Zeichenrepertoires des Senders und des Empfängers in gewissem Umfang übereinstimmen«. Das aber wäre ein Glücksfall. Dazu kommt, daß bereits der »Kommunikationskanal« (zwischen Sender und Empfänger) störanfällig ist, um so mehr noch der »Kreationskanal« (zwischen künstlerischer Konzeption und Verwirklichung). Und wie viele Kreations- und Kommunikationskanäle gibt es beim Film: vom Auge des Kameramanns zur Kamera, vom belichteten

Filmmaterial zur »Lichtbestimmung«, zur Kopie, von der Kopie zum Vorführgerät, zur Leinwand, von der Leinwand zum Auge, zum Geist des Beschauers. Und dann noch die Tonregulierung einer Garderobenfrau, die alles zerstört, was Regie und Tonmeister mit Sorgfalt abstimmten. – Ein Wunder, wenn dann überhaupt noch etwas von der ästhetischen Information übrigbleibt.

»ohne datum« wurde wieder in Berlin 1962 bei den Internationalen Filmfestspielen uraufgeführt. Ulrich Seelmann-Eggebert schrieb eine eingehende Kritik mit Anerkennung des neuen Filmstils und der Konsequenz (wieder ein Außenseiter mit Erfolg), während Karl Korn sich diesmal etwas zurückhaltender äußerte. Der Film erhielt im Ausland Preise und Anerkennungen – so bei Filmfestivals in Locarno, in Bergamo und vor allem in Prades, wo er lebhafte Diskussionen zwischen »rechts« und »links« auslöste. Die »force de frappe« von de Gaulle war dort so lebhaft im Gespräch wie bei uns die Ostermärsche – politischer Zündstoff, den ich gar nicht so offen anheizen wollte, sondern nur andeuten als Atmosphäre der Zeit. Wie bei »JONAS« die positive Reaktion der Jugend mich besonders beglückte, so war ich auch bei »ohne datum« freudig überrascht, als ich aus Frankreich und aus Holland Einladungen zu Treffen von Jungfilmern erhielt – die ich leider wegen meines Alters (bereits 57 Jahre) absagen mußte. Ich erinnerte mich wieder an die Situation bei der militärischen Musterung 1938, oder an die Verwechslung mit meinem »Sohn« bei der Besichtigung des Buick. Das Alter hat mich nicht eingeholt – ob es mich einmal überholt? Manche fragen mich nach dem Rezept. Ich antworte: Arbeiten, konzentriert leben, enthaltsam sein. Freundschaften mit Künstlern pflegen, die Anregung geben. Gespräche führen mit neuen Aspekten. Sein Leben gestalten, wie der Hamburger Neurologe Professor Nonne seinen Assistenten empfahl: »feste arbeiten, Feste feiern«.

Aus einer kleinen Idee mit der subjektiven Kamera gelang in »ohne datum« der Durchbruch zum neuen Filmtypus des lyrischen monologisierenden Films. Ein Film ohne äußere Handlung, aber dafür mit innerem Geschehen: dem Erlebnis eines Sterbenden, der Abschied nimmt und Bilanz zieht. Einzelschicksal – Menschenschicksal. Es blieb mir jetzt gar nichts anderes übrig, als diesen Weg der Abstraktion konsequent weiterzugehen. Dieser Filmform blieb ich treu.

Ich blieb auch der Thematik treu: Keine Verfilmung einer Handlung, sondern skizzenhafte Aufzeichnung der Zeitproblematik. Diese war brennend genug und in meinem Filmstil darstellbar. In einer Zeit des zunehmenden Wohlstandes, aber auch kleinlicher Sorgen um Konjunktur, Parteienkonkurrenz, mit Aktenbergen bei den Behörden und langatmigen Bundestagsdebatten, kam es zu Enthüllungen von Bestechung, Spionage, Korruption. Eine Gegenbewegung tat sich auf. Keine neue Partei. Die Jugend revoltierte. Sie revoltierte zuerst gegen die Hierarchie an den Universitäten, dann sprang der Protest aufs Politische über und führte schließlich zu massiven Ausschreitungen.

Zum Fanal wurde der »Prager Frühling«, das Aufbegehren der Prager Jugend gegen die Unterdrückung durch die Partei, und dessen blutige Niederschlagung. Freiheit und Unterdrückung wurde zum Thema auch bei uns. Die Demokratie wollte den »mündigen Staatsbürger«, nun hatte sie ihn: in denen, die eben mündig geworden waren. In einigen Dingen sympathisierte ich mit ihnen, gab ihnen recht, oder verstand zumindest den Protest. Es war wirklich vieles bei uns nicht in Ordnung: die Lügner, die Spione, die Machtgierigen, die Bestechlichen, die Meineider, die dem Staat das Ansehen nahmen und damit den Bürger beleidigten, der mit Recht fragte: Ist es denn nicht möglich, nach diesem verheerenden Krieg Ordnung im eigenen Land zu schaffen, es von Missetätern zu befreien, von korrupten Entgleisungen. Können wir denn nicht verlangen, dieses Haus in Bonn mit dem breit gefächerten Bundesadler sauber zu halten von unwürdigen Volksvertretern? – Die Stimme des Bürgers klang heiser.

Die Stimme der Jugend klang schärfer, intellektueller: Ihr Vokabular stammte aus den Schriften ihrer Autoritäten von Marx bis Marcuse: Emanzipation, Partizipation – System, Establishment – antiautoritär, in und out waren ihre Parolen, Che Guevara und Fidel Castro ihre Heroen: unverdächtig, da unkontrollierbar weit entfernt. Auch die Grenzen waren verwaschen: einer, der sich gegen Korruption empört, einer, der sich gegen Diktatur auflehnt, einer, der sich illegaler Mittel bedient wie handgreiflicher Protestaktionen in den Hörsälen, einer, der russische Panzer knackt, und ein anderer, der Kaufhäuser ansteckt: sind sie alle im gleichen Sinne Kämpfer für eine bessere Welt? Wo liegen die Unterschiede und wo die

Grenzen? Wo Kriminalität – wo politische Verblendung? Diese Frage ist auch heute (zehn Jahre später) immer noch Objekt lebhafter Diskussionen – heut, da der Kampfgeist ermattet ist, oder in restaurativer Sphäre ein müdes Dasein führt, oder sich in den Untergrund verzogen hat. Die begründete und zum Kampf drängende Erkenntnis von Übelständen, die jedem Staat anhaften (vielleicht jeder Staatsform im Prinzip?), und die Hybris, die Überschreitung vernünftiger Grenzen: wie schwer erst ließen sie sich damals unterscheiden, als man mitten im Kampf und Streit der Meinungen stand. Allein die Gesinnung, die zum Kampf drängte (nur moralisch bestimmbar), ermöglicht eine Differenzierung. Aber auch die moralisch einwandfreie Haltung schlägt (wenn sie frustriert wird) in Verzweiflung und Kriminalität um. Und dann stoßen Mitläufer hinzu, die einfach in den Sog gezogen werden – und dann die Psychopathen: haltlose und verführbare, geltungssüchtige und reizbare, die überall da auftreten, wo Unruhe sich entwickelt, die alles deformieren, was die Initiatoren reformieren wollen – die Ideen durch Lautstärke ersetzen, um ihren Geltungstrieb auszuspielen. Das alles in einem wohlfunktionierenden Gesellschaftssystem, in dem schließlich fast keiner hungern mußte, auch nicht die Revolutionäre! Die Jakobiner von 1789 und die Kommunarden der neunziger Jahre revoltierten aus Hunger – die von 1965 bei gesichertem Monatswechsel. Teils aus Freiheitsdrang und Gruppengeist, teils auch aus Abenteuerlust, aus Übermut. Der kommt bekanntlich aus gesättigtem, nicht aus hungrigem Magen. Auch der Urmensch (wie verwandt ist er uns noch) brach nicht aus Hunger in die Savanne ein, sondern eher aus Neugier.
Urmenschen, fern von Zivilisation und Institution, Verweigerer von Luxus und Leistung, wollten jedenfalls die Hippies sein, die liebenswerten Blumenkinder, die zu indischer Mystik tendierten und in Mordorgien ausarteten. Eine neue Pest. Kinderkreuzzüge. Wo liegt die Grenze zwischen Ideologie und Zerstörungslust, zwischen pseudoreligiöser Versenkung und Rauschgiftsucht, zwischen Schuldigen und Opfern? Wer will dies beantworten? »In unruhigen Zeiten regieren sie uns, in ruhigen Zeiten begutachten wir sie für die Gerichte« formulierte der Heidelberger Psychiater Kurt Schneider vor 40 Jahren. Aber waren denn die Gerichte zu allen Zeiten in Ordnung? Wer will entscheiden über schuldig und unschuldig? Die

Psychoanalyse postulierte: Schuld nicht mehr dem Schuldigen, sondern »den anderen« anzulasten. Schul- und Berufsversagen, Kriminalität seien nicht Sache des einzelnen, sondern der anderen: der Eltern, der Erzieher, der Gesellschaft, des technischen Zeitalters. Im psychiatrischen Gerichtsgutachten gibt es einen schönen Ausdruck: Schuldfähigkeit. Schuld ist demnach etwas Höheres, das mit Fähigkeit, also Verantwortung, auch mit Reife zu tun hat. Und hier sind es doch junge Menschen, unreif, unerfahren, die protestieren – die Jugend, der doch unsere Sympathie gehört, da sie uns aus der Erstarrung herausführen soll, in eine bessere Zukunft, deren Utopie ihnen vorgehalten wurde.

So schwankte das kritische Empfinden der Zeitgenossen, es kam zu Ratlosigkeit, auch bei den gebildeten Schichten, zu ambivalenter Einstellung pro und contra mit all ihren Unsicherheiten und neurotischen Verdrängungen. Diese Einstellung der »etablierten« Gesellschaft habe ich in meinem fünften Film angesprochen. Und ich? Welche Stellung bezog ich selbst? Bisher wußte ich meist: So und nicht anders. Aber nun drangen von allen Seiten Zweifel auf mich ein: Recht und Unrecht – pro und contra. Mein norddeutsches Denken »so und nicht anders«: war es vom schwäbischen Grübeln irritiert? War ich ein Schwabe geworden? Ich denke, ich bin geblieben, der ich war. Ich habe es im Film dargelegt und entsprechend meiner Lebensauffassung nachgezeichnet. So wurde dieser Film zu einem sehr persönlichen Bekenntnis. Ich stehe dazu, heute wie damals.

DER FILM »N. N.« wurde vielleicht zu meinem persönlichsten, schon weil Idee, Text, Realisation, Sprecher in einer Hand blieben und ich alles gestalten konnte, wie es mir vorschwebte: ein Film über unsere Zeit – politisch – gesellschaftlich – psychologisch – künstlerisch. Wie immer fing es mit dem »Fahren« an: Wenn andere sich mit Musik anregen (Hartung malte bei Bach-Musik, Ackermann bei Beethoven), andere nur auf dem Ruhebett nachdenken können – bei mir entstehen Pläne bei der Musik des Motors, der Motorik des Fahrens, den wechselnden Bildern einer vorbeiziehenden Landschaft. Ich fuhr nach Norden. In ein schwerblütiges leeres Land mit einem starken Wagen, vollgepackt mit Kamera, Stativ, Objektivkoffer, Ladegerät und mit viel Filmmaterial. Das Land war wieder einmal größer als auf der Karte. Ich fuhr im Frühjahr 1968 mit dem

6,3 Daimler (Création Erich Waxenberger) über 10 000 km durch Finnland, Norwegen bis nach Trondheim. Städte, Berge, Fjorde, ohne Abgrenzung. Die Menschen, in Finnland noch heiter-gelöst, werden in Norwegen frostiger, stiller, mit tief in die Jackentaschen gebohrten Händen, die Zigarette im Mundwinkel, dem Gespräch wenig zugewandt. Aber die herbe Schönheit dieses Landes mit den stillen Wäldern, den klaren Flüssen, den schneebedeckten Bergen! Zu gleicher Zeit Sommer und Winter. Ein Land voller Stille, voller Vergangenheit. Die südlichen Länder mit ihrer Heiterkeit und dem Licht und dem Temperament, der Vegetation, in denen ich filmte und nun dies schwerblütige Norwegen: es gibt kaum größere Gegensätze. Man trifft die Menschen in Lokalen: vor sich hinbrütend, oder stumpf dasitzend, man trifft sie ernst beim Fischen in dem spiegelnden Fjord oder an den Bächen. Immer sind sie für sich, einspännig, ruhig, und wenn der Tag sich zeitig neigt, finden sie in der ungemütlichen Kneipe ihren Tee, ihren Kaffee, ihr dünnes Bier – und im Geheimen auch ihre Konzentrate, die zwar verboten sind, aber das Leben erst erträglich machen. Hamsun, Ibsen, Munch werden hier verständlich – und es gab sogar wirklich das Tynset von Hildesheimer, das er nie erreichte.

Wir sprachen und filmten auf Fischmärkten und in Straßen versteckt: bei Regen unter dem Schirm oder unter dem vorspringenden Dach einer Garage. Stille schwerblütige Bilder. Und wenn es aus dunklen Wolken goß, erstarrten die Menschen zu glänzenden Statuen in ihrer regennassen Gummihaut. Wir filmten in Fischkonservenfabriken. Gespräche verstummten nicht, sie hatten erst gar nicht begonnen. Mit dem schweren Wagen an den Fjorden entlang überkam mich ein beklemmendes Gefühl: war ich zu schnell in der Linkskurve, rutschte ich auf splitterbedeckter Straße nach außen – kein Halt, keine Abschirmung. Vielleicht mal ein Chausseestein, an dem der Wagen vorbeigleitet. Dann saust du, dich überschlagend, die Böschung herunter, hinab in den Fjord. Eintauchen, untertauchen, tiefer tauchen, immer tiefer, hier gibt es kein Ende des Tauchens, hier wirst du nie gefunden. Die Tiefe ist unergründlich: man schätzt 3000 Meter. Domnicks sind verschwunden. Niemand weiß etwas von ihnen. Der Fjord wird zum ewigen Grab. »Und ich hab dir doch gesagt: Du bist zu schnell in die abschüssige Linkskurve gefahren, mit dem frontschweren Auto. Warum hast du es getan?«

Solche Gedanken überfallen mich nachts im kalten Hotel, wo an der Wand das Haltetau hängt, an dem man bei Feuer sich vom Fensterkreuz herablassen soll, will man nicht feuerfangend im brennenden Haus gefangen sein, untergehen. Dann doch lieber im Fjord tief untertauchen in die dunkle Einsamkeit.

»N. N.« WURDE EIN FILM VOM GEFÄNGNIS, eine Paraphrase über das Gefängnis: nicht real, übersetzt natürlich, abstrakt. In collagehaftem Filmstil, den ich seit »ohne datum« anwandte. (Oder vielleicht schon seit dem »Roman« in »GINO« oder dem Titelvorspann im »JONAS«?) Die Titelfigur, der Architekt für das neue Gefängnis mit allen modernen Möglichkeiten, ins Phantastisch-Utopische übertragen, war nun nicht mehr sichtbar, nur seine Stimme hörbar. Der Titel vieldeutig: »N. N.«, der Unbekannte im Strafprozeß, N. N. aber auch in der Architektur das Null-Niveau, oder als Meeresspiegelhöhe, Normal-Null. Gegenüber »ohne datum« mit dem Thema der Auflösung, wo Bild und Schnitt locker waren, ähnlich dem Informel in der Malerei, wurde hier alles kompositorisch fest gefügt. Das optische Leitmotiv, (in »ohne datum« das Weiß: das Leintuch, die Welle, der Schnee, die Windel, das Liebesbett, das Krankenbett) wurde in »N. N.« das Schwarz; das Wasser, das Verkohlte, das Gitter. Aber während »ohne datum« statische Bilder miteinbezog und mit kurzen Stakkato-Schnitten das dem Film eigene Bewegungselement schuf, ist der Film »N. N.« primär motorisch. Er enthält viele »Fahrten« (aus dem Auto heraus). Aber auch in den statischen Aufnahmen läuft Bewegung ab: loderndes Feuer, staubende Wasserfälle, Nebelschwaden in den Naturaufnahmen – Blinklichter auf der Autobahn, durchlaufende Lochkarten, Laufbänder mit Fischkonserven: Bilder aus der technischen Welt bringen ständige Unruhe in das Thema des Eingesperrtseins.
Dieser Film war auch wieder ein »One man-work«: Idee, Kamera, Text, Sprecher war Domnick in einer Person. Die Musik (nur organisierte Tongebilde) wurde einfühlsam von Martin Gümbel geschrieben. Für den Text hatte ich ursprünglich an Witold Gombrowicz gedacht, der in allen seinen Büchern so intensiv für die Jugend, die »Unreife« Partei nahm: für die Jugend, die mit unbekümmertem Lachen alle Probleme einer verfahrenen Situation der alten verrotte-

ten Gesellschaft mit einem Schlag vom Tisch fegt. Doch unterließen wir den Besuch bei ihm, weil eines Nachts die Idee vom »Gefängnisarchitekten« auftauchte. Gombrowicz starb einige Monate später in seinem südfranzösischen Exil.

»N. N.« spricht eine härtere Sprache als »ohne datum«. Er beginnt sachlich:

> *»ich stehe im raum – ich – wer ich? – ich stehe. wie alt? 48 jahre. von beruf architekt. ich baue häuser, brücken, fabriken – und ein hospital – und ein gefängnis.«*

Dann der Stolz des Architekten:

> *»ja, dafür werde ich einen preis erhalten. das ist die welt der zukunft. funktionell, elegant. meine luftschleusen, heizkammern und elektropumpen, steril, sauber, hygienisch – mit gleisanschluß und laderampe –«*

Später phantastisch-utopisch:

> *»alle strafgefangenen sollten von land zu land ausgetauscht werden. eine verständigung wird dadurch von vornherein unterbunden. das fliehen ist wegen der sprachverwirrung unmöglich. ich werde flugblätter verteilen: kommt zur ableistung eures strafdienstes in mein internationales gefängnis –«*

In Zweifeln und Verzweiflung:

> *»ein U-gefängnis, ein gefängnis für untermenschen, eins für unschuldige und eins für schuldige. wer will seine stimme erheben: schuldig oder unschuldig? ich muß anders planen –«*

Und schließlich der Verbrennungsprozeß des selbst zum Delinquenten Gewordenen:

> *»ist niemand da? ich höre nichts, ich sehe nichts – stellt doch mal zur probe die sirene an – nur zur probe – die alarmstufe 1 – 2 – 3, ich höre immer noch nichts – richtet die scheinwerfer auf mich – ich spüre nichts – ich verbrenne – ich lebe – aber ich spüre nichts mehr –«*

Sicher ist es aufschlußreich, wenn Maler oder Komponisten ihr eigenes Werk interpretieren, über ihre modernen Kompositionen sprechen, die sich dem Hörer nicht primär erschließen. Man erfährt interessante und kluge Dinge, neue theoretische Erkenntnisse. Aber mitunter hinkt auch die Theorie dem Werk nach, das doch meist primär intuitiv entsteht. Mir geht es jedenfalls so mit meiner Filmarbeit. Das führt zu verschiedenen Interpretationen. So zitiere ich bei »N. N.« den Philosophen Prof. Max Bense und den Kunsthistoriker Kurt Leonhard, die beide den Film aus ihrer Sicht kommentieren: merkwürdigerweise der Kunsthistoriker im Hinblick auf die Aussage des Films, der Philosoph dagegen auf seine ästhetische Struktur hin. Dialektik?

Kurt Leonhard: DURCHBRUCH EINES BEWUSSTSEINS.

Leonhard weist darauf hin, daß zur noch konsequenteren Rückführung auf das »Primat der Mittel« menschliche Gestalten im Film nur noch »als Bestandteile der Umwelt« aufträten, »sei es in ameisenwimmelnder Masse, sei es vereinzelt in vegetativer Stille.«
»Da redet der achtundvierzigjährige Architekt immer wieder von seinem großen Auftrag, ein Gefängnis zu bauen, und der ganze Text dreht sich um diesen Gefängnisbau, ventiliert alle Möglichkeiten und Aspekte – hin und her schwankend zwischen den Gesichtspunkten der Sicherheit – der Schuld oder Unschuld der Insassen –. Aber die Kamera zeigt gewiß vielerlei Architektur – nur keine Gefängnisse, es sei denn, daß der Zuschauer den Eindruck erhält, die Welt in der wir leben sei nichts anderes als ein Gefängnis, das wir uns selbst gebaut haben ... Von hier aus greift dieser dramatische Monolog ... aus der psychologischen Ebene in die soziologische, ja politologische über, ohne jemals im vulgären Sinne sozialkritisch oder tendenzpolitisch zu sein.
Diese Geschichte eines Erfolgsmenschen, der zum Zweifeln und am Ende zur Verzweiflung gelangt, eines Mannes, eines »Brockens«, der von dem Konflikt zwischen Auftrag und Verantwortung aufgerieben wird, steht als Beispiel für den Menschen dieser Zeit, exemplarisch für uns alle. Darum identifiziert sich der Zuschauer mühelos mit dem unsichtbaren Erzähler, dessen »Story« eigentlich davon ausgeht, daß ihm angeblich seine Kalkulationsunterlagen für den Bau, in Wirklichkeit aber die Grundlagen seiner moralischen Existenz abhanden gekommen sind.
Ein Film ohne Menschen?
Aber der Mensch ist überall. Jedes Bild und jedes Wort dieses Films ist auf ihn bezogen, auf die Konflikte und Wandlungen des authen-

tischen Selbst, das von dem Ich des erzählenden Protagonisten getragen wird, eines irrenden Odysseus auf der Suche nach seiner verlorenen Identität. Und am Ende aller Meerengen zwischen Pflicht und Freiheit, zwischen Menschlichkeit und Zynismus, Natur und Automation, Bildbruchstück und Redefragment, zwischen Licht und Finsternis, steht Flucht aus menschenleeren Städten in eisige Gebirgseinöde bis zur fühllosen Erstarrung. Zusammenbruch zwar, Auflösung, vielleicht aber auch Befreiung im möglichen Durchbruch eines erneuerten Bewußtseins.«

Max Bense: STRUKTUREN UND SIGNALE

»Wie der Titel seines letzten Films ›ohne datum‹ (1962) bezeichnet auch der Titel ›N. N.‹ dieses neuen Films keinen konkreten Handlungsablauf, sondern einen abstrakten Bewußtseinszustand, der sich immer stärker und deutlicher auf ein bestimmtes Faktum fixiert. In beiden Filmwerken handelt es sich darum, innere Ereignisse, also Ereignisse des Bewußtseins, durch äußere, also durch Vorgänge in der sichtbaren Außenwelt, darzustellen, und die Bezeichnung ›Spielfilm‹ wird verständlich, wenn man bereit ist, im Ablauf einer Reflexion nicht nur die Stringenz eines Engagements, sondern auch die Artistik eines Spiels zu entdecken. Aber das Spiel ist ein doppeltes: einerseits der dialektische Umschlag der enthusiastischen Reflexion eines Architekten, das vollautomatische Gefängnis für alle zu bauen, in die kritische Reflexion, es nicht zu bauen und andererseits die dialektische Transposition der verworteten hörbaren Reflexion in ihre verbildlichte sichtbare Außenwelt. Einmal liegt die Dialektik im Engagement des Architekten, das andere Mal in der Artistik des Filmschnitts.
Doch ist diese verdoppelte Dialektik nicht die einzige Quelle überraschender Innovationen dieses Films. Man bemerkt vielmehr bald die beständige Verschiebung der visuellen Reflexe gegen die verbale Reflexion oder der visuellen Reflexion gegen ihre verbalen Reflexe. Sofern es sich dabei um optisch-akustische Translationen handelt, also der Bildfolgen gegen die Wortfolgen, arbeitet die Schnittechnik mit einem Sonderfall der semantischen Verschiebung der Wörter gegen den Sinn, von der einmal die russischen Formalisten gesprochen haben. Der Reiz, der dadurch entsteht, ist ein poetischer,

manchmal ein metaphorischer, und so rhapsodisch Bildfolgen und Wortfolgen hier in ihrer Spannung ablaufen, der Film folgt stärker den Zäsuren der Poesie als der Prosa.

Dieser Film wirkt als ablaufende Komposition von Bildfolgen und Wortfolgen äußerst strukturell, fast ornamental. Daher reduziert, aber nicht instrumentiert – methodisch, nicht malerisch. Konzentrationen auf bestimmte substantivische semantische Einheiten innerhalb der verbalen Reflexion wie auf ›Gefängnis‹, ›Isolierung‹, ›Entkommen‹, und dgl. künden semantisch einheitliche Bildfolgen an wie ›Fassaden‹, ›Gitter‹, ›Drähte‹ und dgl. Die Menge der semantischen Texteinheiten ist ebenso leicht abzählbar wie die Menge der semantischen Bildeinheiten, und sowohl die Worteinheiten wie die Bildeinheiten sind seriell gebaut. Es ist im ganzen die Spannung des Seriellen, des Repetierbaren, des Ornamentalen, die hier ästhetisch wirksam wird.«

ALS ICH IN DER NACHT zum 22. 2. 1969 meinen Text zu »N. N.« in das Mikrophon meines Uher-Geräts sprach, ahnte ich noch nichts Böses. Manchmal empfinden Menschen unbegründete Angst als Vorahnung, zum Beispiel vor einem Erdbeben oder bei herannahendem Gewitter, bei Föhn. Auch Tiere spüren dies – verkriechen sich, suchen Schutz. Ich war in dieser Nacht durch meinen Filmtext engagiert, labiler als sonst, der Schlaf war traumreich, mit Unterbrechungen. Der Text (intensiv gesprochen) klang nach. Aber ich befand mich gut, zumal ich die Filmarbeit (soweit sie mich betraf) abgeschlossen hatte. Der nächste Tag verlief wie die anderen mit Klinikdienst, Sprechstunde und ärztlichen Arbeiten. Gegen 14 Uhr verließ ich mit dem 6,3 die Klinik, als ich plötzlich ein scharfes Geräusch am Motor – ähnlich einem Dieselklopfen – vernahm. Ich fuhr langsam nach Hause in meine Garage, öffnete bei laufendem Motor die Haube und wußte: das hört sich nicht gut an. Vor den Wagen tretend, bediente ich von oben mit der rechten Hand das Gasgestänge, um noch einmal das Geräusch zu hören. In diesem Augenblick macht das Auto einen Satz nach vorn, wirft mich rücklings an die Wand. Der Wagen klemmt mich ein – beide Beine werden von der Stoßstange zerquetscht. Ich schreie, schreie, schreie. Vor Schmerzen erlebe ich kaum die Realität. Bauern vom Nachbarhof wurden aufmerksam, sie vermuteten einen Überfall. Vor zwölf Stunden sprach ich die Schlußsequenz meines »N. N.« ins Mikrophon. Jetzt war ich selbst in der Falle, hing an der Mauer, wie die Jugend, die ich filmte, jetzt in dieser Minute erlebte ich die letzten Sätze meines Films am eigenen Leib: »Schrei – und niemand wird dich hören – niemand –.«

Und so hing ich – halb benommen – eingeklemmt zwischen Wagen und Mauer. Meine Sinne schwanden. Ich bemerkte nicht einmal die hilflosen Versuche, mich zu befreien. Vergebliches Bemühen. Mit vorgebeugtem Oberkörper hing ich über dem Motor, als wollte ich mit meinem Arztohr das Geräusch auskultieren. Das Schreien wich einem Stöhnen. Ich stemmte mich zum wievielten Male von der Wand ab. Zentimeter gab der Wagen nach, die genügten, um mich nach links herausfallen zu lassen. Beine boten keinen Halt mehr. Greifende Hände glitten am Lack ab. Ich schlug mit der linken Seite auf den Garagenboden auf, blieb liegen, schon wieder bei klarem Bewußtsein. Die Beine abgewinkelt, wie nicht zu mir gehörend auf dem Boden, rasch unförmig anschwellend. Elementare Angst vor innerer Verblutung oder Fettembolie. Schmerzlösende Dolantinspritze. Eiltransport ins Katharinenhospital. Stundenlange Operation. Verchromte Schrauben und Stäbe fixieren zertrümmerte Knochen.

Der Film? Nicht mehr aktuell. Die Regie führte nun der Chefarzt Dr. Rehm, an die Stelle der Kameraassistentin traten die Assistenzärzte, und die Musik klang über den Kopfhörer am Krankenbett. Absolute Ruhe – eine schmerzliche Zeit. Jetzt erlebte ich am eigenen Leibe die von Baumeister oft zitierte These (Leopold Ziegler), daß Kunst »vorahme«, was die Wirklichkeit später »nachahme«. Jetzt war ich selbst der Gefangene, der ans Bett Gefesselte, an Schläuchen hängend, an transfundierenden und ableitenden Röhren, die zuführten und wegnahmen, tropfend und saugend. Der geschwächte Patient, mühsam sich aufrichtend, fragt den Chefarzt und erfährt von ihm: es wird eine Zeit vergehen.

Aber sie verging (wie immer bei mir) im Fluge: Im Juli 1970 stand ich bei der Uraufführung meines Films »N. N.« wieder in Berlin anläßlich der Berliner Filmfestspiele auf eigenen Beinen, wenn auch mit Krücken. Die Akten über den Unfall wurden geschlossen.

DIE AKTEN ÜBER DEN UNFALL waren geschlossen. Aber noch nicht die Akten über meine Filmarbeit. Als drängte die heilige Zahl »drei«, die so viele zur Trilogie veranlaßt, zum dritten Film: Mich drängte es, das Thema »Zerstörung« zu vollenden: Zerstörung des menschlichen Leibes durch Krebskrankheit und Atombombe (»ohne datum«), Zerstörung des Geistes durch Unterdrückung und Terror (»N. N.«), und jetzt – wenn auch stiller, aber unausweichlicher – Zerstörung der Welt, auf der wir leben: Umwelt. Als ich die ersten Aufnahmen zu diesem Filmthema machte, war der Begriff noch nicht aktuell. Als der Film abgeschlossen war, schien die Welt erfüllt von dem Wort: Umweltzerstörung. Rasch war es populär geworden – wird es so rasch vergessen werden wie seinerzeit das Atom-Thema?

Das Thema: Fortschritt und Zerstörung hatte mich schon in den ersten Nachkriegsjahren fasziniert. Vielleicht angeregt durch Robert Jungks frühes Werk: »Die Zukunft hat schon begonnen«. Darin wurden dem staunenden Leser Zukunftsvisionen vor Augen geführt, die damals in den USA bereits Wirklichkeit, bei uns aber noch unbekannt waren. Inzwischen sind sie verwirklicht und heut längst alltäglich geworden. Auf der Elmau fand 1952 eine Tagung statt, in der Professor Demoll über die negativen Folgen zivilisatorischer Errungenschaften sprach. Alles ist eingetreten, was er vorausgesagt hatte und was damals als phantastische Theorie, als Schwarzmalerei abgetan wurde. Aber es kam viel schlimmer: Wälder voll Mülldeponien, Betonbunker an Meeresküsten, Schrotthalden, verölte Meere, abwässerverseuchte Flüsse, Fischsterben, Nahrungsvergiftung, künstliche Besamung, künstlicher Dünger, Quecksilberablagerungen, Arsen, mit toxischen Schäden an Fischen und Tieren. Die natürlichen Lebensbedingungen wurden zerstört, die Grundnahrungsmittel denaturiert: die Milch sterilisiert über Melkmaschinen, chemisch gereinigte Rohre und Tanks – in Molkereien wieder chemisch behandelt bis zu der geschmacklosen körnig-weißlichen Flüssigkeit, die weder im Sommer zu Dickmilch wird, noch die alte Mehlsuppe aus Mutters Küche gelingen läßt. Die Kartoffeln faulen, schmecken entweder süßlich oder mineralischbitter, sind fast so teuer wie Spargel. Dasselbe gilt für Gemüse und Obst, vom Wein erst gar nicht zu reden. Es ist eine fatale Zeit. In der Überflußgesellschaft fehlt es an primitivsten Voraussetzungen für

gesunde Ernährung. Trotz allen Anstrengungen und Beruhigungen für Mutter und Kind, trotz aller »Gesund«-Reklame.
Das alles verdanken wir der Zivilisation. Unter diesem Eindruck filmte ich. Wieder (ähnlich wie in den früheren Filmen) nicht dramatisch mit Schreckenseindrücken, sondern still, lyrisch, poetisch, um von vornherein eine »aktuelle Filmbotschaft« zu vermeiden. Was lag näher, als eine solche zu vermuten? Die Kritik blieb auch hier ratlos. Immer wird nur auf die »Berichterstattung« Wert gelegt und davon das Urteil abhängig gemacht.

IN DIESEM FILM »AUGENBLICKE« war ich den Weg der Abstraktion weitergegangen. Der Film entsprach in Bild und Ton einer Collage, mit poetischen Sequenzen (Friederike Roth), dokumentarischen (Zeitungsmeldungen) und der Selbstdarstellung einer Psychose durch eine Frauenstimme, quasi Verkörperung der zerstörten Erde (Text Domnick). Das läuft so ab:

»Anfangen, beginnen, gestalt annehmen, dann sich auflösen, zerfallen, zerkleinern, zerkrümeln, zermahlen, zerstäuben. – seit jeher – – –«

»TONNENLADUNGEN VON NERVENGIFT UND SCHWEFLIGER SÄURE WURDEN IN DEN MEEREN VERSENKT ODER IN FLÜSSE GELEITET. ÜBER DEN GRUNDABLAGERUNGEN BILDETE SICH – – –«

»Meine haare sind stumpf und fallen aus, mein körper strahlt gift aus, mein blut ist zerstört. Ich vergehe, verfaule inwendig und komme langsam um. Meine eiternden wunden schmerzen, sie sind verschmiert, mit staub bedeckt. Ich muß sie – – –«

»Spuren sind reste, unbeabsichtigt oder beabsichtigt zurückgelassen, spuren hinterlassen, spuren, die hinweisen auf den, der spuren hinterlassen hat, und es gibt keinen, der nicht spuren hinterläßt – – –«

Sollte dieser Film »AUGENBLICKE« mein letzter sein, der mich veranlaßte, zusammenfassend die programmatischen Thesen zu formulieren? Oder war das Rechenschaft vor mir selbst? Beim Film »N. N.« äußerte ich mich zwar kritisch über die Selbstinterpretation. Doch dies ganze Buch handelt von mir, und man kommt nicht umhin, über seine eigene Arbeit zu theoretisieren. So zitiere ich, was ich 1972 über meine Filmarbeit schrieb:

»FILM IST MITTEILUNG einer Idee durch die Kamera. Das Primat filmischer Mittel ist das Bild. Der Ausschnitt einer Wirklichkeit. Ich muß durch Ausschalten nicht zugehöriger und Abgrenzen zugehöriger Bildelemente, durch Bildkomposition oder Dekomposition eine bestimmte Bildwelt schaffen, die selektiv das zeigt, was ich sehen will. Das bedeutet, daß ein anderer am gleichen Drehort völlig anderes Bildmaterial sammeln, und damit auch eine andere Idee vermitteln könnte.
Zum Bild kommt die Bewegung. Ob ich die Kamera sauber führe und damit einen guten Schwenk oder glatte Fahrten erreiche, oder unsicher schwenkend, fast suchend die Kamera bewege, oder mit Rißschwenk ein Tempo bestimme, kurze oder lange Schnittfolgen schaffe, das allein vermittelt durch den Bewegungsfaktor verschiedene Reaktionen. Wie in der Musik, nimmt auch im Film das Tempo Einfluß auf das Erleben.
Dazu kommen der Bildauflauf in seiner Dramaturgie über 80 Minuten, zarte Übergänge oder Kontraste, Sprünge, Wiederholungen, Hell-Dunkel-Situation, Schwarz-Weiß-Komposition. Weder Farbe noch Breitwand sind qualitätsbestimmend. Man muß sich beschränken mit den technischen Mitteln, um Wesentliches zu zeigen. Man kann mit dem Film ›zaubern‹, darf sich aber nicht verführen lassen. Es entstehen vielleicht Kunststücke, anstatt Kunstwerke. Als Selbstzweck eingesetzt, nehmen sie dem Film die Kraft der Mitteilung.
Am Anfang filmte ich noch nach einem Drehbuch mit Kameramann, Schauspielern. So im »JONAS« (1956), wo aber die ›Stadt‹ bereits mit eine Hauptrolle spielte, die Sprache asynchron eingesetzt wurde, der Kommentar sich verselbständigte. Im »GINO« (1959) erreichte ich eine Charakterisierung der drei Personen durch ihre Arbeitswelt, und es tauchte bereits im ›Roman‹ eine lyrisch-abstrakte Sequenz auf, die später den Stil von »ohne datum« (1962) bestimmte. In »ohne datum« wurde mit ausschließlich subjektiver Kamera

die Situation eines sterbenden Menschen reflektiert. Wie in dem folgenden Film »N. N.« (1968) mit dem Thema des Gefangenseins filmte ich frei von Drehbuch und Plan und sammelte Bilder, die meinem Thema entsprachen. Erst aus diesem Bildmaterial wurde der Film komponiert. In meiner Filmarbeit ist eher eine Reduktion als eine Perfektion ablesbar, was ich nicht als Mangel empfinde.
Da ich zum Film mehr von der Malerei als von der Literatur her komme, distanzieren sich meine Filme auch immer mehr von Aktionen, auch von Personen. Während der Mann in »ohne datum« noch sich selbst wahrnahm und während dort wie in »N. N.« gelegentlich Menschen über das Bild huschten, verzichtet der Film »AUGENBLICKE« absolut auf die Präsenz des Menschen. Der Mensch hat seine Welt und sich selbst zerstört. Das Leben ist ausgestorben. Nur noch kriechende wimmelnde Ameisen tauchen bisweilen auf.
Der Film »AUGENBLICKE« ist eine lyrische Paraphrase über das Thema der Zerstörung der Erde und dieser Zerstörungsprozeß der Erde läuft im Film ohne viel Aufhebens ab – als sei das ein Naturgeschehen. Dieser zugrundegehenden Welt habe ich einen kranken Menschen gegenübergestellt, der dasselbe Bild- und Wortmaterial gleichnishaft in seiner Krankheitsphase für sich verwendet.
Wer die Vergeblichkeit warnender Vernunft kennt, wird nicht glauben, Reformen durch künstlerische Produktionen erreichen zu können. Alle meine Filme haben ein im weiteren Sinne aktuell soziales Thema. Von dieser Basis stoße ich mich aber ab und gehe in die Abstraktion. Den allen Naturvorgängen immanenten Verfall, das Werden und Vergehen, kann ich nur als Klage, nicht als Anklage formulieren. So sind die kleinen Spuren von Verfall und Zerstörung, die ich zeige, nicht abschreckend oder häßlich. Denn das, was verlorengeht, erscheint im Verlust schön, solange die Augen es noch erblicken.
So bezieht sich der Titel »AUGENBLICKE« auch ebenso auf den Sehvorgang wie auf den Zeitablauf. Und das sind die beiden Faktoren, die ja einen Film bestimmen.«

NATÜRLICH WURDE AUCH DIESER FILM »AUGENBLICKE« nur von wenigen richtig gesehen. Aber daran war ich schon gewöhnt. Auf neuen

Wegen begegnet man nicht vielen Menschen. Seit »JONAS« stellte ich in meinen Filmen Fragen, ich forderte den Zuschauer heraus, in einer Zeit, die voller Fragen, aber ohne Antwort war. Ich habe meine Filmarbeit immer unter diesem Aspekt gesehen. Ist das Grund, daß meist nicht alles so offen daliegt und der Zuschauer ein Geheimnis mit nach Hause nimmt, um es auszuträumen, wenn er dazu imstande ist? In »ohne datum« fügte ich zu der »Metasprache« der menschenleeren Dingwelt die »vitale« Sprache der Hände als einziges Radikal des monologisierenden Mannes. Im »N. N.« habe ich bei der Brisanz des Themas eher unter- als übertrieben, auch im Bild: statt den Cockpit mit dem Piloten filmte ich die Schiffsbrücke mit dem Kapitän, statt der Flugzeugstartbahn eine Autobahnleitplanke. Diese Analogien (ich möchte nicht von Symbolen sprechen) haben eigentlich alle meine Filme durchzogen – machen sie allerdings dadurch auch schwerer zugänglich für Menschen, die direkte Ansprache und deutliche Formulierung im Film gewohnt sind. In »jungem« Geist konzipiert und realisiert, sind sie vielleicht gerade für die »Jungen« schwerer eingängig, die noch geradeaus zu denken gewöhnt sind. Wer assoziiert schon im raschen Filmablauf eine an die Tafel geschriebene Atomformel und einen philosophischen Text von Wittgenstein mit der natürlichen Reaktion: für den Sterbenden ist das doch alles sinnlos. Oder das Köpfen von Fischen auf dem nassen Fischmarkt, als Analogon die Protestaktionen mit Gummiknüppel und Wasserwerfern. Meine Filme haben Anstoß erregt. Bei Alt und Jung. Bei Rechts und Links. Aber ich, der ich noch zu einer vergangenen geistigen und technischen Welt gehöre, folge meinem inneren Kompaß, nicht dem Computer, der die Geister heute lenkt. Sollte es mir besser ergehen als den progressiven Malern in der Nachkriegszeit, die eine neue Bildsprache schufen, deren Grammatik man erst kennenlernen mußte? Ich suchte eine neue Filmsprache mit Bild-Text-Assoziationen, die nicht konform liefen, sondern Einfühlung und Schulung erforderten. Wie seinerzeit die Malerei. Vielleicht auch wie die moderne Lyrik. Aber die Lyrik war nach Adornos abfälliger Behauptung: nach Auschwitz könne man keine Gedichte mehr schreiben – in Ungnade gefallen, wurde von der Jugend nicht mehr akzeptiert. Man war realer geworden. Paul Celan zog die Konsequenz mit seinem Suizid. Es kommt noch dazu, daß auch Neues sich abnutzt: »JONAS« erregte 1957 die Gemüter, »ohne datum« setzte 1962 endlose Diskussionen in Gang. Aber Gewöhnung tritt ein, das Publikum geht zur Tagesordnung über. Auch der Autor verbraucht sich: er will seine Vorstellung noch stärker präzisieren, alles noch weiter vorantreiben, und so gerät er plötzlich in ein »Abseits«, auf einen Nebenweg, den mitzugehen nur wenige bereit sind. Dem Film »AUGENBLICKE«, der die zerstörte Welt zeigt, warf man seine »Ästhetik« vor: die Bilder seien zu schön – aber ist »Bild-Kunst« (Malerei wie Film) nicht immer schön, auch wenn sie »Häßliches« darstellt? Diese Bilder sind vom sensiblen Auge geprägt, sie sprechen doch nur das Auge an, nicht die übrigen Sinne, den Geruchssinn zum Beispiel. Bei der Plastik, wo das taktile Element dazukommt, ist das schon anders, sie kann deshalb auch »un-ästhetisch« im Sinne der Kunsttheorie sein.

Mit Recht. Es gibt keine Häßlichkeit in der Natur, wenn man die übrigen Sinnesorgane ausschaltet. Seit Dubuffet unsere Materialwelt (»Felder des Schweigens«, »Mauerlegenden«) zum Inhalt seiner Bilder gemacht hat, kennen wir auch nicht mehr den Begriff »Häßlichkeit« in der Kunst. Man kann alles machen, wenn es geformt, gestaltet ist. Ekel und Abscheu empfinden wir eher über den Geruchssinn (was ich ja in der Anatomie beschrieb). Ekel und Abscheu werden heut in Literatur, Malerei und Film provokativ eingesetzt, ohne daß sie künstlerisch geformt sind. Das führt dann zu den Schauprozessen über die Frage, ob ein solches Werk auf den »Index« gehört oder in den Bereich der Kunst, die solche Freiheit ohne weiteres gestattet. Man denke an Joyce und Beckett, die Obszönität, Schock, Protest zur Verdeutlichung der Grenzüberschreitung in ihrer geistigen Welt einsetzten. Heute werden diese Schockwirkungen überwiegend um ihrer selbst willen angewandt – doch die Mauern, gegen die sie anzurennen vorgeben, sind längst eingestürzt. Oder waren es nur harmlose Lattenzäune im Vergleich zu den Mauern, die wirklich aufgetürmt sind gegen Freiheit, Gerechtigkeit, Menschlichkeit?

Es war von jeher eine Frage, ob Kunst Veränderungen im politischen Bereich herbeizuführen imstande ist. Auch die meisten engagierten Künstler haben dies verneint. Ich filmte gegen die Atombombe, gegen Unterdrückung, gegen Umweltzerstörung. Aber meine Stimme war nur eine im Chor der vielen Stimmen aus allen

Ländern, die intoniert wurden von Romain Rolland, Bertrand Russell, Pablo Casals, Albert Schweitzer. Wie soll ich die Stimmen alle aufzählen? Ein vielstimmiges Orchester, ein großer Chor gegen Grausamkeit, Verderben, Vernichtung, Zerstörung durch Menschenhand, ohne Notwendigkeit, nur aus Machtgier und Unmenschlichkeit. Meine Stimme war leise, nur wenige haben sie gehört, und wenige haben sie verstanden, aber der Chor setzt sich zusammen aus vielen, auch leisen Stimmen. Ein Requiem für unsere zum Untergang verurteilte, sich selbst verurteilende Welt, in der wir leben.

18

NACH DIESER FILM-TRIAS: »ohne datum« – »N. N.« – »AUGEN-BLICKE« ruhte die Filmarbeit. Einfälle kann man nicht herbeizwingen. Und an der Verfilmung fremder Stoffe war ich nicht interessiert. Am Anfang begleitete ich noch meine Filme, sprach bei Premieren, klärte auf, beschrieb Filmstil, Thema und die Realisation. Aber man wird allmählich müde. Das eigene Interesse geht eigentlich immer nur bis zum letzten Schnitt am Schneidetisch. Schon die Mischung im Atelier hat etwas Anonymes, da nun Fachkräfte sich des Films bemächtigen. Es beginnt bereits die Abnabelung, bis zur nächsten Arbeit, die auch wieder denselben Verlauf nimmt.
Alle meine Filme wurden vom Fernsehen übernommen. Damit entfiel der Einsatz im Kino, in den einzelnen Städten. Die Abhängigkeit von Verleih und Kino macht die Filmarbeit mitunter recht unerfreulich. Mit dem Fernsehen ist das eine klare Sache: Vertrag, Sendetermin, Honorar. Wie die Zeiten sich ändern: in den fünfziger und sechziger Jahren hatten die Kinos mit ihren Palästen und technischer Ausstattung Hochkonjunktur: Breitwand, Raumton, Cinemascope. Ausverkaufte Häuser. Eine große, weite, flimmernde Welt! Farbige Lichtreklame. Seitengroße Zeitungsannoncen brachten das große Geschäft. Auch diese Zeit prägte ihre Vokabeln: Der Film eine »Lokomotive«. Der Film »brummt«. Der Film »rauscht allen davon«. »Senkrechtstarter«, »Einspieler«, »Bombe«. Aber die Zeit blieb nicht stehen: das Fernsehen war im Kommen, und das Farbfernsehen folgte, die bessere Bildqualität, die zunehmende Bildgröße, bis schließlich in den siebziger Jahren jede Wohnung ihr Fernsehgerät, jedes Mietshaus seinen Antennenwald zeigte.
Dazu die aktuellen Programme: Politik, Sport, Weltereignisse von allgemeinem Interesse, was früher verspätet und unvollständig die Wochenschauen brachten. Jetzt starben die »großen Geschäfte«,

starben die Kinos, sie gingen ein, wurden zu Supermärkten oder Garagen umfunktioniert. Ein ganzer Wirtschaftszweig wurde abgebaut. Aus großen Zeitungsannoncen wurden kleine bescheidene Hinweise. Vorführapparate wurden verschleudert, ganze Bestuhlungen versteigert, kostbare Einrichtungen dezimiert. Große Kinopaläste wurden aufgelöst und in mehrere kleine Kinos unterteilt, um die Rentabilität mit verschiedenen Programmen zu sichern. Man kämpfte um dieses Kino, wollte es retten, erfand Werbesprüche für das Publikum – es half nichts. Dann aber, als der Erfolg ausblieb, drängten plötzlich scharfe Krimis und Sex-Filme in die Bundesrepublik. Damit änderte sich auch das Publikum: Jugendliche, Haltlose, Neugierige ließen sich heiße Sachen vorführen.

Wir leben in einem freiheitlichen Staat. Das Wahlalter wurde herabgesetzt. Mit 18 bist du ein mündiger Bürger. Die Welle der Aufklärungsfilme im Sinne von Kolle klang ab. Die Sexwelle wurde von der Filmzulassung toleriert und brachte scharfe pornographische Würze mit kriminellem Einschlag. Aber brachte es uns nicht auch die Verführung von Kindern und Jugendlichen? Die Pille überschwemmte das Land. Ältere Menschen fanden sich nicht mehr zurecht, und die jungen spielten erwachsen. Der Hochwuchs nahm zu durch Reizüberflutung, durch Stimulierung des vegetativen Nervensystems und der inneren Sekretion. Man tastete im Dunkel: Rauschmittel – Genußgifte – Süchtige. Dazu kam das Herumlungern auf Straßen und Plätzen, das Nichtstun und die zunehmende Kriminalität. Ein Menschenbild entstand, das von keiner Seite aus erfolgreich korrigiert werden konnte: die Eltern resignierten, die Schule hatte ihre Rolle ziemlich ausgespielt. Die Jugend akzeptierte die Einrichtung der Schule nur als Weg zum Ziel: dem Job, dem Abitur. Aber dafür kam der numerus clausus. Die schwierige Berufswahl. Das unsichere Studium, die unsichere Zukunft. Für manche war die Bundeswehr ein willkommener Auffang. Andere verkamen oder gingen ins Ausland, oder versuchten ihr Glück mit einem Job. Irgendwo. Blieben hängen, fanden ihr Mädchen, heirateten, bekamen Kinder, ließen sich scheiden, oder gingen erst gar nicht die Ehe ein. Wir haben die Entwicklung erlebt, haben das alles toleriert. Wie lange warteten wir schon auf dieses Ergebnis. Natürlich haben die »Erwachsenen« versagt: der Staat, die Eltern, die Schule, die Universität. Also die Institutionen, die unmittelbar damit zu tun haben. Jetzt scheint es zu spät. Hoffnung bietet sich nicht an.

Stoffe aus dieser neuen Wirklichkeit füllen nun die Kino- und Fernsehkanäle. »Elitäres« war verpönt, wie auch in der Malerei allmählich die »Réalitées nouvelles« der Abstraktion dem »Neuen Realismus«, die Op-art der Pop-art weichen mußten. Auch die Jungfilmer, die unkonventionell filmten, wollten die reale Welt zeigen mit Jugend- und Eheproblemen, sozialen Konflikten, mit Sex und Terror, und meist auch mit dem Blick zur Kasse. Die Kriminalität, vorher in Wildwest- und Abenteuerfilmen in eine imaginäre Welt tapferer Außenseiter projiziert, wurde jetzt als selbstverständliches Attribut des bürgerlichen Alltags dargestellt. Erziehungsprinzipien.

Aber es gab auch die ganz Großen wie Antonioni, Resnais, Truffaut, Bresson, die ich schätzte. Es gab Ingmar Bergman, den ich weniger mochte wegen seiner Mischung aus Mystizismus und Sexualität, aus (pardon!) unverdauter Psychologie und Neigung zur Selbstbespiegelung. Als ich »JONAS« zeigte, beanstandete die Kritik die gezeigte »Bewußtseinsspaltung« (das sollte wohl heißen: Psychose). Jetzt waren die Filme voller Psychosen, Neurosen, Pornographie, und voll Koketterie mit dem Pathologischen. Mord und Totschlag wurden im Film selbstverständlich – primitiv und sublimiert.

UND DAS GESCHIEHT in einer Zeit, in der täglich Presse, Radio und Fernsehen uns mit Erziehungs-, Aufklärungs-, Ehe-, Sexualberatungen aufwarten, deren Naivität und Fehlinterpretation rasch das Umblättern oder den Druck auf die Abstelltaste herausfordern. In einer versachlichten Welt versucht sich eine Gegenbewegung aufzutun, die aus der Soziologie und Psychologie stammt, die aber die Begriffe des Psychischen und Sozialen über alle Massen strapaziert, so daß manches wieder ad absurdum geführt wird. Themen aus dem Sektor »Psyche« sind in den Massenmedien zur Unterhaltung degradiert, fast werden sie als Gesellschaftsspiel angeboten, vielleicht (ähnlich dem reichen Angebot an sonstigen »Spielen«) Füllsel für den Leerraum der Zeit, die von der 40-Stunden-Woche übrig bleibt.

In einer Zeit, die sich für eine »Befreiung der Persönlichkeit«, »Emanzipation des Staatsbürgers«, »freiheitlich ausgerichtete Demokratie« erklärt, wird der Mensch vielmehr als Erziehungs- (wenn nicht Reglementierungs-) Objekt benutzt und es wird unter dem Deckmantel einer »Fürsorge« der viel kritisierte Begriff der »Manipulation« zur Wirklichkeit, so daß dem Menschen immer mehr Freiheitsraum entzogen wird. Die Beeinflussung erfolgt auf verschiedenen Ebenen:

Die psycho-welle:
Es gibt heute eine Welle der Psycho-»Therapie«, die den Menschen zu überrollen droht. Nicht die Psychotherapie, die jeder Arzt ausübt, der sich um den kranken Menschen bemüht. Ich meine die endlosen psychotherapeutischen Behandlungen analytischer und klinischer Art. Die extremen kathartischen Methoden in der Gruppentherapie (vom Du-Ton über den verbalen und physischen Exhibitionismus bis zum Urschrei) – Mätzchen, die Mode werden und rasch wieder abklingen. Die Sexualtherapie der Erwachsenen, mit Gründung von Lehrstühlen für Sexualwissenschaft und der »Zeitschrift für Sexualmedizin«. Die Tendenz, schließlich fast die ganze Menschheit neurotisch zu erklären, selbstverständlich mit Ausnahme der Psychotherapeuten. Die »Rehabilitation« in jeder Form: rehabilitieren statt vorzubeugen. Bei der Kindererziehung sollte man anfangen, aber da wird am meisten gesündigt mit den extrem differenten Methoden, einschließlich antiautoritärer Erziehung und Frühaufklärung – Methoden, die heute (nachdem eine Generation dadurch fehlbehandelt wurde) längst als schädigend erkannt werden. Und überall und immer wird die These von Freud zitiert: die orale, anale, phallische Phase, die Latenzperiode, das genitale Stadium, Ödipuskomplex, Libido, Triebverdrängung und Traumdeutung – und alles auf den einen Nenner gebracht: Sexualität. In einer Zeit, in der sich Sexus auslebt als eine Art Freizeitbeschäftigung und von keinerlei Tabus mehr umgeben ist, wird immer noch seine Allgewalt postuliert: von der Wiege bis zur Bahre, vom Kindergarten bis zum Senium – das ist monoman. Es gibt sexual-ärztliche Methoden zur »sensorischen Focussierung« (focus = Herd, also Herdforschung, aber nicht Hirnherdforschung), um koitale Störungen zu beheben. Das sonst so geschmähte Leistungsprinzip wird hier

postuliert. In unserer Studentenzeit bot uns das der »van de Velde« an. Bei der Kindererziehung werden Methoden und Techniken verkündet, um möglichst früh die Sexualität zu wecken, anstatt dies der hormonalen Reifung zu überlassen. Der natürliche Begriff der »Liebe« als Grundlage der Kindererziehung und der Sexualbefriedigung wird kaum je erwähnt. Freud: in den engen Moralvorstellungen seiner Wiener Gesellschaft vor dem Ersten Weltkrieg – Van de Velde: vor dem Hitlerregime – der Epheben- und Hetärenkult in der antiken Welt, sind das Endzeitprodukte? Die Sünde des Geschlechts: Stuck und Munch haben sie gemalt, Wagner hat sie vertont. Das gehört der Geschichte an. Hat der Mensch nicht noch andere, vielfältigere Bedürfnisse? Kreatives Tun, Selbstbewußtsein, Unabhängigkeit, Familie, das Bedürfnis zu lieben und geliebt zu werden, sich anzupassen und einzuordnen, sich anregen zu lassen und andere anzuregen, zu lernen und zu lehren.

Mit der Entdeckung der Dynamik des Unbewußten hat Freud Wesentliches zur Enthüllung der Seele beigetragen. Diese Erkenntnis soll in keiner Weise verkleinert werden. Die Bedeutung frühkindlicher Einflüsse ist ebenfalls unbestritten. Sie wird durch Tier-Beobachtungen der Ethologen und Verhaltensforscher über Prägung, Fehlprägung oder versäumte Prägung in der »sensiblen Periode« bestätigt. Aber das Sexuelle ist darin nur ein unbedeutender Einzelfaktor. Der Mensch ist auch nicht allein durch Prägungsvorgänge determiniert wie die Ratte oder das Küken. Nachdem der Mensch vom Baum der Erkenntnis gegessen hat, besitzt er die Fähigkeit, zwischen Gut und Böse zu unterscheiden – seine Nacktheit zu erkennen –, seine Blöße zu bedecken. Er ist nicht ausgeliefert, auch wenn er aus dem Paradies der Unschuld ausgestoßen ist. Ausgestoßen in eine Welt, die sich schneller verändert als die Anpassungsfähigkeit des Individuums. Die jahrhundertealten Herrschaftsverhältnisse sind aufgehoben. Die Arbeitgeber sind vom Arbeitnehmer, Betriebsrat und so weiter, abhängig, die Eltern von den Kindern. Umgekehrt bangen die Arbeitnehmer um Stellen und Löhne. Jeder Blickwinkel bietet eine andere Perspektive. Keiner ist sich seiner Rolle mehr sicher. Insuffizienzgefühle und Fehlhaltungen schleichen sich ganz automatisch ein.

Aber es gab doch zu allen Zeiten Entwicklungen, denen alle Lebewesen wie Pflanzen, Tiere, Menschen sich anzupassen hatten, um zu überleben. Statt dessen hört man heute Parolen wie: »Anpassung sei geistige Unterdrückung.« Triebeinschränkung, Leistungsprinzip, Identitätskrise, verlängerte Pubertät, Isolationsangst, moralische Selbstentmündigung, verzögerte Emanzipation, Verweigerung der Väter, Passivitätserlebnis, Protesthaltungen – das Vokabular ist unerschöpflich und überall das gleiche. Psychotherapie für alle wird gefordert. »Das perfekte Gefängnis für alle« postulierte ich 1968 in meinem Film »N. N.«. Im Mittelalter kämpfte die Kirche mit dem Teufel um die arme Seele – aber die Beichtväter erteilten sogleich die Absolution, während die Analytiker die Seele jahrelang fesseln.

Was in der Erbmasse angelegt, in der frühen Kindheit geprägt ist, soll nach zwanzig oder mehr Jahren durch zwei- oder mehrjährige Psychotherapie wie ein Tonband gelöscht werden? Für den Probanden mag es interessant sein, etwas über die Hintergründe seines problematischen Wesens oder seines abartigen Tuns zu erfahren. Aber was nun? Eine bittere Erkenntnis? Oder ein beruhigendes Gefühl? Ist der Stachel entfernt? Ich promovierte 1932 über »Fremdkörper im Organismus«, und auch bei diesen grob materiellen »Stacheln« ergab sich oft eine reaktionslose Verkapselung, auch ohne operative Entfernung. Die Entfernung würde nur neue Wunden und neue Konflikte bringen. Wenn uns alle Konflikte genommen würden, wir also psychisch und moralisch sauber dastünden – welche Aussicht? Welche Perspektiven. Als ob es ein Leben ohne Konflikte, ohne Infekte, ohne Krankheiten, ohne Unfälle, ohne Kampf geben könnte. Wenn ein Stachel gezogen ist, bohrt sich der andere um so tiefer.

Diese übertriebene Fürsorge auf allen Gebieten, die dem Menschen jede Selbstverantwortung abnimmt, das modische Interesse für psychische und soziale Fragen, das sich bis in die Massenmedien ausbreitet, sind doch Symptome der Hilflosigkeit unserer Zeit. Jeder sucht Rat und Unterstützung. Wir haben im Sozialstaat diese Bestandsaufnahme zu registrieren und Abhilfe zu schaffen. Aber womit abhelfen? Man sollte die Menschen mehr in Ruhe lassen, sie nicht gleich an die Kette legen. Man sollte die Kinder lieber behutsam beobachten und zart führen, statt sie zum »Partner« der Erwachsenen umfunktionieren zu wollen. Wir leben im Zeitalter der Seelsorge und der Subventionen. Es wird viel zuviel gemacht, herumexperimentiert. Das Wort Freiheit wird mißbraucht. Wo ist Freiheit, wenn überall Unselbständigkeit sich entwickelt? Nicht jeder Konflikt sollte von außen gelöst werden. Seelsorge per Telefon, per Radio! Aber danach? Hoffnung setzen – Erwartungen, die nicht erfüllt werden. Wohin führt die Fürsorge? Zu Unmündigkeit, mangelnder Verantwortung, Reduktion der Persönlichkeit, neuer Abhängigkeit.

Und wenn alles glatt und sauber vor uns liegt – was haben wir dafür eingetauscht? Gewiß wird manches erreicht – aber auch vieles zerstört. Heilung ist meist auch mit zerstörerischen Eingriffen verbunden. In unserer Zeit wird zu viel amputiert. Und ist nicht die Gesundheitsmoral zu perfekt? Sicher: die Zwangsneurose mit ihren Ängsten wird nun nicht mehr Unruhe stiften, aber wenn die Konflikte beseitigt sind, werden neue entstehen – eben weil der Mensch nicht ohne Konflikte leben kann.

Je mehr Psychotherapie um sich greift, um so hilfloser wird die Menschheit. Leben ist Tätigkeit und mit ihr entstehen Konflikte. Mit guten Vorsätzen hat die Psychoanalyse seit der Jahrhundertwende sich mehr und mehr der Menschen bemächtigt, sie aber auch eingeengt, ihnen bisweilen Licht und Luft genommen, sie sogar verunsichert, von ihnen etwas verlangt, wozu sie gar nicht fähig sind aufgrund der uralten Erkenntnis, daß der Mensch in sich eine Einheit ist von biologischen und psychischen Anlagen, von Körper und Seele – also ein in sich geschlossenes Wesen darstellt, das gar nicht in der Lage ist, auf Wunsch, oder auf Kommando, oder mit Hilfe von Überredung, Aufklärung oder Einsicht oder auf dem Wege der fast ins Religiöse gehörenden »Katharsis« dieses oder jenes abzustellen und statt dessen anderes zu tun: nicht zu trinken, nicht zu morden, keine sexuellen Perversionen zu üben.

Vergebliche Versuche, alles einzuebnen, da man die ungeheure Vielfalt der Vererbungsmöglichkeiten übersieht: höchstens eineiige Zwillinge gleichen sich in ihrer Anlage, es gibt nicht zwei gleiche Fingerabdrücke. Das »Naturgesetz von der Ungleichheit der Menschen« (Robert Ardrey) ist durch die Naturwissenschaft längst bewiesen, die schöne These Rousseaus von der natürlichen Gleichheit der Menschen ist längst widerlegt. Es kann daher doch gar nicht anders sein, als daß jeder Mensch sein Eigenleben führen muß im körperlichen, geistigen und seelischen Bereich.

Wie lange halten sich Ideologien, wenn sie nur dem menschlichen Bedürfnis nach Uniformierung entgegenkommen.
Es gibt ja auch keine Diskretion mehr: Der Politiker wird an der Prostata operiert und dem Minister ein Herzschrittmacher eingesetzt. Und BILD spricht mit der Leiche. In dieser Welt, die ihrem Untergang entgegengeht, versucht man mit psychotherapeutischen Methoden das Ruder herumzuwerfen. Aber der Sturm ist gewaltig, und die Wellen überrollen das Deck. Der Kapitän funkt, aber niemand hört sein Morsezeichen. Denk ich an Jonas, den Propheten, der sich dem bösen Tun einer selbstzerstörerischen Menschheit entgegenzustellen beauftragt war – er floh, er fühlte sich der Aufgabe nicht gewachsen. Denk ich an »ohne datum«, an den Sterbenden, an Lungenkrebs und Atomgefahr – oder an »AUGENBLICKE«: eine Warnung an die Menschheit, die ihr Grab schaufelt und es nicht wissen will. Aus ängstlich-neurotischer Verdrängung? Nein: aus Herrsch- und Gewinnsucht. Dort sollten unsere Seelsorger – die Götter von heute predigen! Dort sollten sie hingehen, unsere Psychotherapeuten: in die Spitze vorstoßen, die Machthaber aufklären, das Gerangel um Positionen beseitigen, die Korruption herausdiagnostizieren – analysieren – therapieren. Die dumpfe Luft absaugen und neue ozonreiche einblasen. Dort ist der Beginn, dort liegt die Aufgabe – und nicht beim Fußvolk, das brav marschiert, mit seinen kleinen Sorgen und Problemen, seinen Ängsten und Konflikten im Privaten, die doch das Leben zum Leben machen, den Menschen zum Menschen statt zur Schaufensterpuppe ohne Zweifel und Verzweiflung.
Was haben diese Menschen denn noch außer ihrem Ball? König Fußball, oder Tennis, oder Hand-, Wasser-, Volleyball? Sie haben doch sonst nichts mehr. Kein Glaube hält sie, weder an die Kirche noch an den Staat. Der Begriff »Moral« wird abgewertet, »Rechtschaffenheit« wird persifliert. Dafür hat sich ein kaltes nüchternes Leben in egoistischer Form herauskristallisiert mit der Tendenz jedes einzelnen: schnell und viel Geld. Das ist der Trend unseres zur Neige gehenden Jahrhunderts: mit Terror, Bestechung, Aufrüstung, Kriegsdrohung, Rassenkonflikten, Waffenlieferungen, Wirtschaftsboom. Sterben für wen? Kämpfen für wen? Wir haben keine Parallelen, und versuchen das Fischsterben mit Zuführung von Sauerstoff in die Flüsse aufzuhalten! Diese aus den Fugen gera-

tene Welt ist mit den bisherigen Methoden nicht mehr in Ordnung zu bringen. Andere Kräfte müssen mobilisiert werden: die Kräfte des Geistes. Oder ist es schon zu spät? Wir haben vergessen, daß die Erde eine Kugel ist, auf der es kein oben und unten, rechts und links gibt.

Die Rehabilitation der Gescheiterten – pars pro toto: Aber die Fehlerziehung erstreckt sich nicht nur auf Kinder, auf Erwachsene. Ein Problem bilden die inhaftierten Kriminellen. Abgesehen von der Tatsache – die ich immer betone –, daß man Menschen in ihrer Anlage nicht ändern kann (ein Linkshänder bleibt ein Linkser, auch wenn man schon frühzeitig Gegenmaßnahmen trifft, etwa durch Einwickeln der linken Hand), so sind doch leider alle Versuche gescheitert, Kriminelle zu »ordentlichen Mitgliedern der Gesellschaft« zu machen. Es war schon immer eine Frage, ob durch Strafmaßnahmen überhaupt etwas erreicht werden kann. In den USA ist man von dem Prinzip einer Rehabilitation wieder abgerückt. Man muß auch berücksichtigen, daß viele Verbrecher aus dem großen Areal der Geisteskranken kommen, also psychisch Kranke oder Defekte sind und bei der Überfüllung der Gefängnisse gar nicht herausdiagnostiziert werden können. Wieviel Hebephrene versanden im Strudel irgendeiner Kriminalität, wieviel Katatone, wieviel paranoide Schizophrene werden zu Mördern, zu Pyromanen.
Die Rehabilitation kann doch nur dort erfolgreich ansetzen, wo genügend Spezialärzte und -einrichtungen zwecks diagnostischer Abklärung zur Verfügung stehen. Und das erfordert intensive Beschäftigung mit dem potentiellen Patienten, zum Beispiel mit der Mutter, die ihr Kind mißhandelt oder tötet. Nach der Tat ist ein Versanden durch die Psychose von einem Versanden durch Strafprozeß und Haft nur mühsam (wenn überhaupt) zu differenzieren, nachdem die akuten psychotischen Symptome, unter denen die Tat geschah, abgeklungen sind. Wie viele sitzen in Gefängnissen, anstatt in der Psychiatrischen Anstalt behandelt oder wenigstens als Kranke beurteilt und gepflegt zu werden. Denn hier ist die Psychose der Täter und der Kranke das Opfer.
Bei rückfälligen Gewaltverbrechern oder gefährlichen Mördern gel-

ten andere Prinzipien. Wenn Geisteskranke stereotaktischen Hirnoperationen unterzogen wurden zur Ausschaltung ihrer Erregungszustände – wenn sich Parkinsonkranke ähnlichen Operationen zur Behebung ihres Tremors freiwillig unterziehen, warum darf man solche Maßnahmen nicht auch bei Verbrechern anwenden, die anderen Menschen schweren Schaden oder den Tod zugefügt haben? Aber da werden bittere Klagen erhoben: es gingen durch solche Operationen (z. B. bei sexuellen Triebverbrechern) nicht nur der sexuelle Antrieb, sondern auch andere Antriebe, Phantasie etc. verloren! Es ist doch eine Frage, ob diese Menschen überhaupt andere Antriebe außer pathologischen besessen haben und ob nicht von ihnen gewisse Opfer als Sühne verlangt werden können.
Jürgen Bartsch, der vierfache Sexualmörder nahm (wenn man Zeitungsmeldungen Glauben schenken darf) freiwillig die Kastration auf sich, um sich von seinem quälenden mörderischen Trieb zu befreien. Als er nach der Operation nicht aus der Narkose erwachte, tönte ein Schrei der Empörung durch den deutschen Blätterwald. War es das Operationsteam? Oder war es nicht doch (was der Psychiater eher vermuten möchte) der Voodoo-Tod? Ein Tod ohne Ursache, bedingt durch vegetatives Versagen (Vagus-Tod), wenn der zentrale Lebensimpuls wegfällt, bisher nur bei Tieren und bei Primitiven beschrieben. Wie stark muß der grausame Tötungstrieb in ihm verankert gewesen sein, daß der Tod eintrat bei Beseitigung dieses Triebes.
Durch die Soziopsychologie ist der Begriff von Schuld und Sühne abgeschafft, zum mindesten für fragwürdig erklärt worden. Doch sind die Konsequenzen überzogen, und Selbstverantwortlichkeit wird durch diese Sehweise fast aufgehoben. Sie sollte geweckt werden, jedenfalls bei denen, die dazu fähig sind. (Für wirklich Schuldunfähige: Minderbegabte, Geisteskranke steht ja der § 20 zur Verfügung.) Aber es gibt Grenzfälle: die Affekttäter, die nur einmal im Leben unter einer übermächtigen Konfliktsituation (Eifersucht, Haß) straffällig werden. Ein in der Rehabilitation erfahrener Gerichtspsychiater berichtet über solche Fälle, die langjährige harte Strafen als Buße ableisteten und als Hilfe empfanden, um ihre Tat zu sühnen, und bei denen eine Rehabiliation dann wirklich einen Sinn hat.
Auch solchen Kriminellen – (sicher ein großer Teil von ihnen), die

aus Leichtsinn oder Übermut, Verführung, aus Langeweile oder aus Abenteuerlust straffällig werden, kann durch eine »aktive Rehabilitation« mehr geholfen und eine Eingliederung in die Gesellschaft besser ermöglicht werden als durch Inhaftierung. Einsperren bringt nichts als Affektstauung, Proteste und völlige Inaktivitätsgewöhnung, die einer späteren Anpassung an ein normales Berufsleben im Wege steht. In den überfüllten Gefängnisanstalten geht das kriminelle Leben weiter mit Rauschgift, Gewalt und sexuellen Entgleisungen. So würde ich entsprechend dieser prekären Situation wieder die körperliche Arbeit in den Mittelpunkt stellen. Man darf doch nicht die Augen vor der Tatsache verschließen, daß »schöpferische Tätigkeit« nicht jedem gegeben ist. Aber für alle sollte die Arbeit sinnvoll sein: das heißt, daß die Betroffenen Anteil nehmen am sichtbaren Fortschritt und dies mit Befriedigung registrieren. Natürlich sollten sie auch durch Lohn und Abrechnung für den Lebensunterhalt lernen, mit einem normalen Einkommen umzugehen. Erfahrungen über solche Modellversuche liegen vor.
Wie bei unserer Hirnverletzten-Rehabilitation 1943/45, die den vorhandenen Defekten Rechnung trug, sollte auch hier die Berufs-Umschulung individuell erfolgen. Es müssen ja nicht alle Menschen »ordentliche Mitglieder der Gesellschaft« werden – einer Gesellschaft, die ja nicht unbedingt überall in Ordnung ist. Es gibt Berufe, die den Drang nach Reiz, Gefahr, Sensation und Freiheit einer Männerwelt erfüllen, der manchen kriminellen Taten zugrundeliegt (G. R. Taylor). Der Phantasie sind da keine Grenzen gesetzt.
Kein Wunder, daß es auch hier Enttäuschungen gibt. Feldwebel Neumann, meine rechte Hand im Reservelazarett Breslau, pflegte bei solchen Gelegenheiten zu sagen: »Herr Stabsarzt, da fehlt eben der Geist!« – Erfahrungen zeigen, daß strenge Führung, wie auch in den Jugendheimen, nötig ist. Schlecht ist die Verweichlichung, das Nichtstun, das den Reizhunger nur noch steigert zu neuen kriminellen Plänen. Die oberflächliche Ablenkung durch Tischtennis, Basteln, Fernsehen führt gleichfalls nicht weiter. Die Krimis, in denen menschliche Konflikte mit Gewalt, meist mit der Waffe, ausgetragen werden, gewöhnen bereits die Kinder an die Vorstellung: So also sieht die Welt aus, in die ich eintrete. Beim Gefangenen oder beim zu rehabilitierenden Kriminellen verstärkt diese Art der Un-

terhaltung nur die Neigung zu neuen Entgleisungen, auch wenn die Medienvertreter es nicht wahrhaben wollen.
Warum wird so viel falsch gemacht? Liegt es am »Geist« – um mit Feldwebel Neumann zu sprechen?

D IE STRASSE – EIN LEHRSTÜCK, EINE PARABEL:
Am Morgen war es noch windstill. Kleine zerfetzte Wolkenschleier kündigten Wetterwechsel an. Meine Reise war dringend, die Besprechung terminiert. Der Wagen erfüllt mit seinem stattlichen Gewicht von 1900 kg alle Wünsche. Durch die komplette Servoanlage wird das Gewicht, das Citroën als den »Feind des Wagens« zu bezeichnen pflegte, wieder zum willkommenen Partner. Ich starte allein und nehme mir vor, nicht zu schnell die 400 km anzugehen. Die aufgehende Sonne liegt schräg hinter mir. In der Linkskurve blendet sie mich im Rückspiegel, den ich vorübergehend abwinkeln muß. Im raschen Tempo durchfahre ich die flachen Kurven. Der Motor singt. Ich bin ganz auf das Fahren eingestellt. Bäume huschen vorbei, Verkehrsschilder drängen sich auf: viele sagen nichts, manche geben einen Hinweis, nur einzelne sind wichtig. Ich muß also differenzieren: wichtig, unwichtig, sinnvoll, unsinnig, und es fällt mir dabei ein, daß das Denken nicht immer nur im Produktiven, sondern auch im Abschalten vom Überflüssigen, nicht Zutreffenden besteht. Unwichtiges muß ich ausklammern, es nicht bewußt werden lassen, aber dazu muß ich auch diese unsinnigen Zeichen registrieren, um dann den aufgenommenen optischen Reiz wieder zu annullieren, da er gar nichts bedeutet, außer daß er meine Konzentration von der Straße ablenkt.
Vor mir zwei dicke Brummer, zwei 16 t mit Betonladung: Fertigteile für Brückenbau. Der Mittelstreifen ist unterbrochen, die Sicht nach vorn frei, als ich mich – links fahrend – orientiere. Ich gebe (wie immer) Lichtsignal und der Brummer antwortet mit einer Handbewegung. Ich schalte zurück, komme rasch vorbei, gehe auf die rechte Seite, fädle mich über die gestrichelte Linie ein und rausche ab. Nach etwa 600 m treffe ich auf ein Schild mit Querstrichen, das besagt: Überholverbot beendet. Aber wo stand das Verbotsschild? War es vom LKW verdeckt? Vielleicht. Aber wo war die durchgehende, anstatt der gestrichelten Linie, die den Fahrer besser

als jedes Schild anweist? Ich denke an Flensburg. Ich frage mich, wie der Verkehrsrichter entscheiden würde. Zwei konkurrierende, sich widersprechende Anweisungen. Ein echter Konflikt.
Ich biege in die Autobahn ein. Jetzt sind endlich die Aufspießer der Leitplanken durch einen findigen Architekten in die Erde versenkt. Sie beginnen mit einem Crescendo aus der Straße, erreichen bald die Höhe meiner Flanke, begleiten mich, verlassen mich auf der rechten Seite, signalisieren Bäche, Abgründe und Böschungen. Links ist die Sicht frei. Ich beobachte auch die Gegenfahrbahn: wie viele sich überholen – mit welchem Schneid oder welcher Mühe. Die beiden LKW aus der gleichen Bierfirma wollen sich den Rang abjagen. Dahinter das Ferrari-Coupé von Paul Pietsch, das sich ihrem Tempo anpassen muß. Ich kann mein Auto zügig fahren. Der vorausgesagte Wind kommt stärker auf. Plötzlich scheint die Autostraße enger – dunkler. Die Sicht nach links ist unterbrochen. Ein Zaun ist jetzt montiert. Ein Zaun aus Blechlamellen. Tausende Lamellen, gegeneinander geschraubt, ergeben eine Fläche, eine Fassade, undurchdringlich für meine vorausblickenden Augen. Wenn ich aber den Kopf nach links drehe, sehe ich Zwischenräume. Ich denke an Christian Morgenstern: »Ein Lattenzaun – mit Zwischenraum – hindurchzuschaun –.« Wer war der Erfinder dieses groben Unfugs? Jetzt fahre ich schon einige Kilometer an diesem Lattenzaun vorbei – jetzt biegen sich einige Lamellen nach rechts zu mir herüber –, es fehlen mindestens 30 »Radiatoren« – der Wind pfeift noch kräftiger durch diese Zahnlücke. Ich gehe mit dem Tempo herunter und registriere die umgefallenen Spieße. Sie haben in der Nacht ihr Gleichgewicht verloren, ich finde keine Ordnung mehr. Die Spieße ragen rechtwinklig auf meine Fahrbahn herüber. Jetzt ist ein Bautrupp an der Arbeit und richtet die Gefallenen auf, in Reih und Glied. Ein Maler streicht sie feldgrau an. Das Bild wird wieder preußisch: Der Gott, der Eisen wachsen ließ. Ich denke an die Grundausbildung, an mein Gewehr – und an das Kommando: Haltet die Stellung.
Vor mir eine HONDA CB 750 – und eine BMW 100 S (Krad hieß es damals). Sie jagen sich in enger Lederkleidung mit rotem Sturzhelm. Stahlhelm mit Visier, alles geschlossen. Man sieht kein Auge, erkennt kein Gesicht. Ich bewundere diese Ritter der Landstraße. Aber Vorsicht! Weg von den Lanzen, die euch plötzlich vom Sattel reißen. Ihr merkt das nicht. Ihr kennt keine Gefahr von drüben. Ihr

fahrt ins Glück, berauscht, beschwingt, und plötzlich trifft euch unerwartet das Damoklesschwert. Deine schöne schnelle BMW überschlägt sich – du bleibst auf dem schwarzen Asphalt liegen, und die dir folgende Honda mit 4 Zylindern und verchromten Auspuffrohren überrollt dich. Und auch sie bleibt liegen.

Ich fahre mit diesen Gedanken traumverloren die Autobahn weiter, schaue auf meine Armaturen, die mich beruhigen. Jetzt habe ich wieder freie Sicht. Die Mauer ist abgerissen. Hattet ihr nicht einmal mit grünen Büschen sinnvoller begonnen: Karlsruhe – Basel? Jetzt aber rüstet ihr wieder zu neuen Unfällen mit unsinnigen Lamellen, für die Nacht – nur für die Nacht! Blendschutz heißt der Auftrag! Und was wurde daraus? Am Tage möchtet ihr am liebsten darauf verzichten. Pflanzt doch Büsche, Hecken, Immergrün und Dornenrosen. In einem weichen Bett ruht es sich besser.

Ich denke über meine Besprechung nach. Ich werde es wahrscheinlich anders machen: Erst den Partner anhören, seine Vorstellungen, dann umschalten, dann von hinten aufziehen. Gespräche nicht von vornherein festlegen. Variabel bleiben. – Und liebenswürdig, ja liebenswürdig sein. Bin ich das nicht? Deine Unruhe mag man nicht immer. Und auch nicht deine verdammte Pünktlichkeit, die du von anderen auch verlangst – wie von dir selbst. Manche fühlen sich brüskiert. Habe ich eigentlich Freunde? frage ich mich, während über das Autoradio die Nachricht von Sturm und Regen die Verkehrsteilnehmer warnt. Es wird dunkel. Ich habe Licht eingeschaltet. Scheinwerfer tasten die Röhre der Autobahn ab. Alles grau in grau – fast schwarz. Die ersten dicken Tropfen. Auf der Scheibe Schlieren, Wischer im Schnellgang, zwischendurch Waschwasser mit Zusatz, der nach Pathologie riecht. Schwarzer Straßenbelag im Regen: Ich spüre Unsicherheit, gleiche mit leichten Lenkbewegungen aus. Die Straße glitschig-glatt. Warnschilder: bei Nässe 80, Schlingerzeichen darunter. Ich drossele weiter mein Tempo. Ich sehe trotz eingeschalteter Nebellampen wenig. Jetzt ist auch wieder die Mauer da. Ich werde an Berlin erinnert. Zumauern – einfach zumauern, damit man nicht drüber sehen kann, auch wenn Scheinwerfer nur das untere Drittel der Mauer anstrahlen, alles darüber ist unsinnige Geldausgabe – reine Verschwendung. Warum werden die Leitplanken nicht um 30 cm höher befestigt? Der ganze Unfug mit den aufwendigen unfallträchtigen Lamellen fiele weg.

Jetzt bremse ich vorsichtig, beschleunige langsam meine 290 PS. Immer wieder das Warnschild »bei Nässe 80«. Ein neues Warnschild: »Wasserski« das ist gar nicht zu identifizieren, obgleich es an Größe und Geschmak einem Kinoplakat gleicht. Diese Autobahn, vor wenigen Jahren hergerichtet mit modernem Belag, wurde für all die Autos, die schnell nach München wollten, zu einer Falle: es häuften sich schreckliche und unmotivierte Unfälle – niemand wußte, woher, warum –, bis erkannt wurde, daß der spiegelglatt gewalzte Asphalt die Autos bei Feuchtigkeit, Frost oder Regen unvermittelt ins Schleudern brachte, sie kreisen ließ und an die Planken warf. Wieder Unfug. Perfekter Straßenbau. Perfekte Unfallquelle. Aufbau und Zerstörung in einem Atemzug. – Oder nur Asphalt-Lobby? Adenauer soll auch für Schwarz gewesen sein.
Der Regen wird schwächer. Aber der Himmel verdunkelt sich wieder. Gewitter im Anzug. Ein neues Kinoplakat lenkt mich ab: Ein Junge mit Ball vor einem großen Pneu. Daneben ein Verschen: »Bleibt fair! Wir sind Kinder auch im Verkehr!« Wer ersinnt diese merkwürdige psychologische Verkehrserziehung, wer genehmigt sie, und wer ist dafür verantwortlich? Autobahnschilder haben nicht zu erzählen. Sie müssen bei 200 km mit einem Blick sofort aufzufassen sein, wie die internationalen Verkehrszeichen. Oder soll ich bremsen, um den Vers zu lesen? Auffahrunfall! Und während ich mir hierüber Gedanken mache, sehe ich aus der Ferne schon wieder ein Bild auf mich zukommen. Ich erkenne flüchtig ein Daimler-Heck in Perspektive auf Autobahn, darunter Text: »Abstand – halber Tacho«. Ich habe Zeit darüber nachzudenken, erfasse aber nicht den Sinn. Es regnet in Strömen. Scheibenwischer im Schnellgang, dazu Spritzwasser, wie auf dem Bild: Auto im Regen, verschwommen, dazu Text: »Straße naß – Fuß vom Gas«. Kindergarten-Verse.
Sollten diese neuen Fotoillustrationen irgendeinen Sinn haben, so höchstens den, daß sie die Aufmerksamkeit ablenken und damit eine neue Gefahr heraufbeschwören. Gefahr aber nicht nur für Leib und Leben, sondern auch für den Geist: die künstliche Heranzüchtung eines Infantilismus, der uns sowieso schon überrannt hat – in der Warenwerbung, in der Witzspalte der Zeitungen und Illustrierten.
Ich habe die Besprechung hinter mich gebracht. Ich werde späte-

stens in drei Wochen erfahren, ob der Film übernommen wird. Auf der Rückfahrt in nieselndem Regen überlege ich ein 10-Punkte-Programm, das ich den Herren in Bonn empfehlen würde. Aus meinem Radio: Stau in 20 km. Ich richte mich darauf ein. In der Ferne romantisches Blinkfeuer, das sich später als Baustelleneinrichtung entpuppt. Hunderte von auf- und abblendenden Baustellenlampen in 10 m Abstand. Ich bin geblendet. Blinkfeuer auf und ab, hüben und drüben macht die Durchfahrt zum Abenteuer. Schockierend. Im Gefangenenlager gab es solche Blendspiele als Schikanen.

Von der Autobahn biege ich rechts ab, befinde mich jetzt auf einer Straße erster Ordnung. Aus Langeweile zähle ich einmal die Schilder: 32 auf 8 km. Pro Kilometer vier Schilder, also alle 250 Meter ein Schild. Wer soll das verkraften? Der »Kölner Versuch« bewies doch, daß der Mensch gar nicht in der Lage ist, so viele Zeichen sinnesphysiologisch aufzunehmen. Bei diesem Experiment erhielten junge und ältere Fahrer die Aufgabe, auf einer Teststrecke von 100 km jedes wahrgenommene Verkehrsschild in eine Zähltaste zu buchen. Nur 75 % wurden registriert. Diese schlechte Bilanz ist doch überall veröffentlicht worden. Konsequenzen? – Außerdem überfällt uns noch die private Plakatierung an den Straßen. »Jesus kommt wieder! Bist du bereit?« »Zirkus Barum in drei Wochen«. »Wählt SPD«. »Aus Liebe zu Deutschland: CDU« –. Ich fahre langsam an die Ampel. Daneben die Tankstelle mit Lichtreklame in Rot und Grün. Ich denke an Ferdinand Kriwets MIXED MEDIA-These, wundere mich, daß er die Informationsmasse so wertungsfrei hinnimmt, also auch die Unsinnigkeiten akzeptiert – »Grün«: ich rausche ab, an Kriwet vorbei.

Stopp! Beinahe vergaß ich die »Leber-Flecke«, die eines Tages das ganze Land übersäten, jene Straßenflöhe, die unter Minister Leber überall auftauchten: an Autobahnen, Straßen, Zubringern, Feldwegen, Ortsdurchfahrten. Diese Stecknadeln, diese kleinen blechgestanzten Setzlinge (mittels Dorn in die Erde gesteckt) weisen auf zwei kleinen hellen Flächen eines Dreiecks, die im rechten Winkel zueinander stehen, Zahlen und Buchstaben auf. So lese ich auf der einen Seite z. B. L 1016, während auf der anderen Fläche in winzigen Zahlen z. B. die Nr. 7321051–06053–0605 steht. Was dies alles zu bedeuten hat, weiß vielleicht die Straßenmeisterei – oder mußten mal wieder Straßen, Plätze, Wege vermessen, registriert, kartographiert werden? Auf der Autobahn steht alle 200 Meter, an Straßen alle 100 Meter ein solcher Gartenzwerg, ein Stichling, ein Blechkopf. Früher gab es die bewährten Granitsteine, auf denen die Kilometerzahl (auch ungewaschen) weit lesbar war. Diese bewährten Recken hat man nicht mehr mit Kalkmilch weiß angestrichen. So sind sie allmählich verwittert, bemoost und alt geworden. Aber manche stehen noch da, wo sie standen, während die »Leberflekken« bereits bald nach ihrer Invasion einen traurigen Anblick boten: verbogen, verdreckt, umgefahren, weggeschleudert, zerquetscht, mit abgeknicktem Kopf – wie Kasperles. Oder sie liegen da im Graben, an der Straße, im Wald. Diese demolierten Blechpilze für Millionen als Orientierung für irgendwelche Information gedacht (oder vorbeigedacht), als sie einst das Preßwerk verließen. Und heute? Diese Stahlkäfer haben den Kampf gegen die Granitsteine verloren und die Straßenmeistereien melden täglich ihre Verluste. Im Katalog der St.V.O. sind 130 (!) Verkehrszeichen der Bundesrepublik abgebildet. Aber die Leberpilze sucht man vergeblich. Ist das bereits Distanzierung? Soviel Geld umsonst ausgegeben?

Hat nicht kürzlich das Verkehrsministerium in Bonn große Sätze formuliert: »Unser Verkehrssystem dient dem Bürger. Es verbessert entscheidend die Qualität des Lebens in unserem Lande. Unsere Regierung ist verpflichtet, die gesellschaftlichen Nutzen und Kosten zu berücksichtigen als Ziel für unsere freiheitlich ausgerichtete Demokratie.«

Und das Salz. Der Winter war milde. Der Streuwagen blieb im Schuppen. Eines Morgens fielen kleine zarte Schneeflocken auf trockene Straße. Hauchdünne Schneedecke, die gegen Mittag von der Sonne wieder weggetaut war. Der grauschwarze Straßenbelag feucht-dampfend mit nebelschwadenartigen Wölkchen über Kanaldeckeln. – Sie bilden Wirbel, lösen sich auf, hängen sich beim Überfahren an den Auspuff. Sehe ich nicht recht? Da kommt der gelb-ockerne LKW mit seiner Salzstreumaschine, die aus allen Rohren das widerliche umweltschädliche Grundwasser vergiftende Kristall herausschleudern läßt. Ich schaue mich um, verfolge seine Aktion, fahre ihm nach, warte auf »Rot« einer Ampel, rufe (von der Sonne geblendet) nach seiner Mission, er gibt kurze Antwort »Ein-

satz bestimmt die Straßenmeisterei. Mischung Salz-Sand vorgeschrieben.« »Grün« macht die Kreuzung frei. Ich überhole den Streuwagen, denke an den Einsatzleiter, rufe ihn später an: warum bei Tauwetter Salz streuen?, worauf mir entgegnet wird: »Das ist unsere Sache.« Ist die Antwort der salzvergifteten Bäume immer noch keine Mahnung?
Jeder kleine Verkehrsfehler wird dem Bürger angekreidet mit Bußgeld oder Führerscheinentzug. Und die Obrigkeit? Kann der kleine Mann die verantwortlichen Stellen auch einmal zur Rechenschaft ziehen für Unfallgefährdung durch falsche Beschilderung, glatte Straßendecke, störanfällige Abschrankung, Ablenkung durch Fotoplakate? Für Verschwendung von Steuergeldern durch Fehlinvestitionen des Straßenbaus? Der Autofahrer wird bestraft, der durch undiszipliniertes Fahren andere gefährdet, aber der Schreibtischtäter, der durch sinnlose Straßenplanung Hunderte gefährdet, bleibt anonym. Undemokratisches Prinzip. Ein Ungleich auf alle Fälle.

ES IST ÜBERALL DAS GLEICHE: sei es auf dem Gebiet des sogenannten Neurotischen, sei es im Rahmen des Kriminellen, sei es im Alltäglichen des Straßenverkehrs – überall mißverstandene Erziehungsmaßnahmen, Unfreiheit des Bürgers, Schreibtischdiktatur.
Die Straße ist ein Lehrstück für die Macht der Verwaltung, da sie als »pars pro toto« die Maßnahmen, für jeden erkennbar, offen darlegt. Bertolt Brechts Utopie ist noch aktuell – als Utopie. Und da ich wieder einmal bei Brecht bin und vorhin die Frage nach Freunden und Beliebtheit stellte: beliebt sind die, die immer »Ja« sagen, auch wenn sie etwa einmal »Nein« meinen. Zu denen gehöre ich nicht. Aber ich bin natürlich auch bereit, mein Vorhaben zu ändern, wenn etwas Besseres sich anbietet. Das ist übrigens ein logisches Geschehen in der Menschwerdung, der Persönlichkeitsentfaltung und in der Kunst, die sich ja unablässig wandelt, viel mehr, als wir es wahrnehmen und wahrhaben wollen.

19

ZWISCHEN »ohne datum«, »N. N.« und »AUGENBLICKE« lagen filmstille Jahre. Die ärztliche Tätigkeit blieb vordergründig. Auch eigene Krankheiten wurden absolviert, sie zwangen mich etwas zur Schonung. Aber nach außen spürte man nicht viel davon. Der Kompressor funktionierte noch, und das Herz machte mit, auch wenn es hin und wieder stolperte. Ich verbarg dies, lebte ruhiger – und war nach kurzer Zeit wieder da.
Rückblende auf frühere Kunsterlebnisse: Musikfestspiele, Filmfestivals, Tagungen, Vorträge, die damals noch die Kunstwelt erregten. Bayreuth und Salzburg in Ehren, aber dorthin tendierten wir nicht. Die Moderne verlangt nicht so sehr Kunstgenuß, vielmehr Stellung zu beziehen, zu streiten, zu diskutieren. Ich denke an die ersten Darmstädter Gespräche 1950. Da brach ich eine Lanze für die Abstrakten, als Sedlmayr aus Wien den »Verlust der Mitte« durch die neue Kunst prophezeite. Baumeister zog mit. Bei einem späteren Darmstädter Gespräch war gerade mein »JONAS« aktuell, der im Filmbereich den Durchbruch für die Moderne darstellte (das darf ich doch sagen). Frau Arnold Schönberg, (die nach dem Krieg in Stuttgart eine Einführung in die Zwölftonmusik gehalten hatte) war von »JONAS« eingenommen, während Karlheinz Stockhausen – nachdenklich prüfend – konstatierte, er habe in seinem Leben noch nie Angst gehabt (wie der Jonas im Bauche des Fisches). Bereits 1946 hatten die Kranichsteiner Musikkurse begonnen, die aber mehr den Fachleuten vorbehalten blieben. Doch erinnere ich mich an ein rotes zweistöckiges Gebäude in Köln, wo ich Herbert Eimert in seinem ersten elektronischen Studio besuchte, um in diese neue Musiktechnik Einblick zu nehmen. Überall tippte man an moderne Tendenzen. Wir reisten von Ascona nach Mailand zur ersten Picasso-Ausstellung in einer Art Klosterruine, zu einem Stockhausen-

Konzert und einer Beckett-Aufführung nach Köln. Mein Gott, das tun Leute unseres Jahrgangs, wenn sie nicht mehr im Beruf gebunden sind, ja heute auch. Aber damals war alles viel aufregender als heute, wo alle Richtungen schon erforscht und nichts Neues in Sicht ist. Wirklich – nichts in Sicht?

Von der alten Avantgarde (manche sagen unfreundlich: »die Avantgarde von gestern«) leben viele nicht mehr. Auch Jüngere als ich. Mit anderen ist der Kontakt verloren gegangen. Aber es waren immer nur kurze Begegnungen im Rahmen einer Arbeit, mit künstlerischen Menschen, die dann ihren Weg allein weitergingen genau wie ich. Manchmal reißen auch Verbindungen ab, ohne daß man den Grund kennt: Eine andere Frau, eine Krankheit, ein neuer Weg in der Kunst. Nachdenkliche, aber bezeichnende Erfahrung, daß Künstler und Werk identisch sind, so daß Freundschaften in die Brüche gehen, wenn das Werk nicht mehr befriedigt. Oder man selbst schlägt einen anderen Weg ein, den man allein weitergeht. Es gibt Kontakte: Zu Max Bense, der an der Stuttgarter Universität die numerische Ästhetik entwickelte, natürlich auch zu seinem Gegenspieler Wilhelm Fucks von der Aachener Hochschule, der in »ohne datum« die Atomformel an die Tafel schrieb, zu Klaus Jürgen Fischer (Sohn von Benses Verleger), der selbst seit Jahrzehnten das »KUNSTWERK« herausgibt und als Maler zarte Bilder abseits des modischen Trends schafft, die meine Frau immer irgendwie an Florenz erinnern. Mit Georg Meistermann, dem wir als einem der ersten begegneten, verkehrte ich noch schriftlich wegen meiner Museums-Baugenehmigung, die er erfolgreich befürwortete. Auf der Mitarbeiterliste von »JONAS« muß ich fast überall ein »Kreuz« machen: Robert Graf starb am Sarkom, der »kleine Ruehl« ertrank im Walchensee, Andor von Barsy starb, Gudrun Ensslin sitzt in Stammheim. Rudi Klemm starb bald nach dem Baumeister-Film. Auch Bruno Maderna ist tot. Er sollte für den Baumeister-Film die Musik machen. Aber es gab da zu viele Möglichkeiten des Experimentierens mit Instrumenten und Tonband, die durchzuhalten ich nicht die Geduld hatte. Schade für den Film. Maderna schrieb für meine Museumseinweihung 1967 sein Violonsolo »Widmung o. d.«, das ich kürzlich noch einmal bei seinem Gedächtniskonzert in Köln hörte. Bruno Maderna – eine Seele von einem Menschen – hat der modernen Musik neue Akzente gesetzt. Er hat seine Kompositionen durch neue Klangformen und -farben bereichert und das Neue mit starkem musikalischen Gefühl durchlebt. Beim Dirigieren war er immer bereit, das Letzte zu geben, sich zu verausgaben. Erschöpft sank er auf einen Stuhl und nahm dankbar die Glückwünsche entgegen.

Gefühle sind bei den Modernen tabu. Das erlebte ich bei meinen literarischen Film-Mitarbeitern unter dem Schlagwort »Verfremdung«, der »Scheu« vor großen Tönen. Vor allem aber in der Musik. Gefühle, die in Verdi-Opern noch normale Gefühle sind wie Liebe und Haß, Verrat und Treue, nur gesteigert ins Übermaß – findet man bei Richard Strauß und noch bei Alban Berg gebrochen wieder, bei den Modernen werden sie unterdrückt. Nach Darmstadt nahm Donaueschingen mit dem Südwestfunk Baden-Baden (damals noch unter dem unvergeßlichen Heinrich Strobel) im Jahre 1950 seine alte Tradition der Musiktage wieder auf, die es 1921 unter Hindemith begonnen hatte. Max Rieple war von Anfang an dabei. In die kühle und reine Atmosphäre von Donaueschingen schlug 1960 Krzysztof Pendereckis »Anaklasis« (mit der Fabriksirene) wie eine Bombe ein. So ähnlich mag in Paris 1959 der »Ferdydurke« seines Landsmanns Witold Gombrowicz gewirkt haben. Die Abtrennung von der westlichen Welt bringt oft überraschend Neues hervor. Nur schade, daß die westliche Welt so rasch abfärbt. Der Komponist Isang Yun (der schon einmal zum Tode verurteilt war) blieb seiner sehr persönlichen Klangwelt aus der koreanischen Heimat treu. Später begründete der Rundfunksender Saarbrücken (mit meinem Neffen Dr. Christof Bitter) Veranstaltungen über »Musik im 20. Jahrhundert.« In Stuttgart leitet diese musikalischen Veranstaltungen jetzt Dr. Clytus Gottwald, der bereits seit vielen Jahren mit seiner »Schola Cantorum« neue Wege der Chormusik fand. Der Hörfunk übernahm das Mäzenat für moderne Kunst auf akustischem Sektor. Unvergeßlich ein Beckett-Hörspiel »– Losigkeit« vom Westdeutschen Rundfunk 1971. Aber was bedeutet schon eine Aufzählung von Kunstkonsum, wie ihn andere ja auch betreiben? Der führt leicht zu Übersättigung. Wie bei Speise und Trank, setzte ich mich hier mehr und mehr auf eine gewisse Diät.

Die Jahre gingen dahin, der 50. war lange vorbei, der 60. warf schon seine Schatten voraus. Ich hatte nicht mehr viel Zeit, wollte ich noch alles schaffen, was mir vorschwebte: Bauen, ein Haus bauen, um unsere Bilder herum. Mir schwebte ein modernes kleines Museum vor, so intim wie die kleine Klinik in der Gerokstraße 65. Meine These: lieber im bescheidenen Rahmen einen eigenen Betrieb führen als in einem großen abhängig sein. Das waren auch meine Erfahrungen in Krankenhäusern und in der Staatsgalerie.
Jedes Jahrzehnt setzt neue Abschnitte, Grenzen, Einengungen. Der biologische Tonus verändert sich ebenso wie die Trophik, wie Gefäße, Muskulatur. Nun, man disponiert weiter für das nächste Jahr und kalkuliert dabei nie Zwischenfälle ein. Die Bilder standen immer noch im Depot der Staatsgalerie, und sie erwarteten doch schon lange von mir, sie endlich aus dem Dunkel herauszuholen, sie in neuem Licht zu neuem Leben zu bringen. Auch Direktor Petermann, der energischere Nachfolger des feinsinnigen, aber konservativen Musper drängte, sein Depot in der Staatsgalerie freizugeben. Ich war ihm erst böse, heute bin ich dankbar für sein Drängen.
Wir fuhren landauf, landab, suchten einen Platz. Unser Architekt Prof. Stohrer konterte: der Bauplatz ist fast wichtiger als das Haus. Er ging ans Planen, Skizzieren. Und als plötzlich Oberbürgermeister Gonser, Nürtingen, uns einen Südhang im Landschaftsschutzgebiet anbot, wußten wir: der Startschuß ist gefallen. Eine einmalige Chance. Am Abend suchten wir den Platz. Mit quergestelltem Wagen leuchteten wir den Hang mit Scheinwerfern ab. Wir fieberten, schritten im nächtlichen Regen über die Wiese. Wie spielte der Zufall wieder mit? Das ist im Leben eine »Glücksspirale«, die mal nach oben, mal nach unten drückt. Am nächsten Tag Stohrer mit an den Ort der Wahl. Am dritten schon Kaufvertrag. Am fünften Tag Formalitäten. Wir saßen nächtelang zusammen. Immer wieder bat ich Stohrer: denken Sie an Marokko, an ein Berberdorf, an den Hang gedrückt, mit verbindenden Treppen, intimen Winkeln, mit Innenhöfen, Schattenplätzen, Sonnenhalden – oder an Pompeji. Refugium für Bilder und zwei Dominikaner. Es wurde so. Es wurde noch besser. Es wurde eine Überraschung. Für uns, für die Architekten und für die Menschen, die uns und die Bilder besuchten – Gäste, die blieben, Freunde, die kamen.

ALS ICH AN DEN BAU des Hauses ging, orientierte ich mich in den Großstädten über Museumsbauten. Ich las die Literatur: Le Corbusier und Neutra und Sven Nils. Ich studierte das Licht: die natürliche und die künstliche Beleuchtung. Wir fuhren nach Kopenhagen und besuchten das Privatmuseum »Louisiana«, in Holland das Kröller-Müller-Museum und in der Schweiz und in Frankreich die bekannten Stätten. Und in Antibes das Picasso-Museum. Erst viel später entstanden hoch über Antibes die Ateliers von Hans Hartung und seiner Frau Anna-Eva Bergman: »ein Dorf«, ein Refugium. Wir besuchten die Kunstvereinshäuser im Rheinland und in Hamburg. In Berlin die Nationalgalerie, damals unter Haftmann. Und in Stuttgart den Neubau vom Kunstverein. Und die Privatgalerie von Schmela in Düsseldorf. Wir kannten die Privatsammlungen von Karl Ströher in Darmstadt und die Ludwig-Sammlung in Köln. Und die großen Städtischen Galerien wie in Bielefeld den Johnson-Neubau und – und – und –. Ich sah Museen, verstaubt und mit angestrichenem Rupfen bespannt, ich erlebte die Aufseher, Wärter, die Polizeiorgane der Verwaltung. Die Öffnungszeiten. Das Abgeben von Kamera und Schirm, von Taschen und Stöcken. In Basel gab es ein Stelldichein vor der großen Rodin-Plastik und der Einlaß war pünktlich und der Kaffee kalt. Ich erlebte in der »Fondation Maeght« an der Corniche die südliche Sphäre in der Anlage, aber auch die Stilbrüche in der Innenraumgestaltung. – Und dann die Beleuchtungsprobleme: Fenster, die doch nicht stimmten: entweder Sonne: dann Vorhang oder Jalousien. Oder Wolken: dann dunkel. Immer empfiehlt die Museumsleitung günstigere Besuchszeiten wegen der guten oder schlechten Lichtverhältnisse, immer diskutierte man über künstliches oder Tageslicht. Und immer blendete das eine oder das andere. Und dann die Air-Condition, warme oder kalte Luftzufuhr, die Staub aufwirbelt, daß alle davon betroffenen Räume von einer grauen Rußschicht überstäubt werden. Mattscheiben mit Fliegen und anderem Getier lassen etwas von der Ohnmacht erkennen, Museumsräume ansehnlich zu erhalten.
Als die Museen in fast allen großen Städten der Welt entstanden, hatte sich ein klassischer Museumsstil durchgesetzt, wozu das Oberlicht, die Kojen, die langen Gänge und die überdimensioniert hohen Säle gehörten, eine Ableitung von Renaissanceschlössern wie dem Louvre der Bourbonen. Man begann im 18. Jahrhundert sy-

stematisch mit der Vorstellung wertvoller Gemälde in neuen großen Prachtbauten: Repräsentation des Landes, der Stadt, in ihrer unterkühlten Form und bewußter Distanzierung. Erst viel später (nach hundert Jahren) erkannten Architekten grundsätzlich Mängel dieses Museumsstils, der nichts Anregendes oder Einladendes vermittelte. Man muß daran erinnern, daß Päpste und Fürsten die ersten waren, die Kunstwerke sammelten und ausstellten in Vitrinen, Bibliotheken. Da dabei Vollständigkeit einzelner Stilgruppen oder ganzer Entwicklungen angestrebt wurde, ging man zu großen Sälen über, um die Schätze zu ordnen und historisch zu hängen. Auch gab es Ausstellungen im Freien, z. B. in San Marco oder in Rom unter den Kolonnaden. Schon früh entstanden Privatsammlungen, von Kunstliebhabern zusammengestellt und auch der Öffentlichkeit zugänglich gemacht.
In den ältesten Musentempeln war der Besuch an das Tageslicht gebunden. Heute wird das Museum in den Lebensrhythmus mit einbezogen: die Cafeteria – der Restaurationsbetrieb wie im New Yorker Museum of Modern Art oder in São Paulo oder im Louisiana oder im Stedelijk Museum Amsterdam. Sie suchen den Bezug zu pulsierendem Leben auf der Straße, zum geschäftlichen Betrieb in Kaufhäusern und Banken oder Bars. Der Museumsgedanke hat sich grundsätzlich gewandelt, er wird sich vielleicht wieder umbilden, da man Ruhe, Besinnung, Abschirmung wünscht. Andererseits gibt es zum Beispiel in Schweden eine Tendenz, wie in San Rocco Bilder unter freiem Himmel an Bretterwänden auszustellen – dazu spielt eine Band – und junge Menschen tanzen davor oder sitzen und diskutieren. Die Welt kennt keine Normen mehr, alles ist erlaubt. Alles gefällt, was spontan entsteht und neuen Ideen entspricht. Die Konvention ist abgestreift und dahinter bricht Menschliches durch. Diese Zeit des großen inneren Umbruchs ist produktiv und schafft neue Lebensformen. Bei der Jugend hat sich eine weltweite Bewegung in Spontaneität und allgemeiner Verständigung zwischen den Völkern durchgesetzt. Und das – meine ich – bedeutet auch die Abkehr vom angebotenen Museumsbetrieb und hoffentlich die Zuwendung zur Kunst und deren Einbeziehung in das Leben, das sonst steril sein würde. Die jungen Menschen entwickeln andere Gedanken, sie tragen andere Garderobe, geben sich anders, leben ungeniert und lässig, vernachlässigen bewußt die Form nach außen.

Sie hassen den Konformismus, leben aber doch konform mit einem verpflichtenden Gefühl zu ihren internationalen Brüdern und Schwestern. Also doch: Glaube, Liebe, Hoffnung?

DAS ALLES ÜBERDACHTE ICH, nachdem ich viel mit kritischem Blick angesehen hatte. Bevor ich selbst anfing, mit Stohrer unser Privatmuseum zu planen: Ich wollte mit den Bildern leben, sie am richtigen Platz in der entsprechenden Umgebung hängen, sie um mich haben, mit Durchblicken und Perspektiven, ohne daß sich hier oder da Motive gegenseitig störten. Es sollte ein Einklang sein, eine Bild-Symphonie. Ein Ablauf in Rhythmik und Farbe. Da Schwarz in der Sammlung dominant ist, war eine Hängung in dem geforderten Sinne nicht schwierig. Da es sich um abstrakte Malerei handelte, konkurrierten keine Matterhörner, Akte, Stilleben miteinander. Das Ganze sollte »musikalisch« sein, nicht literarisch, eher Ballett als Oper. Die Möbel durften nicht willkürlich dazugestellt sein. Stohrer vertrat von Anfang an (wie auch in unserem Stuttgarter Haus) die Idee: Innen gleich außen. Außen gleich innen. Alles wurde nach Plan gebaut, jeder Tisch, jeder Schrank. Die Bestuhlung mit den Sesseln von Le Corbusier. Die Farbe durfte keine Textil-Farbe sein. Naturmaterial in Holz, Fell, Stein. Das Haus ein Betonbau in strenger, nach außen hin abweisender Form. Ökonomische Bauweise, in einheitlich quadratischem Rastersystem von 4,25 m mit vorgefertigten Bauteilen, darin nur eine einzige runde Form: eine Halbsäule von 3,30 m Durchmesser im verschalten Beton – Le Corbusier nachempfunden. Das Ganze innen mit weiß getünchten Ziegelsteinen gemauert, mit feststehenden Zwischenwänden, so daß der Besucher im großen, offenen, locker unterteilten Raum spazierengehen kann und von sich aus immer neue Verbindungen und Bild-Assoziationen herstellt. Also: keine Kojen wie in Rotterdam oder im Louvre. Ich wollte umgekehrt: außen schlicht, streng, abweisend, schmale Fensterschlitze, kühle Fassade, klarer Sichtbeton, wenig einladend für Fremde oder für Einbrecher. Erst innen wird es hell, licht, erfüllt vom Leben mit Kunst. Räume, in denen Bewegung abläuft, durch die man geleitet wird, mit vielen intimen Bezirken. Am Hang hinabführend mit Ausblick in die Weite der Landschaft und der Schwäbischen Alb im Hintergrund.

Kann es für einen Sammler etwas Schöneres geben, als die Bestätigung seines Tuns, wie dies Prof. Peter Beye (der jetzige Direktor der Staatsgalerie Stuttgart) in einem Gutachten aussprach: »Die Sammlung des Stuttgarter Psychiaters und Neurologen Prof. Dr. Ottomar Domnick, der auch als Filmeschöpfer weit über die Grenzen Deutschlands hinaus bekannt wurde, gehört zu den wichtigsten Privatsammlungen der abstrakten Moderne in Deutschland. Sie wurde 1946, also kurz nach dem Zweiten Weltkrieg, gegründet und in den folgenden Jahren systematisch auf- und ausgebaut. Obwohl die Sammlung auch Werke von Kandinsky und Marc, von Klee und Macke einschließt, liegt ihr Schwerpunkt doch deutlich im Bereich der nach 1945 entstandenen Kunst. So weithin bekannte und international renommierte Maler wie z. B. Hans Hartung hat Domnick bereits zu einem Zeitpunkt gesammelt, als sich das museale Interesse noch vorwiegend auf den deutschen Expressionismus und seine unmittelbare Nachfolge beschränkte. Das besagt viel und läßt unschwer erkennen, daß sich das sammlerische Engagement Ottomar Domnicks bei genauer Betrachtung als eine ebenso respektable wie einzigartige Pionierleistung darstellt. Außer Hartung, von dem Domnick allein über 20 Werke besitzt, sind in der Sammlung auch Baumeister, Dorazio, Rainer und Soulages mit imponierenden Werkgruppen vertreten. Domnicks Vorliebe für ›psychographische‹ Kunst wirkt bis in die neueste Zeit hinein; denn was er gerade während der vergangenen Jahre an Bildern von Tàpies und Kriwet erworben hat, ist schwerlich anders denn als eine logische Fortsetzung seines früheren Interesses für die Psychogramme Paul Klees oder Hartungs interpretierbar. Selbst im Bereich des Konstruktivismus hat Domnick überwiegend Bilder gesammelt, deren Zeichenhaftigkeit, wenn auch nicht ausschließlich, so doch zumindest häufig psychologisch motiviert ist.

Seit 1967 präsentiert sich die Sammlung Domnick in einem eigens für sie geschaffenen, bei Nürtingen gelegenen Gebäude als ein in sich geschlossenes Ensemble von außergewöhnlichem, ja europäischem Rang. So wie diese Sammlung im engen persönlichen Kontakt mit Künstlern gewachsen ist, mit Künstlern, die nicht selten erst Domnick entdeckt und international bekannt gemacht hat, so dient sie inzwischen nicht nur als weithin bekannte, von Kunstfreunden und Forschern gleichermaßen hochgeschätzte Galerie, sondern ebenso als Inspirationsquelle für jüngere Maler, die Domnick beispielhaft und anhaltend fördert. Es steht außer Frage, daß die Erhaltung der Sammlung Domnick im öffentlichen, ja sogar im nationalen Interesse liegen muß.«

Es war der 20. April 1967, als zwei Herren unbekannter Herkunft sich anschickten, im Flur meiner Klinik zu singen. Die leitende Schwester, bestürzt über den Zwischenfall, konnte die seriös gekleideten Herren in Grau nicht zum pianissimo bewegen. Lärm ist ein Störfaktor in jeder Klinik. Ich besann mich, daß ja heute der Tag meines 60. Geburtstags war. Als ich die Herren zu mir bat, entdeckte ich am Revers ihrer seriösen Garderobe einen Stern in Silber. Jetzt schaltete ich kurz. Ich sah plötzlich etwas »Gewichtiges« auf mich zukommen: die Herren übergaben mir Blumen im Auftrag ihrer Firma und gleichzeitig damit auch den Schlüssel für ihr Herstellungsprodukt mit der Empfehlung: dieses vor der Klinik stehende Automobil so lange zu fahren, bis ich von den Fahreigenschaften und der Qualität überzeugt sei. Der Wagen war eine Daimler-Benz-Limousine. Es kam zu einem Gespräch mit den Herren in Grau: warum diese Verpflichtung für mich, wo ich doch immer nur schnelle Automobile fuhr: Porsche, BMW 507, Jaguar, Alfa-Romeo, Iso Rivolta, Iso Grifo. Jetzt sollte es ein behäbiger Wagen aus Untertürkheim werden – nein, da möchte ich keine Verpflichtung eingehen. Ich fahre meinen Grifo aus Überzeugung. Natürlich war ich überrascht und auch beeindruckt von diesem großzügigen Angebot. Aber sollte ich nun den Reiz eines Sportwagens eintauschen gegen die solide Fortbewegung in einer komfortablen Limousine? Die Herren erhoben ihre Einwände, wie das ihr Beruf erforderte. Da bisherige Probefahrten auch neuester Modelle ergebnislos waren, habe ihre Firma jetzt aus Anlaß meines 60. Geburtstags diesen diplomatischen Vorstoß unternommen. Nun – es war kein Risiko. Wir tranken einen Begrüßungswein mit Gratulation zur Daimler-Übernahme »auf Zeit« und zu meinem 60. Geburtstag. Daß ich seit meiner Jugend mit einer überwertigen Idee am Auto hing, habe ich hier und dort schon durchblicken lassen. Kunde von Auto-Becker Düsseldorf zu sein, heißt vorsichtig sein und das Richtige wählen. Jetzt sollte ich in den Heimathafen einlaufen: die Fabrik in Untertürkheim und Sindelfingen. Nach einer Bewährungszeit entschloß ich mich zur Realisation und bestellte das Auto in Grün. Und fuhr besonnen und leise in den Frühling. Und war zufrieden, aber nicht begeistert. Dazu fehlte dem Wagen der Pfeffer. Aus 2,5 Litern kann man nicht viel zaubern. Aber man hörte Zukunftsmusik vom kommenden 6,3. Der gewaltige Waxenberger fuhr ihn mir vor. Wir fuhren beide. Abwechselnd. Auf den »Stern« wollte ich verzichten: ein Flächenzeichen kann man nicht zum Raumzeichen umfunktionieren, das von der Seite gesehen nur ein Strich ist, zweidimensional, nicht dreidimensional. Auf dem Kofferdeckel, an Radkappen, am Lenkrad ist der Stern als Flächenzeichen ein schönes traditionsgebundenes Symbol. Aber auf der Kühlerhaube ein atavistisches Emblem: früher Verschlußkappe für Kühlwasser, jetzt nur Attrappe. So etwas sollte im technischen Bereich nicht sein. Ich ließ den Stern entfernen. In Autozeitschriften las man Glossen über diese Amputation »Domnick oben ohne«.

Mit dem 6,3 hatte ich wieder Feuer unter dem Sitz. Jetzt erlebte ich einen schnellen Start – wie bei meinen Sportwagen. Die Filmreise für »N. N.« 1967 nach Skandinavien vollzog sich unter dem Eindruck dieses raumgreifenden Automobils. Ich hatte Unterstützung durch die dortigen Daimler-Vertretungen. So wurden uns Finnland, Schweden, Norwegen auch vertrauter durch persönlichen Kontakt, wie wir das bisher immer auf unseren Auslandsreisen erlebten, die wir stets mit Atelier- und Museumsbesuchen verbanden. Kameraausrüstung und Filmmaterial ließen sich von nun ab leicht im Kofferraum unterbringen und waren immer griffbereit. – Ich reise oft ohne Filmabsicht. Wo ich etwas Interessantes finde, nehme ich es auf. Motivsuche wie bei früheren Filmen gab es nicht mehr. Auch »AUGENBLICKE« 1970 war so entstanden. Das Filmen wird mit dieser Methode ökonomischer: zeitlich und finanziell, »en passant« im wahren Sinne des Wortes. Aber zurück zum 20. 4. 1967:

AN DIESEM TAGE fuhr ich also mit der seriösen Limousine und erlebte Platz – Platz für fünf Personen, Platz für Gäste, Freunde, Bekannte. Der Wagen schien mir plötzlich omnibushaft. Gegensätze führen anfangs immer zu Übertreibungen. Das ist bei Dingen nicht anders wie bei Menschen. Und bei Häusern. Die Umstellung von einer

Stadtwohnung mit 130 qm auf ein Haus auf freiem Feld mit 1300 qm war überwältigend, auch wenn noch das Dach fehlte. Ich war vorbereitet: Richtfest mit Bier und Tanz, Würstchen und Blasmusik. Es war ein Fest bei Mondschein, der durch die offenen Innenhöfe romantische Schatten warf. Ruinenhaft war der Eindruck – dabei bauten wir erst auf, neu, mit Beton und Ziegel. Provisorische Verkleidung mit Strohmatten. Elektrische Stabheizung. Scheinwerfer an Masten. Die Baufirma »Wolfer und Goebel« verstand das Improvisieren. Die Bauleitung kannte meine Wünsche hinsichtlich Gemütlichkeit, Wärme, Musik, Alkohol. Ein Fest der Anerkennung, der Dankbarkeit. Ansprachen, Gedichte, Tusch-Vorführungen. Prost mit Bier und Schnaps, Tanz und Gesang. Ein Fest der Freude, das Bruder Ludwig mit dem »hypnotisierten Motofred« aus seiner Studentenzeit und Johannes Löschner mit humoristischen Text-Montagen aus der Bildzeitung belebten: »Ist Sammler Domnick pleite?« »Bild bleibt am Bau.« Mein Architekt Stohrer war stolz auf dieses Gelingen und den bisher termingerechten Ablauf. Kein Richtfest ohne Kränze: Wie beim Erntefest auf dem Mast – dort schwebte und drehte er sich im Winde. Er brachte Glück. Das Haus – am 20. April 1967 im Rohbau fertig – feierte die Einweihung am 27. Oktober 1967 mit hundert Gästen. Diesmal floß Sekt, anstatt der Blasmusik spielte das Parrenin-Quartett eine Uraufführung von Henning Brauel, spielte der Geiger Theo Olof eine »Widmung o. d.« von Bruno Maderna. Aribert Reimann begleitete seine neuen Eichendorff-Lieder (gesungen von Peter-Christoph Runge) am Flügel. Es war schön.
Wir zogen ein mit unseren »Kindern« aus dem Archiv der Staatsgalerie. Für sie alle den richtigen Platz zu finden, gelang erst mit der Zeit. Stohrer kam abends schon vor dem Empfang. Beim Rundgang hatte er feuchte Augen, er sah zum ersten Mal sein Haus mit all den Bildern. Es war für diesen Zweck gebaut. Man spürte Stohrers Handschrift am kleinsten Detail, am Licht, am Material, am Grau, am Weiß, an Treppchen, Innenhöfen, Säulen (diesmal echten tragenden), am Innenausbau und am Fensterzuschnitt. Wir waren glücklich. Nie hatte Stohrer einen solchen Eindruck vermutet. Wir umarmten uns. Und als der Münchener Architekt Barth, an seine überdimensionalen Wohn- und Geschäftsbauten gewöhnt, vor der Corbusier-Säule stand, flackerte sein Blick nervös: Bin ich Archi-

tekt oder bin ich keiner, daß ich das nicht so sah, im Rohbau und auf der Zeichnung? Und die beiden jungen Assistenten von Stohrer: Pelchen und Kunze, gratulierten sich durchaus selbstbewußt zu ihrer Mitarbeit. Die Alten erstarren in Bescheidenheit, die Jungen erleben ihren Erfolg enthusiastisch. So unterschiedlich läuft das in einer Generation ab – wieviel mehr in mehreren. Der Mann, der dieses schuf: Paul Stohrer, er lebt nicht mehr. Ein Herzanfall traf ihn im Aufzug seines Hauses. Der Aufzug gab ihn nicht mehr her. Er fuhr den Toten in sein Atelier. Die Hilfe kam zu spät. Das Leben in unserem Hause intensivierte sich. Dem ersten Konzert folgten weitere. Ich besann mich wieder auf mein Cello, plante einen internationalen Cellistenzyklus. Bilder und Musik erfüllten das Haus. Auch unsere Filme wurden gezeigt, und die neuen intern uraufgeführt. Die Menschen erlebten die abstrakte Malerei, begeisterten sich oder blieben reserviert. Es gibt keine Verpflichtungen, keine allgemeingültigen Urteile in der modernen Kunst, obgleich Fachleute durchaus einstimmig über dieses oder jenes Werk befinden. In diesem Stohrer-Bau – großzügig und intim zugleich – öffnen sich die Bilder. Man spürt die Zusammenhänge – die Einheit.

20

IST ES EIN ZUFALL, daß ich mich als Psychiater für Architektur interessiere? Ein Bau ist ein Organismus, mit Fassade und Innenraum. Als nach Ende des Dreißigjährigen Krieges im Barock die Baukunst blühte, wurde die Fassade unorganisch, fast nachlässig behandelt: eine verzierte Scheibe vor den Giebel gesetzt. Dafür war aber der Innenraum voller Pracht, voller Bewegung, mit geschwungenen Treppen, Gewölben, die durch perspektivische Malerei noch künstlich erweitert wurden. Seit Beendigung unseres sechsjährigen Krieges entwickelte sich die reine Fassaden-Architektur an den Hochhäusern, mit Rastereinteilung, Bemühung um Strukturen – innen dagegen Gänge, Kabinen, Großraumbüros. Mit aufgerissenen Fensterwänden, die dann wieder mit Jalousien abgeschirmt wurden.
In meiner Klinik behandle ich Patienten, die hinter den Fassaden leben und arbeiten: die selbst nur Fassade darbieten, hinter der sich viel verbirgt. Die durch Fehlerziehung verdorben wurden. Die mit Hochwuchs und Rauschmitteln zu kämpfen haben, mit Lern- oder auch mit Lehrschwierigkeiten, mit Berufsunsicherheiten, mit Ehekonflikten, mit Erziehungsproblemen. Neurosen, Psychosen aus dem Formkreis der Schizophrenie und andere Formen, Depressionen endogener und reaktiver Natur. Der breite Fächer der psychiatrischen Sprechstunde und Klinik, zudem die Vielfalt der Gesellschaftsschichten, die dem Arzt das Leben auch außerhalb seiner eigenen Schicht näherbringt, ihn nicht im luftleeren Raum schweben läßt. Alltagsprobleme, Geldsorgen, Reibungen im Berufsleben – die Wirklichkeit spiegelt sich in der ärztlichen Praxis anders, als in der reinen Wissenschaft oder der Literatur mit ihrer Konzeption des Menschen als geistiges Wesen, des Menschen, der doch auch ein körperliches Wesen ist: Stoff, Materie – Körper und Hirn.

Ich sitze nachmittags hier an meinem Schreibtisch und telefoniere mit der Klinik. Eine Aufnahme für morgen früh angemeldet. Ich wundere mich immer über die rasche Eingewöhnung meiner Patienten im fremden Haus und das schnell aufkommende Gefühl der Geborgenheit. Auch daß man alles annimmt, sich der Hausordnung fügt, im Bett liegt, ohne körperliche Leiden, ißt, was die Küche anbietet, die Oberschwester und die Jungschwestern akzeptiert und nach einigen Tagen sich bereits soweit wohl fühlt, daß man gern da ist, da bleibt und erst dann gehen will, wenn man gesund ist. Nun – das geht bei uns rasch, im Vergleich zu anderen Häusern. Wir sind ökonomisch geblieben. Es ist ein sinnloses Unterfangen, neurotische oder psychotische Patienten monatelang in klinischer Behandlung zu konservieren, wenn sie auch ambulant weiterbehandelt werden können. Meist muß dann wieder die Isolierung abgebaut werden, die Verwöhnung mit Ablenkung durch Tischtennis, Basteln und Fernsehen. Wir haben nie Schwierigkeiten erlebt mit unserem Prinzip der strengen Führung, der Anpassung, dem kritischen Gespräch unter der Mitarbeit des Patienten.

Nun gebe ich zu, daß es eine Frage des ärztlichen Temperaments ist, seine Patienten so oder so anzufassen. Nur das Nichtanfassen ist schändlich. Denn das muß der Patient zuallererst spüren: Hilfe – an die Hand genommen werden, hinhorchen, eingehen, das Gespräch suchen. Warmherzigkeit und Mitleiden spürend. Diese so einfachen, menschlichen Aspekte werden oft zugeschüttet oder mit pseudotherapeutischen Maßnahmen verspielt. Wer die Angst einmal in sich spürte und keinen Hinhörenden fand, er ist leicht dem Freitod ausgeliefert. Ich vergesse nicht das Jahr 1933 im Virchow-Krankenhaus, als eine 28jährige Frau sich im Bett strangulierte, da sie keine Hoffnung auf Heilung mehr spürte. Das war eine »hypochondrische Depression« oder eine »Somatopsychose« mit vielen Beschwerden »ohne Befund« auf der inneren Station – auf der falschen Station: sie hätte in die psychiatrische gehört. Aber ich war ein junger Medizinalpraktikant, und mein Stellenwert war gleich Null.

Medizinkritik und Kritik auch an der Psychiatrie sind heut an der Tagesordnung und zum Teil auch berechtigt. Ich will nichts referieren, aber ich meine: Es ist die Frage, ob die ständige Leistungssteigerung der ärztlichen Diagnostik und Therapie auch wirklich einer

Steigerung im Heilungsergebnis entspricht. In der Bundesrepublik gibt es zur Zeit 45 000 Medizin- und 15 000 Psychologie-Studenten. Wohin mit dem Aufwand? Ein Volk von Kranken und Therapeuten.

Ich meine auch die Verwöhnungstendenzen in psychotherapeutischen Kliniken, die wie Hilton-Hotels ausgestattet sind und jegliche Freiheit wie Alkohol und nächtlichen Zimmertausch gestatten. Oder die Fraternisierungsmethode mit Du-Ton vom Chefarzt über die Patienten bis zum Hauspersonal – alles per Du. Will man Distanz abbauen? Will man damit Vertrauen locken? Oder die intimen Dinge problemfreier gestalten? Welche Perspektiven! Vielleicht hat man das »You« aus dem angloamerikanischen Sprachgebrauch einfach übernommen. Aber so einfach geht das nicht. Bei uns muß das Du gewachsen sein, soll es Vertrauen ausdrücken. Wenn das Du plötzlich ohne Motivierung in Krankenanstalten oder Universitäten eingeführt werden soll, passiert etwas, das dem Kumpelton oder dem Jargon der Studentenkorporationen oder auch dem Du der sozialistischen Parteien entspricht und schließlich auch wieder reine Formalität bleibt – ohne entsprechenden Kontaktwert. Und dann die Sache mit dem »Urschrei«: das lustbetonte Schreien, ohne Grenzen, immer weiter, immer lauter. Mit Fäkaljargon oder der Realität: Ausspucken oder Urinieren, Ekstatisches exemplifizieren. Nichts als hysterische Entladungen – ohne Wert, ohne therapeutischen Erfolg, wenn man von der kurzen Entspannung für Minuten absieht, auch wenn ein ganzes Buch den »Urschrei« in den therapeutischen Mittelpunkt einer Gruppentherapie stellt. Das ist ein Rückschritt in das 18. Jahrhundert, als Tobsüchtige geschleudert und das Schreien entfesselt wurde. Ein Hysteriker schreit aus Lust am Schreien – niemand kann das überhören, alle Ohren wenden sich ihm zu – aber die Augen?

Doch was nützt dies alles, wenn die Person nicht anwesend ist, an die sich der Schrei in Wirklichkeit wendet? Denn in manchen Fällen ist tatsächlich die »Neurose« nur eine ganz normale Abwehrreaktion gegen abnormes Verhalten einer Bezugsperson (sei es der Ehemann, der Chef oder die Mutter), die selbst unter Umständen neurotischer ist als der Patient selbst. So kommt dann versehentlich der Falsche zum Arzt, wenn er dekompensiert, während der neurotische Partner mit seiner Abnormität zu leben gewohnt ist, sich ihrer oft gar nicht bewußt ist und sich daher gegen das Ansinnen einer Behandlung wehrt, sofern es überhaupt an ihn gestellt wird. Der Patient selbst kann das ja gar nicht beurteilen.

UNSERE PSYCHIATRISCHEN PATIENTEN »irren« meist: der Paranoiker behauptet steif und fest, jede Nacht führen Polizeiautos an seinem Haus vorbei, um ihn zu beobachten. Der Depressive ist überzeugt, er sei der schlechteste Mensch, falle nur seiner Familie zur Last, leide zudem an Krebs. Der Neurotiker bezieht meist (anders als oben erwähnt) seine Konflikte auf die Umwelt: auf die Eltern, die ihn angeblich unterdrückt oder verwöhnt, zu früh oder zu spät oder gar nicht aufgeklärt hätten, auf die Arbeitskollegen, die ihn zu wichtig oder zu unwichtig nähmen – auf den Chef, der ihn überfordere oder unterschätze. Natürlich vor allem auf den Ehepartner, der nur an sich denke, der bei Differenzen gleich losbreche oder tagelang schweige und – und – und –. Doch man darf als Arzt nicht alles unkritisch übernehmen, sondern soll sich den Patienten in Ruhe ansehen, anhören, seine subjektive Sicht, seine Ich-Bezogenheit berücksichtigen und korrigieren, ihn aufklären über seine Krankheit, sein »Irren«, ihn über seine Anlagen beraten, über seine Reaktionsfähigkeit und -möglichkeit, seine Schwächen und seine Stärken, ihm Wege zur Selbsterkennung weisen. Und man soll immer mit dem Partner sprechen. Wie im Sozialgefüge, ist auch in der Ehesituation die gegenseitige Unsicherheit oft Ursache der Fehlhaltung, daß jeder den anderen für schuldig hält, da die Herrschaftsverhältnisse verwischt sind. Oft bedeutet die dramatische Auseinandersetzung in der Ehekrise (heftige Zusammenfassung all dessen, was sich in Wochen und Monaten des Schweigens angestaut hat) nichts weiter als den Versuch, überhaupt miteinander zu sprechen, Affekte zu zeigen: positive oder negative.

DIE ALKOHOLIKERIN in Zimmer 3 ist übrigens nicht ins Entziehungsdelir gekommen. Wir haben Erfahrung in der Prophylaxe. Eine heilsame Wirkung dieses gräßlichen Zustands innerer Unruhe und optisch-taktiler Halluzinationen auf die Sucht hat sich nicht erwiesen. (Dieser Zustand verfällt doch meist der Amnesie.) Abschreckung tritt nicht ein. Rückfall dafür um so häufiger. Alkoholikerinnen sind dankbare Patienten. Sie sehen alles ein, haben nie Einwände oder Gegenargumente, beteuern ständig ihre besten Vorsätze und sind überschwenglich dankbar, nun endlich einmal »den richtigen Arzt gefunden zu haben, der sie versteht und heilt«. Das heißt: sie sind verführbar, durch Alkohol (oder andere Suchtmittel), wie durch ärztliche Führung, wie durch Verführung. Schon einige Wochen nach der Entlassung werden sie rückfällig, kehren tränenden Auges freiwillig zurück mit der Erklärung, sie hätten nur ihre Standhaftigkeit testen wollen und seien nun überzeugt, daß nur absolute Abstinenz für sie in Frage käme. Manche schaffen es dann auch für einige Jahre, bis eine Lebenskrise, die Vereinsamung und Leere des Daseins, oder die Begegnung mit alten Kumpanen sie wieder zur Flasche greifen läßt. Die soziale Situation wird passiv erlebt. Daß der Mensch sich seine soziale Situation doch überwiegend selbst schafft, ist ihm ebensowenig bewußt wie den meisten seiner doch wohlmeinenden soziopsychologischen Betreuer, die nur allein die Umwelt verantwortlich machen. Aber die Therapie des Alkoholismus ergibt – auf die Dauer gesehen – eine traurige Bilanz. Kein Wunder, da keiner pharisäerhaft die »dionysische Seite des Rausches« (von Gebsattel) abstreiten kann und nur selten die Entspannung, die Anregung, die möglichen menschlichen Kontakte – überhaupt den Lustgewinn über den Alkohol ersetzen kann durch entsprechende Äquivalente im Leben des Trinkers. Oft bedeutet der Alkoholismus auch nichts anderes als protrahierter Selbstmord.

Die selbstmordversuche: (Nur die »Versuche«, die mißglückten Suizide, bekommt man ja zu sehen. Die Mehrzahl der gelungenen erfolgen im Rahmen einer Psychose). Viele Suizidversuche sind nur Appell an die Umwelt: als Mitleidheischen, als Bitte um Verständnis, ohne echte Todesabsicht. Manche beugen auch vor und rufen vorher den Freund oder die telefonische Seelsorge an. Aber auch bei ernst gemeinten Suizidversuchen, bei schweren Intoxikationen bis an die vitale Grenze, wundert man sich manchmal, welch banalen Bildern man begegnet. Der Psychiater – und nicht nur ich – ist oft befremdet über die Dürftigkeit der Aussagen eines Menschen, der eben noch aus Lebensangst, Vereinsamung, Konflikten, den Tod suchte. Das liegt nicht allein an der Amnesie (Erinnerungsverlust) nach der Intoxikation, auch nicht an der mangelnden Zugänglichkeit des Patienten oder der ungenügenden Explorationstechnik des Psychiaters, sondern es hat – glaube ich – andere Gründe. Bei vielen ist es ein Mordversuch an sich selbst im echten Wortsinn: man verachtet, verabscheut dieses Ich und will es daher aus der Welt schaffen, weil man die anderen, die das Ich zu dem Verächtlichen machten, nicht morden kann. (Selten mordet man ja andere aus so bewußter Überlegung wie sich selbst.) – Bei anderen wiederum scheint es, als sei der Suizidversuch nicht nur der Wunsch zum Ende, zum Tod, sondern auch der Wunsch zur Überhöhung des Lebens aus der Banalität des Lebens: ein einziges Mal etwas Einmaliges erleben, nach der immergleichen Wiederkehr des Alltags – im Grunde das Prinzip des Existentialismus: die »Grenzsituation«, auch wenn sie sogar tödlich ist, auch wenn sie von der kleinen Hilfsarbeiterfrau oder der kaufmännischen Angestellten ausgeführt wird und nicht von Madame Bovary oder Anna Karenina. Aber wenn der »Versuch« mißlingt, herrscht wieder die Trivialität des Lebens, die den Suizidversuch dem Patienten fast selbst peinlich erscheinen läßt. Vielleicht kommt der Ehemann jetzt etwas eher nach Haus (schon aus Angst, so etwas nicht noch einmal zu erleben), vielleicht sind die Kinder etwas rücksichtsvoller. Im Grund aber bleibt nichts zurück als ein schales Gefühl. Das abzubauen und ein sinnvolles Leben zu vermitteln, ist dann die dankbare Aufgabe der stationären Behandlung durch den Psychiater, statt – wie das meist geschieht – die Patienten aus der Intensivstation gleich nach Haus zu schicken, wo sich wieder die gleiche Problematik ergibt. Nichts ist geschehen.

Manchmal frage ich mich, ob wir wirklich das Recht haben, das Recht und die Pflicht, den Suizidalen zum Leben zurückzurufen, den Drogensüchtigen zu »heilen« – wenn die Sinnentleerung des Daseins irreparabel geworden ist.
Wo liegt die Grenze? Wo hat der Arzt, der Psychotherapeut anzusetzen? Im Grunde sind es doch immer die gleichen Probleme, die gleichen menschlichen Konflikte, ohne die kein Leben möglich ist. Wer hat als Kind keine »overprotection« oder »underprotection« erfahren (paradoxerweise wird beides: zuviel und zuwenig Fürsorge für neurotische Störungen verantwortlich gemacht), wer hatte

nie koitale Schwierigkeiten, Partnerkonflikte oder – oder? Theoretische Schlagworte, hinter denen keine Substanz steht. Es ist doch – um es noch einmal zu betonen – das Leben, das diese Probleme bietet – was wäre denn sonst Leben? Denn durchaus nicht alle reagieren auf diese Probleme pathologisch, die Mehrzahl toleriert sie, bewältigt sie. Wahrscheinlich muß noch etwas dazu kommen, und zwar das, was man heute als »Auslösefaktor« bezeichnet. In meinem Buch über das »Unterdrucksyndrom« (1956), das sich eigentlich mit den Beziehungen zwischen Liquor (also Hirnzirkulation) und Osteochondrose (Halswirbelsyndrom) befaßt, habe ich bereits geschrieben, daß es immer erst das zweite Trauma ist, das zur Krankheit (welcher Art auch immer) führt. Erst der »Zweitschlag« dekompensiert, was bisher, für sich allein, noch toleriert werden konnte aufgrund autoprotektiver (sich selbst schützender) Fähigkeiten des menschlichen Organismus.

Dieser Auslösefaktor, der die Krankheit zum Ausbruch bringt, mag organisch (etwa ein banaler Infekt) oder psychisch (etwa eine Liebesenttäuschung) sein. Er gilt auch in gleicher Weise für Psychosen, Neurosen, psychosomatische Störungen. Man wird immer unter der Situation krank. Wenn man (neben der Pharmatherapie) hier mit angreift, zuerst den Patienten zur Ruhe kommen läßt, ihn körperlich aufbaut, die Selbstheilungstendenzen zum Wirken kommen läßt – und wenn man ihm dann hilft, sich selbst zu erkennen, ihm Lebensziele vermittelt und die etwaige Konfliktsituation mit den Beziehungspersonen klärt, dann ist die Krise meist zu überwinden. Das setzt allerdings voraus, daß Leidensdruck und Gesundungswille vorhanden sind (was ja nicht immer der Fall ist). Natürlich ist unser Fach schwierig, und nicht alles gelingt so, wie man es vorhatte. Aber der Ansatz ist wichtig, das Prinzip.

Wenn aber die Fehlprägung, die neurotische Verformung der Persönlichkeit so stabil ist, daß Therapie nicht mehr durchdringt, dann muß der Patient eben lernen, mit der Neurose zu leben: wie ein Amputierter sich mit seiner Prothese abfinden muß, ein Herzkranker mit dem Schrittmacher. Das läßt sich auch auf nicht völlig heilbare Reste der Psychose übertragen: ein »reiner« schizophrener Defekt, oder gelegentliche »Stimmen«. Victor von Frankl hat das Prinzip in seiner Neurosenlehre vertreten, hat an das Geistige im Menschen appelliert, neurotische Störungen zu überwinden, mit ihnen zu leben. Freud und Frankl, vom selben Stamm, in derselben Stadt Wien, entwickelten aus der Sicht ihrer Zeit ihre Neurosentheorie: der Ältere vom Leiblichen, der Jüngere vom Geistigen her.

DIE ABHÄNGIGKEIT von der Zeitsituation im Erscheinungsbild der Psychosen war schon immer aufgefallen. In den letzten Jahrzehnten wurden die psychotischen Zustandsbilder blasser, wie auch die Menschenbilder. Große Persönlichkeiten, wie wir sie noch unter unseren akademischen Lehrern hatten, werden seltener. Bei den endogenen Depressionen (den Gemütskrankheiten) sind Schuldgefühle geringer als früher, sie neigen eher zu Beschuldigung anderer und hypochondrischen Befürchtungen. Bei den schizophrenen Psychosen treten nicht nur weniger schwere Erregungszustände auf, (da sie pharmatherapeutisch rasch gestoppt werden und in den unruhigen Stationen sich nicht mehr gegenseitig so stark aufheizen wie früher), es gibt aber auch weniger »blühende« phantastische Wahnbilder.

Diese Beobachtungen haben zur Entwicklung einer »Antipsychiatrie« geführt. Von analytischen Richtungen in den USA ausgehend, unter Hinzuziehung marxistischer Ideen, sucht sie in Umwelteinflüssen die alleinige Ursache der Schizophrenie. Sie zieht aus dieser Theorie auch therapeutische Konsequenzen, empfindet in der modernen Pharmatherapie eine Schädigung der Persönlichkeit, lehnt sie sogar als inhuman ab. Man muß dieser irrigen Meinung zugute halten, daß ihre Vertreter die Zeit vor den Psychopharmaka mit den schweren psychotischen Krankheitsbildern nicht erlebt haben. Ihre Versuche, Psychosen analytisch zu behandeln und auf Medikamente zu verzichten, haben sich auch als unwirksam erwiesen. Psychotherapie in jeder Form ist bei frischen Psychosen sogar gefährlich: wenn man diese zarten Fäden entwirren will, kommt es leicht vor, daß sie reißen.

In diesem Dilemma: einerseits den tiefenpsychologischen Erkenntnissen mit der Tendenz, die Psychose fast der Neurose gleichzusetzen, andererseits der fortschreitenden Entdeckung gewisser im Hirn wirksame Enzyme und am Hirn angreifender Psychopharmaka, ist die Theorie in einem grundlegenden Wandel begriffen, der fast als »Kopernikanische Wende« bezeichnet werden darf.

Man kann mir zwar einwenden, diese Ausführungen seien nicht allgemein interessierend in einem Buch, dessen Leser doch vorwiegend medizinische Laien sind. Aber da der Leser zur Zeit von einer Welle psychotherapeutischer »Mätzchen« und »halbseidener Psychologie« überrollt wird, soll er auch über Dinge unterrichtet werden, die wichtiger sind für die Frage: »was ist der Mensch?«, die die Geister seit Jahrtausenden bewegt.

Zudem bereitet mir die Tatsache besondere Befriedigung, daß die Psychiatrie nun zur Einsicht meines alten Lehrers Karl Kleist zurückkehrt, und daß die beiden Richtungen: organisch und psychisch, Gehirn und Seele, zu einer Einheit gelangen. Die neue Theorie, von G. Huber, Lübeck (unter Einbeziehung tiefenpsychologischer, anatomischer und physiologischer Erkenntnisse) aufgestellt, lautet: Die Schizophrenie ist eine Krankheit im Hirn und ihre »Basis-Symptome« sind Denkstörungen. So verficht Huber die für den Psychiater alter Schule revolutionäre Auffassung, daß all das, was wir als »blühende Psychose«, als den »Kern«, als die »Symptome ersten Ranges« der Schizophrenie ansahen, nämlich die »Inhalte«, die Wahnideen, nur etwas Sekundäres, nur eine Reaktion der Persönlichkeit auf die Denkstörung ist – nur der Überbau psychodynamischer Faktoren (Anlage, Prägung, Umwelt) auf eine »Basisstörung« hirnorganischer Natur. Das ist im Grunde das, was Kleist lehrte – auch wenn sein Name heute nur nebenbei erwähnt wird. Ich bin sicher, man wird seine Hirnpathologie, wenigstens ihre Essenz, wieder entdecken. Das eröffnet aber ganz neue Perspektiven, auch für die Kunst.

MIR FÄLLT AUF, daß die großen modernen Schriftsteller, die der Sprache und dem Denken neue Impulse gaben, in einer fremden Sprachwelt lebten: Joyce, Beckett, Celan, Gombrowicz. Sie hörten, und sie sprachen (notgedrungen) die Sprache ihres Gastlandes, aber sie dachten und schrieben (überwiegend) in ihrer Muttersprache. Es mag sein, daß dieses Spannungsfeld im Sprachraum für die neue Syntax dieser Dichter mitverantwortlich ist. Spannungsfeld und Syntax: hier drängen sich Vergleiche zur Welt des psychisch Kranken auf. Nicht etwa, daß die eben erwähnten Dichter psychisch krank wären – keineswegs (auch wenn es dem Laien manchmal so scheinen mag). Doch ich vermute, daß ein Zusammenhang besteht zwischen dem fremden Sprachraum, in dem diese modernen (gesunden) Dichter lebten und den Sprach-Denkstörungen der Schizophrenen.

Aus dem Gesagten ergibt sich bereits, daß ich im Gegensatz zu meinem sehr verehrten Kollegen Professor Bürger-Prinz die Beziehungen zwischen Kunst und Psychose positiv werte. Positiv aufgrund der Bereicherung unseres Erlebnisfeldes durch neue Aspekte im Sprach- und Bildraum. Ich meine damit nicht die übliche »Kunst der Geisteskranken«, wie sie moderne Kunstausstellungen zieren. Diese Bilder sind doch meist Produkte langen Anstaltsaufenthalts und der Anregung durch kunstinteressierte Ärzte. Ich meine vielmehr die Künstler mit dem »reinen Defekt«, mit kleinen Resten einer Psychose, mit denen sie zu leben versuchen und die sie im Kunstwerk sublimieren: ihre Aggressivität, ihren Wahn, ihre Verstörtheit, ihr Gedankengleiten, ihre Wortneubildungen. Peinlich wird es nur, wenn der Krankheitsprozeß die Persönlichkeit zu stark deformiert hat, der Defekt zu massiv ist, und wenn dann mit Manierismen, Stereotypien und erhöhtem Sendungsbewußtsein Inhalte vorgetäuscht werden, wo nur noch Leerräume sind. Aber das sind Ausnahmen. Denken wir an die neuen Welten, die der Schwabe Hölderlin, der Schweizer Robert Walser, der Holländer van Gogh (sie alle erkrankten im fremden Sprachraum!) uns erschlossen haben. Namen lebender Künstler darf man nicht nennen, da es heute (trotz des modischen Interesses an der Psychiatrie) immer noch als diffamierender gilt, an einer Psychose zu leiden als an einer Tuberkulose oder einer Leberzirrhose. Ich meine umgekehrt. Für mich bedeutet die Psychose eine Steigerung der Persönlichkeit, ein Kriterium menschlicher Qualität, auch wenn ich als Psychiater die Aufgabe habe, die Psychose zu behandeln. Aber ich war mir immer bewußt, daß mit der Therapie auch etwas verlorengeht vom Reichtum der Innenwelt. Diesen Künstlern fehlt es zwar (mehr noch als anderen Menschen von heute) an der Unmittelbarkeit und Naivität gegenüber einer Welt, die zwar im Makrokosmos und Mikrokosmos immer weiter erforscht, im Menschlichen aber immer undurchsichtiger und eisiger wird. Daß sie uns diesen Zustand des Ich-Verlustes, der Entfremdung in der Welt verdeutlichen, tröstet uns. Schon in unserer Jugend, noch unter dem Einfluß der klassischen Kunst, fanden wir einen Torso schöner als eine rekonstruierte Statue, das Fragment interessanter als das vollendete Werk. Dieses »Etwas«, das dem fragmentarischen Menschen fehlt, bereichert die Szene der Kunst. Daher soll man auch nicht zu viel therapieren, und nicht versuchen, alles Psychisch-Kranke zu sanieren. Den Psychotiker oder auch den Neurotiker zum Normalbürger zu machen, den »Mann ohne Eigenschaften« zu züchten – das hieße auslöschen, was Kunst bedeutet und immer bedeutet hat: Angst, Verwirrung, ungelöste Rätsel. Blieb nicht immer ein Rest von Hilflosigkeit den unbekannten Mächten gegenüber, denen der Mensch sich ausgesetzt fühlte: der Urmensch der Natur, die Griechen den Göttern (oder besser: der Moira, dem Schicksal), der Christ seinem Gott (dem des Alten oder dem des Neuen Testaments?), der heutige Mensch sich selbst (oder genauer: seinem genetischen Code, seiner Anlage)? Die Unsicherheit des Menschen in der Welt ist seit dem Urmenschen nicht geringer geworden – nur anders. Kunst wurde stets aus diesen Quellen gespeist. Die Weltliteratur besteht aus Konflikten: teils bewältigten wie bei den Klassikern, teils unbewältigten wie in der Antike und der Moderne. Man sollte sie dem Menschen lassen, da sie Teil des Lebens sind und mitunter sogar der Lebensinhalt selbst. Es ist besser, mit etwas zu leben als ohne etwas. Am Stuttgarter Schicksalsbrunnen stand das Hölderlin-Wort: »Es nährt das Leben vom Leide sich.« Man sollte diese Nahrung dem Menschen nicht ganz entziehen. Denn Leben ist Leben mit Kunst.

21

VOR DER TEUFELSKLINGE hob der Polizeiwachtmeister seine Kelle, stoppte die Autos und ließ sie hinauffahren: zu den Cellokonzerten, die wir im November 1973 mit Jan Polasek und Otto Ludwig als Begleiter begonnen hatten. Zum erstenmal wurde uns die Akustik voll bewußt, obwohl wir doch schon bei der Einweihung 1967 Kammermusik hörten: aber damals war alles von den ersten Eindrücken des Sammlungskomplexes eingenommen – man war abgelenkt, die Augen sahen zuviel. Bekanntlich wird bei zu starker Belastung eines Sinnesorgans das andere zurücktreten. Wie beim Schmerz: der stärkere Reiz wird wahrnehmbar lokalisiert, der den schwächeren Schmerz zudeckt. Und so ging es uns wohl auch mit den ersten Eindrücken. Jetzt erlebten wir die Akustik im Raum klar, warm, reflektierend. Der Architekt hatte sie gar nicht eingeplant, sie hat sich eingeschlichen – und so war es ein echtes Geschenk für die Musizierenden, für die Gäste, für uns. Diese Akustik sollte auch für mich Konsequenzen haben mit dem eigenen Cello, das ich von Hamma erwarb: Guiseppe Testore 1707.
Polasek stammt aus der ČSR, wir lernten uns auf der Elmau kennen. Sein dynamisches, kraftvoll pointiertes Spiel überrascht immer wieder. Er hat den markanten Stil weiter vollendet. Ich habe ihn auch in meinem Film »ohne datum« aufgenommen, mit der subjektiven Kamera: Vivaldi Cello-Sonate: der 3. Largosatz und Beethoven: Klaviertrio Nr. 4 (Geistertrio) mit Denes Szygmondi und Elli Ney. In diesem Film spürte man deutlich die kraftvolle und eigenwillige Ausstrahlung dieses Cellisten. Polasek begann unseren Zyklus mit Vivaldi – Sonate e-moll, Beethoven – Sonate D-dur op. 102, Schostakowitsch – d-moll op. 40. Viel Beifall, auch für die sensible Begleitung Otto Ludwigs, der zentralen Musikfigur der Elmau. Polasek lebt in München und hat eine Professur an der Musikhochschule.

Das 2. Cellokonzert fand am 27. April 1974 statt: Ludwig Hoelscher mit Kurt Rapf aus Wien. Hoelscher kam am Nachmittag nervös und strapaziert von Plattenaufnahmen aus dem Studio Villingen. »Das Gesamtwerk für Cello und Klavier« von Beethoven in acht Tagen! Er machte nur eine kleine Probe – zog sich in das Hotel zurück, verfiel in einen Tiefschlaf, aus dem er von seinem Begleiter geweckt werden mußte. Das bestellte Taxi ließ die beiden warten. Sie kamen mit zwölf Minuten Verspätung zum Konzert – aber niemand störte das, man unterhielt sich. Dann fast stürmische Begrüßung des berühmten Cellisten.
Aber Hoelscher begann nervös, mit der Richard-Strauss-Sonate f-dur, op. 6. War dieser Anlaß des 25jährigen Todesdatums von Richard Strauss ein böses Omen? Hoelscher wurde schon nach den ersten Takten unsicher, und nach einigen Sekunden gehorchten die Finger ihm nicht mehr, der Bogen glitt ab – das Gesicht verfärbte sich – sein Körper beugte sich über sein Cello. Ich sprang auf, hielt sein Cello fest, nahm den Bogen, Ärzte stürzten hinzu: Wiederbelebungsversuche mit Atemspende, Herzmassage, Infusionen, und ein Publikum, das sich taktvoll zurückhielt, aber im Geist mithalf. Manche hätten aufgegeben nach so langem, scheinbar vergeblichem Bemühen, aber Dr. Mahringer, der die Reanimation durchführte, gebot: »Weitermachen«. Und er behielt recht: lange erwartet, kam der Notarztwagen, aus dem zwei weißgekleidete Unfallärzte mit der weißen Bahre zum bewußtlosen Cellisten eilten. Einschalten des Defibrillators: ein Zucken schießt durch den Körper. Ein erster Atemzug, dem weitere folgen, bis der Rhythmus sich eingependelt hat. »Nur eine Rhythmusstörung, nichts weiter!« Daher auch die rasche und vollständige Erholung. Als meine Frau und ich ihn im Krankenhaus besuchten, war seine erste Äußerung: »O Gott, was habe ich Ihnen angetan!« Diese rührende, fast mitleiderregende Bemerkung setzte in uns Wunden: Er, der zu Richard Strauss' Todesjahr spielen wollte, erlebte beinahe an sich selbst das Schicksal dieses Komponisten. Wie dicht liegen Kunst und Tod beieinander.
Wir waren noch lange zusammen. Peter Buck, Cellist vom Melos-Quartett und Meisterschüler von Hoelscher sah blaß aus. Viele waren bestürzt nach Hause gegangen. Viele blieben bis Mitternacht und als beruhigende Nachrichten aus dem Krankenhaus kamen,

lebten wir auf und tranken Wein – immer den ersten Schluck auf Ludwig Hoelscher, den großen Cellisten.

Im Winter desselben Jahres 1974 spielte der 25jährige Thomas Igloi aus London. Bernhard Kontarsky begleitete ihn: Joh. Seb. Bach die Gambensonate g-moll Nr. 3 (BWV 1029), und dann die d-moll-Sonate von Claude Debussy. Der Beifall war überwältigend: beide Spieler jung und aufeinander eingestimmt. Es war eine Freude, diesen beiden zuzuhören, zuzusehen: so frisch und farbig war ihr Spiel. Es folgten von Leo Janaçek: das »Märchen«, von Kodaly: das Adagio C-dur und zum Abschluß Béla Bartók: Rhapsodie Nr. 1 (1928). Als dieser junge lebenssprühende bescheidene Tom Igloi sich verbeugte, schwoll Beifall an mit Bravo-Rufen.

Am nächsten Tag spielte er mit mir zusammen auf dem Testore-Cello, brachte einen neuen Bogen aus London mit: einen William Tubbs und gab ihn mir zum Probieren. Wir verlebten schöne Stunden und versprachen, uns bald wiederzusehen. Daraus wurde nichts mehr: Am 21. April 1976 berichteten THE TIMES mit Foto des Thomas Igloi vom Tod dieses jungen begabten Cellisten. Das ging wie ein Lauffeuer durch die Musikwelt. Ich erfuhr es von Hamma. Die Mutter schrieb mir: »Es ist die entsetzliche Tatsache, daß unser Sohn am 17. April im Schlaf gestorben ist. Wie Sie sich erinnern, war er immer frisch und lebendig, und hatte nie über etwas zu klagen. Vor dieser fürchterlichen Tragödie spielte er zwei Stunden ein herrliches Tennis – hörte nachmittags Furtwängler-Platten und ging um 23.00 Uhr zu Bett. Er wachte nicht mehr auf. Der Verlust ist unfaßbar – eine Wunde, die nie heilen wird.«

Das vierte Cello-Konzert fand am 12. April 1975 statt: Maurice Gendron spielte Bach: Cello-Suite Nr. 3 C-dur BWV 1009 und Nr. 6 D-dur 1012. Gendron lernte ich schon vor Jahren kennen bei Konzerten in Deutschland und Frankreich, wo er in seinem Wohnort Fontainebleau auch Bach-Suiten spielte auf seinem herrlichen Stradivari-Cello. Es gibt für mich kaum einen sensibleren Cellisten als ihn: seine glockenreine Tonbildung, seine makellose Bogenführung, seine perlenden Läufe, dazu die Verinnerlichung, die Hingabe bis zum letzten Ton. Aber seine Liebe gehört dem Dirigieren, das er unter Désomière, Scherchen und Mengelberg studierte. Casals bezeichnete Maurice Gendron als seinen Kronprinzen, als er Plattenaufnahmen unter Casals machte.

Als Gendron bei uns spielte, waren wir schon eine Weile befreundet. Am Tag nach dem Konzert bei uns hatte seine Frau Geburtstag. Um 24 Uhr blies der sympathische Flötist Gerhard Braun die »Syrinx« von Debussy, mit der er uns schon früher bei festlichen Gelegenheiten Freude gemacht hatte. Man war gerührt. Frau Gendron trocknete einige Tränen, während wir mit Sekt den Glückwunsch aussprachen –.

Woher kam es, daß ich etwas unruhig war, als Gendron Bach spielte. Er war einige Jahre vorher sehr krank gewesen, erholte sich nur langsam. Jetzt schien viel überwunden zu sein, aber einige Labilität war unverkennbar – und in uns war der Schock von Hoelscher noch gegenwärtig. Ist die Verbindung von Musik und Bildern für einen sensiblen Menschen wie Gendron zu beeindruckend? Als er das erste Mal nach einem Konzert unser Haus betrat, rief er aus: »Hier kann ich nicht spielen! Die vielen Bilder!«, aber er spielte nachts für uns beide Bach. Wir stehen weiter im Kontakt. Er liest viel deutsche Literatur.

Am 6. Dezember 1975 war Siegfried Palm bei uns, mit einem Programm moderner Cellomusik, das seinen Ruf als »Spezialist für Unspielbares« wieder einmal bestätigte. In diesem 5. Cellokonzert gab es wahrlich viel zu hören und zu lernen, denn der Interpret verband sein Spiel mit orientierenden Einführungsworten zu jedem Stück. Das gefiel, das war ungewöhnlich, das war lehrreich bei den modernen Stücken. Das war meisterhaft: Einleitend Joh. Seb. Bach: Suite Nr. 2 d-moll, BWV 1008 – dann Hindemith: Solosonate op. 25 – Nr. 3. Danach Bloch: Suite Nr. 2 solo. Es folgte die B. A. Zimmermann-Sonate Cello solo 1960. Isang Yun: Glissée p. v. solo und zum Schluß Penderecki: Capriccio p. Palm. 1968. Die Kritik überschlug sich: »Der Hexenmeister« bei Domnick. »Der große Virtuose«. »Der König der Modernen.« Keiner tut es ihm gleich, die Schwierigkeiten moderner Cellomusik mit tiefem musikalischem Ausdruck zu gestalten.

Am 9. April 1976 spielte der Meisterschüler von Palm, der 19jährige Georg Faust auch wieder Solosuiten von Joh. Seb. Bach, diesmal

auf meinem Testore-Cello (1707). Faust hatte sich auf dem Testore rasch eingespielt. Er war glücklich, und wir verbanden mit diesem Konzert die Verleihung der Honorarprofessur durch den Universitätspräsidenten Prof. Turner an mich. Ein schönes Fest. Ein frohes Fest. Im Winter 1976 wird es still bleiben. Oder sehr vehement mit Rostropowitch? Über das Instrumentenhaus Hamma bietet sich vielleicht eine Möglichkeit an, auf die Clytus Gottwald mich aufmerksam machte. Das wäre Ende Oktober 1976. Aber dann ist dieses Buch im Druck, und ich kann auch nicht mehr über den 20. April 1977 berichten, wenn es soweit ist, daß ich zu meinem 70. Geburtstag dieses Buch auf den Tisch lege. Dann ist wieder ein neues Dezennium angebrochen, und ich kann Rückschau halten. Seiten durchblättern, lesen – wie alle unsere Freunde und Bekannten. Und wieder wird ein großer junger Cellist spielen: Michael Maisky. Und wieder Bach. Immer Bach. Was soll man anderes auf dem Cello spielen – wenn es die Solo-Suiten von Bach gibt.
Und mein Cello, das schöne »Guiseppe Testore« 1707 hat auch Geburtstag. 200 Jahre älter als ich. Wieviele Kriege sind über den Ahornboden, über die Fichtendecke, über die Schnecke gezogen. Wie oft wohl geöffnet, wie oft wieder zugeleimt. Aber der Ton blieb edel, weich, voll, groß. Ich spiele täglich darauf. Es macht immer wieder Freude. Ich spiele allein. Für mich. Manchmal auch noch für meine Frau, die das Cello gern hört. Sonst spiele ich nicht vor. Man muß Selbstkritik üben und sich bescheiden. Auch in diesem Buch der Autobiographie habe ich mich darum bemüht.

DIE JAHRE VERGEHEN. Wir arbeiten in der Klinik und leben in der Sammlung. Wenn neue Bilder kommen, müssen die alten zusammenrücken. Es geht immer wieder, wir wundern uns selbst darüber. Die Freunde fragen mit Recht: wohin mit den Neuerwerbungen? Aber es gibt nicht mehr viel davon. Wir sind zurückhaltender geworden, und im Alter disponiert man vorsichtiger. Manchmal durchstöbern wir das Depot und holen ein altes Bild wieder aus der Versenkung.
Abends gehen wir durch die Räume wie durch einen Wald. Bisweilen entdecken wir Neues, bisher noch nicht Wahrgenommenes: eine

Rahmenänderung oder ein Bild in einem anderen Licht, eine Konstellation schwarz-grau oder ein Klang gelb-braun mit schwarzen Zeichen. Oder weiß: Dorazio mit Piene. Oder die magische Kraft eines Vasarely-Yveral, das Seitenlicht empfängt und den Blick festhält. Abends wirkt das noch suggestiver im Scheinwerferlicht. Oder die Reihe der erzählenden Baumeister über Gilgamesch – Eidos – Hadeswächter. Der große Scott in Tiefblau – ein Nachtbild – daneben ein kleiner blauer und ein brauner Hartung mit den schriftartigen Zeichen, die lyrisch imponieren. Die massive Corbusiersäule schließt die Empore als Basis der Bühne ab, wo Konzerte stattfinden.

Wir gehen durch dieses Haus, durchschreiten die Räume, lassen Bilder und Masken sprechen, bleiben mal an dieser oder jener Sitzgruppe hängen, oder trennen uns: meine Frau bei Hartung, ich bei Soulages. Wir haben um einen Tragpfeiler einen Kreuztisch gebaut mit kurzen und langen Schenkeln – so hat jeder die Wahl. Zwei andere Betonpfeiler wurden mit einem 6 m langen, nur 60 cm breiten bohlenartigen Tisch verbunden, Platz bei Diskussionen oder Büfett bei Veranstaltungen.

Räume trennen uns, aber man spürt sich. Ich sitze im Corbusiersessel. Das linke Handgelenk trägt keine Uhr mehr. Das enggeschnallte Lederband stört und der sensible Reiz zur Herzzone irritiert mich. Die Durchlässigkeit meines Vegetativums für unterschwellige Reize war schon als Kind ausgeprägt. Mein Zeitplan wird durch das Fehlen der Armbanduhr nicht gestört. Die innere Uhr ist wichtiger. Ich lebe danach. Mein Leben war abseits von politischen, gesellschaftlichen und geschäftlichen Interessen. Ich lebte zurückgezogen, mied Verbände, Tagungen, Konferenzen. Dafür lud ich zu eigenen Veranstaltungen ein und war so lieber mit meiner Frau Gastgeber als Gast woanders. Auch ein Symptom der Freiheit? Wer ist sich über solche Konsequenzen immer im klaren? Doch den Konzertsaal besuchte ich leidenschaftlich, wenn ich am Flügel Pollini, Brendel oder Michelangeli, am Cello Rostropowitch, Gendron, Starker oder Maisky hören konnte. Wie merkwürdig die Situation: die Sensibilität und Dynamik des Solisten im Wechselspiel zum begleitenden Orchester – mitgehend, unterordnend, und über allem der ausgleichende oder zart eingreifende Taktstock des Dirigenten. In der Kammermusik blieb für mich das

Streichquartett der Höhepunkt musikalischen Erlebnisses. Aus Stuttgart kommt das MELOS-Quartett, das zum Welt-Quartett wurde.

So hat sich das Leben angereichert, ausgefüllt zwischen Medizin – Malerei – Musik, woraus die eigene Sprache meiner Filme entstand. Eins fügt sich zum anderen, wobei die Überraschung immer mit im Spiel ist und auch bleiben wird.

Ist das Alter, das es für mich nicht recht geben will, ein Bremsklotz für neue Pläne? Ich glaube nicht. Immer wieder definierte ich an verschiedenen Stellen dieses Buches: »Leben heißt Tätigkeit«, und als Pablo Casals mit 93 Jahren in seiner Biographie schrieb, daß Alter nicht Altern bedeutet und daß Arbeit jung erhält, dachte dieser größte Cellist nicht im Traum daran, sich zur Ruhe zu setzen, weder jetzt noch später. »Ruhestand – welche befremdliche Vorstellung. Meine Arbeit ist mein Leben. Ich kann eins vom anderen nicht trennen. Sich zur Ruhe setzen, heißt für mich: sich zum Sterben anschicken. Ein Mann, der arbeitet, ist auch nicht alt. Arbeit ist das beste Mittel gegen Alter.«

Diese Sätze von Pablo Casals sind mir aus der Seele gesprochen, sie stehen lebendig vor mir. Ich werde das Leben weiter lieben in der von mir geübten Form des Lebens mit Tätigkeit, mit neuen Plänen, Interessen, Aufgaben – und der Idee, andere Menschen daran teilnehmen zu lassen. Dieses Haus mit den Bildern, den Cello-Konzerten, den Filmen, den Gesprächen will ich über die Gartengrenze nach rechts (wenn man davor steht) öffnen, eine parkähnliche Anlage mit Wiese (nicht Rasen) schaffen, in dem Skulpturen in Verbindung zu Baumgruppen und Büschen am Wegrand oder auf einem Plateau oder an einer Quelle stehen, nachts angestrahlt werden oder als Silhouette gegen den Himmel ragen. Später wollen wir den ganzen Komplex in eine Stiftung umwandeln und dem Land vermachen. Wie anders war doch die Situation vor 20 Jahren, als ich Gast war im fremden Territorium. Man muß seinen eigenen Weg zu Ende gehen, manchmal geht es nicht ohne Umwege. Aber wenn der Kompaß stimmt, findet man immer wieder seine Richtung.

Es gibt für mich im Leben kein Ende, solange der Puls noch schlägt. Immer muß man weiter planen, überlegen, bedenken. Das ist doch das Leben, das auch im Alter noch Überraschungen bereithält. Beglückungen durch Kunst, Erlebnisse des eigenen Ich. Kreative

Menschen erreichen meist ein hohes Alter. Und manche kühnen Bilder entstehen erst im letzten Lebensjahr. Sich zur Ruhe setzen, läßt allmählich die Lebensfunktionen erlöschen und das Warten – worauf? – langatmig werden. Das Neue, das auch im Alter auf den Menschen zukommt, ist immer wieder ein aktivierender Faktor, der den Menschen jung erhält. Alt wird jeder Mensch. Aber daß er im Alter tätig bleibt und wenn, dann in den Sielen stirbt, ist entscheidend und für mein Leben konsequent. Daß ich neben mir eine aktive, mitsorgende, mitempfindende, kritische Lebensgefährtin weiß, ist eine beglückende Konstellation: Der Weg miteinander läßt nicht nur Hindernisse, Schwierigkeiten und Rückschläge leichter ertragen, er reflektiert auch freudige Erlebnisse in der Zweisamkeit der Dominikaner stärker.

Also doch keine Altersidylle, Resignation, stiller Ausklang. Nein. Am nächsten Tag beginnt immer noch unsere ärztliche Tätigkeit. Und wenn ich morgens die 290 PS an die Zügel nehme, überraschen sie mich oft mit einem vehementen Start. Ich muß mich beherrschen. Zu verführerisch ist das Ansprechen des Gaspedals auf kleine Reize. Manchmal muß ich abrauschen, losdonnern, wenn einer es wissen möchte. Mit dem weißen Mantel setzt wieder das berufliche Denken ein. Die Robe, das Territorium schaffen wieder eine neue situative Einstellung mit anderem Lebenstempo und anderem Wissensgut. Ein »bedingter Reflex«.

So wechseln die Domnicks zwischen beiden Orten, zwischen Stuttgart und Nürtingen. Manchmal sucht man ein Schriftstück, ein Bild, einen Mantel, der aber im anderen Haus hängt und erst morgen wieder greifbar ist. Oder eine Notiz im Terminkalender des anderen Schreibtisches. Der zweibehauste Mensch – der unbehauste Mensch?

DER RAUM, IN DEM ICH SCHREIBE, ist klein, intim, still. Hinter mir eine Liege. Links vom Schreibtisch ein schmales hohes Fenster, das den Blick zum Eingangsgarten mit der hohen Kiefer frei gibt. Dieser Baum wurde vor 10 Jahren gepflanzt, als er 2,40 m groß war. Aber er neigt sich, von hier aus gesehen, nach rechts. Der Gärtner zog ihn mit einem Hanfseil nach links, das er an einem Holzpflock befestigte. Es bleibt offen, ob meiner Kiefer diese neue Richtung paßt. Das hängt davon ab, ob der Lehmboden, auf dem das Haus 1967 errichtet wurde, den Wurzeln Raum gibt. Bäume stürzen immer dann, wenn sich die Wurzeln nicht genügend verankern können. Mein Fenster liegt im rechten Winkel zur Eingangspforte, so daß ich im spiegelnden Glas des Eingangs vorbeiziehende Menschen (was in dieser Einsamkeit selten ist) beobachten kann. Früher hatten alte Menschen den Lehnstuhl am Fenster und einen Spiegel rechtwinklig als »Spion« an das Fensterkreuz montiert, womit Besucher ausgemacht werden konnten. Ich benutze kaum diesen Spiegeleffekt. Vor dem Fenster steht ein Heizungskörper, den ich als Ablage für Telefonbücher benutze. Das graue Telefon steht links von mir, und die Uhr registriert meine Arbeitszeit. Rechts von mir befindet sich die Tür, die an ein Schrankelement in dunkelgebeizter kanadischer Ulme angeschlossen ist. In diesem Raum von 3,20 mal 3,00 m sitze ich auf einem weißen festen Eames-Stuhl, der kein Schaukeln und Drehen zuläßt. Ich gebe immer beim Arbeiten festen Stühlen den Vorzug.

Meine Federschale mißt 30 cm in der Länge bei einer Tiefe von 25 cm. Sie ist also nicht ganz quadratisch. Aber das würde auch zu der Fläche meines Arbeitstisches nicht ganz passen, der eine Breite von 1,30 und eine Tiefe von 0,90 m aufweist. Die Fläche ist mattiert in Eierschalenweiß. Die Zarge besteht aus dunkler Eiche und faßt in 2,5 cm Stärke die Schreibfläche ein. Der Tisch ist 74 cm hoch und hat keine Schübe. Bei dieser Konstruktion kann man die Beine übereinanderschlagen, was ich bisweilen tue. Dieser Tisch steht an der Wand. Der Blick trifft auf Picasso: »Femme et hommards«, das seit zehn Jahren dort hängt. Daneben ein Hartung-Pastell 60/80 cm mit Passepartout unter Glas gerahmt mit rechteckiger Leiste. Dies Blatt besitze ich seit 1947. Hartung schenkte es uns zu Weihnachten. Es ist dynamisch, gestrafft. Würde man es in Material umsetzen, so nur in Stahl: Späne von der Bohrmaschine – daneben Stahlfeder, die beim Ziehen wieder zurückschnellt, dazu Metallbalken, bestimmt und entschieden hingesetzt, darüber eine zarte Feder auswippend, balancierend. Die Farben rein und klar: ein Braun ein Blau – ein Gelb – ein Schwarz.

Hartung sagte 1947 zu mir: »Wenn ich arbeite, dann muß die Spontaneität absolut vorhanden sein. Sobald ich nach einer Form suchen muß oder nicht weiter weiß, lege ich den Stift oder den Pinsel beiseite, gehe vom Arbeitstisch weg und tue etwas anderes, aber ich male nicht weiter.« – Baumeister konnte immer malen, bei ihm lief der Malprozeß ganz anders ab: er begann irgendwo mit irgendeiner Farbe und irgendeiner Form, der andere folgten, dann wurden Farben übermalt, so daß immer mehrere Schichten übereinander lagen, – aber nicht so sehr im Sinne einer Korrektur – mehr ein Vorstoß »ins Unbekannte«: so nannte er dies und schrieb darüber auch ein schönes Buch. Hartung fängt auch irgendwo an, aber dann läuft es ab bis zur endgültigen Form – eine Korrektur ist bei ihm kaum möglich. Es ist eine spontane Niederschrift, die sich auch im Duktus ausdrückt.

Diese beiden Maler – so grundverschieden sie als Menschen und in ihren Bildern sind – haben unser Leben nach dem Krieg begleitet und es ist kein Zufall, daß von hier aus die Sammlung ihren Anfang nahm: einmal vom Psychographischen, einmal von der Formkunst her. Die Maler der Sammlung bestimmen den Charakter, die Einheit, das Gesamt. Diese Realisation war unser Leben: Malerei, Musik, Film – dazu die Psychiatrie als Grundlage für die Erforschung von Geist und Seele. Der Mensch ist nicht einheitlich in seinem Wesen, aber sein Streben drängt dorthin. Gegensätzliches zieht sich an. Leben heißt Tätigkeit: intuitiv schaffen und das Tun überdenken. »Im Anfang war das Wort« und »Im Anfang war die Tat« sind keine Alternative – jedenfalls nicht für mich.

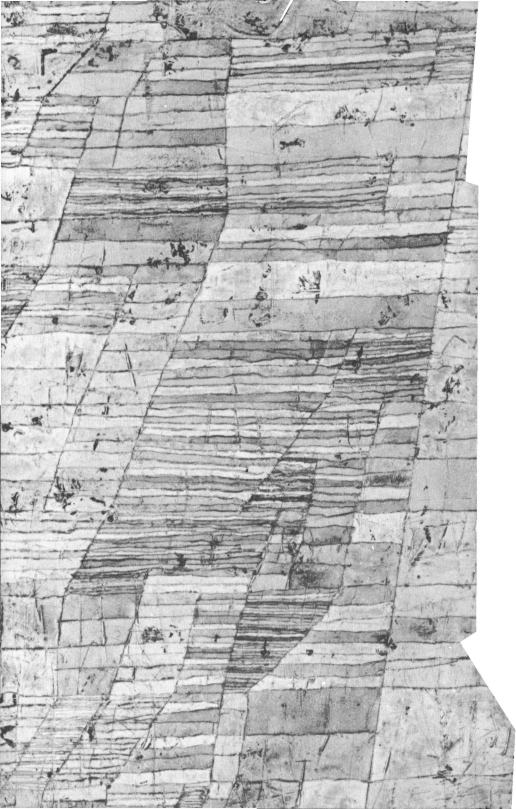